中山大学港澳珠江三角洲研究中心
中山大学粤港澳发展研究院

# 粤港澳大湾区
# 发展研究报告

## （2020—2021）

YUEGANG' AO DAWANQU

FAZHAN YANJIU BAOGAO

（2020—2021）

何俊志　符正平　主编

 中山大学出版社
SUN YAT-SEN UNIVERSITY PRESS

·广州·

**图书在版编目（CIP）数据**

粤港澳大湾区发展研究报告（2020—2021）/何俊志，符正平主编．—广州：中山大学出版社，2023.9

ISBN 978 - 7 - 306 - 07776 - 9

Ⅰ．①粤…　Ⅱ．①何…②符…　Ⅲ．①城市群—区域经济发展—研究报告—广东、香港、澳门—2020—2021　Ⅳ．①F127.6

中国国家版本馆 CIP 数据核字（2023）第 109102 号

**粤 港 澳 大 湾 区 发 展 研 究 报 告（2020—2021）**

YUEGANG'AO DAWANQU FAZHAN YANJIU BAOGAO（2020—2021）

出 版 人：王天琪
策划编辑：曾育林
责任编辑：曾育林
封面设计：曾　斌
责任校对：赵　婷
责任技编：靳晓虹
出版发行：中山大学出版社
电　　话：编辑部 020 - 84113349，84110776，84110779，84111997，84110283
　　　　　发行部 020 - 84111998，84111981，84111160
地　　址：广州市新港西路 135 号
邮　　编：510275　　传　真：020 - 84036565
网　　址：http://www.zsup.com.cn　E-mail：zdcbs@ mail. sysu. edu. cn
印 刷 者：佛山市浩文彩色印刷有限公司
规　　格：787mm×1092mm　　1/16　　26.5 印张　　421 千字
版次印次：2023 年 9 月第 1 版　　2023 年 9 月第 1 次印刷
定　　价：128.00 元

如发现本书因印装质量影响阅读，请与出版社发行部联系调换

# 序言：谱写粤港澳大湾区建设的新篇章

自 2017 年 3 月国务院工作报告中提出要研究制定粤港澳大湾区城市群发展规划以来，粤港澳大湾区的规划设计已经有 6 年；自中共中央、国务院于 2019 年 2 月 18 日印发《粤港澳大湾区发展规划纲要》之后，粤港澳大湾区的建设历程已经走过了 4 个年头。在过去 4 年多的时间里，可以看到粤港澳大湾区建设的政策供给主要沿着两条路线在展开：一是按照《粤港澳大湾区发展规划纲要》的指引，按部就班地逐一落实各项政策措施；二是在国际国内形势发生巨变的背景下，中央政府因势利导地推出一些新的重要方略。

早在 2018 年 8 月 15 日，中央就成立了粤港澳大湾区建设领导小组并由中共中央政治局常委、国务院副总理、粤港澳大湾区建设领导小组组长韩正召开了第一次大湾区建设领导小组会议，深入学习贯彻习近平总书记关于粤港澳大湾区建设的重要讲话精神，讨论审议有关文件，研究部署下一阶段工作。此后，粤港澳大湾区建设领导小组分别于 2019 年 3 月和 2021 年 4 月召开了会议，研究部署大湾区建设中的有关问题。在中央成立粤港澳大湾区建设领导小组之后，广东省也于 2018 年 8 月成立了推进粤港澳大湾区建设领导小组。至 2022 年 2 月 10 日，广东省推进粤港澳大湾区建设领导小组已经召开了七次全体会议。香港特别行政区

行政长官则在 2018 年 10 月 10 日上午的施政报告中提出，特区政府将成立高层次的粤港澳大湾区建设督导委员会，由行政长官任主席，成员包括所有司局长，全面统筹香港参与大湾区建设事宜。此后，香港特别行政区政制及内地事务局于 2020 年 12 月 23 日宣布，正式成立粤港澳大湾区发展办公室，加强推动和协调特区政府有关大湾区建设的工作。

在《粤港澳大湾区发展规划纲要》出台之后，一些中央部委陆续推出了一些联合印发的政策文件。例如，2020 年 5 月 14 日，中国人民银行、中国银行保险监督管理委员会、中国证券监督管理委员会和国家外汇管理局共同印发了《关于金融支持粤港澳大湾区建设的意见》。2020 年 11 月 5 日，财政部、海关总署和税务总局联合印发了《关于在粤港澳大湾区实行有关增值税政策的通知》。2020 年 11 月 25 日，市场监管总局、国家药监局、国家发展和改革委员会、商务部、国家卫生健康委员会、海关总署、国务院港澳事务办公室和国家中医药局联合印发了《粤港澳大湾区药品医疗器械监管创新发展工作方案》。2020 年 12 月 21 日，国家邮政局、国家发展和改革委员会、交通运输部、商务部和海关总署联合印发了《关于促进粤港澳大湾区邮政业发展的实施意见》。2021 年 10 月 5 日，人力资源社会保障部、财政部、国家税务总局和国务院港澳事务办公室联合发布了《关于支持港澳青年在粤港澳大湾区就业创业的实施意见》。在一些特殊领域，这一模式甚至还扩展到了大湾区之外的省份且下沉省级政府的部门层次。经交通运输部、广东省人民政府、广西壮族自治区人民政府、贵州省人民政府、云南省人民政府同意后，交通运输部办公厅、广东省人民政府办公厅、广西壮族自治区人民政府办公厅、贵州省人民政府办公厅、云南省人民政府办公厅于 2020 年 6 月 28 日推出的《关于珠江水运助力粤港澳大湾区建设的实施意见》就是典型例证。

早在 2017 年 7 月 1 日，国家发展和改革委员会就曾经与广东省人民政府、香港特别行政区政府和澳门特别行政区政府签订了《深化粤港澳合作　推进大湾区建设框架协议》。在《粤港澳大湾区发展规划纲要》出台之后，这种中央部委与地方政府共同推出发展规划或方案的传统在某些领域内继续深化。2020 年 10 月 22 日，国家中医药管理局、粤港澳大湾区建设领导小组办公室和广东省人民政府联合印发了《粤港澳大湾区中医药高地建设方案（2020—2025 年）》。2020 年 12 月初，教育部和广东省人民政府联合印发《推进粤港澳大湾区高等教育合作发展规划》。2020 年 12 月 31 日，文化和旅游部、粤港澳大湾区建设领导小组办公室和广东省人民政府联合印发《粤港澳大湾区文化和旅游发展规划》。

与此平行的一条线索是，中央有关部委还与香港特别行政区和澳门特别行政区有关部门共同推出了一些促进合作的措施。2020 年 6 月 29 日，中国人民银行、香港金融管理局和澳门金融管理局共同发布了《关于在粤港澳大湾区开展"跨境理财通"业务试点的联合公告》。2021 年 6 月 15 日，国家药品监督管理局与香港特别行政区卫生署签订了《关于中药检测及标准研究领域的合作安排》。

还有一些中央部委单独推出一些政策文件。2020 年 4 月 29 日，中国气象局发布了《粤港澳大湾区气象发展规划（2020—2035 年）》。2020 年 6 月 12 日，交通运输部发出了《关于推进海事服务粤港澳大湾区发展的意见》。

在国际国内形势发生巨变的背景下，中央在《粤港澳大湾区发展规划纲要》之外还叠加了一些新的规划。2019 年 8 月 9 日中共中央和国务院印发了《关于支持深圳建设中国特色社会主义先行示范区的意见》。2020 年 10 月 12 日，中共中央办公厅和国务院办公厅联合印发了《深圳建设中国特色社会主义先行示范区综合

改革试点实施方案（2020—2025 年)》。2021 年 9 月 5 日，中共中央和国务院印发《横琴粤澳深度合作区建设总体方案》。2021 年 9 月 6 日，中共中央和国务院印发《全面深化前海深港现代服务业合作区改革开放方案》。2022 年 1 月 26 日，国家发展和改革委员会和商务部推出了《关于深圳建设中国特色社会主义先行示范区放宽市场准入若干特别措施的意见》。

从上述简要的介绍中可以看出，在《粤港澳大湾区发展规划纲要》出台的这三年期间，中共中央、国务院和中央有关部委不断在推出关于大湾区发展的新的政策文件。以大湾区建设领导小组成立为标志的领导协调体制和一系列政策文件构成的政策体系已经基本形成。作为一项国家战略的顶层设计要素中的体制框架和政策体系的轮廓已经较为清晰地呈现出来。

在顶层设计框架之下，广东省、香港特别行政区和澳门特别行政区政府之间因为有合作框架协议的基础，再加上港澳高层合作会议的框架，三地之间的合作模式已经比较成型。广东省政府、香港特别行政区政府和澳门特别行政区政府之间单独或者合作推出的合作方案也在大湾区建设的有关政策文本中所占比例较大。从研究的角度更值得关注的是，在《粤港澳大湾区发展规划纲要》出台之后，大湾区 11 个城市之间的新合作模式也开始崭露头角。

除了众所周知的在中央推动之下的横琴和前海两个合作平台之外，香港与深圳两地早在 2017 年初就签订了《关于港深推进落马洲河套地区共同发展的合作备忘录》，共同开发落马洲河套地区。在项目合作方面，澳门目前已经与内地 9 市之间全面建立了购房信息共享的联防机制。2020 年 9 月 11 日，来自香港特别行政区、澳门特别行政区以及大湾区内地 9 市的文化和旅游主管部门还共同签订了《粤港澳大湾区"9＋2"城市旅游市场联合监管协议书》。在大湾区内地 9 市的合作方面，2021 年 4 月 21 日在广州举行的 2021 年度广佛全域同城化党政联席会议提出的探索广佛两地规划委员会的设想，也标志着大湾区内地 9 个市之间的行政协作开始迈出了新的步伐。

中央、省和地市三级政府围绕着粤港澳大湾区建设所构建出的这一套立体化的政策体系，一方面为研究者们提供了丰富的素材，另一方面也提出了更高的要求。对于政策研究者而言，对上述政策的整体和分项解读本身就是一项有难度的任务，要结合政策的实施进展而展开跟踪评估则需要更为深入的调研。对于理论研究者而言，粤港澳大湾区建设作为一项国家战略提出之后，已经意味着这一区域的发展模式出现了新的变化。如何结合相关的政策文本和实证资料而在理论层面对这一区域的发展模式进行描述、解释和预测，则是一项更为艰巨的任务。

正是为了在政策界与学术界之间建立起沟通桥梁，为政策研究者和理论研究者们提供交流平台，我们推出了"粤港澳大湾区发展研究报告"系列。在 2021 年出版的《粤港澳大湾区发展研究报告（2019—2020）》中，我们一共推出 7 个板块的研究成果，即建设粤港澳大湾区国际科技创新中心、基础设施互联互通与空间布局、产业体系建设、生态文明建设、建设优质生活圈、粤港澳大湾区市场一体化和粤港澳大湾区社会协同指数研究。在这次推出的研究报告中，相关的成果聚焦于六个方面：粤港澳大湾区区域治理与规则联通、对标国际一流湾区、粤港澳大湾区合作平台建设、粤港澳大湾区区域联动、粤港澳大湾区市场一体化和粤港澳大湾区社会融合。在继续坚持理论研究与政策研究相结合、扩大时空范围和多学科合作研究的基本原则的同时，新一期的报告在延续前期主题的同时，重点突出了三个新的主题，即区域治理与规则联通、对标国际一流湾区和粤港澳大湾区合作平台建设。相关研究成果也在一定程度上折射出大湾区建设过程中的前沿领域。

系列报告能够如期推出，首先要感谢各篇文章作者的鼎力支持。各篇文章作者提供的研究成果得以构成本报告中的核心要素，我们也期望后续的系列报告能够得到更多同仁的支持。

同时，要感谢中山大学出版社的领导和编辑队伍的大力支持。我们也深知本报告的研究成果可能存在一些不足和错漏，希望能够在读者们的批评和指正中得以改进和提升。


何俊志

中山大学粤港澳发展研究院院长

兼中山大学港澳珠江三角洲研究中心主任

2023 年 9 月 10 日

# 目　　录

## 第一编　粤港澳大湾区区域治理与规则联通

粤港澳大湾区仲裁制度完善问题研究 ……………… 郭天武　吕嘉淇 / 3

粤港澳大湾区规则衔接模式研究：基于自贸区视角

………………………………………… 谌　鹏　周　灵 / 19

以南沙自贸区的视角探析"政通人和"

——粤港澳规则"软联通"的概况与展望 ……………… 刘金玲 / 39

珠海－澳门跨境治理的结构特征与空间实践 ……………… 符天蓝 / 54

## 第二编　对标国际一流湾区

东京都商业中心多层商圈的形成与发展 ……………… 杨宇帆 / 73

国际三大湾区跨境科技合作经验及对粤港澳大湾区的启示

………………………………………… 张　艳　符正平 / 100

## 第三编　粤港澳大湾区合作平台建设

横琴粤澳深度合作区基于粤澳共治，提升横琴粤澳深度合作区

基础能力 ……………………………… 符正平　胡　坤 / 125

粤港澳合作平台深圳前海建设进展 ……………… 黄抒田 / 145

深圳中国特色社会主义先行示范区建设成效与建议 ………… 彭　曦 / 161

# 第四编　粤港澳大湾区区域联动

粤港澳大湾区与海南自由贸易港"港区"联动发展的策略研究
……………………………………… 陆剑宝　符正平 / 175

粤港澳大湾区西翼发展研究 ……………… 林　江　徐世长 / 187

广州深圳联动策略研究 ……………… 史欣向　李善民　李胜兰 / 200

# 第五编　粤港澳大湾区市场一体化

粤港澳大湾区人力资源市场调研报告 …… 邓靖松　王永丽　蔡梓文 / 223

金融协调监管与地方金融安全：以广东为例 ……………… 李广众 / 262

设立粤港澳大湾区金融监管沙盒试点的研究 ……………… 韦立坚 / 282

从合作到融合：粤港澳大湾区金融高质量发展研究 ………… 徐世长 / 313

# 第六编　粤港澳大湾区社会融合

香港居民在粤港澳大湾区内地城市置业的经历与意愿 ……… 蓝宇东 / 331

年龄、受教育程度和新媒体使用对港澳居民跨境流动的影响
……………………………………………………… 叶　华 / 347

粤港澳大湾区社会组织合作发展的现状、问题与对策建议
……………………………………………… 岳经纶　齐　暄 / 368

粤港澳大湾区青年发展指数报告 ……………… 张志安　聂　鑫 / 389

# 第一编

## 粤港澳大湾区区域治理与规则联通

# 粤港澳大湾区仲裁制度完善问题研究

郭天武　吕嘉淇①

近年来，仲裁以其合意性、保密性、便捷性强等显著优势，成为粤港澳大湾区民商事纠纷的重要解决机制之一，并随着大湾区内合作深化，仲裁程序的适用范围越发广泛。然而，过度强调仲裁的合意性、保密性、便捷性，可能衍生出仲裁权力滥用、行业保护等仲裁问题，损害公众利益和仲裁公信力，影响粤港澳大湾区内仲裁的承认与执行。为推动仲裁制度的完善，促进粤港澳大湾区多元纠纷解决机制的完善，营造法治化、国际化的营商环境，可从打破仲裁行业保护、规范仲裁员选任、加强仲裁员监管和完善临时仲裁四方面完善粤港澳大湾区仲裁规范。

## 一、粤港澳大湾区仲裁制度发展的经验

粤港澳大湾区作为内地和港澳深度合作示范区，在"一国两制""三法域"特殊背景下，积累了丰富的纠纷多元解决机制实践经验。

### （一）粤港澳大湾区仲裁制度发展优势

粤港澳大湾区的不断发展，内地居民与港澳居民在就业、创业、投资、生活等方面的交流日益频繁，推动了粤港澳劳动、资本、信息等生产要素在大湾区内加速流动，大湾区内民商事交流增多，仲裁市场日益广阔。据

---

① 郭天武，中山大学法学院、粤港澳发展研究院教授，博士研究生导师；吕嘉淇，中山大学法学院博士研究生。

广东省司法厅数据统计，2020 年广东省各仲裁机构全年办结仲裁案件数约 47693 件，标的额达 1114.56 亿元，粤港澳大湾区内仲裁的发展具有明显优势。

第一，随着粤港澳大湾区的发展，粤港澳合作深化，民商事交流合作加强，民商事纠纷案件数量不断增长，司法资源紧张，单一司法诉讼难以满足民商事纠纷解决快速高效、成本低廉的需求，仲裁作为多元纠纷解决措施之一，相较于诉讼更为快捷、灵活，可以减轻日益增加的民商事纠纷给司法诉讼带来的压力。

第二，香港、澳门与内地法律制度不同，且商事规则、惯例也有所差别，粤港澳大湾区"一国两制""三法域"中规则的差异和冲突，加深了跨境民商事纠纷的不确定性，阻碍了跨境民商事纠纷的解决。而在仲裁中，双方当事人将纠纷解决的裁判权交给中立第三方，引导中立第三方在纠纷当事人选定的程序和规则内做出裁判，能有效解决粤港澳大湾区"一国两制""三法域"带来的法制冲突，提高民商事纠纷解决的效率。

### （二）粤港澳大湾区在仲裁制度完善方面积累了丰富的经验

全国共有上百家仲裁机构，其中广东省内有 19 家仲裁委员会，仲裁市场竞争相对激烈、竞争性强，是推动各仲裁机构通过不断完善自身仲裁规则和机构制度、增强自身吸引力的客观条件之一。

第一，粤港澳大湾区仲裁制度在对接港澳，探索仲裁国际化方面积累了丰富的经验。在高质量建设粤港澳大湾区、促进内地与港澳深度合作的背景下，在营造国际化、法治化营商环境的要求下，粤港澳大湾区各仲裁机构正不断探索港澳规则对接，提高仲裁的国际化水平。如深圳国际仲裁院大量引入境外仲裁员，其中境外仲裁员占比超过 41%，能够较好满足国际化法律市场的需求，提高了本机构国际法律服务水平，提高了自身的竞争优势，也提高了仲裁裁决在境外的认可度与执行率。据统计，深圳国际仲裁院的仲裁裁决在香港获得执行的数量仅次于部分香港仲裁机构。再如，广州仲裁委员会发布的《互联网仲裁推荐标准》，已获 20 多家境外仲裁机构签约认可，正积极推广"广州标准"。

第二，粤港澳大湾区在探索仲裁与调解、诉讼对接中积累了丰富的经验。《粤港澳大湾区发展规划纲要》中明确提出要支持粤港澳仲裁及调解机构交流合作，如广州仲裁委员会通过制定案件组庭前调解规则及调解员名册，加强了仲裁与调解的结合，在广州仲裁委员会立案后组成仲裁庭前，当事人可选择达成调解协议，由广州仲裁委员会予以确认，或调解不成再转入仲裁程序；深圳国际仲裁院与境内外专业调解机构合作，推出仲裁前调解优先推荐机制，大幅减免调解成功的仲裁案件收费，促进仲裁与调解对接。

第三，粤港澳大湾区正探索跨境商事纠纷多元化解决机制的现代化，深圳国际仲裁院与最高人民法院第一国际商事法庭有机衔接，共同打造"一站式"国际商事纠纷多元解决平台；粤港澳大湾区内多个仲裁机构正积极推进"云上仲裁"，促进纠纷解决的网络化、现代化，为纠纷双方特别是跨境双方的民商事纠纷解决提供便利。

### （三）粤港澳大湾区仲裁制度的改革创新具有制度保障

第一，中央关于粤港澳大湾区建设的顶层设计、政策创新为粤港澳大湾区仲裁制度的改革创新提供了重要指引和支撑。《粤港澳大湾区发展规划纲要》明确指出，建设粤港澳大湾区，在国家发展大局中具有重要战略地位，需要充分发挥港澳优势，创新完善各领域开放合作体制机制。党的十九届四中全会和党的十九届五中全会，均把高质量建设粤港澳大湾区作为支持香港、澳门更好融入国家发展大局，推进国家治理体系和治理能力现代化的重要内容之一。"十四五"规划提出积极稳妥推进粤港澳大湾区建设，加强内地与港澳的交流合作，推进珠海经济特区、深圳经济特区、深圳先行示范区、广东省自贸区等深化改革开放先行先试。

第二，粤港澳大湾区可根据《中华人民共和国立法法》规定，行使省、设区的市的立法权和经济特区立法权等多重立法权限，特别是经济特区的立法权，具有试验性和突破性，可对当前法律做出变通规定。珠海、深圳经济特区可适用经济特区立法权，对《中华人民共和国仲裁法》（以下简称《仲裁法》）做出变通规定，小范围先行先试探索仲裁制度的创新和改革，对接港澳乃至国际仲裁规则和标准，为粤港澳大湾区仲裁制度改革创新提供借鉴，再推动整个粤港澳大湾区仲裁制度改革创新立法，巩固仲裁制度

改革创新的成果。

第三，中央部分立法权限和行政权限下放，为粤港澳大湾区仲裁制度创新提供空间。如 2012 年全国人大常委会通过的《关于授权国务院在广东省暂时调整部分法律规定的行政审批的决定》，试暂停三年广东省内部分法律的实施，为我国授权粤港澳大湾区内暂停法律实施提供了经验。粤港澳大湾区仲裁制度改革创新也可以探索一条全新的路径，即通过全国人大常委会立法权限下放，暂停《仲裁法》等相关法律在粤港澳大湾区内的约束力，避免粤港澳大湾区推行仲裁制度改革事项与既有法律冲突。

## 二、粤港澳大湾区仲裁行业的现状与问题

多元纠纷解决机制的完善，是当前粤港澳大湾区内深化内地与港澳合作，营造法治化、国际化营商环境的重要内容之一。仲裁作为替代性纠纷的解决措施之一，当前正积极实现仲裁服务网络化，发展网络仲裁，提供电子证据固化、在线公证保全和网络裁判服务，突破地域限制，提高纠纷解决的效率，降低双方当事人解决纠纷的成本，进一步提高仲裁的效率以适应当前商事贸易高速发展的要求。然而，在当前仲裁蓬勃发展的背后，潜藏着监管不足等隐患，影响仲裁的发展。

### （一）行业保护的现象崭露头角

随着商业活动的不断发展，其对效率的要求也不断提高。格式合同可以降低交易双方拟定合同的交易成本，提高双方的交易效率，因此格式合同在商事交易活动中的应用越来越广泛。然而，格式合同有其高效的一面，也存在着有隐患的一面。当前，民商事格式合同多由谈判地位更强、信息掌握程度更高的一方制定，在格式合同中添加更有利于己方的条款，以巩固己方在交易中的利益及优势地位。

仲裁因其便捷性、高效性等优势，成为民商事纠纷多元解决机制中的重要环节，越来越多民商事合同中约定以仲裁方式解决纠纷，有效降低诉讼成本，节约司法资源。然而，当前民商事案件中，部分谈判地位更强、信息掌握程度更高的强势甲方，利用其资源优势，在格式合同中约定指定

的仲裁机构，选任本行业内仲裁员，使得仲裁中出现了行业保护的现象，影响了仲裁的公信力。

诸如银行的借贷合同、房地产开发商的开发合同等，多为格式合同，并在合同中列明了采用仲裁方式解决纠纷。部分金融、房地产行业巨头等作为强势甲方，在制定合同中要求适用仲裁程序，乙方地位天然弱势，难以更改甲方订立的格式合同，且部分乙方信息获取能力低，甚至不清楚适用仲裁或诉讼的区别，该仲裁协议的自愿性具有一定缺陷。当贷款合同、购房合同产生争议，按仲裁协议提交仲裁时，金融、房地产机构较倾向于选择金融业、房地产行业仲裁员，一方面，此类仲裁员更熟悉行业运作，专业性强，且更偏向于银行方、房地产开发商，形成仲裁内行业保护；另一方面，行业内部分仲裁员与强势甲方交流合作机会更多。仲裁内行业保护现象的产生，使得部分金融、房地产等行业内强势甲方通过适用仲裁程序解决纠纷，以公平的形式掩盖不公的实质，严重损害了仲裁的公信力。

### （二）少数仲裁机构和当事人有滥用仲裁权的倾向

仲裁权的滥用，一方面是指部分仲裁机构的领导班子滥用权力，通过选任、指定仲裁员等方式，影响仲裁程序的公正性；另一方面是指当事人滥用仲裁权利，利用仲裁恶意串通实现财产转移，损害第三人的利益，影响仲裁的公信力。

少数仲裁机构滥用仲裁权力影响仲裁公正性。近年来，仲裁体制机制缺陷和仲裁机构权力滥用问题引起社会广泛关注。部分仲裁委领导班子权力过于集中，可以掌握仲裁员参与案件裁决、决定案件仲裁员的选任和回避、指定案件首席仲裁员、延长仲裁期限、参与仲裁机构日常管理等重要权力，可以说仲裁机构领导对部分案件裁决结果起着决定性作用。但少数仲裁机构缺乏相应监督机制，权力过度集中容易引起权力的滥用和腐败，导致仲裁案件中发生利益输送情形，影响案件公正审理和裁决，损害他人利益。

当事人滥用仲裁程序影响仲裁公信力。为了解决"执行难"，各地法院加强打击虚假诉讼违法行为，避免当事人恶意串通实现财产转移，逃避执行。由于法院打击虚假诉讼的力度加大，使得行为人通过虚假诉讼逃避执

行的难度上升，转而选择通过恶意串通仲裁来规避法院对虚假诉讼、恶意串通的审查，以实现其违法目的，损害案外第三人利益或公众利益。我国不同仲裁机构之间存在竞争关系，少数仲裁机构为了仲裁费用而盲目争取案件的管辖权，对当事人是否恶意串通虚假仲裁不加审查，或明知当事人双方恶意串通，仍然受理案件，对不应实施仲裁的案件采用仲裁程序。根据我国《仲裁法》和《中华人民共和国民事诉讼法》（以下简称《民事诉讼法》）的规定，当事人向法院申请执行仲裁裁决的，除被执行人举证存在法定不予执行情况外，应当及时按照仲裁裁决予以执行。由于仲裁保密性强，仲裁中双方当事人恶意串通，虚假仲裁，侵犯案外第三人利益则更加隐蔽和难以觉察，其证据收集困难，人民法院对于虚假仲裁的审查也存在障碍。

## （三）粤港澳仲裁裁决互相承认，但执行效率较低

《粤港澳大湾区发展规划纲要》中明确提出了建设国际仲裁中心，为粤港澳经济贸易提供仲裁服务。当前粤港澳大湾区"9＋2"的仲裁裁决认可与执行主要基于《中华人民共和国香港特别行政区基本法》《中华人民共和国澳门特别行政区基本法》《最高人民法院关于内地与香港特别行政区相互执行仲裁裁决的安排》及补充安排，以及大湾区仲裁机构代表共同签署的《粤港澳大湾区仲裁联盟合作备忘录》，加强粤港澳仲裁的相互认可和执行，提高仲裁的执行效率。然而，由于内地与港澳客观上存在法律制度的差异，三地仲裁裁决的执行效率还有待提高。

内地仲裁在香港地区的认可与执行，主要还依据了香港《仲裁条例》，通过在香港提起普通法诉讼或内地仲裁裁决经原讼法庭审查许可，将内地仲裁裁决转化为香港本地判决。其一是在香港提起普通法诉讼，指申请人向法院提起违约之诉，起诉被申请人违反内地仲裁裁决，要求香港法院承认与执行内地仲裁裁决。一般来说，香港法院对内地仲裁协议仅进行形式审查，但近年来香港法院对于内地仲裁裁决的审查不断收紧，并展开部分实质审查，在承认内地仲裁裁决之外，给予了其他的执行救济。其二是内地仲裁裁决经原讼法庭审查许可，无《仲裁条例》中拒绝执行的理据，将内地仲裁裁决视为香港原讼法庭判决，进行强制执行，赋予了申请人与被

申请人上诉之权利。

内地仲裁在澳门地区的认可与执行，也依据了 2020 年 5 月正式实施的澳门新《仲裁法》。相对于内地《仲裁法》，澳门新《仲裁法》加强了仲裁与司法的衔接和良性互动，对仲裁的规制更加严格：一是规范了仲裁员的挑选和阻却程序，当事人对仲裁员挑选无法达成一致意见的可交由法院裁定；二是加强仲裁和司法的衔接，仲裁中可向法院申请协助证据调取，仲裁临时强制措施、仲裁裁决的强制执行或撤销均受法院审查监督。

不同于内地涉外仲裁申请执行仅需审查形式和程序要件，在澳门申请执行涉外仲裁，需要根据澳门《民事诉讼法典》规定由法院进行全案审查。澳门新《仲裁法》的实施体现了澳门特区对仲裁的严格规制，内地仲裁裁决在澳门申请执行也将受到严格审查，内地对仲裁监管的不足将影响粤港澳仲裁裁决互相承认与执行的效率。

## （四）粤港澳大湾区内港澳仲裁员占比较小

粤港澳大湾区内跨境民商事交往日益增多，跨境商事贸易、跨境投融资等跨境民商事纠纷的解决，对大湾区国际化法律服务水平提出了更高的要求。

加大对外籍仲裁员、港澳仲裁员的引进，一方面，可以学习借鉴外籍仲裁员、港澳仲裁员国际民商事纠纷解决的经验，及时了解国际商事规则和惯例的发展动向，提高粤港澳大湾区建设国际仲裁中心的进程，不断提高大湾区内仲裁机构国际化、专业化的纠纷解决水平。另一方面，仲裁员对于仲裁解决跨境民商事纠纷具有决定性影响，境外当事人也更倾向于选择外籍仲裁员、港澳仲裁员，因为他们对国际商事规则和惯例更加熟悉，语言交流更加顺畅，且具有相似的文化背景和价值观，外籍仲裁员、港澳仲裁员更容易赢得当事人的信任。

然而，当前粤港澳大湾区各仲裁机构对外籍仲裁员、港澳仲裁员的引进仍处于探索阶段。如深圳国际仲裁院，共有 933 名仲裁员，其中境外仲裁员有 385 名，占比超过 41%；珠海国际仲裁院，共有 591 名仲裁员，其中境外仲裁员 96 名，占比 16%；广州仲裁委员会，共有 2004 名仲裁员，其中境外仲裁员 160 多名，占比约为 8%。大湾区内其他城市仲裁委员会的仲

裁员名册中外籍仲裁员、港澳仲裁员更少。(如图1所示)

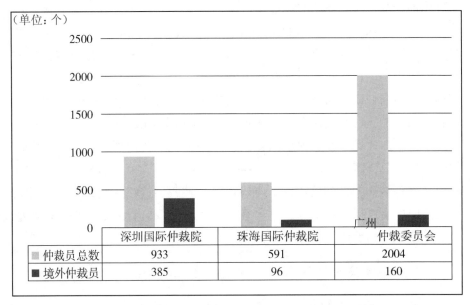

（单位：个）

| | 深圳国际仲裁院 | 珠海国际仲裁院 | 广州仲裁委员会 |
|---|---|---|---|
| 仲裁员总数 | 933 | 591 | 2004 |
| 境外仲裁员 | 385 | 96 | 160 |

**图1 2021年粤港澳大湾区内多个仲裁机构仲裁员统计**

（资料来源：深圳国际仲裁院官网、珠海国际仲裁院官网、广州仲裁委员会官网）

## 三、粤港澳大湾区仲裁现实困境的深层分析

近年来，仲裁的广泛适用离不开其本身合意性、保密性、便捷性强等优势，但过度强调仲裁的合意性、保密性、便捷性，成为当前仲裁现实困境的问题根源。

### (一) 仲裁合意与国家强制的矛盾

无论是内地《仲裁法》、香港《仲裁条例》、澳门新《仲裁法》还是通行的国际仲裁规则，均要求仲裁必须以双方当事人的合意与自愿为前提。

一方面，仲裁以双方当事人的合意与自愿为前提，是对私权的尊重与保护。民商事纠纷主要涉及双方当事人利益，私权性质较强，更应体现双方当事人的意思自治原则，将纠纷解决的主导权部分让渡给当事人本身，保证双方当事人在纠纷解决程序中的控制权，使纠纷解决不仅以"看得见正义"的方式进行，还以当事人可控的方式进行，提高其对该程序所得结果的接受程度，达到"案了事了"的社会控制效果。另一方面，民商事中更侧重于自由和自治，保证商人诉权和诉讼权利的自由行使，是保证商人在市场中选择自由的重要组成部分，通过商事自治来实现商事社会的进步和创造。

然而，若仲裁过分强调当事人的合意性，容易出现当事人双方恶意串通的情形，或在上述格式合同中，当事人合意申请仲裁解决纠纷的意思表示有瑕疵，从而忽略了司法在国家社会控制中的重要作用。仲裁与诉讼虽然在程序上是择一关系，但并不意味着仲裁与诉讼分离。当前仲裁和诉讼各行其是，不利于仲裁的发展，也不利于多元纠纷解决机制的构建。诉讼与仲裁衔接的背后是当事人意思自治和国家司法权力的界限厘定问题。在司法控制理念下，通过法律解决纠纷的司法程序属于最高层次的社会控制方式，仲裁是司法权力让渡，因而司法有权审查仲裁裁决效力。仲裁充分体现了当事人的自由和选择权，但需明确国家强制作为兜底保障纠纷解决的平等和正义，避免当事人仲裁权利和仲裁机构仲裁权力的滥用侵害他人利益。因此，规范仲裁，诉讼兜底，在当事人合意和国家司法权之间，需要把握好"度"，以保证仲裁与司法的良性互动。

### （二）仲裁保密与外部监督的矛盾

在国际民商事纠纷解决中，双方当事人对纠纷解决措施的保密性要求较高。一方面，出于保护商业秘密的考虑，避免具有重要商业价值的信息暴露在公众视野之中；另一方面，私密地进行民商事纠纷解决，能够使双方当事人避免外界的干扰，聚焦到商业利益博弈中，更灵活地提出解决对策，降低纠纷解决成本，保护双方商业形象。

然而，我国民事诉讼以公开审理为原则，以不公开审理为例外。尽管我国《民事诉讼法》规定，涉及商业秘密案件可依当事人申请不公开审理，一定程度上保护了当事人的商业秘密，维护了双方商业秘密的价值，但不公开审理需由法院审查批准，且仍需公开宣告判决，对商业秘密的保护有限。此外，公开宣告判决意味着将双方当事人纠纷解决对策公开，使双方

在利益博弈中还需兼顾外界舆论对自身商业形象之影响，不利于双方沟通与纠纷的解决。

仲裁以不公开为原则，以公开为例外。因此，作为诉讼的替代性纠纷解决措施，仲裁的不公开性使之成为双方当事人解决民商事纠纷的更优选择。以仲裁方式解决国际民商事纠纷，可为双方当事人提供一个高保密性纠纷解决平台，有效保护双方商业秘密、商业形象，提高双方沟通效率，促进民商事纠纷的解决。然而，也由于仲裁具有保密性强的特点，仲裁难以进行外部监督，加之少数仲裁委员会缺乏相应监督机制，使得部分当事人与仲裁员之间利益输送、少数仲裁员收受贿赂枉法仲裁、当事人恶意串通仲裁等对他人权益的侵害更加隐秘，破坏仲裁公平公正，也损害了仲裁的公信力。

此外，国际民商事仲裁体现出的高专业性，也加大了外部监督的难度，加强了仲裁的隐秘性，导致仲裁中行业保护现象频发。仲裁能够选择行业专家作为仲裁员，体现了仲裁法律与行业规则的高度衔接，突出了仲裁的专业性。然而，正是由于商事案件的高专业性，商事纠纷案件选择行业专家作为仲裁员，较为容易形成行业保护。特别是对一般公民与部分金融、房地产行业机构签订的格式合同进行仲裁时，公民处于弱势一方，难以发现、阻却仲裁员对行业的保护，更遑论外部监督的实现了。

### （三）仲裁便捷性与公正性的矛盾

效率价值是国际商事交易中的重要价值之一。仲裁实行一裁终局制度，其与诉讼相比，能更快地解决争议，减少纠纷解决的成本。仲裁程序因其高效性和灵活性备受民商事纠纷当事人的青睐。

国内民商事纠纷双方当事人更熟悉国内商事规则、惯例以及国家法律，其商事交易行为和预期多遵循国内制度，因而国内民商事纠纷双方当事人的仲裁程序，更多是出于仲裁便捷性、经济性和高效性的追求。由于跨境民商事纠纷双方当事人多处于不同的法域，在诉讼中或面临涉外法律适用问题，不确定性大，而仲裁程序的自主性、灵活性能提供给跨境民商事纠纷双方当事人共同选择确定的商事规则和法律，因此在跨境民商事纠纷解决中，双方当事人更倾向于选择灵活性高的仲裁程序。

基于粤港澳大湾区"一国两制""三法域"的特点，通过诉讼解决跨境民商事纠纷的成本高，存在法律查明困难等法律适用上的障碍。为了避免区际法律冲突和粤港澳三地规则冲突的不确定性给跨境纠纷解决带来的不可预测性，民商事案件中当事双方更倾向于订立仲裁协议，通过合意确定法律、商事惯例、行业规则的适用，更加便捷地处理民商事纠纷。

正如上文所述，双方交易中强势一方会通过制定格式合同，选择对自己更有利的仲裁机构、仲裁规则，弱势一方为了完成交易而向强势一方妥协，其对于仲裁规则适用的自愿性原则存在瑕疵。在当前司法实践中，一方当事人以商事格式合同中约定仲裁条款非完全合意或在签订合同时对方没有履行说明义务为由，申请法院裁定仲裁协议无效的，法院一般不予支持，裁定认为双方商事主体应当具有足够的理性，在自愿情况下签订合同。

此外，仲裁过度强调便捷、高效，也在一定程度上忽视了纠纷解决公平公正的需求。仲裁便捷性和公正性并非择一的关系，在保证仲裁便捷性的同时，还需要保证最低限度的公正，如不损害第三人利益和公共利益、保证双方当事人正当的意思自治等，加强司法兜底的意识，以司法审查的方式为仲裁注入公信力，也避免"案了事不了"而影响仲裁裁决的执行。

## 四、粤港澳大湾区仲裁机制完善的对策

如何规范仲裁，避免仲裁过度追求自愿性、保密性、便捷性而损害公众利益、减损仲裁的公信力、阻碍仲裁裁决的执行，是当前粤港澳大湾区打造内地和港澳深度合作示范区，推动国家治理体系和治理能力现代化建设的重要议题。

### （一）打破行业保护

对于仲裁制度而言，委任行业专家作为仲裁员，是仲裁专业性的体现，但也可能导致部分行业仲裁员在仲裁中形成行业保护，以公正形式掩盖不公实质，损害另一方利益。因此，如何保持仲裁专业性等鲜明优势和避免行业保护影响仲裁公正性，需要充分论证。打破仲裁行业保护现象，提高仲裁公信力，主要可以从强化格式合同中双方当事人合意的审查，以及扩

大当事人选择仲裁员的权利两方面进行。

第一，加强法院对仲裁程序的司法审查，主要是对格式合同仲裁协议的自愿性和合意性审查，若一方采取手段迫使另一方签订仲裁协议的，应当根据《仲裁法》第 17 条之规定，裁定仲裁协议无效；若仲裁程序中有明显违背社会公众利益的，法院也应当依法裁定撤销仲裁裁决。

第二，扩大当事人选择仲裁员的权利，为当事人双方提供更丰富的选择，可以打破仲裁中的行业保护。一方面，仲裁机构可以扩大仲裁员准入范围，引入更多的专业仲裁员，特别是加大港澳仲裁员的引入，提高境外仲裁员的占比，推动内地仲裁员在实践中学习先进的国际商事规则和商事惯例，紧跟粤港澳大湾区建设的步伐，不断完善粤港澳大湾区内跨境商事纠纷多元解决机制，营造国际化、法治化的营商环境。另一方面，粤港澳大湾区各仲裁机构在不断扩大双方当事人选择仲裁员的范围时，还可以推进不同仲裁机构仲裁员的交流学习，探索粤港澳大湾区内仲裁员共享名册、异地仲裁员的挑选，有利于打破仲裁的行业保护、地域保护。

此外，粤港澳大湾区各仲裁机构应继续丰富其仲裁员名册，不仅要引入更多专业的仲裁员，还可以丰富仲裁员名册蕴含的信息如专业背景、职业简历等内容，避免双方当事人在挑选仲裁员时因信息不对等而造成现实中的不公平情况。

## （二）规范仲裁员选任程序

为了弥补格式合同中弱势方选择仲裁自愿性缺陷，确保仲裁员公正独立，需要规范仲裁员选任、信息披露义务制度和回避等。

在规范仲裁员选任的程序方面，可以借鉴澳门新《仲裁法》规定，当存在可能导致对仲裁员公正性、独立性产生合理怀疑的情况时，当事人可以此为由阻却相关仲裁员，由仲裁庭做出回避决定。当事人对于仲裁庭驳回回避决定有异议的，可以请求法院做出裁决。另外，可借鉴英国特许仲裁员协会的规范指引，设置面试潜在仲裁员制度，赋予当事人双方面试潜在仲裁员的权利，通过面试来委任不具有行业保护倾向、中立性强、专业性强的仲裁员，这样既保持了仲裁的专业性特色，又降低了格式合同中仲裁协议合意缺陷给弱势方带来的风险。

在仲裁员的选任程序中引入法院审理裁决，以司法监督的形式保证仲裁员选任的规范性、中立性和公正性，有利于确保仲裁的公信力。法院对于仲裁回避裁决一锤定音，也有利于提高仲裁的效率，避免当事人双方为了仲裁员的选任陷入无休止的争议当中。

在规范仲裁员信息披露制度和回避方面，加紧完善仲裁员信息披露制度是仲裁员回避的重要保障。现行的仲裁制度要求仲裁员保证公正性和独立性，但在我国《仲裁法》中仅体现为仲裁员在与当事人有亲属关系或影响公正、与案件有利害关系以及收受礼物等情况必须回避。然而，在实践中，一方当事人对仲裁员回避理由举证能力有限，仲裁员名册体现的信息量不足，双方信息不对称。2014 年，国际律师协会修订《国际律师协会国际仲裁利益冲突指引》，将仲裁员与案件相关度以及可能做出不公正裁决的情况分为红色、橙色和绿色等级，并以清单的方式列明，对我国规范仲裁员信息披露制度和回避制度有重要借鉴意义。

（三）加强仲裁的管理和监督

加强仲裁的管理和监督，主要是处理好当事人合意与国家强制力之间的矛盾，促进仲裁与司法的良性互动。粤港澳大湾区跨境商事交流多，跨境民商事纠纷数量大，在加强仲裁的管理和监督过程中，不仅要处理好仲裁与司法的边界问题，还应当注意跨境民商事纠纷双方当事人对于仲裁机构、仲裁员的信任塑造，避免司法过度干涉仲裁，形成地区保护主义，以免不利于粤港澳大湾区跨境民商事纠纷多元解决机制的建立。

第一，明确司法监督仲裁的边界，避免司法过度干涉仲裁，降低纠纷解决的效率。当前司法从仲裁管辖异议、仲裁保全、撤销仲裁裁决三方面介入，一般而言，仲裁管辖异议涉及当事人自愿性，是仲裁正当程序问题，而仲裁保全和仲裁裁决强制执行较为容易牵涉虚假仲裁，可着重审查是否涉及第三人利益和公众利益。

第二，加强仲裁的内部监督，推动仲裁机构不断推进自我管理和监督，推动仲裁管理体制改革，建立仲裁决策与执行相分离的治理机制，防止仲裁机构领导班子权力过度集中从而滋生腐败。此外，司法机关也应当加强对仲裁的监督，借鉴澳门新《仲裁法》，探索司法监督前置到仲裁员的选任

程序，实现司法对仲裁的全流程监督保障。

第三，仲裁机构应当加强对名册内仲裁员的培训，除行业规范、法律法规等培训外，还应当加强对仲裁员职业道德的规范和教育，确保仲裁员在仲裁中的中立性、公正性。此外，仲裁机构还应当加强对仲裁员的监管和考核，完善仲裁员考核评比制度和退出机制，对于不符合要求、职业道德缺失、违反仲裁纪律、违法犯罪的仲裁员，应启动强制退出程序，避免仲裁员徇私舞弊、枉法裁决，影响仲裁的公正和公信力。在完善仲裁规范方面，可以参考法官责任制，建立仲裁员责任制度，追究仲裁员枉法裁决的民事责任、刑事责任，并将权责一致原则引入仲裁制度中。

### （四）完善临时仲裁制度

临时仲裁指纠纷双方共同指定特定人选组成临时仲裁庭裁决纠纷。一方面，临时仲裁的优势体现在低成本和灵活性上。仲裁机构的运行需要一定的成本，其主要体现在仲裁收费上，而相比常设的仲裁机构，如临时仲裁庭节省了常设仲裁机构的运行成本，因此收费更低。临时仲裁庭可以由当事人创设规则，灵活度更高。另一方面，临时仲裁可以避免部分常设仲裁机构滥用仲裁权力。正如上文所述，部分仲裁机构领导班子权力集中，对仲裁裁决结果影响大，导致仲裁案件中极易发生利益输送情形，影响仲裁的公正性。组成临时仲裁庭解决纠纷，可以避免常设仲裁机构对案件的过度介入，双方当事人能自由选择仲裁员，减少临时仲裁中的贪腐可能性。然而，临时仲裁具有双面性。在民商事纠纷中，强势一方在临时仲裁的仲裁规则制定、仲裁员选定等程序仍享有优势地位，甚至能通过主导仲裁规则制定、仲裁员选定等，影响临时仲裁之结果，削弱仲裁的公正性，损害一方当事人利益。

2016 年，最高人民法院印发《关于为自由贸易试验区建设提供司法保障的意见》（以下简称《意见》），在实质上肯定了临时仲裁协议的有效性，随后《横琴自由贸易试验区临时仲裁规则》《临时仲裁与机构仲裁对接规则》等规则发布，开启了我国对于临时仲裁制度的探索。探索完善粤港澳大湾区临时仲裁制度，需要继续扩大临时仲裁的积极影响，缩小临时仲裁的消极影响。一方面，根据《立法法》规定完善临时仲裁裁决的法律效力，弥补《意见》的效力层级的瑕疵，确保临时仲裁裁决能得到承认与执行，保证临时仲裁的灵活性和高效性；另一方面，明确仲裁机构有限介入临时仲裁的原则，仲裁机构对临时仲裁的管理应当是监督性、兜底性的，不仅要保持仲裁与司法的良性互动，还需要保持临时仲裁与仲裁机构的良性互动。

**参考文献：**

［1］曹兴国.裁判者信任困境与国际投资争端解决机制的信任塑造［J］.政法论丛，2021（3）.

［2］蔡志阳，陈辉庭，黎曦.融合发展：粤港澳大湾区仲裁制度的差异弥合——以临时仲裁制度落地珠三角九市为切入点［J］.中共福建省委党校（福建行政学院）学报，2021（3）.

［3］范愉.当代世界多元化纠纷解决机制的发展与启示［J］.中国应用法学，2017（3）.

［4］郭天武，吕嘉淇.粤港澳大湾区法治合作的立法路径［J］.地方立法研究，2020（4）.

［5］郭天武，卢诗谣."双循环"新发展格局的法治支撑与保障——以粤港澳大湾区建设为例［J］.特区实践与理论，2021（1）.

［6］何其生.国际商事仲裁司法审查中的公共政策［J］.中国社会科学，2014（7）.

［7］金鑫.论法国国际商事仲裁程序快捷与公正原则——兼及中国法的适用［J］.青海社会科学，2019（6）.

［8］吕嘉淇，陈雪珍.先行示范区视域下深圳国际商事纠纷多元解决机制探析［J］.特区实践与理论，2020（5）.

［9］廖雪钰.国际商事仲裁协议法律适用规则的最新发展——基于英国与新加坡的实证研究［J］.商事仲裁与调解，2021（3）.

［10］毛晓飞.仲裁的司法边界：基于中国仲裁司法审查规范与实践的考察［M］.北京：中国市场出版社，2020.

［11］谭国戳，刘琦，陈晓冰.粤港澳大湾区多元仲裁机制的融合与联通——以中国南沙国际仲裁中心为例［J］.法治论坛，2021（1）.

［12］田雨酥.财富最大化理论在国际商事仲裁中的适用［J］.武大国际法评论，2021（3）.

［13］汪祖兴.仲裁监督之逻辑生成与逻辑体系——仲裁与诉讼关系之优化为基点的渐进展开［J］.当代法学，2015（6）.

［14］杨凯.论公共法律服务与诉讼服务体系的制度协同［J］.中国法学，2021（2）.

［15］周丽.当前仲裁员制度的不足与完善［J］.人民论坛，2016（17）.

［16］张志.仲裁立法的自由化、国际化和本土化——以贸法会仲裁示范法为比较［M］.北京：中国社会科学出版社，2016.

［17］张圣翠.仲裁司法审查机制研究［M］.上海：复旦大学出版社，2020.

# 粤港澳大湾区规则衔接模式研究：基于自贸区视角

谌　鹏　周　灵①

建设粤港澳大湾区，是国家主席习近平亲自谋划、亲自部署、亲自推动的国家战略。2019 年 2 月，中共中央、国务院印发《粤港澳大湾区发展规划纲要》，为粤港澳大湾区的发展做出了整体规划。然而，粤港澳三地政治体制差异大，经济开放程度各不相同，为三地协同发展的政策落地增加了难度，使得粤港澳大湾区的融合发展缓慢，各地常有发展定位重复，出现不良竞争的苗头。

深圳前海作为深圳创新发展的试验地和桥头堡，承担了各项改革试点任务，是对外开放程度最高的地带之一，吸引了众多港资企业入驻。尤其是深圳前海在金融服务、现代物流、科技创新、信息服务等方面进行了各项制度创新，为香港企业进入内地市场提供各种服务支持。深圳前海持续的制度创新和制度优化，将在粤港澳大湾区制度对接中发挥重要作用。

2020 年受新冠疫情影响，在全球经济收缩、下滑，以及中美贸易摩擦升级等多重压力下，粤港澳大湾区急需加快发展进程，进一步深化改革，扩大开放，探索粤港澳大湾区协同发展的实施路径，落实各项规则协调与对接，以促进湾区要素流通，发挥湾区城市的集群优势，建立与国际接轨的开放型经济新体制，刺激区域经济协同发展。

---

①　谌鹏，博士，副教授，深圳市大湾区金融研究院执行院长、首席研究员；周灵，博士，深圳大学中国经济特区研究中心博士后，深圳市前海创新研究院副研究员。

## 一、深港规则衔接的背景

大湾区是滨海经济形态的重要载体，大湾区经济的高速发展离不开法律法规作为其支撑和保障，大湾区范围内其相关法律规则衔接和制度对接是整个湾区协同发展过程中的重要组成部分。然而，粤港澳三地在政治、经济、社会体制上均不相同，制度规则差异之大远胜于其他世界级湾区城市间的差异，如纽约湾区、旧金山湾区和东京湾区，这对粤港澳大湾区规则衔接和制度对接提出了更高的制度创新要求。

由于历史原因，香港和澳门目前实行的是资本主义制度。尤其是香港，作为经济高度自由、开放的地区，以及全球著名的自由港，其在关税、外商投资、外汇进出、服贸交易等方面的政策规则极其自由，与内地形成鲜明对比。作为单独的特别关税区和自由港的香港与澳门，早已与世界经济和全球一体化紧密联系，是名副其实的国际化城市。

广东作为改革开放的先行地区，虽然经济规模已位列粤港澳大湾区之首，但仍然处在实现国际化过程之中。前海作为深圳的改革试验点，在2012年国务院批复前海22条先行先试政策的支持下，在税收、外商投资、人才引进等方面制定了突破性的特殊改革政策，颁布各项补贴优惠政策，旨在不断吸引港人北上投资和生活。然而，相比之下，前海的政策设置条件繁多，优惠力度有限，其经济社会的开放程度远小于香港本土，因此大量港人仍然不愿意将其业务带来前海发展。在专业服务方面，由于各项规则对资质规模等方面的限制，使得港籍专业服务人士无法与内地人士进行同台竞争，无法获得足够的业务量使其愿意留在前海持续发展。

放眼全球，粤港澳之间没有形成像欧盟各区域之间人流、物流、资金流、信息流等发展要素全面融合为一体的经济体系，更没有形成像世界级湾区那样社会、文化、生活一体化的社会体系，碍于各类规则制度的限制，粤港澳大湾区的融合发展一直停滞不前，在关键领域的开放与合作进展也十分缓慢。然而，这些差异并非不可协调，相反，在"一国两制"的框架下，港澳先进的经济发展制度和社会管理经验是值得广东借鉴学习的。为推进粤港澳大湾区经济社会一体化，促进内地开放型经济的发展，粤港澳大湾区规则衔接与制度对接的需求迫在眉睫。

　　本文通过文献整理和实地调研，针对粤港澳大湾区的发展现状、制度衔接中存在的问题，聚焦深圳前海的各项措施和规则，重点探讨前海在粤港澳大湾区规则衔接中可以发挥的作用，探索粤港澳大湾区制度衔接的方式以及融合发展的路径。

## 二、粤港澳大湾区规则衔接的主要模式

### （一）现有规则衔接模式分析

#### 1. 前海模式：先行先试

　　2010 年，在深圳经济特区成立 30 周年之际，国务院批复同意前海总体发展规划，前海成为"特区中的特区"，承载着"依托香港，服务内地，面向世界"的使命，发挥先行先试的重要作用。作为综合性的深港现代服务业合作区，前海在服务贸易、金融开放、科技创新、人才流动、法律合作等方面与香港进行全方位的规则衔接，在推动产业高质量发展、促进港澳与内地深度合作、支持港澳融入国家发展大局中发挥了重要作用。

　　前海逐步形成了"1 + 3 + 7"政策体系，即"1 个总体方案、3 个分领域若干措施或行动方案、7 个产业政策实施细则"。其中，"1 个总体方案"是指《前海贯彻落实〈关于支持深圳建设中国特色社会主义先行示范区的意见〉的行动方案》作为促进粤港澳大湾区一体化建设的总体指挥方案。"3 个专项措施"中，一是出台《关于支持港澳青年在前海发展的若干措施》及实施细则，为港澳青年在前海实习就业、创新创业以及生活发展提供服务保障的各类扶持奖励资金安排使用；二是制定《前海落实〈粤港澳大湾区发展规划纲要〉法治建设行动方案（2019—2022 年）》，根据该方案内容，到 2022 年底，深圳前海将基本建成与开放型经济相适应的规则框架，形成国际一流的法治化营商环境，打造成为国际法律服务中心、国际商事争议解决中心、知识产权保护高地，率先建成深化依法治国实践的先行示范区；三是制定《前海深港现代服务业合作区企业归巢三年行动方案（2019—2021 年）》，促进前海深港现代服务合作区注册企业回归前海扎根，

加快产业集群、人才集聚，更好打造粤港澳大湾区国际化城市新中心。"7项实施细则"则主要是为了加强政策的可操作性，确保执行效果，前海出台了一系列详细的配套措施，涵盖青年创新创业、产业发展等各个领域。

香港作为传统国际化服务业中心，其国际化发展经验和做法已经十分成熟，这对于前海而言有非常高的借鉴价值。从城市规划来看，前海学习了香港方面优秀的空间密度和土地空间利用程度；从部门机构设定来看，前海效仿香港特区政府部门的设立形式，设立了包括前海管理局、前海廉政监督局在内的行政机构；从法律方面来看，目前全国11家粤港澳联营律师事务所有7家落户前海，华南地区独有的两家外国律师事务所——美国布林克斯律师事务所和斐锐律师事务所也在前海设立了代表处；从金融方面来看，深港通运作顺畅，在提升香港交易所上市企业活力的同时，也进一步完善了内地股票市场的定价机制；从科技创新来看，前海为港澳青年创业提供了丰厚的创业资金、补贴支持等。前海也在促进深港两地的人才跨境流动上做出了不小的努力，包括深港两地的交通、政策支持等。

### 2. 横琴模式：飞地经济

2017年出台的《关于支持"飞地经济"发展的指导意见》，制定《粤港澳大湾区合作发展"飞地经济"的指导意见》，重点理顺澳门和珠海横琴新区、广州南沙新区、中山翠亨新区和江门大广海湾经济区等粤澳合作重点区域的管理机制和分享机制。对于具备条件的已合作区域，研究将过去"新区主导、澳门配合"调整为"协商规划、澳门管理、税收共享"模式，促进各种资源要素和澳门管理模式向合作园区的流动和传导。

横琴岛采取的"飞地模式"最初是因为澳门大学的旧校区不敷使用，澳门向珠海租借横琴岛1平方千米土地，用于澳门大学新校区的建设，由全国人大常委会授权澳门对设在该块土地的澳门大学新校区实施管辖，适用澳门法律，交通、网络、治安等均由澳门方面负责。该"飞地模式"为当下现行的飞地制度设计出了大致的轮廓，即在取得中央政府同意的大前提下，由承租方向当地政府租借，在租期内由承租方管辖，实施承租方法律，包括网络、治安等在内的公共服务，飞地内外实行一定形式的隔离管理等。

总体而言，飞地模式主要体现在四个方面的探索和实践：一是基础设施的建设，为澳门产业的多元发展提供基本的条件；二是积极配合澳门

"一中心、一平台、一基地"的建设；三是围绕自贸区改革创新，为澳门－横琴发展提供优良的营商环境；四是拓展合作领域，推动澳门产业协同。"飞地模式"为拓展粤港澳大湾区的合作提供了探索价值，但也存在着一定的局限，需要克服。

首先，飞地本身的功能单一。大湾区现有飞地为边检之用，如深圳口岸港方口岸区，及香港西九龙站内地口岸区，居住和生活的功能较弱，即使是澳门大学新校区，其功能相较于一般的居住区而言，仍相对单一，这使得相对应的管理制度也较单一。但当下设想的飞地模式，面积和人口规模都相对较大，功能需求更为多元，相应制度的要求也更高。

其次，飞地与周边地区完全隔离。目前飞地采用禁区式管理，无法直接出入，这种严格的区域制度阻碍了周围居民与该地人员的自由流通，对于经济发展的推动作用较弱。

### 3. 河套模式：边境共建

河套地区占地 87 公顷，原属于深圳市的行政区域。从地理位置来看，河套地区本身为深港两地边境地区，具备连接深港两地的地理优势，是大湾区视野下深港科技合作的突破口。1997 年 7 月 1 日颁布实施的《中华人民共和国香港特别行政区行政区域图》（中华人民共和国国务院令第 221 号），深圳河治理后，以新河中心线作为区域界线。原来位于深圳市行政区域的河套地区纳入香港特别行政区的范围。2008 年 3 月，"深港合作会议"下辖的专责小组同意深港两地以"共同研究、共同开发"的原则，共同开展河套地区发展的综合研究。

2017 年初，香港特区政府和深圳市人民政府签署了合作备忘录，计划将面积约 1 平方千米、原属深圳的落马洲河套地区发展为港深创新及科技园，以科创为主体，建立重点科研合作基地，以及相关高端培训文化创意和其他的配套设施，目标是吸引国内外顶尖的企业、研发机构和高等院校进驻河套，进一步强化产学研的合作。

相比于前海，河套地区的定位则是深港创新科技合作区，以科技创新为主体，但香港的经济结构中现代服务业的比重占到 95% 以上，因此高新技术产业、文化产业、创意产业的占比非常小。河套地区的核心价值是协助香港特区做价值链的延伸，辅助香港做全球的价值链布局，尤其是面向

内地做价值链布局。

### （二）内地与港澳规则衔接的进展和问题

#### 1. 人员流动方面

鼓励港澳青年到前海就业和创业，是加快粤港澳三地创新要素流动的关键。以深圳前海为例，2019年2月，前海出台了多项支持港澳青年在前海发展的措施，以推动港澳青年在前海聚集发展，促进香港、澳门融入国家发展大局，主要包括：境外人才税收补贴政策、初创企业办公场地支持和专项资金扶持、提供人才住房保障政策、专业服务业税收补贴政策、大湾区律师执业考试、联营律师事务所，以及前海降低香港专业人士在前海执业的准入门槛，包括香港会计师、律师、税务师以及建筑、结构、屋宇装备、工料测量、园境、建筑测量、社工、房屋经理等20多类香港专业人士等的各项措施。从大湾区内部之间的人员流动来看，仍存在以下五个方面的阻碍。

（1）政策性因素。从政策层面来看，内地方面的政府为港澳青年来粤创业提供了非常多的政策优惠，包括租金补贴、行政流程简化等一系列便利措施，但从政策落实的实际情况来看，结果并不十分理想。其一，优惠补贴申请的宣传并不清晰，往往以政策性文件颁布，但对于实际申请时可能遇到的问题缺少清晰的指引。很多申请优惠补贴的人员无法充分了解优惠政策申请信息，也无法确定自己是否符合资格。从效率来看，并没有达到预期的效果。其二，优惠补贴政策的周期缺少预期，虽然优惠补贴政策的周期往往通过"先缴后补"的原则执行，但申请人无法预计补贴退还的时间，这对于创业团队来说是十分致命的，初创团队的现金流往往十分紧张，竞争也十分激烈，一旦错过市场竞争的黄金期，优惠补贴也会失去应有的意义。其三，补贴政策调整频繁，造成申请人无法预测补贴的更改与变化，造成申请人大量的成本浪费。其四，补贴扶植政策导向性不够明确，部分政策补贴门槛过高，导致很多企业实际无法享受到政策性的优惠。以前海为例，深圳前海普华永道商务咨询有限公司在深圳前海有200多名常驻员工，是目前在前海注册并在前海实地经营的专业服务业企业中规模最大的，却未能达到企业总部入驻的政策奖励门槛。

（2）跨境资金流动的成本和配套设施不完善致使港资企业落粤意愿较低。港资企业对于大湾区内在外汇管理领域改革创新抱有较高的期望，但实质进展与预期之间有不小的差距。港资企业的海外客户较多，对于跨境资金流动需求较大，但从实际来看，海外资金转入换汇等操作仍会花费大量的会计成本和时间成本。从硬件设施来看，大湾区提供了相对完善的基础设施、园区建筑等；但从软件设施来看，由于缺少相应的国际网络通道，企业仍需要花费额外的资金用于使用国际网络。

（3）在粤港资企业定位。除全球招聘性企业外，在粤港资企业往往以设立代表处或分公司的形式招聘本地工作人员，但这类企业在香港注册的公司专门负责在岗的商务业务，更偏向招聘香港本土人员从事香港方面的业务，较少出现内地招聘派往香港的情况。

（4）薪酬差距大及专业资格互认障碍，对专业服务人才吸引力有限。以金融保险、法律、财务、医疗等专业服务性行业为例，这类行业在香港的薪资水平远远高于内地同类行业的水平，并在一定时期，粤港两地很难实现薪资水平接近，因此这类行业的从业人员来粤就业意愿较低。对于其他行业，很多香港地区的从业者基于对行业前景的担忧，不愿意选择到粤工作。内地的雇主也会因为用工成本而不考虑就一般岗位聘请香港职员。同样，专业服务的资格互认也是阻碍港澳专业人才到粤发展的又一障碍，很多持有一地专业资格证的职员不得不再付出额外的时间和精力成本再次获得专业资格证。

（5）平台和机遇差异。香港依靠国际市场，发展平台较多。香港作为国际会议及展览中心，每年举办数量众多的高级别会议，有非常多的机会可以参与学术交流、业界交流。相较之下，内地的国际会议资源较少。

**2. 资金流动方面**

资金跨境自由流动是区域经济发展的基石，也是粤港澳大湾区在融合发展过程中的重要一环，肩负着打通三地经济血脉、为粤港澳大湾区长期发展提供持续稳定资金支持的重任。《粤港澳大湾区发展规划纲要》（以下简称《规划纲要》），明确提出粤港澳大湾区要建设国际金融枢纽，发挥香港在金融领域的引领带动作用，巩固和提升香港国际金融中心地位，有序推进金融市场互联互通。《规划纲要》中有关大湾区金融的基本亮点在于要

素市场的互联互通，尤其是人民币的跨境使用，强调了香港作为离岸人民币中心的地位，鼓励大湾区内人民币的跨境投资及使用，包括发行跨境人民币基金、理财及保险产品，以及人民币计价风险管理工具、绿色人民币债券等。

粤港澳大湾区金融领域的制度衔接主要涉及两个方面：一个是包括货币市场、资本市场、外汇市场、黄金市场和保险市场等在内的金融服务市场的制度衔接，另一个是跨境资金流动的制度衔接。但就目前的情况来看，粤港澳大湾区现有三种不同货币、三种汇率体制、三种资本流动管理方式，三地金融体系差别巨大，三地金融体系的发展程度差距也相对明显，尚未建立通行于粤港澳三地的金融行业监管规则和标准，特别是统一金融规则、公文报送标准、客户信息数据库等；大湾区内部金融基础设施没有完全联通，征信数据不能互认互享，金融资源自由流动的制度性成本较高。

（1）三地之间的金融服务合作往往是个别金融产品或市场之间的合作，金融市场的合作呈现分割化的特点。粤港澳大湾区金融制度的改革创新和衔接仍处于试点化的阶段，覆盖面和影响力都相对有限。就金融产品及服务互联互通来看，虽然目前"跨境理财通"、"开展公募 REITs 试点和基金互认"、深港通、债券通等金融产品和服务推动了粤港澳三地之间金融的互联互通，但机制都未成熟。2020 年 6 月 29 日，中国人民银行、香港金融管理局及澳门金融管理局发出联合公告，决定在大湾区开展双向跨境理财通业务试点（理财通），让包括香港、澳门和广东省内 9 市居民可在大湾区跨境投资区内银行销售理财产品。从保险业来看，香港服务提供者在内地设立保险机构，公估机构经营年期要求也与内地同业标准相同，降低了香港服务提供者的准入门槛。从债券市场看，2019 年内地保险公司可以在港澳市场发行巨灾债券，同时放宽港澳设立特殊目的的保险公司限制。这些措施都进一步开放了三地之间金融产品的联通，但都处于逐步放开试点性的阶段，并非根据金融行业整体做出协调和架构，因而三地之间金融服务的开放规模和政策制定仍有较大的提升空间。

（2）大湾区内部缺少统一通行的金融制度，粤港澳大湾区三地之间的金融制度缺少体系化、制度化的衔接。粤港澳大湾区对三地之间金融联通的风险监管也面临新的挑战，中国人民银行、香港金融管理局及澳门金融管理局分别监管三地的金融市场，三者对金融市场的监管态度和范围有所差别。例如，香港特别行政区对金融市场的运作原则倾向于不干预的态度，以尽力提供有利的营商环境为前提，对于外汇也没有限制。相较于香港，内地方面对于金融市场的监管仍保持较为谨慎的态度。粤港澳三地之间的金融联通也存在一定的风险，主要体现在：一是跨境资金流动风险加大，如包括虚假贸易在内的跨境资金流动异常等；二是互联网金融方面的法律法规不健全，内地现有法律在准入机制、信息安全、金融消费者保护等方面还存在较多空白领域。

### 3. 货物流动方面

粤港澳大湾区拥有世界上最大的海港群、空港群以及高速、轨道系统等快速交通网络，在《内地与香港关于建立更紧密经贸关系的安排》（CEPA）和一系列利好政策的刺激下，内地与港澳的经贸往来持续升温。以深圳前海为例，近年来前海在物流服务方面发展了各项制度，以进一步放开海关货物流通限制，包括推进深港跨境通关合作，采用陆路"跨境快速通关"和先入区后报关模式，打通前海综合保税区货物经皇岗、深圳湾口岸进出香港的跨境物流直通通道；建立"前店后仓"运作模式。对"店"在香港"仓"在前海综合保税区的企业货物，实行入区货物直接由区内检验检疫机构受理报检、出区货物"集检分出"检验检疫监管模式，确保货物便捷通关；前海综合保税区推出"海运国际中转分拨集拼中心""离港空运服务中心""保税＋社区新零售"三项改革措施，进一步整合粤港澳大湾区物流资源，以降低物流成本，提高通关效率等。

然而，根据调研反馈，在货物流动方面仍存在以下主要问题：首先，品牌确权障碍影响运输时效性。在前海综合保税区"前店后仓"的运作模式下，香港门店对物流公司的运输时效要求特别高，一般而言，按香港店铺补货需求，货物需在前一天下午从综合保税区仓库出发，晚上必须到港以安排第二天早上的门店配送。然而，前海综合保税区货物从部分深圳港口出发时，会遇到查验知识产权授权的障碍。为通过海关知识产权审核，通常需要多花3～4个工作日处理品牌确权问题，从而大大影响物流时效。

其次，对两头在外的"一线"货物运输，申报程序过于烦琐。作为奉行贸易自由的城市，香港海关报关系统"贸易通"十分简捷便利。货物进

出香港均采取 14 天内报关的方法，货物先行，申报后于 14 天内补上即可。报关项目简洁，只需报原产国、价格、品名等项目。作为自由港的香港，货物进出无须缴付任何关税，只需缴纳微薄的进出口报关费，每张进出口报关单的报关费上限为 200 元。香港海关主要透过审阅文件，如舱单，对所有经由航空、陆路或海陆进出香港的货物做出管制，货物查验一般以抽样形式进行。相比之下，深圳海关报关程序非常烦琐，以鞋服类货物为例，根据海关政策，报关时需按每件物品的不同款式、成分等所对应的海关编码（HS code）来申报。每个编码对应的报关单有 50 多项内容，一批货物往往需要填写一叠报关单，非常耗费时间和人力。粤港澳大湾区的物流过境提速需要多方口岸的合作与配合，需统一各口岸清关报关政策和查验货物方式，以便利物流公司将货物运送至香港，发挥香港作为外国与内地的转口港作用。

## 三、深化与港澳规则衔接的建议

### （一）前海探索"先行先试＋飞地治理"新模式

在前面我们讨论了珠海横琴模式、河套模式和前海模式，上述三种模式各有特色。

（1）珠海横琴"飞地模式"。即由全国人大常委会授权澳门拥有关闸以北地段土地上的管治权，用于建设澳门大学新校区，该土地范围内适用澳门法律，交通、网络、治安等均由澳门方面负责。

（2）河套地区"深港合作模式"。国务院在 1997 年香港回归日颁令，规定河套地区"业权归深圳，管理权属香港"。深港两地 2017 年签订的备忘录正式确认河套区为香港属地，并发展落马洲河套区"港深创新及科技园"。同时，深港双方达成"共同开发机制"，由香港方负责建设和运营香港科技园附属公司，但在公司内部共同成立联合专责小组，深港各出若干名董事，就科技园发展提供意见，董事会主席由港方委任。此外，香港也将支持深圳开发深圳河北侧毗邻河套地区的相关区域，双方优势互补，共建"深港科技创新合作区"。

（3）前海模式。与上述两者不同，前海与港澳并无地理上的连接点，在与港澳合作方面，确实无法从地理位置上获得优势。前海的发展重点为深港现代服务业，以此为中心，逐步吸纳香港先进的管理和服务经验，对接香港的机制和规则，以达到与香港在机制和规则上的共融和协同发展。

在此背景下，结合分析前海在发展模式上的利弊，同时分析横琴与河套发展模式的优缺点，有以下几点建议，可以为前海未来发展模式提供路径参考。

首先，充分运用"飞地模式"的优势，避开短板，考虑将前海打造为深港现代服务业合作的飞地。

在大湾区的框架下，飞地除了单纯地觅地建屋的作用外，其目的和功能实际上更高。大湾区发展的核心要素，是各项因素的自由无障碍流动，但目前，前海的科创项目、科创资金、科研数据、金融信息等许多要素的"跨界"一直都存在瓶颈。飞地具有"内地所有、香港管辖"的天然优势，为打破"跨境"瓶颈提供了新的思路。以现代服务业为中心发展的前海深港合作区，对于信息和人员的跨界流通需求是巨大的，只有信息和人才实现自由流通，才能为服务业提供准确及时的咨询，为企业发展提供广阔的空间。只有从根本上打通机制和规则的壁垒，"飞地经济"才能得以发挥特长。

与此同时，作为飞地的"前海"可以作为储存"跨境"信息数据的中间地带，满足促进深港两地科创经济发展所需的基础设施，以及其他产业发展的需要。同时，已有飞地特征的前海可以作为深港两地发展的中间缓冲地带，成为大湾区协调机构与合作机构的所在地，进一步成为深港两地的连接点，打通深港两地。由上述可知，从地理位置上看，前海并没有关口与香港连接，交通的不便利极大地阻碍了港人来前海工作、生活的意愿。

由前文可知，现有的"飞地模式"存在各种短板，因此前海若要发展"飞地模式"，需及时避开短板。

首先，避开飞地"功能单一"的弊端。飞地最早的用途，是为了通关便利，最好的例子便是深圳湾口岸的飞地，即2006年，香港获授权对深圳湾口岸港方口岸区管辖，明确在港方口岸区内"依照香港特别行政区法律实施管辖"。另一个明显的例子是位于香港西九龙高铁站的"一地两检"地

段，虽然从物理上看，该地仍在香港辖区内，但该地域深圳关口区域适用内地法律，由内地根据相关海关口岸规则制度进行管理，香港法律在此区域内不适用。澳门租借横琴关闸以北的地段，也仅用于建设澳门大学新校区，功能相较于一般居住区而言也是单一的，管理制度也比较简单。然而，若要从经济、社会、生活全方位相融合，单一功能的飞地并不能满足此要求。因为，前海若要发展为飞地，须向着综合性功能的"飞地模式"发展，建设"多元化"的飞地经济。作为中国飞地经济的首创，深汕合作区已然是一个成功经验。然而，深圳和汕头同属一个法系，同属一个行政管理单位，即广东省人民政府，因此在发展中的阻碍远小于前海将面临的困难。

其次，避开飞地与周边地区完全隔离的做法，使飞地能与周边地区进行充分交融。现有的跨境飞地模式，仍然采取将飞地与周边地区完全隔离的方式，采用禁区式管理，无法直接出入。这种严格的区域制度阻碍了周围居民与该地人员的自由流通，对于经济发展的推动作用较弱。横琴"飞地模式"更多体现出的是土地的租用价值，由于该地块使用封闭性较强，澳门特区政府在该地块的发展中起着重要的主导作用。前海的发展则自始至终都是由深圳市政府主导的，从这点来看，前海地区发展模式的规划仍应保持在深圳市政府的主导下，在借鉴飞地模式上，需充分发挥前海"先试先行"的优势，进一步突破机制和规则以及地理上无连接的障碍。在发展"飞地模式"过程中，做到让前海与深圳其他地区进行充分的融合，对人员和信息的自由流通不做过多限制，从而实现粤港的真正交融。

作为发展综合性飞地模式的第一步，前海可以参考河套地区的"深港合作模式"，建立深圳和香港的"共同开发机制"。可在香港特区政府和深圳前海的合意下，深港两地签署"合作备忘录"，共同设立统筹前海开发的"法定机构"，经此机构共同开发前海的各个功能区。统筹前海开发的"法定机构"，可参考香港特区政府在河套地区设"港深创新及科技园有限公司"的做法，在机构内实行董事制，董事局共设10名董事，深方和港方各提名一半董事人选，主席由深方代表出任，待决问题以过半数票决定，票数均等时主席拥有决定投票权。通过深港共设"法定机构"的做法，在前海开发建设过程中，可充分吸纳香港的建设团队和管理团队意见，打造属于前海发展的"先行先试＋飞地治理"模式。

　　作为建设飞地经济的第二步，可以通过设立准入清单的模式，针对特定的行业领域，允许香港特区的行政部门和行业机构在前海地区设立分支机构，对特定行业领域发展进行长期有效的指导，并同步运行香港的各项行业规则，充分发挥香港部门机构在特定行业领域中的管理功能。

　　前海的现代服务发展不是孤立存在的，与社会生活相关配套设施十分重要。作为第三步，前海应积极与香港方面的政府部门机构协商沟通，争取深港两地共同设计一套兼顾两地特征的经济社会机制，在前海的牵头下，逐步发展出一套"深港共治"的飞地管理模式，在前海全区域和领域内，逐步放开和全面借鉴适用香港的税收、医疗、教育、社区服务等机制，从机制上消除深圳和香港的界限，创造深港的机制连接点，为粤港澳大湾区经济协同发展开创新的篇章。

## （二）推进港澳规则衔接的建议

### 1. 人员流动方面

　　（1）运用科技手段简化通关手续，加快通关速度。从欧盟区域协调发展的经验来看，构建高标准规则确保要素跨境自由流通是解决人员跨境流通障碍的第一重保障。在人员流通方面，欧盟内部成员国之间的人员流通基本不存在任何地理性和政策性的限制，自由迁徙是成员国居民的基本自由。《欧盟运行条约》第 20 条规定具有欧盟成员国国籍的公民同时也获得欧盟公民身份，可在欧盟境内自由迁徙，包括无须签证的自由通行权、短期居住权以及跨境工作、求职、经营、求学者的长期居住权和超过 5 年跨境居住者的永久居留权。欧盟还规定了长期跨境居住者的国民待遇。通过《申根协定》，欧盟确保申根国取消相互之间的边境检查，并确立统一外部边境控制标准。在物资流通方面，欧盟致力于全面简化通关程序。欧盟通过制定和实施 3 部海关法典取消内部关税，通过电子海关系统建设简化和统一海关手续，实现数据在成员国海关和其他边境部门之间的共享与交换；制定了"单一接入点"框架，确保报关人员能在单一电子界面处理所有与海关相关的业务。

　　粤港澳之间的跨境人员流动，催生出一个特殊群体——跨境上班人群，每天约有 4 万人在深圳和香港之间跨境上班，其中住在内地的跨境上班人士

大多集中在深圳。通过探索在各个口岸利用大数据、互联网、人脸识别等先进技术，为符合条件人员提供绿色通道和无感通关的服务，提高跨境人员的通关效率，进一步提升粤港澳三地人员流动频次，使得通关便捷性进一步提高，使"大湾区人"的概念逐渐成为现实。

珠海横琴是广东省自贸试验区三大片区之一，通过制度创新和技术应用，逐步实现了口岸24小时通关、澳门单牌车通行、跨境办公试点、跨境班车等，吸引越来越多的澳门人前去就业和居住。截至2019年11月底，在珠海参加社保的澳门居民达到3223人，澳门人在横琴购置的各类物业超6000套，在珠海就业的澳门人有607人。通过人员的密切往来，琴澳之间正进一步推动产业协同进程，截至2020年7月，落户横琴的澳资企业达到2030家，其中2019年新增澳资企业651家，较2018年底增长46%。近期，横琴新口岸也启用旅检功能，集成诸多新数字技术，实现一分钟通关，进一步提高便利性。

（2）交通网络的完善赋能。"大湾区人"的出现，离不开正在大手笔打造的大湾区主要城市"1小时交通圈"。2018年广深港高铁香港段和港珠澳大桥的开通，有效促进了人员流动，尤其加强了珠江东西两岸的互联互通，实现了香港融入内地高铁网络。目前，粤港澳大湾区交通基础设施建设进入密集期，南沙大桥已经通车，还有深中通道、赣深高铁、广汕高铁和广湛高铁等重要内联外通项目在建，深茂铁路深江段、深惠城际铁路等项目正开展前期工作，皇岗口岸改造工程启动，粤澳新通道（青茂口岸）联检大楼珠海侧海关查验及配套区域已封顶。《粤港澳大湾区城际铁路建设规划（2020—2030年）》正在酝酿，要打造"轨道上的大湾区"，各市间城际铁路和地铁正加速打通，如广州18号线将通达中山、珠海，广中珠澳高铁方案正在研究之中，届时粤港澳大湾区内将实现高铁全覆盖。同时，作为重要基础设施的5G网络建设正在大湾区迅速推进，通过技术赋能，构建起大湾区城市群智慧交通体系，也为同城化的生活工作便利打开了技术空间。

依据CEPA，符合资格的香港专业人士，如建筑师、结构工程师、律师、医生，可以通过CEPA两地资格互认或考试的安排获取内地的专业资格。此外，该类建筑师和结构工程师如受聘于内地的相关企业，可以在指定的内地省市注册执业、开设建筑设计或结构工程等事务所，也可以与内地事务所以合伙或联营等模式经营。而律师事务所以合伙方式联营可以提供"一站式"跨境法律服务，并与内地合伙人分担经营成本和分享利润。

（3）完善行业制度和行业标准的建立，推进粤港澳专业服务的衔接。首先，完善广东的政府、社会组织、个人三个层次的社会运作体系，大力推动社会组织发展，使之能够承担起承办公共服务项目、与港澳民间组织建立对等合作关系的能力。其次，确立相应的准入和监察制度，鼓励港澳民间组织到广东举办、承办或合办社会福利项目，使社会资源能够在粤港澳三地之间流动和共享。再次，粤港澳之间建立执业资格互认机制。职业资格互认涉及多个经济社会行业，粤港澳进一步融合也是产业共同参与的过程。尤其是推进社会管理制度接轨和社会领域合作，律师、社工、医护、会计等各类专业人士将在粤港澳之间流动，建立职业资格审核和互认的机制和机构，能够大大增加人力资源的互通和共享，也是促进投资便利化的重要步骤。最后，在粤港澳合作协调机构中设粤港澳社会管理协同部门，同时，建立粤港澳区域非官方（包括中介机构、民间组织等）的协调机制。

（4）优化港人在内地办理业务的手续。首先，积极推行政务电子化，并简化行政流程。由于受到新冠疫情的影响，粤港之间的联通受到较大的限制，两地居民无法亲自到行政部门办理相关事项，由此给两地居民带来极大的不便。借助电子政务平台，办理高频行政事项，一方面，可以降低两地居民的交通成本和时间成本；另一方面，政府电子化也提升了行政效率。其次，逐步实行港人证件与内地身份证件享受同等待遇。港人身份证件不仅可以作为身份证明文件，也可以同内地身份证件一样，享受绑定第三方支付、开办银行卡、乘坐交通工具等便利。实行身份证件联网，身份信息实现电子化，便利港人在内地的生活。最后，联通粤港两地行政部分，协助办理两地行政事项，减少因部门分工差异和制度差异带来的低效率，实现两地信息共享，提升行政效率。

**2. 资金流动方面**

与世界其他知名湾区相比，粤港澳大湾区拥有独特的湾区制度、组织形态和合作机制。香港、澳门和广东分属不同的司法行政关税管理体系，拥有各自法律制度、交易规则、商业惯例、监管架构，令三地之间所有经贸活动具有跨境特点。三地之间经贸往来密切，跨境需求不断增长，但三

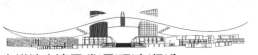

地之间的生产要素未能完全自由流动，跨境资金流动仍存在屏障。因而，逐渐消除三地之间的金融服务活动门槛，提升三地之间资金流动的畅通度，促进三地金融服务体制的对接，是实现粤港澳大湾区资金自由流动的核心要义。

（1）金融服务机构的互联互通。金融服务机构是指为经济活动和居民提供包括存款、贷款及支付等服务在内的以银行作为主要服务提供商的市场。但基于当前湾区三地之间金融机构仍以试点性、局部性的尝试为主，并不能满足粤港澳地区冀求实现的高度互联互通，因此应采取以下措施。

首先，应当降低港澳资银行及外资银行落户湾区的准入门槛，支持大湾区金融机构在粤港澳三地合理设立营业性的分支机构及专业金融服务专营机构，减少对于粤港澳三地之间金融服务机构落地的制度性障碍。同时，支持大湾区的内地银行开展人民币对外贷款业务，满足大湾区港澳居民的贷款需求。对待不同资本属性的银行，应当给予同等待遇，包括银行之间的同业拆借、相互调剂等业务活动，使得各个银行在平等的基础上公平地参与市场竞争，这也是落实竞争中性原则的应有之义。

其次，鼓励内地非银行金融机构与港澳地区开展跨境业务，即鼓励包括金融租赁公司、证券公司、基金管理公司、期货公司等在内的非银行金融机构开展跨境融资、跨境担保、跨境资产转让等业务。

再次，针对大湾区内的金融风险监管，进一步放开对金融市场的监管，鼓励金融服务机构参与金融服务创新。逐步转变监管职能重点，从规范市场主体的参与活动逐步转向对整个金融市场环境的监管。

最后，可以借鉴香港方面的经验，对可以接受存款的机构划分级别，即持牌银行、有限制牌照银行及接受存款公司。根据香港《银行业条例》，上述银行可以统称为"认可机构"，该"认可机构"可以香港注册公司或外国银行分行的形式经营业务。即以从事业务的类型作为划分监管的依据，而不是以资本的属性作为划分监管的依据。此外，就银行监管，香港采取的监管法律框架以巴塞尔委员会的《有效监管银行业的主要原则》为基础，采取以风险为本的模式，着重评估认可机构所面对的现有的及潜在的风险而采用的内部风险管理制度。在维持银行业整体稳定及有效运作的前提下，给予银行充足的空间。

（2）证券及期货市场的互联互通。香港的国际金融中心地位使得香港成为国内企业"走出去"的首选平台之一，加深粤港之间证券市场的合作有助于扩展大湾区在金融行业的影响力。香港和深圳股票交易所于2016年首次推出的"深港通"，使国际和内地投资者可以通过本地交易所的交易和结算系统来交易对方市场的证券。发展至今，为实现粤港两地交易所完全意义上的双向互通，应当进一步放开"深港通"在主办市场的股票限制，包括股票数量、交易品种及投资资格限制等，最终实现深港两地完全互通。除此之外，内地创业板、深交所的新股发行及深交所新三板股权交易市场也应当逐步开放对投资者资格的限制，如向香港方面的适格投资者放开。

香港期货交易所及联交所提供丰富的期货及期权产品，包括指数期货、股票期货、利率期货、债券期货、黄金期货、指数期权及股票期权。相较于香港的期货市场，内地的期货市场发展速度较慢，开放程度较低，国际化程度不高。粤港之间期货市场因为联通程度并不高，基本以两个独立分割的市场存在。因此，首先应放宽港澳资本及国际资本进入内地期货市场的限制，逐步允许港澳资本及国际资本参与大湾区包括商品期货市场和金融期货市场在内的活动；其次，放宽港澳资本及外资参股境内期货公司的比例，并逐步放开境内期货公司开展境外业务的限制，以逐步实现大湾区期货市场的逐步统一。

（3）基金管理市场的互联互通。香港是国际上排名前列的基金管理中心，管理资金体量巨大，具有基金管理品种多、覆盖范围广的特点，同时具有制度、政策、人才多方面的优势。相比之下，内地的基金管理市场虽然发展较快，但仍存在信息披露不全、产品创新滞后等问题，尤其是基金国际化的水平和开放程度也不够高。虽然境外投资者可以进入内地投资市场，境内投资者也可以向外投资，但这些基金流通受到比较大的限制，总量上也有所控制。因而，为促进粤港澳大湾区基金市场的互联互通，要开放三地间的市场，降低港澳投资者的市场准入门槛，转变基金市场监管者的角色。首先，取消大湾区内部基金公司和金融机构相互间投资和发展业务的限制，在符合三地监管要求的前提下，逐步开放三地间从业人员的业务资格认定，逐步实现从业资格互认。其次，取消三地投资者之间的投资额度限制，逐步放开对投资者的外汇管制限制，使得基金机构可以依据市

场需要，自主投资。

（4）保险市场的互联互通。首先，允许粤港澳三地间保险服务公司在三地间自由设立保险服务中心，为已购买保险服务和潜在购买保险的客户提供保险服务，进一步放开保险产品的跨境销售。其次，协调三地间的保险监管机构，统一粤港澳三地间对保险服务公司的监管规则，不断完善保险行业的监管机制。再次，进一步落实港澳两地间"保险通"机制的保险产品销售。该机制由香港保监局向内地银保监会提出，旨在规避资本外流的风险，以相对封闭性的通道，使香港保险服务公司在大湾区试点销售部分保险产品。复次，大湾区保险产品销售试点，可以集中在需求较为旺盛的产品上，如跨境交通需求增长带来的跨境交通投保需求，跨境就医保险等。最后，以科技创新促进保险市场的联通。大湾区的科技创新公司极大地促进了大数据、云计算、人工智能及物联网等技术的运用，这些技术的应用与推广给予保险行业更多的可能性。

### 3. 货物流动方面

以深圳前海为例，针对前海综合保税区的问题，首先提高对综合保税区货物的监管效率。推动建立公共信息服务平台，打通海关监管系统与企业仓储管理系统，实现综合保税区内管理机构、海关等监管部门间数据交换和信息共享，实时监管综合保税区仓储库存，以简化通关手续。此外，在确保监管及时有效的情况下，可适当降低对进出口货物的查验率，以进一步提高货物进出海关的效率。

其次，坚持"一线放开，二线管住"的综合保税区政策，便利通关措施。通过改进海关单一窗口系统，对在保税区内的供应链仓储公司，支持报关单中可填入"经营单位"和"收发货单位"的双抬头，以及推进海关编码按前六位进行大类合并申报，以进一步简化货物进出一线海关的手续，提高物流运输时效。通过建设一体化信息管理服务平台，接入企业各项数据，如物流信息、GPS信息等，实现一网通办、一网统管。取消不必要的贸易监管、许可和程序要求，实现彻底放开"一线"，推动国际中转业务的发展。对不进入"二线"海关的货物，无须提交报关单，园区内以企业自建账册代替海关账册管理，免于手册核销、单耗管理等海关常规监管，实行企业自律管理，海关不干预企业正常经营活动。

## 四、结语

2020 年，在深圳经济特区建立 40 年之际，习近平总书记再次莅临深圳并选择了在前海发表重要讲话。党中央不仅总结了深圳经济特区 40 年改革开放的宝贵经验，更对深圳经济特区，尤其是"特区中的特区"——深圳前海深港现代服务业合作区的创新发展寄予厚望。习近平总书记再次强调，粤港澳大湾区建设是国家重大发展战略，要抓住粤港澳大湾区建设重大历史机遇，推动三地经济运行的规则衔接、机制对接，加快粤港澳大湾区城际铁路建设，促进人员、货物等各类要素高效便捷流动，提升市场一体化水平。

深圳是大湾区建设的重要引擎，毗邻香港是深圳得天独厚的优势之一。在经济特区建立初期，港商跨过深圳河带来的资金、技术、经验成为深圳快速发展的重要条件之一。40 年后，深圳的经济规模已然超过香港，深圳与香港早已从原来的"前店后厂"关系转变为更为紧密的"共生关系"。在"一国两制"的框架下，深圳与香港密切合作，持续发挥香港对珠三角经济的辐射带动作用，对粤港澳大湾区建设具有重要意义。在当今经济全球化遭遇逆流，保护主义、单边主义上升，世界经济低迷的情况下，深圳亟须有新担当和新作为，与香港携手并进，共同应对国际形势变化和国际经济风险。

深圳前海作为深港现代服务业合作的示范，自成立起便被委予"依托香港，服务内地，面向世界"的重任。经过十年的探索，前海以香港为依托，逐步学习和引进了香港先进的现代服务业管理经验和各项规则机制，深圳与香港的"共生关系"也在前海得到了进一步的体现。在国际新形势下，前海大胆创新，进行改革试验，进一步与香港进行规则衔接和机制对接，发挥香港在国际资金、技术、产品进入内地的桥梁和枢纽作用，不断推进粤港澳大湾区的协同发展。

然而，粤港澳大湾区现行各项机制中仍存在许多规则衔接与机制对接的问题。从长远来看，双边应该更加开放。深圳依托香港，香港也需要内地这一广阔的腹地为其发展提供后劲。为此，双方需要积极寻求中央政府支持，在中央政府牵头下与香港达成更多的互通协议，类似如促进服务贸

易开放的 CEPA 协议、促进内地与香港民商事司法文书送达的协议、内地与香港避免双重征税协议，等等。可进一步达成如开放内地与香港金融产品的互通互联，开放内地与香港金融监管信息互通，内地与香港医师资格互认，建筑、会计、民商事法律服务资格互认等双边协议，通过香港的融入逐步形成大湾区经济社会共同体和居民生活圈。我们期望，在未来的若干年内，在一国的前提下进行一系列大胆的改革探索和制度创新的基础上，粤港澳大湾区将基本实施与香港对接的自由港政策，大湾区内将实现人员、货物、资金、信息的自由流动，并逐步纳入世界经济体系之中。

**参考文献**

[1] 巴曙松，谌鹏，梁新宁，等. 粤港澳大湾区协同创新机制研究：基于自由贸易组合港模式［M］.厦门：厦门大学出版社，2019.

[2] 毛艳华. 粤港澳大湾区协调发展的体制机制创新研究［J］.南方经济，2018（12）：129－139.

[3] 宋丁. 飞地模式：港澳深在大湾区突破空间限制的重大举措［J］.特区经济，2018（9）：17.

[4] 张思平. 粤港澳大湾区：中国改革开放的新篇章［M］.北京：中信出版社，2019.

# 以南沙自贸区的视角探析"政通人和"

## ——粤港澳规则"软联通"的概况与展望

刘金玲[①]

## 一、引言

建设粤港澳大湾区,是习近平总书记亲自谋划、亲自部署、亲自推动的国家战略,是新时代推动形成全面开放新格局的新举措,也是推动"一国两制"事业发展的新实践。要深入贯彻习近平新时代中国特色社会主义思想和党的十九大精神,从实现中华民族伟大复兴的战略高度深刻认识大湾区建设的重大意义,全面准确贯彻"一国两制"方针,坚持新发展理念,充分发挥粤港澳综合优势,建设富有活力和国际竞争力的一流湾区和世界级城市群,打造高质量发展的典范。

粤港澳大湾区筑建于"一国两制"的基础上,承担着我国区域经济和国际经济增长引擎的战略目标。为了有效地发挥粤港澳的比较优势,支持港澳融入国家发展的大局,进一步优化粤港澳大湾区促进我国对外开放的功能,粤港澳三地不断地加强合作。继 2003 年内地与香港、澳门特区政府分别签署了《内地与香港关于建立更紧密经贸关系的安排》《内地与澳门关于建立更紧密经贸关系的安排》(以下合称"CEPA")后,2017 年,国家发展和改革委员会与粤港澳三地政府在香港共同签署《深化粤港澳合作推进大湾区建设框架协议》(以下简称《框架协议》),确定了粤港澳大湾区的合作目标和原则,同时也确立了合作的重点领域。中央相关部委和三地

---

① 刘金玲,中山大学自贸区综合研究院博士后。

政府一直以创新开放的思维围绕促进大湾区的人流、物流、资金流、信息流等生产要素的互联互通而寻求政策突破。2019年，中共中央、国务院为落实《框架协议》，印发并实施了《粤港澳大湾区发展规划纲要》（以下简称《规划纲要》）。根据《规划纲要》：到2022年，大湾区市场互联互通水平要进一步提升；到2035年，基本实现高水平互联互通，各类资源要素高效便捷地流动。

粤港澳大湾区从治理结构观察是"'一国两制'，三个独立关税区，三种不同法治"的多元区域。从经济发展观察：粤港澳大湾区虽经济结构各异但相互联系紧密，区内既相互竞争又互相支撑，是我国目前经济发展水平最高的区域。再者，粤港澳大湾区经济实力雄厚，科研能力强劲，在协同发展、制度创新、资源集聚方面居于我国重要战略地位。

随着《规划纲要》的发布，大湾区内的各级政府以交通、5G基站为抓手，投入大量资金对区域铁路系统、公路基础设施、网络设施等升级，构建现代化基础设施体系，实现湾区城市群之间"硬联通"。随着广深港高铁、港珠澳大桥、深圳莲塘新口岸、南沙大桥等工程陆续竣工，将形成大湾区发达的交通网络，加上在建的深中通道、广佛地铁、深茂高铁、广珠城轨等城市基建，主要城市之间的交通时间更短，粤港澳大湾区"1小时生活圈"逐步形成。此外，粤港澳大湾区规则之"软联通"随着国家战略升级以及三地一体化合作的纵深拓展，步入了得天独厚的跨越式发展阶段。随着2021年9月5日与9月6日，中共中央、国务院分别颁发《横琴粤澳深度合作区建设总体方案》（以下简称"横琴方案"）与《全面深化前海深港现代服务业合作区改革开放方案》（以下简称"前海方案"），这是中共中央擘画的横琴与前海合作区建设的美好蓝图，以这两个合作区的建设为抓手，高质量地发展粤港澳大湾区，全力推动重大政策、重大项目、重大改革落地见效，确保党中央制定的宏伟蓝图一步一步变成美好现实。

综上，本文认同："制度创新对经济发展具有关键作用，决定了社会演进的方式。"[①] 但根据粤港澳大湾区的具体情况，应建立中国特色的规则对

---

① E. G. Furubotn, R. Richter. *Institutions and Economic Theory: the Contribution of the New Institutional Economics*. Colombia University of Michigan Press, 2005.

接模式。因此,本文认为:粤港澳大湾区应在互惠互利的基础上,通过规则对接,整合区内发展要素,以网格化形式打造多主体联动、制度高效协同的创新规则对接生态系统,以减少大湾区内的同质竞争,避免重复建设,降低交易成本,进一步促使粤港澳大湾区内政通人和,促进粤港澳大湾区的高质量发展。

## 二、粤港澳大湾区规则联通的现状

粤港澳大湾区建立以来,其目标不仅是提升本区域的经济地位,更要促进整个区域的发展,为我国"一带一路"建设建梁立柱。粤港澳大湾区的发展以制度创新、规则对接与联通为核心,从宏观、中观、微观三个层面逐步细化,以点破面地探讨粤港澳大湾区发展的制度创新之实施机制,继而实现湾区内要素自由流动、经济高度一体化以及构建世界级城市群等发展目标。

### (一)宏观:顶层统筹构建跨境协商管治机制

国家层面进行的顶层设计是社会发展的权威性保障和根本性支撑。[①] 本文观察现有的粤港澳大湾区顶层设计制度框架可知:粤港澳大湾区的构建与发展,不仅是"粤港合作"与"粤澳合作"的机械叠加,而且是以大湾区内 9 个城市为网络节点,与香港、澳门两个特别行政区共同构建网络型城市关系网,进一步整合大湾区内的生产要素,提高资源配置效率,进而提升经济效益。粤港澳大湾区内有"'一国两制',三个关税区,三种司法体制",导致区域协调的难度增加。粤港澳大湾区战略实施以来,中央政府从宏观层面,以顶层设计的方式,成立了中央层面的粤港澳大湾区建设领导小组,统筹大湾区跨境协商管治机制,为大湾区内 11 个城市的协同发展搭建深度合作的平台。

中央政府统筹构建了粤港澳大湾区跨境协商管治机制,促使粤港澳三

---

① 张铠麟、王娜、黄磊等:《构建协同公共服务:政府信息化顶层设计方法研究》,载《管理世界》2013 年第 8 期,第 91 – 100 页。

地政府积极地共同参与，具备了制定合作规则、执行具体事务、提供监督与咨询等多种职能的组织机制。换而言之，由中央顶层统筹的组织机制包含了"定规则、管实务、听建议、监运作"等职务。[①] 2018 年至今，中央成立的粤港澳大湾区建设领导小组已经举办了多次全体会议。该会议由中共中央政治局常委、国务院副总理、粤港澳大湾区建设小组组长韩正主持，每年定期召开广东省省长、港澳行政长官牵头的会议，对大湾区的发展进行整体谋划。目前，大湾区的建设要准确把握新形势新任务，坚持目标导向，围绕现实问题，探索解决路径，扎实推进重大合作平台建设，推动粤港澳大湾区建设取得新的更大进展。

## （二）中观：地方政府构建制度合作与联通平台

在粤港澳大湾区的经济合作中，规则机制的"软联通"正在各个领域产生"化学反应"。回顾过去粤港澳的合作历程：初期，以发展地方经济为主的利益离散型合作时期，主要是以企业为主导，发挥各地的比较优势，形成"前店后厂"的粤港澳合作模式；中期，港澳回归后，地方政府作为"倡导者"积极推动三地交流与合作，以市场和社会协同参与的公共合作方式构建了各种沟通机制和平台，整合各地资源，提升地区在全球经济中的竞争力；目前，自《规划纲要》出台后，内地 9 个城市以"粤港澳规则衔接"为全面深化改革、高水平扩大开放的关键突破口，聚焦营商环境优化、科技创新合作、金融市场互联互通、民生事业合作、港澳居民在粤就业生活便利化等领域，全面深化与港澳的务实合作，加快融合、同向共进，促进各类要素便捷自由流动，着力提升市场一体化水平，以粤港澳规则衔接助力大湾区建设迈入新台阶。

广东自贸试验区（南沙、前海、横琴）为切实履行《规划纲要》中国家赋予的重大使命，将自贸试验区建设与粤港澳大湾区建设这两大战略有机衔接，以改革创新、制度开放推动粤港澳规则对接。广东自贸试验区支持港澳参与国家双向开放、"一带一路"建设，鼓励内地与港澳企业发挥各

---

① 钟韵、胡晓华：《粤港澳大湾区的构建与制度创新：理论基础与实施机制》，载《经济学家》2017 年第 12 期，第 50 – 57 页。

自优势，通过多种方式合作"走出去"。深化内地与香港金融合作，加快两地市场互联互通。加深内地同港澳在社会、民生、文化、教育、环保等领域的交流合作，支持内地与港澳开展创新及科技合作，支持港澳中小微企业和青年人在内地发展创业。为支持共建大珠三角优质生活圈，加快南沙、前海、横琴等粤港澳合作平台建设。

### （三）微观：制度保障各地合作促进人才交流

城市体系结构理论中指出："具有多节点性是网络型城市体系的重要结构特征，而企业则是构建节点城市间相互联系的重要载体。"[1] 因此，地区经济合作的重要载体是企业，而且企业同时是构建城市关系网的重要主体之一。粤港澳大湾区的经济深度合作，需要通过规则对接、制度保障来促进三地企业的更紧密合作，亦需要促进专业人才在区域内的自由流动，增加专业人员在大湾区内各城市的执业机会。以服务业开放为例，随着 CE-PA、《框架协议》的签订，加快推进职业资格互认，促进港澳人才在大湾区内珠三角各市便利就业。2019 年，广东省人社厅等 9 部门联合印发了《关于推进粤港澳大湾区职称评价和职业资格认可的实施方案》，在医师、教师、导游等 8 个社会重点关注的专业领域，鼓励支持港澳专业人才参加国家职业资格考试，尤其在推动香港和澳门导游及领队在珠海横琴执业方面，吸引了港澳旅游从业人员的踊跃报名。

党的十九大报告中明确提出"转向高质量发展阶段"的重大方向，为粤港澳大湾区的新发展指明了战略方向——大湾区高质量发展是经济发展的主旋律。依据新时代的战略要求与发展的新理念，粤港澳大湾区内应进一步摒弃传统发展道路、提高区域均衡程度、优化区内的营商环境、提升人们的获得感、加大环境保护投入力度、不断提升国际竞争力，建成区域经济高质量发展的范例，加快世界一流湾区的建设步伐。

---

[1]　L. S. Bourne. *Internal Structure of the City*: *Readings on Space and Environment*, Oxford University Press, 1971.

## 三、以南沙为例，承上启下的粤港澳规则衔接实践路径

2019年，《粤港澳大湾区发展规划纲要》出台，为切实履行国家赋予的重大使命，将自贸试验区建设与粤港澳大湾区建设这两大战略有机衔接，以改革创新、制度开放推动粤港澳规则对接，南沙携手暨南大学于2019年率先打造全国首个常态化粤港澳规则对接平台，逐步建立起南沙与港澳各界常态化联系及调研走访机制，促进粤港澳三地政府、业界、智库的常态化、全方位深入交流活动，深入研究探讨规则衔接的政策诉求和解决路径，推动南沙在与港澳规则衔接方面率先取得突破，拓展与港澳合作的发展空间。在全面推动南沙与港澳的规则制度对接、构建与港澳相互衔接的社会管理和公共服务环境、加快实现粤港澳三地"联通""贯通""融通"等方面发挥了积极的作用。

截至目前，南沙已围绕粤港澳医疗健康合作、知识产权与法律服务、民生服务、青年创新创业、专业人才资格认可、打造一流"营智环境"、粤港澳团体标准对接、粤港澳跨境物流便利化、粤港澳跨境投融资等主题成功举办交流活动。历次对接交流活动展示了南沙在推进粤港澳大湾区深度融合方面做出的积极举措和取得的良好成效，逐步提升交流会在粤港澳规则对接领域的专业度、知名度和显示度，打开了粤港澳规则对接的新局面，为内地与港澳更密切合作提供示范。

### （一）创建全国首个粤港澳常态化交流会

一年多来，粤港澳规则对接平台突出三地"创新 合作 交流"主题，围绕粤港澳医疗健康合作、知识产权与法律服务、民生服务、青年创新创业、专业人才资格认可、打造一流"营智环境"、团体标准对接、跨境物流便利化、跨境投融资、科研要素跨境流动等主题成功举办交流活动，成功打造"粤港澳大湾区创新合作交流会"常态化交流品牌，分别与暨南大学、广东省粤港澳合作促进会签署合作协议，在港澳资源对接、宣传推介、招商引智、专业服务、科技成果转化、医疗健康发展、青年创新创业、人才发展、"一带一路"等方面开展合作，积极争取"一带一路"粤港澳专业服务总部基地项目尽快落户南沙，推动粤港澳大湾区专业服务、科技创新等多领域规则对接。推动广州、香港、澳门三方律师事务所代表签署《金桥百信司徒维新邝玉球（南沙）联营律师事务所合作协议》，成立了全国第三家粤港澳合伙联营律师事务所，充分发挥粤港澳联营的独特优势，积极探索与符合三地法律服务市场需求相接轨的机制和方案。

2020 年 12 月 2 日举办的"2020 年度粤港澳大湾区创新合作交流会"通过设置"粤港澳团体标准对接、粤港澳跨境物流便利化、粤港澳跨境投融资"三个分会场，深入研讨与港澳的标准对接、物流通关和跨境金融等融通合作。会上正式启动全国首个粤港澳标准化服务平台——粤港澳科技创新团体标准服务平台，发布首批全球商品溯源标准、"湾区启梦港"三年行动计划、《关于类案辩论程序的诉讼指引》三项粤港澳交流合作创新举措，完成四项粤港澳交流合作项目签约。国家、省、市、区政府代表，粤港澳三地知名专家学者、智库，行业协会、企业代表，媒体记者等 200 多人参会，得到国家、省、市和粤港澳三地专家、学者、业界、媒体的广泛关注和高度评价，创建粤港澳大湾区区内的"政府＋企业＋智库＋人才"常态化交流会。

（二）搭建创新创业平台

南沙携手暨南大学共同打造港澳青年学业就业创业基地，为港澳青年在南沙学习交流、实习就业、创新创业提供重要平台。联合暨南大学创业学院、暨南大学自贸区研究院举办粤港澳规则对接直播交流活动，分享了内地与港澳青年在南沙创新创业的经验，向粤港澳大湾区青年讲解了南沙出台的"1＋1＋10＋N"、集聚人才细则等重磅政策，介绍粤港澳青创服务矩阵、湾区启梦港等创业服务平台，充分展示了南沙创新创业的软硬环境，推动南沙成为粤港澳青年创新创业的首选地。

（三）提升人才服务水平

出台港澳专业人才资格认可十条措施，优化港澳专业人才职称评定和执业资格认可环境。目前正推进港澳执业医师资格认可工作，允许符合条

件的具有香港或澳门特别行政区专科医师资格证书的香港、澳门特别行政区中国籍居民，向南沙区直接申请办理内地医师资格认定，取得内地医师资格证书并在区内从业执业，推动大湾区人才互联、资格互通。发布"港澳青创30条"，创设学业、医疗保险、落户、贷款贴息补贴，推出"商事注册绿色通道服务""青创税务'六个一'服务""'十项全能'服务"等创新举措，对引进港澳青年专才、港澳青创企业的引荐人给予上不封顶的资金奖励，为港澳青年创新创业创造便利条件和良好环境。全国首推港澳同胞远程授权办事，率先实现政务全球通办，为港澳投资者、海外华侨提供商事登记、建设工程、经营管理等856项政务服务事项的全球通办体验。

**（四）推动构建粤港澳司法规则衔接体系**

率先对接香港诉讼规则，探索内地审前程序证据开示。在坚持我国民事诉讼基本制度的基础上，制定大湾区首个《审前程序证据开示指引》，提高庭审效率。更新仲裁通则，持续深化粤港澳仲裁规则对接。当事人可自由选择适用国内或国际上任何仲裁机构的仲裁规则，自由选择仲裁机构名册内的仲裁员，创新设置广州国际仲裁模式、香港国际仲裁模式、澳门国际仲裁模式的三大庭审模式。

**（五）重点聚焦：与港澳优质医疗健康领域规则对接**

粤港澳大湾区建设正式上升为国家战略，为加快推进粤港澳大湾区卫生健康高质量发展确立了新目标、提出了新要求、带来了新机遇。广州市南沙区拥有"湾区中心""开放门户""枢纽港口""创新高地""宜居城市"五张名片。早于2019年，为进一步加强南沙与港澳优质医疗健康领域合作，推动粤港澳大湾区在医疗健康领域的规则对接，打造南沙与港澳规则对接常态化交流平台，南沙区卫生健康局、南沙区市场监督管理局、南沙开发区创新工作局联同暨南大学中国（广东）自由贸易试验区研究院与广东医谷产业园投资管理股份有限公司，举办首届"南沙与港澳医疗健康合作发展研讨会"。

该会议集合粤港澳及国外相关的专家、学者和企业家，积极对南沙医疗健康产业发展及规划情况、南沙与港澳医疗健康合作、探索湾区医药规则的对接共融、建言献策，以期迎来南沙与港澳医疗健康合作发展的更多机遇。南沙拥有良好的发展基础和巨大的发展潜力，借助举办研讨会的契机，进一步加强与港澳联动，试点突破三地卫生健康政策障碍，深化粤港澳三地卫生健康领域交流合作，推动港澳优质医疗资源在南沙融合发展，打造名副其实的大湾区医疗卫生新高地。

## 四、南沙与港澳规则对接的启示：不邻近，仍以"软联通"参与互动发展，接受经济辐射

政通人和是粤港澳大湾区发展的根本。如今，"轻关易道，通商宽农"的中国古典经济政策被赋予了时代新内涵。一方面，中国的经济发展需要可持续的内在动能，政府创造宽松有序的政策环境，更好地服务于经济社会发展，在广度和深度上激发创造力，适应更多人特别是青年一代的创业梦想，已成为国家"创新驱动发展"战略的内在要求和主要任务。另一方面，中国的发展得益于全球化背景下不断自我改革而日益开放的经济体系，而与世界经济的深度融合也使中国对世界经济增长的贡献巨大。共赢的发展实践使我们坚信，消除各种阻隔的开放道路，并继续谋求更为全面的开放——"一带一路"建设正在将中国与越来越多的国家特别是发展中国家便利地连接起来，在畅通贸易与投资、交流与合作之中，为各国开创出更为广阔的发展空间。

当前，世界经济秩序与结构正处于深刻调整期，习近平主席曾借古语"轻关易道，通商宽农"阐明了开放、通达、共赢的中国方案，这受启于古人的智慧，更是当代中国连接传统与现代、中国与世界的宏大愿景与坚定实践。

本文认为，也可以用"轻关易道，通商宽农"来阐释粤港澳规则对接而实现"软联通"，进一步促进粤港澳大湾区的共同繁荣之建设方案。广州市南沙区在推进粤港澳大湾区建设的进程及社会管理创新定位，可供大湾区内其他不及横琴、前海等有先发优势的兄弟城市借鉴。

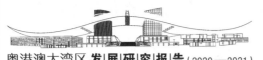

## （一）南沙开发进程及社会管理创新定位

### 1. 南沙开发进程

南沙新区位于广州市最南端，目前面积是 694.51 平方千米，并将扩展到 803 平方千米。南沙地区是珠江三角洲的中心，水路距香港 38 海里、距澳门 41 海里，是广东省实施 CEPA 先行先试综合示范区，国家"十二五"规划纲要提出南沙的作用需要提升到"深化粤港澳合作，建设中华民族共同家园"。南沙城市空间现形成"北城南港"的布局，北部主要发展城市综合服务职能，并以服务平台促进粤港澳合作，发展现代化服务产业。南部以港口物流和临港装备制造业为主导，辅以物流服务和生态旅游。2002 年 4 月拉开了南沙开发建设的序幕。历经 18 年建设，南沙新区临港现代产业迅速壮大，基础设施日益完善。南沙的总体战略与定位是：实施"从容跨越"战略，预计用 40 年左右的时间，到 21 世纪中叶，将南沙建设成为国际智慧滨海新城、粤港澳全面合作的国家级新区、珠三角世界级城市群的新枢纽，在经济、社会、环境、国际化等方面达到香港及其他国际先进城市水平。该区"从容跨越"分为三个步骤，2050 年为最终建成阶段，到 2050 年，预计人口达到 240 万人，经济总量达到 1.8 万亿元。

南沙的功能定位，将是珠三角世界级城市群的新枢纽，在此定位下发展五大主导产业群，包括高端服务业、科技智慧产业、临港先进制造业、海洋产业和旅游休闲健康产业。

### 2. 南沙社会管理创新定位

南沙新区经国家批复的五大定位中，有一个重要的战略定位，就是打造粤港澳优质生活圈，构建社会管理服务创新示范区，这是南沙新区创新社会管理的历史机遇。南沙政府以实际问题为导向，以粤港澳规则对接为抓手，实现"软联通"。

第一，抓住机遇，开创南沙新区社会管理的创新局面。南沙新区地理位置独特，粤港澳之间，区域相连，方言相通，习俗相近，但三地的社会制度、法律体系、行政管制、营商环境、福利制度等各自成体系，各有特色。南沙新区如何推进粤港澳全面合作、深度合作；在社会管理服务层面，能否构建出内地居民、港澳人士、世界各地政商人士都能够和谐共融的治理格局以及与国际接轨的居住、工作、生活、商旅环境，是摆在南沙新区面前的全新课题。南沙新区以先行一步，创新与国际接轨的社会治理环境，打下粤港澳优质生活圈的基础，开创我国社会管理服务创新的纪元。这是南沙新区需要紧紧把握好的机遇，当然也会面临很多现实的挑战。

第二，利用"外脑"，真正发挥社会创新咨询委员会（以下简称"咨询委"）的社会治理智库作用。成立咨询委，广聚贤才，广纳民智，是省、市、区各级政府充分利用专家智慧，借用"外脑"创新社会管理，推进决策科学化和民主化的重要路径和方式。南沙新区应当充分利用专家广博的理论和实践成果，形成规范化、制度化的工作制度，使南沙新区成为激发专家创新创意的平台，真正发挥咨询委的社会治理智库作用。这是南沙新区社会建设和管理创新的原动力，是先行一步的理论指导和思想武装。

第三，先行先试，探索重点领域关键环节的社会管理改革。南沙新区肩负着探索发展新模式、实践社会管理服务转型等国家战略重任。围绕粤港澳全面合作的总体目标，社会管理创新任务艰巨，先行先试，探索重点领域关键环节改革创新，为社会管理服务转型杀出一条新路，南沙新区责无旁贷。理论上如何创新，实践上如何操作，法律法规与政策如何调整协调与国际惯例接轨，都需要进行大胆探索。例如，港澳和国际人士在南沙新区工作生活过程中的通关便利、学历与专业资质认可、教育医疗及社会福利关系处置、公共服务均等化及社会保障等，都需要南沙新区脚踏实地创新，先行先试，进行积极的探索，形成南沙新区具有鲜明特色的社会管理服务模式，努力为国家级社会管理服务创新示范区提供经验和借鉴。

## （二）创新制度政策，积极引入港澳可持续发展要素

南沙新区综合多元性及辐射性强的特点，要求其制度创新需系统化进行，以满足发展需求。具体包括：在财税上设立"南沙发展基金"，并给予专项补助资金，在一定期限内按15%税率征收企业所得税并可"三免三减半"，率先进行增值税扩围和深化增值税转型改革等；在金融创新方面，支持建设国家金融综合配套改革试验区和国际性加工贸易结算中心，建设航运交易所和华南商品期货交易所，发展离岸金融、融资租赁、产业投资基金，试点外汇制度改革；在土地管理制度创新方面，扩大南沙规划范围，

用地计划指标由国家单列并在指标安排上予以倾斜，允许港澳企业与内地企业成立项目公司进行土地一级开发和连片开发，对以土地作价入股参与具体项目建设的，不视为土地使用权转让；在口岸管理创新方面，支持探索粤港澳游艇出入境便利化措施，并试点"两地牌一证通"政策；建立"一地两检"农产品检验检疫制度，将南沙港区口岸作为汽车整车进口口岸，授权南沙相关机构签发赴港澳通行证业务；在科教及人才管理制度创新方面，支持粤港澳在南沙合作建设国际教育合作特区，率先实现内地、港澳及国际职业资格"一试三证"，支持开展与港澳社会保障服务衔接和居住证改革试点。

此外，南沙抓住"人才"这一市场要素，凭借地处粤港澳大湾区的几何中心优势，在教育领域加强与港澳的合作，为大湾区提供基础、持久的发展动力和智力支撑。从香港科技大学（广州）落地，到获得广东唯一一个"全国基础教育课程改革实验区"称号，再到南方海洋科学与工程广东省实验室（广州）揭牌，南沙的教育科研资源逐步丰富。南沙也尝试走集团化办学的路子。金隆小学教育集团、南沙小学教育集团于2018年4月挂牌，集团内部教师之间的交流大幅增多，在学校管理、课程教学等各方面实现共同提升。南沙各中小学与粤港澳姊妹学校间的师生交流日益频繁，还通过协同教学、共同授课交流提升教学水平。

只有营造良好的教育生态，才能形成更具吸引力的创新、创业、就业环境，集聚和培育创新人才、企业。虽然南沙教育总体水平取得了很大进步，但在全市教育坐标体系中的显示度还需要加强，其与南沙目前的发展规划还有一定差距。在南沙内部，将打造一教育高地，未来或将成为粤港澳大湾区中心地的动力源。位于南沙东北部的庆盛站，是贯穿南沙的广州地铁4号线站点，也是广深港高速铁路站点。据广州公共资源交易网信息显示，庆盛地块将重点引入人工智能、互联科技、创意创客等相关产业，香港科技大学（广州）就选址在这里。未来，南沙将在庆盛地块全力打造一座国际化教育园区，引入数所国际化学校，打造从幼儿园到高校全链条教育，部分学校2020年内就已正式入驻。

南沙行稳致远地发展与打造"国际化人才特区"，积极完善"营智环境"，有助于"人才"这一劳动要素在南沙集聚。南沙首次提出的"营智环境"，是指创造和营造一切有利于人才发展及其智力成果运用的环境。"营"可以理解为营造、经营、保障；"智"指人才及其智力产出、成果贡献。"营智环境"就是在人才引进、使用、培养、评价、服务保障等人才工作环节中，以及人才在原始创新、技术研发、成果转化、孵化产业化全链条的体系中，涉及的经济发展类环境、政策制度类环境、服务保障类环境、社会人文类环境、心理感觉类环境等有关因素和条件的总和。打造"营智环境"就是为人才智力迸发、做出重大贡献而提供各类环境支撑。南沙率先提出"营智环境"这一概念，体现了南沙在人才工作中更积极、主动的态度。

"营智环境"和"营商环境"一样，都是衡量一个国家和地区软实力和未来竞争力的重要因素。"营商环境"聚焦于商事主体，而"营智环境"不仅仅聚焦于人才的发展，更注重人才智力的产出和市场化运作。地区的高质量发展和高水平对外开放不仅需要一流营商环境，还需要打造一流"营智环境"。因为没有一流的"营智环境"，也不可能有一流的"营商环境"。

根据《粤港澳大湾区发展规划纲要》，广州南沙需"积极探索有利于人才发展的政策和机制，加快创建国际化人才特区"，这是国家首次对一个地区提出"国际化人才特区"这一战略定位，体现了国家对南沙人才工作的重视和支持。

南沙率先提出打造一流"营智环境"，正是贯彻落实中央、省、市的人才工作部署和要求，深化人才管理体制机制改革，率先在国际化人才引进、培养、流动和使用以及智力成果产权保护、自由转化等关键环节进一步改革创新，先行先试，打造国际人才集聚的新高地，实现"择天下英才而用之，集智力成果而用之"的目标。

南沙正积极打造新人才新职业的"珊瑚礁生态圈"。南沙在人才改革创新方面取得实效，促进港澳人才融入国家发展大局。围绕"湾区所向、港澳所需、南沙所能"，南沙先后推动设立粤港澳院士专家创新创业联盟，成立了粤港澳大湾区博士后公共研究中心等人才创新平台。2019年，南沙区"引导粤港澳三地人才共绘发展同心圆"项目获评全国人才工作十佳创新案例。2020年，南沙"大湾区国际人才'一站式'服务窗口"服务模式入选中国（广东）自由贸易试验区第六批改革创新经验，向全省复制推广。

南沙在"营智环境"上的探索,把握了粤港澳大湾区加速发展的历史机遇;立足于大湾区内人才引进、人才培养、人才发展、人才服务等方面,进行了有益的探索与实践;丰富了"营智环境"的新理念和新内涵,提出了新思路。

人才是发展的第一资源,是决定城市高质量发展的核心所在。结合南沙在人才竞争中的独特优势与禀赋,从"构建国际人才流动枢纽""发挥港澳台青年双创平台作用""与港澳紧密合作""打造人才国际化培养新阵地"等方面精准施策,更好地激发人才在"双循环"格局下的活力与动力。根据南沙的区域优势,可与港澳形成紧密的合作机制,支持南沙建设国际人才飞地。在强化粤港澳核心功能上,以南沙为辐射中心,加强与港澳人员在往来便利、人才认定、金融管理、资质互认、教育衔接等方面的制度对接与合作,推进湾区人才区域内自由流动。同时,南沙可建立大湾区人才一体化运行机制,立足国际合作办学引才育才方式,引进世界一流高校。

南沙率先在粤港澳大湾区建设、国际人才特区等关键要素上下功夫,主动创造出生态群落,汇聚更多的新人才,让更多的创造力在其中孕育和诞生。

## 五、总结

广州市南沙区在推进粤港澳大湾区建设的过程中,准确地理解社会管理和社会管理创新,明确政府与社会之间的关系定位。南沙区政府积极通过与粤港澳规则的"软联通",在社会管理中,在政府与社会的力量对比中,将重心向社会倾斜,政府与社会的关系也由"政府本位"向"社会本位"转变。原来政府控制和管理社会的观念让位于调控、引导、服务和整合社会的观念。同时,南沙政府对社会的统治观念让位于政府与社会合作治理的观念。

因此,南沙区政府树立起"社会本位"的治理理念,以"社会本位"为原则,逐步培育社会的独立性、自主性和自治性;树立起南沙政府为社会服务、政府对社会进行适度干预的理念,实现政府与社会的合作治理,从而使社会管理走向社会治理。如此才能建立起现代意义上的社会管理,实现社会秩序长久稳定。社会管理创新就是要实现社会管理向社会治理的转变，实现由政府对社会单向度的管控向政府与社会对社会公共事务管理的合作治理转变。由此，将有助于大湾区内政通人和，共同繁荣。

**参考文献**

［1］符正平，刘金玲．新时代粤港澳大湾区协同发展研究［J］．区域经济评论，2021（3）．

［2］胡序威，周一星，顾朝林，等．中国沿海城镇密集地区空间集聚与扩散研究［M］．北京：科学出版社，2000．

［3］李善民．中国自由贸易试验区发展蓝皮书：2017—2018［M］．广州：中山大学出版社，2018．

［4］林先扬．粤港澳大湾区空间发展特征、存在问题与优化提升探讨［J］．广东行政学院学报，2020（6）．

［5］王小彬．"一带一路"建设中推进粤港澳区域经济一体化问题研究［D］．长春：吉林大学，2018．

［6］余淼杰，梁庆丰．全面开放新格局中的粤港澳大湾区建设研究［J］．国际贸易，2019（1）．

［7］ANNA L S. Regional advantage culture and competition in silicon valley and route 128［M］. Boston Cambridge：Harvard University Press，1996.

［8］YU M J. China's international trade development and opening-up policy design over the past four decades［J］. China economic journal，2018，11（3）：301–318.

# 珠海－澳门跨境治理的结构特征与空间实践①

符天蓝②

## 一、引言

跨境区域（cross-border region）是区域发展研究中的重要议题。基于欧盟和北美等跨境区域的研究，学者指出制度（institution）和治理（governance）对跨境活动具有重要影响（Blatter，1997；Perkmann，1999；Perkmann，2003）。其中，治理可用于分析政策制定过程，可理解为自上而下的引导和不同机构组织之间的协调与平衡。研究跨境治理有助于探讨跨境区域内不同制度和不同机构之间的互动模式（Hamedinger，2011；Weith，2012）。跨境治理过程可以分为三个层面：政策制定和立法的过程、制度设计和构建的过程以及共同社区与空间项目的构建过程（Gualini，2003）。跨界治理相关研究进一步关注多层级治理（multi-level governance）。其指的是在区域合作过程中，不同层级政府和非政府机构之间的协调与互动（Nadalutti，2012；Perkmann，1999）。多层级治理结构既包括不同制度级别机构之间的垂直互动，又涵盖地方性的不同参与者之间水平互动（Jessop et al.，2008；Keating，2008；Perkmann，2007）。研究指出，跨境治理的权力正从国家级（national level）向超国家级别（supranational level）和地方级别（sub-

① 基金项目：国家自然科学基金青年项目（42101166）、中国博士后科学基金面上项目（2019M653145）、高校基本科研业务费—青年教师培育项目（19lgpy40）研究成果。

② 符天蓝，海南文昌人，广东工业大学建筑与城市规划学院讲师，研究方向为产业升级与区域协调发展。E-mail：futlan@ mail. sysu. edu. cn。

national level）的政府和非政府机构转移（Hooghe & Marks，2001；Piattoni，2009）。Medeiros（2014）认为，区域级机构通过负责跨境项目方案的选择、实施监督和后期评估等工作，从而在跨境区域的战略制定和实施中发挥重要作用。例如，在葡萄牙和西班牙的跨境区域合作中，双方国家政府的领导作用逐步下降，国家级政府与区域级政府以及跨界组织形成良好的协作关系（Rivera & Vázquez，2018）。此外，地方参与者以及市民社会在跨界合作中扮演着越来越重要的角色。当前跨境治理仍面临挑战。以欧盟为例，由于跨境区域之间的制度多样性，跨境区域的地方政府治理权力和财政能力具有差异，较多跨境项目难以推进，跨境合作与治理难度较大（Sousa，2013）。总体来看，现有的跨境治理和多层级治理研究框架主要是构建在欧美等跨不同国家边境的区域的实证案例的基础上，而对同一个国家内跨不同边境的相关研究仍不多。

近年，学者开始关注港澳与内地之间的跨境治理（Cheung，2012；Luo & Shen，2012）。不同于欧盟中跨不同国家领土边界而形成的区域，在"一国两制"的体制框架下，香港与珠三角的跨境区域属于同一个国家内跨不同边境而形成的区域。在"一国两制"的制度框架下，香港与珠三角的跨境区域内形成了多层级跨境治理结构，包括中央政府、广东省政府、珠三角地方政府和香港特区政府等行政机构（Yang，2005；杨春，2008）。Shen（2003）指出改革开放后，"自下而上"的地方人口流动与经济联系是促进香港与内地之间跨境合作的主要驱动力。在新的发展背景下，随着粤港澳大湾区国家战略的提出，跨境区域治理与协调发展受到广泛关注（李建平，2017；符天蓝，2018）。李立勋（2017）指出粤港澳大湾区作为极为特殊的跨境区域，跨境合作核心与重点在于促进粤港澳三地合作的深化与拓展，寻求制度创新和区域创新。刘云刚等（2018）提出，加快粤港澳之间以及广东省内各区域各部门之间的协调是未来粤港澳大湾区跨境合作与发展的重要途径。近年，学者也开始关注珠江西岸的粤澳和珠澳跨境合作与治理。韩佩诗（2013）基于珠澳跨境工业区案例，探讨政策推动下跨境合作项目在实施过程中的挑战。赵蓓蕾和钟韵（2019）从地方尺度深入剖析粤澳合作模式，包括产业园区模式、投资基金模式和土地合作模式。向晓梅和陈小红（2018）指出珠澳海洋经济合作是珠海海洋经济发展的重要举措。总

体来看，目前关于粤港澳大湾区中跨境治理的相关研究仍不多，特别是关于珠澳跨境治理的结构及其空间实践有待进一步深入探讨。

改革开放以来，在港澳台资和外资的带动下，珠三角快速推进工业化和城镇化发展。然而，经过 40 年的大发展，珠江东西两岸发展不均衡。港深及香港与珠三角东岸的跨境合作发展迅速，经济体量大，受到较多关注（Cheung，2017；Luo & Shen，2012）。然而，珠海和澳门经济体量相对较小，珠澳跨境合作发展较慢。2019 年出台的《粤港澳大湾区发展规划纲要》提出，澳门、珠海要强强联合，发挥引领带动作用，深化澳珠合作。在新的发展背景下，珠澳跨境合作面临新的发展机遇。珠澳跨境治理将成为珠澳跨境合作以及粤港澳大湾区区域协调发展的重要内容。本文从跨境治理视角，分析珠海 - 澳门跨境治理过程中不同层级政府之间的协调与互动，并基于珠澳跨境工业区和横琴新区两个跨境合作区的空间实践案例，揭示珠澳跨境治理过程和结构特征。

## 二、珠海和澳门的跨境合作发展演变

珠海与澳门路岛相望，地理位置临近。开埠以来，澳门与珠海保持密切往来。改革开放以后，特别是澳门回归以后，珠澳跨境合作领域不断拓展，合作模式逐步深化。本文根据珠澳跨境合作的模式与动力，将改革开放以来的珠澳跨境合作发展演变过程划分为四个发展阶段。

第一，改革开放至澳门回归以前，珠澳跨境合作以民间商界合作为主。在珠海经济特区设立初期，珠海确立了"以工业为主，各业综合发展"的方针。随着内地改革开放，凭借着地理空间位置临近，文化语言相通，澳商最先在珠海进行投资，将纺织厂等劳动密集型产业转移到珠海，形成"前店后厂"的合作模式（澳门发展策略研究中心，2019）。澳商的投资还拓展到珠海的旅游、房地产和基础设施等方面（朱文华，1999）。然而，1985 年后，珠澳跨境合作出现"降温"。主要源于两方面的因素：一方面，珠海市政府转变发展方向，积极发展技术密集型产业，严格控制引进来的产业对环境的影响。因此，澳商逐步将"三来一补"产业转移到中山等珠三角其他地区（民银智库，2020）。另一方面，1990 年初，珠海实施大港口和大工业发展战略，大规模开展基础设施建设。珠澳两地在机场等重大同类项目上重复投资建设过多，造成一定的竞争（民银智库，2020）。总体来看，"自下而上"的民间商界合作推动了珠澳跨境合作。然而，由于缺乏政府间的沟通与协调，珠澳之间也出现了大型基础设施的重复建设和竞争，珠澳跨境合作遇到挑战。

第二，澳门回归以后至 2007 年，珠澳跨境合作上升到制度层面，珠澳合作不断深化。1999 年澳门回归。2003 年澳门与内地在 WTO 的框架下签署了《内地与澳门关于建立更紧密经贸关系的安排》（CEPA）（国务院，2003）。CEPA 的签订标志着澳门与内地的跨境合作逐步走向制度化，珠澳跨境合作也进入政府层面的协调阶段。2003 年国务院批准在珠海设立我国第一个跨境工业区——珠澳跨境工业区，并于 2006 年正式投入使用（澳门发展策略研究中心、暨南大学特区港澳经济研究所，2003）。珠澳跨境工业区的设立标志着珠澳合作首次落实到空间，并以跨境园区的形式展开。然而，珠澳跨境工业区发展未达到预期效果。总体来看，跨境合作仍处于在中央顶层设计的基础上进行初步尝试和探索，主要表现为以政府间签订协议和出台政策等方式引导跨境合作。

第三，2008 年至 2014 年，珠澳跨境合作进入深化阶段。2008 年后，随着《珠江三角洲地区改革发展规划纲要（2008—2020 年）》①、《横琴总体发展规划》② 及《粤澳合作框架协议》③ 等政策和规划出台，珠澳跨境合作在广东省和澳门特区政府层面进一步提出具体规划和措施。特别值得注意的是，2009 年横琴新区成立，成为"一国两制"下探索粤港澳合作新模式的示范区。这是珠澳又一次构建跨境合作的空间实践。2013 年 11 月澳门大学横琴校区成立，成为第一个澳门在珠海的社区飞地，即首个珠澳跨境社区。此外，2014 年广东省与澳门特区签订《关于内地在广东与澳门基本实现服

---

① 《珠江三角洲地区改革发展规划纲要（2008—2020 年）》，新闻中心–中国网，2011 – 06 – 07，china. com. cn/news。

② 《横琴总体发展规划》，珠海市人民政府网站，2010 – 09 – 01，https：//www. hmo. gov. cn/hzjl_new/jmhz/201711/t20171117_1246. html。

③ 《〈粤澳合作框架协议〉签署 习近平出席签署仪式》，新华社，2011 – 03 – 06，http：//www. gov. cn/ldhd/2011 –03/06/content_1817796. htm。

务贸易自由化的协议》。① 总体来看，珠澳跨境合作主要表现为广东省和澳门特区政府层面的进一步协调和引导。

第四，2015 年至今，珠澳跨境合作进入加速期，进入粤港澳大湾区建设时代，跨境领域从经济合作延伸到构建跨境社区。2015 年 3 月，横琴被纳入广东自贸区范围。2015 年国家发展和改革委员会、外交部、商务部联合发布了《推动共建丝绸之路经济带和 21 世纪海上丝绸之路的愿景与行动》，② 明确提出"打造粤港澳大湾区"。2018 年 10 月，港珠澳大桥通车使得珠澳跨境合作局面更加多元。③ 2019 年《粤港澳大湾区发展规划纲要》出台，粤港澳大湾区建设上升为国家战略。④ 其中，珠澳被定位为珠江西岸的极点，要强强联合，深化跨境合作。2019 年粤澳跨境金融合作（珠海）示范区揭牌成立。2020 年 3 月横琴"澳门新街坊"项目启动。这是首个内地为澳门居民打造，包括居住、教育、医疗等多种功能在内的综合民生项目。2020 年 8 月新横琴口岸开通，⑤ 进一步推动了珠澳协同化的发展趋势。总体来看，珠澳跨境合作已从民间商界转向制度层面合作。在政府不断的协调引导下，珠澳跨境合作的领域不断深化，不断加速。

## 三、珠海－澳门跨境治理的结构特征

澳门回归祖国以后，珠澳跨境合作上升到制度层面，珠澳跨境治理结构由中央政府、广东省政府、澳门特区政府以及珠海市政府等多层级行政机构组成。在治理过程中，不同层级政府主要通过制定政策、编制和实施规划以及成立协调机构三种方式，引导和推动珠澳跨境合作。珠澳跨境治

---

① 《〈内地与澳门 CEPA 关于内地在广东与澳门基本实现服务贸易自由化的协议〉在澳门签署》，商务部网，2014－12－18，http：//www. gov. cn/xinwen/2014－12/18/content_2793714. htm。

② 《推动共建丝绸之路经济带和 21 世纪海上丝绸之路的愿景与行动》，新华社，2015－03－28，http：//www. xinhuanet. com/world/2015－03/28/c_1114793986. htm。

③ 《港珠澳大桥正式通车》，新华社，2018－10－24，http：//www. gov. cn/xinwen/2018－10/24/content_5334066. htm#1。

④ 《中共中央 国务院印发〈粤港澳大湾区发展规划纲要〉》，中国政府网，2019－02－18，www. gov. cn/zhengce/2019－02/18/content_5366593. htm#allContent。

⑤ 《粤澳宣布开通横琴口岸新旅检区域》，新华社，2020－08－19，http：//www. gov. cn/xinwen/2020－08/19/content_5535768. htm#1。

理结构分为三个层级：中央政府与澳门特区政府、广东省政府与澳门特区政府以及珠海市政府与澳门特区政府。下文将分析三个层级的政府间协调与合作方式和特征，揭示珠澳跨境治理的特征及其存在的挑战。

（一）中央政府与澳门特区政府：在"一国两制"框架下，中央政府"自上而下"引导

在珠澳跨境合作和治理过程中，中央政府担当着主导作用，通过制度设计与构建、规划制定和协调机构设立等方式，率先统筹和推动内地与澳门之间的跨境合作。其一，在"一国两制"的框架下，中央政府及其直属部门通过制度设计，引导和推进内地与澳门在经贸方面的跨境合作。2003年内地与澳门签订 CEPA。CEPA 的内容包括货物贸易、服务贸易和贸易投资便利化三大领域。内地承诺对所有原产于澳门的产品实施零关税。同时，国务院开放广东居民到港澳自由行。基于 CEPA，内地与澳门两地贸易不断深化。2004—2018 年，内地与澳门相继签署了 10 个补充协议。其二，中央通过编制和审批国家层面的重要发展规划引导跨境治理，加大对粤港澳跨境合作的支持。2010 年 10 月，《中共中央关于制定国民经济和社会发展第十二个五年规划的建议》中提出要深化粤港澳合作。此后，2015 年国家发展和改革委员会、外交部、商务部共同制定《推动共建丝绸之路经济带和21 世纪海上丝绸之路的愿景与行动》，2015 年 10 月国家"十三五"规划，2016 年 3 月国务院发布的《关于深化泛珠三角区域合作的指导意见》，2017年 7 月国家发展和改革委员会、广东省政府、香港特区政府、澳门特区政府共同签署的《深化粤港澳合作　推进大湾区建设框架协议》，2018 年政府工作报告等多个报告和文件，均体现出中央政府对内地和港澳的跨境合作的高度重视，并多次提出要推进珠海横琴等重大平台开发建设，充分发挥试验示范和引领带动作用。此外，2019 年 2 月中共中央、国务院批复《粤港澳大湾区发展规划纲要》，更是成为现阶段指导粤港澳大湾区建设和加快粤港澳合作的重要纲领性文件。其三，为了推动高层统筹决策，中央成立粤港澳大湾区建设领导小组，由中共中央政治局常委、国务院副总理韩正担任该领导小组组长。值得注意的是，这是港澳特区的行政长官首次纳入中央决策组织。总体来看，《粤港澳大湾区发展规划纲要》的出台和粤港澳大

湾区建设领导小组的设立，标志着粤港澳跨境合作迎来新一轮发展机遇，粤港澳跨境治理进入由中央领导、广东省政府、香港特区政府和澳门特区政府等多层级行政机构共同参与的新阶段。中央通过顶层设计出台相关政策，为内地与澳门的跨境合作奠定基础和指引。

为响应中央的发展指引和发展形势，澳门特区政府积极出台相应政策和策略。澳门特区政府行政法务司和经济财政司等多个主要部门负责人主动对接国家"十三五"规划和"一带一路"建设，编制实施了澳门历史上第一份五年发展规划《澳门特别行政区五年发展规划（2016—2020 年）》，并将"实施深化区域合作战略，融入国家发展"作为八大发展战略之一。为统筹澳门参加"一带一路"和深化区域合作等工作，澳门特区政府于2017 年成立了"一带一路"建设工作委员会，并由行政长官担任主席共同参与协商。此外，澳门特区政府还协同非政府机构，共同参与推进跨境治理。澳门特区政府政策研究室、澳门基金会及思路智库共同主办 2018 "一带一路"与澳门发展国际研讨会，探讨了粤港澳大湾区建设与"一带一路"（谭思，2018）。由此可见，在中央的支持与领导下，澳门特区政府及非政府组织机构也积极参与跨境治理，为澳门融入内地以及在区域合作中发挥作用集思广益。

## （二）广东省政府与澳门特区政府：承上启下的沟通协调

在中央纲领性和政策性的领导下，基于中央的制度构建和设计，广东省政府和澳门特区政府在跨境治理中共同协商，进一步细化跨境合作事项。广东省政府和澳门特区政府通过编制规划和出台政策、成立政府间协调小组两种方式推进粤澳跨境合作。

第一，广东省政府通过制定政策和编制规划，引导和推动粤澳和珠澳跨境合作。2008 年《珠江三角洲地区改革发展规划纲要（2008—2020 年）》《环珠江口宜居湾区建设重点行动计划》和 2009 年《横琴总体发展规划》等多个重要规划纲要文件均提出支持珠澳创新合作机制，规划建设珠海横琴新区、珠澳跨境合作区等合作区域。2012 年 3 月广东省政府发布的《关于加快横琴开发建设的若干意见》和 2019 年 7 月广东省政府发布的《中共广东省委广东省人民政府关于贯彻落实〈粤港澳大湾区发展规划纲要〉的实施意见》也体现了广东省政府在省级层面进行跨境治理的分工部署和具体举措。由此可见，珠澳的跨境协调发展受到广东省政府的高度重视。

第二，粤澳设立政府间协调机制。粤澳两地于 2001 年建立"粤澳高层会晤制度"，并设粤澳合作联络小组为常设机构。2003 年 9 月粤澳两地构建"粤澳合作联席会议制度"，设立粤澳合作联席会议联络办公室，取代了之前的"粤澳高层会晤制度"。在第一次会议中，两地就加强服务业合作、珠澳跨境工业区建设、共同开发横琴岛等重要事项进行协商。2009 年 8 月国务院正式批准实施《横琴总体发展规划》后，广东省政府设立"横琴新区"管委会，并委托珠海市政府管理，规格为副厅级。2011 年澳门特区行政长官和广东省省长在北京签署了《粤澳合作框架协议》。这是我国内地省份与澳门特区签署的首份综合性合作协议。2018 年广东省政府赋予横琴自贸区升级经济管理权限。由此可见，在中央的领导下，跨境合作逐步从内地与澳门跨境合作这一层级具体到广东省与澳门这一层级。治理内容也更加具体。《粤澳合作框架协议》提出合作开发横琴和共建粤澳合作产业园区等。此外，澳门特区政府还在规划编制等方面发挥作用，积极参与跨境治理。澳门特区政府向广东省极力争取加入 2009 年《大珠江三角洲城镇群协调发展规划研究》的编制与研究；澳门就《粤港澳大湾区城市群发展规划》提供建议等。总体来看，在中央政府"自上而下"的领导下，广东省政府和澳门特区政府进一步协商，通过编制规划和构建政府间协调机构机制等方式，深化粤澳和珠澳跨境合作事项。广东省政府与澳门特区政府这一治理层级在珠澳跨境治理结构中承担着承上启下的作用。

（三）珠海市政府与澳门特区政府："自下而上"的响应与实施

在中央的领导下，在粤澳合作的框架下，珠海市政府与澳门特区政府就具体事项进行协商与合作。早在《珠海市城市总体规划（2001—2020）》中，珠海市政府已提出关于珠澳跨境合作的想法。2009 年《横琴总体发展规划》出台后，根据中央和广东省政府的引导，珠海市政府进一步制定了《珠海经济特区横琴新区条例》，提出要积极吸引和支持澳门的产业、资金和人才参与横琴开发，横琴新区应当支持粤澳合作产业园的开发建设。近

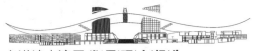

年，2018年《横琴新区与保税区、洪湾、湾仔区域一体化发展规划》和《珠海城市空间发展战略研究（珠海2030）》均有提出建设粤港澳合作平台，深化珠澳跨境合作事项。珠海市"十三五"规划提出，珠海将加强与香港特别行政区和澳门特别行政区中医药科技与产业合作、推动珠港澳物流合作园建设及发展横琴国际休闲旅游岛等重要关于跨境合作的内容。在《珠海市全面深化改革2020年工作要点》中，珠海提出珠海和澳门将深度合作开发横琴，并从新体制、新环境、新产业、新都市、新生活五个方面做好开发横琴这篇文章。① 另外，为了进一步推进珠海和澳门特区政府间的协调与互动，澳门特区与珠海市建立了珠澳合作会议专责小组。

总体来看，珠澳跨境治理形成了多层级跨境治理结构。在"一国两制"框架下，中央政府通过顶层制度构建，为内地与澳门跨境合作奠定基础，并且"自上而下"引导广东省政府与澳门特区政府进行政府间协调，最后在珠海市政府和澳门特区政府层面进行落实。在治理过程中，中央政府起到领导和主导作用，这与欧盟等跨境治理案例不同。现有研究指出，跨境治理的权力正由国家级政府转向超国家机构和地方机构（Hooghe & Marks，2001；Piattoni，2009）。此外，广东省政府与澳门特区政府设立的协调机构作为区域级机构，在跨境治理中起到重要作用。粤澳两地根据中央政府的统筹，进一步深化粤澳和珠澳跨境合作的具体事项。这一发现与文献中区域级机构发挥重要作用一致（Rivera & Vázquez，2018）。

## 四、珠海－澳门跨境治理的空间实践案例

在跨境治理过程中，珠澳两地通过共同打造跨境合作区，推进跨境合作。本文将通过珠澳跨境合作区和横琴新区两个案例，探讨跨境合作区建设背后的跨境治理过程和治理结构，揭示跨境治理面临的挑战。

---

① 《做好珠澳合作开发横琴这篇文章》，横琴在线本网，2020－07－22，http：//www. hengqin. gov. cn/zhshqxqzfmhwz/hqzx/ygadt/content/post_2613151. html。

## （一）珠澳跨境工业区

为了减缓 2005 年全球纺织品及成衣配额制度取消对澳门纺织业的影响，澳门厂商较早提议在珠海设立"边境加工区"，引进内地劳工，降低生产成本，保持其制造业优势。商界的想法获得澳门特区政府的认同。2002 年 8 月，澳门特别行政区行政长官在粤澳高层会晤会议上与广东省省长等领导协商，达成了设立"边境加工区"的基本共识。随后，澳门特区政府就产业空洞化和保就业等问题进行研究，进一步提出在 CEPA 零关税制度的基础上设立"跨境工业区"。这一构想获得澳门大型厂商和澳门厂商联合会的支持。澳门厂商联合会对"跨境工业区"的发展建设提出建议，并获得政府的高度重视。澳门特区政府再次与广东省政府和珠海市政府进行协商，并得到珠海市政府的回应。最后，珠澳跨境工业区由珠海市政府申报，经国务院批准设立（澳门发展策略研究中心，2003）。珠澳跨境工业区成为我国第一个跨境工业区，也是珠澳跨境治理的第一次空间实践。珠澳跨境工业区的设立表明了企业和行业机构等不同利益群体参与跨境治理过程。基于 CE-PA，商界从自身发展利益考虑，"自下而上"表达诉求。澳门特区政府在综合考虑澳门的经济和产业发展需求时，通过政府间协调机制，与广东省政府和珠海市政府进行协商，由珠海市政府"自下而上"进行申报，最后获得中央政府的批准与支持。珠澳跨境工业区的设立体现了珠澳跨境治理的多层级治理结构中不同层级政府及非政府机构的共同协商和参与过程。

珠澳跨境工业区总占地面积 0.4 平方千米，其中珠海园区 0.29 平方千米，澳门园区 0.11 平方千米，由珠海市和澳门特别行政区分别通过填海造地形成。将两个园区之间一条自然形成的水道作为隔离，开设专门口岸通道连接。跨境工业区珠海园区完全依靠土地出让资金进行各项基础设施和口岸联检设施建设。2006 年 12 月 8 日，珠澳跨境工业区专用口岸开通启用（全天 24 小时开放），珠澳跨境工业区正式运行。然而，该跨境工业区在运行和发展中并未达到预期效果。主要源于以下几方面的原因：其一，由于珠澳双方园区中间设置了口岸，珠海园区与澳门园区之间受到不同政策限制，且报关手续烦琐，大大阻碍了园区的发展。其二，往来珠海园区和澳门园区的人员，必须持有效出入境证件和珠海园区管委会或澳门园区发展

有限公司核发的园区特别证明，大大减少了跨工业区口岸的人流量。物流未达到 24 小时通关，跨园区的物流受到影响。此外，园区缺乏工人的生活配套，无连接机场和港口所需要的高速公路等基础设施（韩佩诗，2003）。综合以上原因，珠澳跨境工业区吸引力下降，空置率较高。由此可见，作为珠澳在早期的跨境合作空间实践与探索的案例，珠澳跨境工业区未能做到明显的制度创新，跨境合作的成效不明显。珠澳跨境工业区的案例表明，制度创新对珠澳跨境合作与治理具有重要影响。制度创新是跨境合作和治理的前提和支撑条件。缺乏制度创新，跨境治理推进难度较大。

### （二）横琴新区

继珠澳跨境工业区，横琴新区是珠澳跨境治理的重要空间实践案例。横琴新区从提出、成立到开发建设，体现出了中央政府、广东省政府、澳门特区政府和珠海市政府在跨境治理过程中的多层级治理结构，也显示了跨境治理过程中的制度创新。2004 年广东省提出开发横琴岛，创建"泛珠三角横琴经济合作区"，并完成《泛珠三角横琴经济合作区的项目建议书》，计划向中央政府争取优惠政策。2006 年在广东省发展和改革委员会和建设厅的支持下，珠海市完成了对横琴岛规划方案《泛珠三角横琴经济合作区总体规划设计纲要》的评审。横琴岛的发展被定位为国家体制科技创新试验区、泛珠合作示范区及粤港澳功能联动的协同区等。直至 2009 年，为了配合澳门经济适度多元化发展，中央决定开发横琴。《珠江三角洲地区改革发展规划纲要（2008—2020 年)》指出，规划建设珠海横琴新区、珠澳跨境合作区等改造区域，从而作为加强与港澳服务业、高新技术产业等方面合作的载体。鼓励粤港澳三地优势互补，联手参与国际竞争。2009 年 8 月 14 日国务院正式批复《横琴总体发展规划》，横琴新区作为国家级新区正式成立，成为"一国两制"下探索粤港澳合作新模式的示范区。总体来看，在横琴新区开发阶段，广东省政府扮演重要角色，发挥"承上启下"的作用，提出开发横琴岛构想，指导珠海市政府编制具体的规划纲要，并"自上而下"向中央争取政策。与此同时，中央政府起到核心决策的作用，为支持澳门经济适度多元化发展，批准成立横琴新区并给予极大的支持。

在实施建设阶段，中央政府"自上而下"对横琴新区的开发与建设进行统筹、引导和支持。2010 年 3 月 6 日在中央的见证下，广东省政府和澳门特区政府在北京签署了《粤澳合作框架协议》，确立了"合作开发"横琴、产业协同发展等合作重点，提出了共建"横琴粤澳合作产业园"等一系列重要举措。2011 年中央正式下发《国务院关于横琴开发有关政策的批复》，同意在珠海市横琴新区实行"比经济特区更加特殊的优惠政策"。2012 年 1 月《珠海经济特区横琴新区条例》出台，中央确立珠海市主导横琴新区开发，理顺管理体制，赋予横琴新区独立的"人、财、物"管理权，促进横琴与港澳法制互通互融。此外，中央也引导和授权澳门特区政府在横琴新区建设的权力和范围。2009 年 6 月全国人大常委会通过《关于授权澳门特别行政区对设在横琴岛的澳门大学新校区实施管辖的决定》，授权澳门特区对澳门大学新校区实施管辖。根据《横琴总体发展规划》，澳门以租赁的模式向横琴租用 1.0926 平方千米土地建设澳门大学横琴新校区。这标志着澳门参与跨境区域合作的新模式。总体来看，与珠澳跨境工业区相比，中央政府在横琴新区实施建设过程中，"自上而下"对广东省政府、珠海市政府和澳门特区政府进行统筹、引导和分工等，从而理顺跨境治理结构，推进跨境治理和合作。由此可见，在"一国两制"框架下，中央政府的大力支持和"自上而下"的统筹和引导对跨境治理极为重要。中央政府在跨境治理中起到主导和重要作用，并且设定了横琴新区发展的主要目的与任务。2018 年 10 月，习近平总书记在视察横琴新区时指出，建设横琴新区的初心是为澳门产业多元发展创造条件。可见，横琴新区的开发建设是中央引导澳门产业和经济适度多元发展的重要举措。

近年，在粤港澳大湾区建设的背景下，为了响应中央的引导和号召，珠海和澳门特区积极出台深化珠澳合作的具体措施与合作事项。例如，加快推进建设横琴粤港澳深度合作示范区和面向港澳深度开放的合作区域，支持港澳高端服务业发展，包括医疗健康、金融、高新科技等新兴产业。推动横琴自贸试验片区政策向其他区域延伸和拓展，包括保税区、十字门、洪湾片区、金湾区和鹤洲片区等；加快推进横琴国际休闲旅游岛的建设进程；出台便利横琴和澳门往来的措施；加快建设粤港澳物流园、横琴澳门青年创业谷等项目。当前，部分新兴的跨境合作项目已落地，包括粤澳跨境金融合作（珠海）示范区和中药材现货交易中心等。

　　值得注意的是，珠澳双方的跨境合作事项从经济层面拓展到跨境社区构建等综合性民生项目。2020 年 4 月，横琴新区管委会正式向澳门特区出让总占地面积约 19 万平方米的"澳门新街坊"项目用地。"澳门新街坊"建设由澳门的公营机构——澳门都市更新股份有限公司负责。"澳门新街坊"是内地第一个为澳门居民打造的，具有居住、教育、养老和医疗等多功能的综合性项目。该项目可为澳门居民提供 4000 套住房。由此可见，珠澳积极响应中央的政策，推进横琴新区的建设，加快社会民生合作事项，为澳门居民提供了工作、就业和生活等多方面的便利，为澳门经济多元发展创造条件。

　　然而，横琴新区在开发过程中仍面临一定的挑战。例如，在产业园区招商过程中，由澳门方面推荐投资项目，由珠海横琴方面筛选决定。为推动粤澳合作产业园区的招商引资，澳门特区政府成立"横琴发展澳门项目评审委员会"，通过评选推荐入园的澳资项目（澳门贸易投资促进局）。由于横琴新区的引进产业标准较高，因此对于规模较小的澳门企业存在一定的进入障碍，部分澳门企业较难进入园区。面对挑战，澳门特别行政区行政长官在立法会中提出共同开发横琴的设想。此外，广东省的澳区政协委员联名向广东省政协建议将澳门部分自由港政策延伸到横琴，以解决澳门与湾区之间的制度差异等（柳智毅，2020）。由于两地在制度和管理等多方面存在差异，跨境治理和跨境合作项目开展仍存在一定的挑战。未来，珠澳跨境治理仍需不断探索和完善。总体来看，横琴新区的案例表明，珠澳跨境治理是在"一国两制"框架下，由中央政府领导和支持、由广东省政府、珠海市政府和澳门特区政府共同参与和协调的过程。中央政府的支持及相关的制度创新对跨境合作与治理具有重要影响，且能有效地推动跨境合作及跨境区域协调发展。

## 五、结论

　　现业界有关于跨境治理的相关研究主要是关注欧美等跨不同国家边境的跨境区域及其治理，而对在同一个国家内跨不同制度的跨境区域及治理的关注仍不多。本文探讨珠海和澳门跨境区域的跨境治理结构特征，以珠澳跨境工业区和横琴新区为例，探讨在跨境空间合作区中，跨境治理过程、特征及面临的挑战。本文期望对相关研究进行补充，同时也为粤港澳大湾区等跨境区域治理与协调发展提供参考和借鉴。改革开放以来，珠澳跨境合作逐步从民间商界"自下而上"演变为政府层面"自上而下"沟通与协调，从而推动跨境合作。研究表明，珠澳跨境治理是在"一国两制"框架下，由中央政府领导，广东省政府、澳门特区政府和珠海市政府等多层级政府机构共同参与的治理过程。此外，商界和行业机构等不同利益群体通过"自下而上"向政府表达诉求，从而参与到跨境治理中。基于珠澳跨境工业区和横琴新区的案例，研究表明，在"一国两制"框架下，中央政府在珠澳跨境治理中起到至关重要的作用。中央政府"自上而下"领导和支持，统筹广东省政府、澳门特区政府和珠海市政府的职能与角色，协调政府之间的沟通，从而有效推动跨境治理过程中的制度创新，推进跨境合作进程。由此可见，不同于欧美等跨境区域中超国家级机构的重要作用（Hooghe & Marks，2001；Piattoni，2009），珠澳跨境治理中，国家级机构扮演着至关重要的角色（杨春，2008）。此外，在"一国两制"框架下，由于跨境区域的制度、经济实力等方面存在差异，未来在粤港澳大湾区跨境治理和区域协调过程中，应当充分考虑不同层级政府及机构在跨境合作中的利益及地区差异，加强政府间的沟通协商，提高地方机构的积极性，鼓励不同机构和组织积极参与和促进跨境治理与合作。

## 参考文献

［1］澳门发展策略研究中心，暨南大学特区港澳经济研究所. 2005 年全球纺织品及成衣配额制度之取消对澳门社会与经济的影响及其政策跟进研究［R］.澳门：澳门发展策略研究中心，2003.

［2］澳门发展策略研究中心."一国两制"成功实践的澳门经验 第一册［M］.北京：人民出版社，2019.

［3］符天蓝.国际湾区区域协调治理机构及对粤港澳大湾区的启示［J］.城市观察，2018，6：20-27.

［4］韩佩诗.区域空间协调规划：珠澳跨工区发展回顾与展望［C］//2013中国城市规划年会论文集（10-区域规划与城市经济）.中国城市规划

学会，2013.

[5] 李建平. 粤港澳大湾区协作治理机制的演进与展望 [J]. 规划师，2017，11（33）：53-59.

[6] 李立勋. 关于"粤港澳大湾区"的若干思考 [J]. 热带地理，2017，37（6）：757-761.

[7] 刘云刚，侯璐璐，许志桦. 粤港澳大湾区跨境区域协调：现状、问题与展望 [J]. 城市观察，2018，1：7-25.

[8] 柳智毅. 澳珠合作开发横琴的若干思考和建议 [J]. 澳门经济学报，2020：4-10.

[9] 民银智库. 珠海与澳门的历史性发展机遇及政策建议 [R]. 民银智库研究，2020.

[10] 谭思. 澳门如何利用《粤港澳大湾区规划纲要》拓展经济适度多元空间 [J]. 澳门经济学报，2018：113-128.

[11] 向晓梅，陈小红. 珠澳海洋经济合作的重点产业分析 [J]. 新经济，2018，10：14-19.

[12] 杨春. 多中心跨境城市—区域的多层级管治：以大珠江三角洲为例 [J]. 国际城市规划，2008，23（1）：79-84.

[13] 赵蓓蕾，钟韵. 区域协同视角下粤澳的合作研究 [J]. 澳门经济学报，2019：6-13.

[14] 朱文华. 从竞争到协作：珠海与澳门协调发展研究 [J]. 城市规划，1999，23（5）：13-17.

[15] GUALINI E. Cross-border governance：inventing regions in a trans-national multi-level polity [J]. DisP-The planning review，2003，39（152）：43-52.

[16] HOOGHE L, MARKS G. Multi-level governance and european integration [M]. Lanham, MD：Rowman & Littlefield，2001.

[17] KEATING M. Thirty years of territorial politics [J]. West European politics，2008，31（1-2）：60-81.

[18] MEDEIROS E. Is there a new "trust" in inner Scandinavia? Evidence from cross-border planning and governance [J]. Geografiska annaler，series B：human geography，2014，96（4）：363-386.

[19] PERKMANN M. Building governance institutions across European borders [J]. Regional studies, 1999, 33 (7): 657 –667.

[20] PERKMANN M. Construction of new territorial scales: a framework and case study of the EUREGIO cross-border region [J]. Regional studies, 2007, 41 (2): 253 –266.

[21] RIVERA P P, VAZQUEZ F J C. Institutional aspects of portugal-spain cross-border cooperation institutional aspects of portugal-spain cross-border [J]. Journal of borderlands studies, 2018, 33 (4): 585 –604.

[22] DE SOUSA L. Understanding European cross-border cooperation: a framework for analysis [J]. Journal of European integration, 2013, 35 (6): 669 –687.

[23] YANG C. An emerging cross-boundary metropolis in China: Hong Kong and Shenzhen under "two systems" [J]. International development planning review, 2005, 27 (2): 195 –225.

[24] YANG C, LI S. Transformation of cross-boundary governance in the Greater Pearl River Delta, China?: Contested geopolitics and emerging conflicts [J]. Habitat international, 2013, 40: 25 – 34.

[25] WEITH T. Oderpartnership-a long way to go towards cross-border spatial governance [J]. Planning practice and research, 2012, 27 (3): 333 –350.

[26] SHEN J. Cross-border connection between Hong Kong and mainland China under "two systems" before and beyond 1997 [J]. Geografiska Annaler: Series B, human geography, 2003, 85 (1): 1 –17.

[27] PIATTONI S. The theory of multi-level governance: conceptual, empirical, and normative challenges [M]. Oxford: Oxford University Press, 2009.

[28] PERKMANN M. Cross-border regions in Europe: significance and drivers of regional cross-border cooperation [J]. European Urban and regional studies, 2003, 10 (2): 153 –171.

[29] NADALUTTI E. Is cross-border governance emerging over the border between Italy and Slovenia? [J]. Journal of contemporary european studies, 2012, 20 (2): 181 –197.

[30] LUO X, SHEN J. The making of new regionalism in the cross-boundary

metropolis of Hong Kong-Shenzhen, China ［J］. Habitat international, 2012, 36 (1): 126 – 135.

［31］ JESSOP B, BRENNER N, JONES M S. Theorizing sociospatial relations ［J］. Environment and planning D: society and space, 2008, 26 (3): 389 – 401.

［32］ HAMEDINGER A. Challenges of governance in two cross-border city regions: "CENTROPE" and the "EuRegio Salzburg-Berchtesgadener Land-Traunstein." ［J］. Urban research and practice, 2011, 4 (2): 153 – 174.

［33］ CHEUNG P T Y. The politics of regional cooperation in the Greater Pearl River Delta ［J］. Asia pacific viewpoint, 2012, 53 (1): 21 – 37.

［34］ BLATTER J. Explaining cross border cooperation: a border-focused and border-external approach ［J］. Journal of borderlands studies, 1997, 12 (1 – 2): 151 – 174.

# 第二编

## 对标国际一流湾区

# 东京都商业中心多层商圈的形成与发展

杨宇帆[①]

## 一、研究背景

日本国铁 JR 线的站牌上，常常可以看到"上行/下行"的标志，它就如同我们过去常说的上北京、上广州或者"进城/下乡"的意思。如今，虽然交通发达了，但由于北京、广州等中心城市商业中心吸引力的降低以及地方商业中心的形成，"上"这个词的意义消失了。但是，经过"二战"后近 60 年的发展，东京都始终保持着"上行"的地位，这不完全因为它是首都，还在于它处于商业中心的地位。本文重点讨论东京都商业中心呈现多层多极现象的形成与发展过程。

1956 年（昭和三十一年）4 月，"二战"结束 11 年后，日本政府为了有效开发广域概念的首都圈，制定了《首都圈整备法》。[②] 该法第一条规定"该法令旨在通过制定、实施、推进关于首都圈的综合计划，建设一个以我国政治、经济、文化为中心并与其地位相匹配的首都圈、促进其有序发展为目的"[③]。一个大都市被称为中心城市一般需要满足三个基本要素：政治中心、文化中心、商业中心，这一概念与日本政府对首都圈的规划设想在"经济中心"还是"商业中心"上有所不同。在五次《首都圈基本规划》

---

①　杨宇帆，广州新华学院创新创业学院副院长。
②　［日］昭和三十一年法律第 83 号。
③　作者译自《日本首都圈整备法》（昭和三十一年法律第 83 号）日本総务省。

建设期间，日本政府相继推出了《首都圈近邻整备地带以及都市开发区整备相关法律》①、《首都圈近郊绿地保全法》②、《限制首都圈既成市街地工业等相关法律》③、《多极分散型国土形成促进法》④ 等相关法律，上述相关法律对于当时东京都内工业的发展起着限制的作用。本文主要关注东京都作为商业中心所具有的特点。

日本《首都圈基本规划》是针对首都圈基本建设制定的基础综合性规划，每 10～15 年修编一次，至今已经制定了五次规划。由于《首都圈基本规划》和《首都圈整备年度报告》的连续性成为本研究的主要资料来源，补充之东京都其他的各类发展计划来研究东京圈多层多极消费型商业中心的形成。

《首都圈基本规划》的政府年度报告《首都圈整备年度报告》中"首都圈"特指东京都、神奈川县、埼玉县、千叶县、茨城县、群马县、山梨县、栃木县的一都七县；"东京圈"特指东京都、神奈川县、埼玉县、千叶县，即一都三县。

据日本第五次《首都圈基本规划1999》2019 年国会年度报告中数据显示，2009—2019 年，首都圈的国内生产总值呈上升趋势，其国内生产总值占全国的 39.7%，其中东京都占全国的 19.5%；人均 GDP 达到 761.5 万日元，位居日本国内第一，比之第二位的爱知县 499.3 万日元快超过一倍了。东京都的经济数据不仅全国领先，商业数据也很显著，如大型购物中心的店铺数，东京圈占日本全国的 25.3%，其中东京都占 10.2%。其次，东京的中央批发市场是日本最大的生鲜食品市场，它体现了东京是日本生鲜食品最大消费地的地位。为了满足市场需求，中央批发市场自 2016 年以来在日本整备计划中经历了 10 次设施改造。⑤

因此，东京都无论是对日本整体经济的发展，还是广域的首都圈或东

---

① ［日］昭和三十一年法 98 号。
② ［日］昭和四十一年法 101 号。
③ ［日］昭和三十四年法 17 号，废止于平成 14 年法 83 号。
④ ［日］昭和六十三年法 83 号。
⑤ ［日］《第五次首都圈基本计画》（平成 11 年 3 月）的同年国会年度报告《首都圈整备に关する年次报告概要》中数据。

京圈内的经济发展都起着引擎的作用。日本学者松原宏把东京圈细分为两层，即东京市中心和东京大都市圈，[①] 即东京都与东京圈，以东京都为中心向外扩张，体现了东京都在这个关系中的核心地位和影响力。

## 二、服务业与商业中心（商业集聚）

早在 20 世纪 70 年代中期，东京都的三次元产业结构已经是第一产业占比为零、第二产业占 30%、第三产业占 70%[②]了。第三产业及服务业，[③] 中国服务业包括三大类 15 项如表 1 所示。中国与日本的服务业分类内容基本类似，不过，早在 2006 年东京都的服务业就很丰富了，如表 2 所示，与中国比较东京都的服务业主要集中在除 A、B、C 三类以外的所有服务业。

**表 1　中国第三产业（服务业）分类**

| 一类 | 二类 | 三类 |
|---|---|---|
| A. 农林牧副渔服务业<br>B. 开采辅助活动<br>C. 金属制品、机械和设备修理业<br>F. 批发零售<br>G. 交通运输、仓库和邮政业 | H. 住宿和餐饮业<br>I. 信息传输、软件和信息技术服务业<br>J. 金融业<br>K. 房地产业<br>L. 租赁和商务服务业<br>M. 科学研究和技术服务业<br>N. 水利、环境和公共设施管理业 | O. 居民服务、修理和其他服务业<br>P. 教育<br>Q. 卫生和社会工作<br>R. 文化、体育和娱乐业<br>S. 公共管理、社会保障和社会组织 |

数据来源：根据《国民经济行业分类》（GB/T 4754—2011）《国家统计局印发了〈三次产业划分规定〉的通知》（国统字〔2003〕14 号）内容编制。

---

① ［日］松原宏：《東京における三産業構造の変化》，载《地学杂志》2014 年第 123 卷第 2 期，第 286 页。

② ［日］松原宏：《東京における三産業構造の変化》，载《地学杂志》2014 年第 123 卷第 2 期，第 285－297 页。

③ 《国民经济行业分类》（GB/T 4754—2002）国家统计局广域印发三次产业划分规定的通知（国统字〔2003〕14 号）。

表2　东京都主要服务业分类

| 4.0～4.9 | 3.0～3.9 | 2.0～2.9 | 1.5～1.9 |
|---|---|---|---|
| 互联网相关服务业<br>声像、文字信息制作 | 各种商品批发零售<br>证券业、期货交易<br>信息服务业<br>航空运输业 | 广告业<br>热供应业<br>辅助金融业<br>纤维、衣服等批发业<br>借贷业<br>皮革皮毛制造业 | 印刷及关联业<br>通信业<br>广播电视业<br>水运业<br>机械器具批发零售业<br>其他批发零售业<br>银行业<br>储蓄政府金融机构<br>房地产交易业<br>房地产租赁业<br>专门服务业<br>政治、经济、文化团体 |

资料来源：作者根据松原宏《東京における産業における産業構造の変化》，载《地学雑誌》2014年第123卷第2期，第285－297页的表1编制。

　　服务业的交易我们统称为"商业"，它是商品交换的发达形式，是一种为卖而买、先买后卖，专门在生产者与消费者之间从事商品交换的经济活动和经济组织。[①] 而商业集中的区域我们称之为"商业中心（commercial center）"，它特指负担一定区域的商业活动中心职能的城市或一个城市内的商业活动集中的地区。[②] 负担区域商业中心的城市，即"商业中心城市"为区域性商业中心，按其规模分为全国性商业中心和地方性商业中心，它们具有良好的地理位置和联系条件。[③] 各中心之间也有着层级或者类型的差别，也就是说商业中心也可以有两个层次，即区域内商业城市、城市内商业中心。而东京都在商业中心层面就具有这样两种不同的性质：东京都内存在多极交通结点商业中心，对于东京圈·首都圈是具有多层商圈的商业中心城市。如果《首都圈基本计划》将首都圈分为多层，则东京都商业中心城市的商圈至少可以分为三层，如图1所示。

---

① 《中国大百科全书》数据库：https://h.bkzx.cn（第二版），孔繁来。
② 《中国大百科全书》数据库：https://h.bkzx.cn（第一版），地理学。
③ 《中国大百科全书》数据库：https://h.bkzx.cn（第二版）。

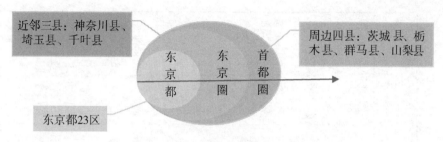

**图 1　东京都/东京圈/首都圈的三层商圈示意**

同时，商业集中的区域也称为"商业集聚"，"商业集聚是指若干商业者集中于某一区域的现象"，① 区别于产业集聚和产业集群，商业集聚是一系列零售店铺在地理位置上的集中，也称为"零售集聚"。商业集聚小到集市、自由市场，大到城市中心商业区、商业街以及大型购物中心。大型购物中心被称为"管理型商业集聚"，商业街是"自然形成的商业集聚"②。本文中的"商业中心"特指众多零售店集中的城市中心商业街，而非日常购物的近邻型商业街。

## 三、《首都圈基本规划》与东京商业中心城市多层商圈的形成

自 1956 年（昭和三十一年）4 月日本政府制定《首都圈整备法》③ 以来，经过多次修改，以该法为基础自 1958—1999 年制定了五次《首都圈基本规划》以解决首都圈区域的基础建设问题。表 3 是五次首都圈基本规划的核心内容。日本在"二战"后的经济高速成长中，由于地方人口急速地涌向大城市、工厂等，这样的无序过度集中而引起的公害等的环境恶化、交通堵塞、通勤困难等问题又进一步加剧了大城市内过度集中密集的问题。在此背景下，《首都圈基本规划》的主要目的是通过建立工业区卫星城，将人口、工厂等机构分散到东京都外围的近邻三县，进而扩展到周边四县，从

---

① ［日］石原武政：《商业组织内部の编成》，日本千仓书房 2000 年版，第 138 – 149 页。
② 杨宇帆、鸥书田：《商业集聚印象对消费者惠顾意向人影响研究》，载《管理评论》2009 年第 21 卷第 5 期，第 42 – 51 页。
③ ［日］《首都圈整备法》昭和三十一年法律第 83 号。

表3 日本五次首都圈基本规划内容概要

| 类别 | 第一次基本规划 | 第二次基本规划 | 第三次基本规划 | 第四次基本规划 | 第五次基本规划 |
|---|---|---|---|---|---|
| 出台时间 | 1958年7月 | 1968年10月 | 1976年11月 | 1986年6月 | 1999年3月 |
| 计划期间 | 目标年：1975年 | 目标年：1975年 | 1976—1985年 | 计划期间大约15年 | 计划期间大约到2015年 |
| 规划背景 | ①由于经济复兴，人口向东京集聚。②有必要建设一个符合政治、经济、文化中心的首都圈 | ①伴随着经济高速成长，社会形势发生了巨变。②重新思考绿色地带构想的同时，重新指定近郊整备地带 | ①前计划目标年是1975年。②第一次石油危机等引起的经济、社会形势的变化 | ①以自然增长为主、缓慢的人口增长成为常态。②在国际化、高龄化、网络化，技术革新的发展等社会变革的大潮流等，面向21世纪而制定的战略 | 从经济增长时代转向成熟时代，为适应首都圈整体发生的各种变化，制定的新整体规划 |
| 主要目的 | 消除既成市街地的过度密集 | 抑制向既成市街地集中主功能和人口，消除过度密集的弊害；将工业功能扩展到广域地区；保全地带整备近邻整备地带的绿地 | 抑制东京圈内（既成市街地以及近邻整备市街地）的人口的集聚；促进东京圈内广域多核心的多极城市复合体的形成 | 形成国际中心城市；通过分担城市功能和相互协同，合作形成多核心、多圈域的区域结构；通过检讨向都市一极依存的结构解决大都市病的问题 | 维持和强化国际竞争力。建筑分散型城市群结构。推进大都市的改造 |
| 人口规模 | 在对象区域内，人口数在1975年预计达到2660万人左右；控制现有市区的人口增长，让城市开发区吸收新增人口 | 趋势型。1975年首都圈整体人口预计达到3310万人 | 控制型。控制首都圈整体人口，预计1985年人口达到3800万人。东京市城区减少人口增长，周边地区适度增长 | 继续保持人口自然增长为主的基调，减少社会增长，预计首都圈整体人口在2000年达到4090万人 | 首都圈整体人口在2010年达到4190万人后，逐渐减少，2015年减少到4180万人 |

续上表

| 类别 | 第一次基本规划 | 第二次基本规划 | 第三次基本规划 | 第四次基本规划 | 第五次基本规划 |
|---|---|---|---|---|---|
| 区域建设方向 | 以东京都为中心，在现有城市街区周边设置绿色地带（近郊地带），控制现有街区的扩张。开发城市开发区，开发数个卫星城作为工业城，把新增人口和产业固定在卫星城 | ①在现有市街地区域内，单纯化中枢作用的城市功能，重新构建都市空间。②代替现有绿色地带（近郊绿色地带），以市中心为原点半径50千米的区域新设定为近郊整备区域，谋求较强的城市化趋势，对于绿化规划城区与绿区合达成共生目的。③对于周边新开发区，继续推进卫星城的开发计划 | ①对于东京圈，逐次探讨向东京都一极依存的都市结构，为构建能应对地震灾害等目安全性较高的区域结构，推进形成具有区域中心性的核心都市，建成多极多圈结构的广域都市复合体。②对于周边地域，除了原来的农业、工业的生产功能外，充实社会和文化功能，向东京市近郊外围地域 | ①对于东京圈，首选探讨向东京都心部一极依赖的都市结构，形成以核心都市等为中心的自立型都市圈，构建多核多圈型的地域。②对于同边地域，促进以中核型都市圈等为中心的诸功能集聚的同时，整备农、山、渔村等，实现强化地域互相合作和提高地域自立性的目标 | ①从原来依赖东京都的一极依存的都市结构，向东京都外首都圈内各区域扩散，形成以据点自立都市为中心的自立性较高的区域，旨在建立功能互补和互相合作的交流网络结构分散型都市圈。②建设首都圈内外广域连接的据点型业务核心城市，在关东北部地域内建设中等核心城市的广域合作据点。③在东京圈内，合理分担东京都市中心与近邻地域的基点。 |

续上表

| 类别 | 第一次基本规划 | 第二次基本规划 | 第三次基本规划 | 第四次基本规划 | 第五次基本规划 |
|---|---|---|---|---|---|
| 功能配备 | 在东京都心区域工厂内，限制新增工厂和大学，只考虑增加分散困难的产业及人口 | 城市中枢功能由首都圈中心城区分担，生产功能通过首都圈向流通功能向首都圈全域发展，并将上述功能与日常生活功能合理地配置（建立工业团地的近邻工业街） | ①对于中枢功能，为了实现选择性分散，探讨该方针可能性的同时，在东京圈内广泛设置多核心区域。②对于大学等限制机构，加强控制向首都圈集中，并向东京都圈区以外的地域分散。③关于工业，也应该尽可能地避开首都圈中心部，积极推进向东京圈外分散发展的方针 | ①从全国的大局观点来推进诸功能的选择性分数等。②在东京圈多角发展业国际交流务管理功能，国际交流功能。③避免工业、大学等机构规模的显著扩张。④发展依赖于大都市的知识、信息收集的新产业以及研究开发功能。⑤在周边区域、农林水产业发展也要促进业务管理，国际交流、高等教育机构等功能的集聚 | 础上，推进都市功能的重新配置。在东京都中心部，推进都心居住性环境等都市空间的进一步改进。在近邻地域，通过据点间的功能分担与合作形成环状据点型都市群。④在关东北部和东部以及内陆西部地区，继续维持有秩序的土地利用的据点建设，以谋求环状方向地域的合作，形成首都圈大环状合作主轴 |

续上表

| 类别 | 第一次基本规划 | 第二次基本规划 | 第三次基本规划 | 第四次基本规划 | 第五次基本规划 |
|---|---|---|---|---|---|
| 其他整备项目 | 1962 年 8 月人口规模修改（2820 万人） | 为实现首都圈区域结构变革的大型项目：<br>·高速公路网<br>·高速铁路网<br>·大规模住宅城区<br>·大规模水源开发 | ①形成丰富的地域社会。<br>②将地震时的防灾应对设施作为重要区域整备最基本条件一样重视 | ①建设促进交流的交通通信体系。<br>②研讨和推进位于东京中心区域的部分政府功能的转移和重新配置 | 计划项目：<br>①促进创建我国具有活力的自由活动场所。<br>②建设以个人为主体的多样性活动的社会。<br>③实现与环境共生的首都圈。<br>④形成安全、舒适的高质量生活环境的区域。<br>⑤创造出能被后世作为资产继承的首都圈 |

信息来源：①［日］《首都圈基本計画の経緯》，见 https：//www. mlit. go. jp，作者翻译。

②［日］《首都圈整備法等に基づく大都市圈政策の見直し》参考表：首都圈整備計画のこれまでの主な目的，日本国土交通厅平成 23 年 3 月，第 15 页。

③［日］中村隆司：《首都圈整備計画制度の変質と政策区域制度》，见《1991 年度第 26 回日本都市計画学会学術研究論文集》，第73－78 页。

而有秩序地建设圈域结构的区域城市群，来控制人口以及产业的过度集中。同时，通过交通将城市群连接成区域城市群网络，带动了东京圈·首都圈的社会和产业的经济发展。其具体过程与措施是：①控制在现有市街区域内工厂、大学等的增加，促进其向既成市街地外转移；②推进既成市街地外的新市街区域的规划：住宅城·工业区；③建设业务核心城市的核心设施；④建设目标圈域框架内的基本交通设施；⑤保全既成市街区域周边剩余的绿地。①

2011 年，日本国土交通省对五次《首都圈基本规划》实施的结果进行了政策评估，并提出了《基于首都圈建设法等对首都圈政策重新评估》。该报告详细描述了五次首都圈基本规划期间，即 1958—2010 年间的产业、人口与城市规划等方面实现了上述 5 个具体措施的结果。本文重点关注五次首都圈基本规划期间逐渐形成区域城市群与东京都商业中心城市的商圈关系。

## （一）"一极集中"模式："东京都 + 绿色环带 + 新城"②

"二战"后，由于东京人口与产业集聚速度超出预期，1958 年日本政府以《首都圈整备法》为依据制定出《第一次首都圈基本计划》，以东京都城市中心部为半径 100 千米内的区域构建一个"首都圈"。该计划参照 1944年"大伦敦计划——'绿色环带 + 新城'"提出首都圈的开发模式：其一，将东京都现有城市近邻 10 千米内设为绿色带，以防止东京都的无序扩张；其二，提出建设卫星城市的方案，将近郊地带的外围区域规划为城镇开发区，将其打造成工业城以吸引中心城市流出的人口和产业；其三，限制东京都内工厂和大学的新增。《第一次首都圈基本规划》设想的是以东京都为核心、城镇开发区（卫星城）拱卫的"一极集中"的开发思路，在该模式中，东京都城区内的新宿、涩谷、上野、池袋等副都心构成东京都区域商业中心，并将其商圈扩大至周边次级城市吸引居民上京消费。

---

① ［日］《首都圈整備法等に基づく大都市圈政策の見直し》，日本国土交通厅 平成 23 年 3月，第 17 - 28 页。

② 史艳玲、刘子轩：《日本首都圈建设及启示》，载《合作经济与科学》2018 年第 22 期，第34 - 35 页。

## （二）次级中心与广域城市群的形成[①]

1968 年 10 月日本政府颁布了《第二次首都圈基本规划》，进一步扩大首都圈的范围至"一都七县"，提出将东京都作为全国经济高速增长的中枢，并对东京都内城市空间结构进行调整，使东京都中心城区实现大规模改造，同时继续推进东京都外围区域的卫星城市建设。在区域内修建铁路和公路等交通体系，缩短首都圈主要城市之间的通达时间，建成多心结构的次级都市群复合体。

第二次首都圈基本规划主张培养和发挥各区域的功能特色，以分担中心城市超负荷的承载量，形成有机的互相合作提携的多核心地域结构，建成区保留中枢管理职能，将其他中枢职能选择性地向其他卫星城分散，城市中枢功能由首都圈中心城区分担，生产和流通功能向首都圈全域发展，并将上述功能与日常生活功能合理地配置。与此配套的是 20 世纪 70 年代后期日本的银行倾向于向不动产、零售业、个人住宅等产业融资。

## （三）城市功能由"一级集中"向"多极多圈"变化[②]

1976 年，日本政府制定了《第三次首都圈基本规划》以分散东京城市中枢管理功能，培育卫星城市内的核心区，形成"分散型网络结构"的首都圈多核心城市群，即多极结构的广域城市群复合体。1985 年，日本国土厅大东京都市圈整备局提出东京都由首都圈"一极集中"地域结构修正为"多极多圈"区域结构。1986 年，日本政府发布《第四次首都圈基本规划》，提出进一步对周边核心城市的发展与功能定位进行调整，将东京都的部分职能向周边核心城市转移，确立大城市的主导产业，并将核心城市建成具有较强集聚功能的次中心城市，形成"多功能圈域城市群"格局，如图 2、图 3 所示。首都圈内城市中心由原来的东京都一极集中，向多心多核多圈的分散型城市群发展，各城市之间互相协同合作促进交流。

---

① 赵建超、朱显平：《日本首都圈规划调整及对我国的启示》，载《东北亚论坛》2009 年第 18 卷第 6 期，第 76－83 页。

② ［日］《首都圈整备法等に基づく大都市圈政策の見直し》，日本国土交通厅 平成 23 年 3 月，第 57 页。

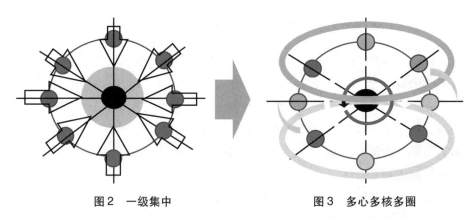

图2 一级集中　　　　　　　图3 多心多核多圈

信息来源：《首都圏整備法等に基づく大都市圏政策の見直し》，日本国土交通厅 2011 年，第
15 页。

### （四）广域的首都圈域城市群①与商圈进一步扩大

1999 年 3 月，日本政府推出了《第五次首都圈基本规划》。该规划是在全国综合开发计划《21 世纪国土绿色规划》的基础上制定的，其目标是将首都圈建设成为一个独立自主的、可持续发展的功能区域，并确定东京圈的"圈域战略"构建区域内多中心的"分散型网络结构"的城市空间模式。

同时，增加东京都外围区域近郊地带工业开发区的业务核心城市的数量，并将这些业务核心城市统称为"环状据点城市群"。"环状据点城市群"将东部、北部和西部三个区域互相连接形成大环状连接主轴。"分散型网络结构"的设想，打破了先前以中心城市和周边城市为核心的放射状格局，通过增加业务核心城市、发展广域交通等基础设施，对都市圈空间进行重组，进而改变了东京都一级依存的结构，形成区域间网络化城市群结构，实现了圈内经济与社会互相协同发展的区域整体。

2016 年，日本国土交通省推出《首都圈广域地方规划》，提出要进一步扩大首都圈范围，将福岛县、新潟县、长野县、静冈县纳入首都圈范围，形成"广域首都圈"。

---

① ［日］《首都圏広域地方計画～ 世界の経済社会をリーとする風格ある圏域づくり～》，日本国土交通厅 平成 21 年 8 月，第 1－2 页。

## 四、首都圈商业中心商圈的形成

本文并不是要讨论城市规划，而是关注城市规划中形成的商圈消费者群。维持一个商业中心的三个必要条件：足够多的消费者人数、便利的交通、足够的购买力。经过近50年的发展，2019年首都圈整备年度报中数据是：首都圈总人口4428万人，占全国人口的35.1%，首都圈已经成为东京都商业中心的强大市场。

### （一）首都圈人口变化

图4是1975—2017年日本首都圈人口变迁，《首都圈基本规划》的主要目标之一就是控制东京都的人口，从图中可以看到，1975—1997年东京都人口是净流出，1998年之后，也就是从1999年公布《第五次首都圈基本规划》后，东京都人口转为净流入。东京都流出的人口主要被东京圈的近邻3县埼玉县、千叶县、茨城县等外围区域吸收。1999年也正是日本泡沫经济破裂、经济走向低迷的开始，加之自然人口负增长和人口老龄化，也影响了日本国内的购买力。

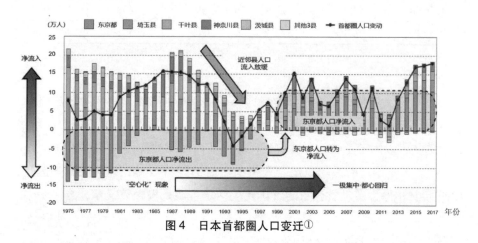

**图4 日本首都圈人口变迁①**

---

① 华夏幸福产业研究院：《带你看东京都市圈人口变迁》，见凤凰网财经：https：//finance. ifeng. com/，2020年4月28日。

## （二）中产阶级的购买力

1960 年 12 月，日本政府发布了《国民所得倍增计划》，该计划的主要目的是使 10 年后的 1970 年经济得到极大的增长，人民生活水平提高、实现充分就业，消除日本经济结构中不平衡状况。具体目标是 10 年后实现国民生产总值及人均国民收入增长 1 倍以上。该计划的实施成为日本经济起飞的基础和转折点。1961—1970 年，日本人均国民收入由 1960 年的 395 美元增加到 1970 年的 1592 美元，10 年间实际工资平均增长 1.52 倍。[①] 工资指数增速更是位居主要发达国家之首，如表 4 所示。1968 年，日本国民生产总值（gross national product，GNP）实现位居世界第二。日本成为仅次于美国的第二大经济强国。到 1973 年，国民收入增加了 2 倍，日本人的购物到了可以"什么都不想的消费"阶段，[②] 日本从此诞生和形成了一个强大和稳定的中产阶层。

表 4　日本国民收入倍增计划实施前后工资指数比较（1975 = 100）

| 指标 | 日本 | 美国 | 法国 | 意大利 | 联邦德国 |
|---|---|---|---|---|---|
| 1961 年 | 16.3 | 48.2 | 23.9 | 21.1 | 30.7 |
| 1970 年 | 43.5 | 69.9 | 49 | 438 | 63 |
| 同比增长 | 266.8% | 145% | 205% | 205.2% | 207.5% |

数据来源：《东洋经济统计月报》，1978 年 10 月。

1963 年，哈佛大学日本籍学者傅高义出版了《日本新中产阶级》，他对日本中产阶级的定义为：大公司与政府部门的白领雇员。[③] 由于新中产阶级市民的收入以固定工资的形式得到保障，他们逐渐被称为"工薪族（salary-man）"。日本中产阶级的稳定收入带来可观的经济效益，即购买力。但是，1999 年日本厚生劳动省公布的《国民生活基本调查报告》显示，自 1999 年

---

[①] 《1960 下村治提出"日本国民收入倍增计划"》，百度百科，见 https：//baike.baidu.com/。

[②] ［日］塩崎润、日戸浩之、川津のり：《第三の消費スタイル》，野村综合研究所，2005 年。

[③] ［美］傅高义：《日本新中产阶级》，周晓虹、周海燕、吕斌译，上海译文出版社 2017 年版，第 1 页。

起，过半数的日本民众认为目前的生活处于艰苦状态，并且这样的比例呈现出逐年增长的趋势。日本舆论认为曾经让日本引以为傲的"一亿人规模的中产阶级"意识已经丧失。①

### （三）"交通结节点式"商业中心

图 5 是 1991 年《第三次东京都长期规划》多中心结构示意。② 从图中可以看出，除了新城外不论是城市副都心还是核心城市、商业副都心，以及其他主要城市都在交通结点上。图 6 是 2008 年东京圈交通出行图，交通出行主要以东京都为中心，集中在东京都与近邻三县主要城市横滨市、川崎、千叶、琦玉等城市之间，这也与图 4 东京都人口变迁中的人口流出地吻合。

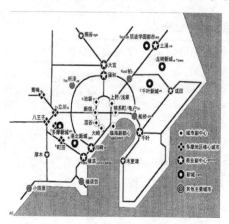

**图 5　1991 年第三次东京都长期规划多中心结构**

资料来源：《首都圈均衡发展与中心区在强化的东京经验》图 2，2018 年 9 月 3 日，https://www.sohu.com 国际观察 051 Andre Sorensen，2001。

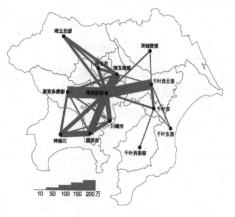

**图 6　2008 年区域间交通的增长**

信息来源：张天然、王波：《上海 2035 年公共交通分担率研究》，2019 年 4 月 21 日，公交信息网：www.bus-info.cn，公共交通资讯 2021 年 8 月 20 日引用。

---

① 《"一亿中产"要消失了！近五成日本人认为"生活艰苦"》，百度，中新社新媒体平台：https://baijiahao.baidu.com/。

② 《首都圈均衡发展与中心区再强化的东京经验》，图 2，见"国际观察 051"：https://www.sohu.com/，2018 年 9 月 3 日。

东京都内的商业中心也是包括地铁在内的 70 个交通结点，商业中心通过铁路乘客与交通结节点构成商业集聚的序列，形成东京都各类商业中心。东京都交通结节点商业中心分担城市的七类功能，即业务、金融、商业、教育、文化、娱乐、信息服务，① 如表 5 所示。该表在日本学者川上秀光 1986 年调查结果的基础上补充了交通结点站名，更加直观地体现了交通结点与商业中心的特点关系。商业中心虽然不如百货店或者超市有经营者而拥有零售店品牌，商业集聚因为其特性也拥有形象，如银座站附近百货店和高端国际品牌专卖店林立，但一般人不会去银座购物；六本木站附近是年轻人的天堂，酒吧林立，是喜欢喝酒的年轻白领喜欢的场所。因此，这些交通结点的站名就体现了商业集聚中心的特点。

表 5　交通结节点立地行业分类

| 特点 | 商业集聚指标 | 资料来源（1986） | 交通结点站名（2020） |
|---|---|---|---|
| 业务 | 公司总部、事务所（包括银行）的场所占面积、公司办公地 | 1983 年固定资产税课税台账 | 霞关、东京、新桥大手町（综合商社、保险公司） |
| 金融 | 都市银行、地方银行、信托银行等银行数，中央银行、证券公司、保险公司 | 1983 年"票据交换所店参加银行铺便览"（社）东京银行协会 | 东京站、大手町、日本桥（银行总部） |
| 商业 | 零售业销售额（10 亿日元为 1 个点）；零售店占地面积（1 平方米算 1 个点） | "東京の商業集積地域"東京都 | 新宿（综合、服装时尚）、涉谷［综合、六本木（酒吧）、银座（高端国际大品牌专卖店、百货店）］、秋叶原（电器） |
| 教育 | 大学、专科学校以及各种学校的学校数 | "東京都私立学校名簿"東京都 | 御茶ノ水（明治大学）、春日（东京大学）、三田（庆应大学）、早稻田等 |

---

① ［日］川上秀光：《東京の中心市街地動向と多心型都市構造論》，见《1986 年度第 21 次都市計画学会学術研究論文集》，第 13 – 18 页。

续上表

| 特点 | 商业集聚指标 | 资料来源（1986） | 交通结点站名（2020） |
|---|---|---|---|
| 文化 | 图书馆、美术馆、博物馆、画廊等设施数 | "ビアmap 83"ビア株式会社 | 上野、霞关、神保町（书店一条街）、御茶ノ水（二手书一条街）、浅草 |
| 娱乐 | 电影院、剧场、大剧院等设施、电视台等数量 | 同上 | 有乐町（居酒屋）、银座（高级俱乐部夜店）、日本桥（大剧场）、日比谷、六本木（朝日TV）、涩谷（NHK）、台场（富士TV） |
| 信息服务 | 游戏指南、电影院、声像展示室、租赁空间、器材数字租赁、电影租赁等设施数 | 同上 | 秋叶原（电器一条街）、新桥 |

　　资料来源：在川上秀光：《東京の中心市街地動向と多心型都市構造論》表1的基础上补充了作者的调研内容；交通结点站名与特点的关系电话调研了在日华人。

　　川上秀光1986年的调查结果总结了交通结节点的特点：①交通结节点是不同交通线路交汇点，其背后各交通线上消费者的特点也构成了交流点的特性；②因为是交通结节点，继乘、换乘会集结大量的人流量；③大人流量会大大增加人与人、信息与信息的交流机会，自然会集聚能满足人们这类需求的要素；④将促进和形成不同地域信息、地域经济、地域居民交流的场所；⑤从立地功能来说，不仅促使商业、业务形成，还有可能形成具有个性化的区域特性的、多姿多彩的功能区域；⑥在信息化社会中，小小的"心"能获得广域对象的个性化"心"的六种特点，说明这样的交通结点具备了设置商业中心的条件。

　　泡沫经济10年后的1999年，日本推出了《第五次首都圈基本规划》，同年向国会提交《1999年首都圈整备年度报告》，报告引用了"日本都市与海外都市比较调研"，该调研是由日本建设省组织的市场调研，针对有海外居住经验的日本女性进行的一次问卷调查。在这次调研中，她们对日本城市商业中心（商业集聚地）的交通机构充实度、购物便利性、街道治安等便利性和治安两项给予了高度的评价。另外，对城市建筑物外形、高度、颜色的协调性，街道绿化面积的多少，步行便利性等街景和街道整体氛围的评价比较低，① 如表6所示。

表6 日本的都市与海外的都市比较调研

（单位：%）

| 国别 | 街道整体氛围 | 容易步行 | 绿化多少 | 建筑物的协调性 | 街道的治安 | 购物的便利性 | 公共交通机构的充实性 |
|---|---|---|---|---|---|---|---|
| 日本 | 6.2 | 21.5 | 0.8 | 2.3 | 46.6 | 59.5 | 64.6 |
| 同程度 | 7.7 | 5.4 | 7.6 | 2.3 | 41.2 | 22.1 | 20.0 |
| 外国 | 83.1 | 66.2 | 91.6 | 93.1 | 8.4 | 17.6 | 13.8 |

资料来源：由日本建设省组织调查（1999年），国土厅大都市圈整备局制作。

　　据《1999年首都圈整备年度报告》中介绍，东京都的交通密度已经达到5～10分钟圈。这里的徒步5分钟圈是指半径400米，徒步10分钟半径是800米；② 据《2001年首都圈整备年度报告》中介绍，东京（23区）都建设了铁路、地铁等世界主要都市中路密度最高、范围最广的交通网，也是对铁路依赖最高的城市，如表7所示"都市中心的车站徒步5分钟圈的范围呈扩展分布"，文中以东京都环状线山手线区域内徒步5/10分钟圈分布图。③

表7 东京交通环境与世界主要城市比较④

| 都市名 | 铁路线的密度 | 出租车 | | | 通向主要国际机场的交通 | |
|---|---|---|---|---|---|---|
| | | 初乘（日元/千米） | | 起步2千米费用/日元 | 主要国际机场名 | 所需时间（交通手段） |
| | | 费用/日元 | 距离/千米 | | | |
| 东京 | 1.01 | 660 | 2 | 660 | 成田机场 | 57分钟（铁路） |

---

　　① 见《1999年首都圈整备年度报告》第一章"首都圈现状"第一节"首都圈50年发展与整备经纬"表2。

　　② ［日］《平成11年度首都圈整备に関する年次报告概要》表2，第2页，平成12年6月，国土厅。

　　③ ［日］《平成11年度首都圈整备に関する年次报告概要》图6，第3页，平成12年6月，国土厅。

　　④ ［日］《平成14年度首都整备圈に関する年次报告》表1：交通环境，第8页，平成12年6月，国土厅。

续上表

| 都市名 | 铁路线的密度 | 出租车 | | | 通向主要国际机场的交通 | |
|---|---|---|---|---|---|---|
| | | 初乘（日元/千米） | | | 主要国际机场名 | 所需时间（交通手段） |
| | | 费用/日元 | 距离/千米 | 起步2千米费用/日元 | | |
| 纽约 | 0.74 | 259 | 0.32 | 493 | JF肯尼迪机场 | 40分钟（车） |
| 伦敦 | 0.74 | 262 | 0.38 | 598 | 希思罗机场 | 30分钟（铁路） |
| 巴黎 | 0.41 | 570 | 5 | 570 | 戴高乐机场 | 29分钟（铁路） |
| 首尔 | 0.51 | 161 | 2 | 161 | 仁川机场 | 50分钟（车） |
| 中国香港 | 0.14 | 254 | 2 | 254 | 启德机场 | 23分钟（铁路） |
| 新加坡 | 0.17 | 172 | 1 | 194 | 樟宜机场 | 20分钟（车） |

注："铁路线的密度"是由地铁＋地域铁路/区域面积（平方千米）算出来的。

综上，日本东京都的交通密度高于世界其他发达国家的主要城市，对于人们的出行很方便，这样便利的交通网不仅方便东京都居民的购物活动，也方便东京都外的居民到东京都内来消费。

## 五、东京商业中心城市通过国际观光将商圈扩展到中国

1986年6月，日本政府推出《第四次首都圈基本计划》，本次计划与前三次主要关注分散东京都人口和产业压力的计划大不相同，该计划的第一个目标是建立"国际中心城市"，即东京都与周边业务城市合理分担功能并在相互协同合作的基础上，将东京建设成为与国际中心都市地位相匹配的具有国际性中枢功能的城市。[①] 通过东京都心部的商业繁华打造拥有世界上最好营商环境的首都圈。

2014年，在亚洲各国经济低迷的背景下，中国的GDP成为亚洲第一，

---

① ［日］《首都圈整备法等に基づく大都市圈政策の見直し》，参考表：首都圈整备计画のこれまでの主な目的，日本国土交通厅2011年，第15页。

而日本经济无论是量还是质都呈下降的态势，但是，中国经济的发展也意味着在日本的近邻有一个巨大的正在成长的市场能够为日本带来巨大的商业机会。[①] 为了获得这个机会，日本首都圈首先积极地促进人、物等的交流，将其活力引进日本国内。具体措施是：①促进观光产业；②大力投资城市基础设施。

日本的努力反映在中国的数据上，2019 年中国国家统计局发布的《新中国成立 70 周年经济社会发展成就系列报告之二十三》显示，2013 年中国出境游人数首次跃居世界第一位，至 2017 年稳居世界第一位，是全球最大的出境游市场；2013 年我国出境游支出跃居世界第二，至 2016 年稳居世界第一。

商业中心吸引商圈内顾客来购物的主要因素是：①消费者距离的远近；②商品价格的接受程度（外汇变动）；③商品的质量（品牌）。下面我们从这三个方面讨论东京商圈是如何延伸到中国市场的。

### （一） 中国观光客成为日本国际观光的主要客源

2005 年 3 月 25 日至 9 月 25 日世界博览会在日本名古屋市举办，对外开放 185 天。5 月 22 日，中国新闻网报道共同社引述日本官员消息透露，[②] 日本政府已决定将全面放宽签发旅游证件给参与访日旅行团的中国旅客，由目前局限在三市五省[③]扩大至全中国。同时，新措施不限于日本正在举办"爱知世博会"期间，而是永久有效。7 月 2 日，据"中央社"消息，日本政府内定在当月内对中国全境开放团体旅游签证，国土交通大臣北侧一雄预定当天访问中国时向中方正式表明，双方可望就正式达成协议进行协商。

自此，中国成为日本国际观光的主要客源国，据在线旅游平台携程与

---

① 《首都圏広域地方計画─対流がもたらす活力社会の再構築》，日本国土交通庁，2016 年 3 月，第 28 页。

② 《日本决定对中国游客永久性全面开放赴日旅游签证》，见中国新闻网（https：www.chinanews.com），2005 年 5 月 22 日。

③ 三市五省："三市"是指北京、上海、天津，"五省"是指广东、浙江、江苏、山东、辽宁。

中国银联国际联合发布的《2019 国民旅游消费报告》显示，最受中国游客欢迎的出境游目的地国家排名前十的是日本、泰国、美国、新加坡、马来西亚、澳大利亚、越南、英国、印度尼西亚、法国。中国银联国际数据显示，[①] 2019 年中国游客银联卡支出十大消费国家排名顺序是日本、韩国、泰国、法国、新加坡、意大利、澳大利亚、瑞士、美国、英国。如表 8 所示，日本是中国居民出境旅游的最热门的目的地国家，也是旅游消费最多的国家，东京是中国游客消费热度最高的城市。

**表 8　中国游客出境消费特点**

| 排名 | 携程最受中国游客欢迎的国家排名 | 银联卡支出前十的消费国家排名 | 中国游客消费热门城市排名 | 中国游客消费笔数最多的国家排名 |
|---|---|---|---|---|
| 1 | 日本 | 日本 | 东京（日本） | 日本 |
| 2 | 泰国 | 韩国 | 大阪（日本） | 韩国 |
| 3 | 美国 | 泰国 | 新加坡 | 泰国 |
| 4 | 新加坡 | 法国 | 曼谷（泰国） | |
| 5 | 马来西亚 | 新加坡 | 首尔（韩国） | |
| 6 | 澳大利亚 | 意大利 | 悉尼（澳大利亚） | |
| 7 | 越南 | 澳大利亚 | 巴黎（法国） | |
| 8 | 英国 | 瑞士 | 米兰（意大利） | |
| 9 | 印度尼西亚 | 美国 | 伊斯坦布尔（土耳其） | |
| 10 | 法国 | 英国 | 莫斯科（俄罗斯） | |

数据来源：携程和银联国际的《2019 中国人出境旅游消费报告》，澎湃新闻网。

## （二）距离的优势与商业吸引力

为什么日本和东京分别成为中国居民出境游的最热门和消费最多的目的地国家和城市了呢？看一看东亚地图我们会发现，日本是距离中国最近的发达国家，北京、上海、广州距离东京的飞行时间大约 4 小时，而距离欧

---

①　《中国出境旅游规模消费额持续排世界第一，人均消费英国最高》，见澎湃新闻官方账号，优质财经领域作者，2019 年 11 月 30 日。

美主要城市的飞行时间是 12 小时左右，距离澳大利亚、新加坡和东南亚的飞行时间大约是 6 小时。花费短短 4 小时我们就能享受到日本周到的旅游服务、买到我们熟悉的品牌商品，以及中国的假期一般都是 3～5 天，非常适合短期购物旅游，这也是中国游客首选日本的主要原因之一。

1978 年，正处于我国改革开放初期，首先引进的外国资源就是日本的家用电器生产线，这使我国居民拥有的家用电器实现了"从无到有"，随着人们生活水平的不断提高，我们对家用电器的要求也有了"从有到精"的转变以及多样化的商品需求。例如，2000 年中国游客到日本购买的排名前三的产品是家用电器、照相机、手表等；2010 年排名前三的产品是化妆品、电饭煲、马桶盖；2015 年后我们喜欢的是药妆品、婴儿用品、食品等。表 9 是中国消费者耳熟能详的日本消费品。中国游客在日本购买的是日本品牌而不是日本以外的他国品牌。

表9　日本产品在中国市场的主要热门品牌

| 序号 | 家电/电器品牌 | 照相机/手表 | 化妆品/日化品牌 | 食品/酒类品牌 | 厨房用具品牌 |
|---|---|---|---|---|---|
| 1 | 松下 | 尼康 | DHC | 三得利 | 京瓷 |
| 2 | 索尼 | 佳能 | 资生堂 | 明治乳业 | 象印 |
| 3 | 夏普 | 奥林帕斯 | 高丝（コーセー） | 不二家 | 虎牌 |
| 4 | 日立 | 美能达 | 花王 - 苏菲娜 | 永森 | 伊贺烧 |
| 5 | 东芝 | 理光 | SK－II | 山崎グリコ | 信乐烧 |
| 6 | 富士 | 宾得 | KANEBO（嘉娜宝） | Pocky（百奇） | 具良治 GLOBA |
| 7 | NEC | 西铁城 | 芙丽芳丝 | 日清食品 | 藤次郎 |
| 8 | 三菱 | 精工 | — | 朝日啤酒 | 旬牌刀具 |
| 9 | 大金 | 东方双狮 | — | 百力滋 | — |
| 10 | 先锋 | 卡西欧 | — | — | — |
| 11 | JVC | — | — | — | — |

资料来源：品牌网：日本十大家用电器批判排行榜（www. chinapp. com/）；百度文库：日本食品品牌集合（https：//wenku. baidu. com/view/）。

### （三）质量追求的极致

1954 年 4 月 25 日第一届中国进出口交易会在广州举办，2018 年 11 月 5 日第一届中国国际进口博览会在上海举办，习近平主席在开幕式上说："中国将顺应国内消费升级趋势，采取更加积极有效的政策措施，促进居民收入增加、消费能力增强，培育中高端消费新增长点，持续释放国内市场潜力，扩大进口空间。"① 这是中国国际贸易的一个转折点，标志着以出口为主的国际贸易开始重视国内消费者需求的进口贸易了。

在国际贸易中保护消费者权益的标志性指标就是原产地标记，即在产品说明中标有"某某国制造/生产"等字样。② 根据 2001 年中国《原产地标记管理规定》原产地标记包括原产国标记和地理标志。原产国标记是指用于指示一项产品或服务来源于某个国家或地区的标记、标签、标志、文字、图案以及与产地有关的各种证书等。③ 地理标志是指一个国家、地区或特定地方的地理名称，用于指示一项产品来源于该地，且该产品的质量特征完全或主要取决于该地的地理环境、自然条件、人文背景等因素。

目前，大多数国际大品牌为了降低成本都采取只保留设计部门，将生产委托给生产成本低的国家，执行外包生产的经营模式。因此，我们购买的大多数国际大品牌商品其实并不是在品牌所属国生产的。例如，在欧洲销售的国际大品牌巴宝莉（Burberry）外套是波斯尼亚生产的，英国齐乐（Clarks）品牌靴子是越南生产的，LV（Louis Vuitton）包包是中国生产的，等等。品牌还是那个品牌，但是由于生产地不是在品牌所属国，我们的满足感就会大打折扣，有一种"挂羊头卖狗肉"的感觉。对追求极致品牌质量的消费者而言，关心产品是否为原产地、原产国生产是一种消费心态。一般而言，国际大品牌都发源于发达国家，在不发达国家生产这样的经营模式对于降低成本的确有效，但是，不发达国家生产的产品给我们的感觉

---

① 《共建创新包容和平开放型世界经济》，新华社上海，2018 年 11 月 5 日电。

② 《原产地标记管理规定》第五条，国检法〔2001〕51 号，2001 年 3 月 5 日颁布 4 月 1 日开始执行，中国国家出入境检验检疫局（后与"中国国家质量技术监督局"合并为"国家质量监督检验检疫总局"）。

③ 同上第四条。

就是不严谨、质量不好。而日本企业就是捕捉到了中国消费者对品牌质量追求极致的消费特点，因此引导中国消费者到日本购买本地生产的商品。例如，中国消费者在日本指名要购买在日本国内生产的松下电饭煲、松下电器，被中国消费者要求澄清在日本销售的马桶盖是中国生产的，等等。

### （四）人民币增值带来的价格优势

价格，无论是对富裕国家还是对贫穷国家的人来说都是影响消费者购买的重要因素之一。自 2005 年日本全面开放中国游客团游签证以来，日元对人民币汇率年年贬值，由于汇率的变动，去日本购物逐渐比在中国国内购物要便宜成为很多喜欢到日本购物的旅游者的共识，如表 10 所示。从 2004 年 12 月 20 日 100 日元对人民币中间价 7.9118 元，至 2021 年 8 月 2 日 100 日元对人民币中间价 5.8927 元；这样的变化让中国游客越来越踊跃地去日本购物。2011 年到日本旅游的外国游客 622 万人，2015 年增长为 1900 万人，[1] 2019 年去日本的中国游客超过 959.4 万人。[2]

表 10　100 日元对人民币外汇牌价年代比

| 时间 | 日元 | 人民币中间价/元 |
| --- | --- | --- |
| 2004 – 12 – 20 | 100 | 7.918 |
| 2006 – 05 – 12 | 100 | 7.3444 |
| 2010 – 06 – 02 | 100 | 6.0261 |
| 2016 – 04 – 19 | 100 | 5.9907 |
| 2021 – 08 – 02 | 100 | 5.8927 |

资料来源：中国人民银行。

综上，图 7 是笔者根据中国游客在日本观光的特点而制作的行为图。中国游客受日本多姿多彩的文化和优质服务的吸引，同时在旅游之余购买质

---

① 《首都圈広域地方計画—対流がもたらす活力社会の再構築》，日本国土交通厅，2016 年 3 月，第 31 页。

② 第 71 回《日本統計年鑑》（令和 4 年）、表 13 – 11 国籍別訪日外客数：2019 年度中国訪日人数：9594934 人，日本総務省東経局。

量有保证的原产地品牌商品，使中国游客在整体花费上购物费用超过了旅游费用。随着互联网的发达，几乎每一个网购平台都有"国际购"的分类，而在这个分类中商品最丰富的国家也是日本。因此，笔者认为中国特别是其东部沿海地区已经成为东京商业中心商圈可以直接辐射的一部分了。

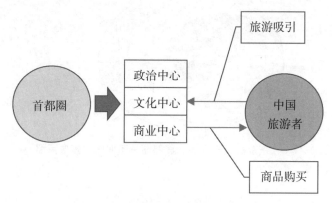

图 7　中国游客在日本的观光行为

## 六、论文总结

2016 年 3 月，日本国土交通厅推出《首都圈广域地方计划——交流带来再建社会的动力》，该计划是 2016—2050 年的长期计划，2016—2025 年的这 10 年被称为"命运的 10 年"，是日本首都圈近期的国土开发方针。该计划在过去五次《首都圈基本规划》的实施范围 1 都 7 县的基础上补充首都圈相邻的四县提出"广域首都圈的概念"，① 该计划强调东京都作为日本经济牵引力和国际大都市的一极集中作用，将东京圈打造成为全球最大经济集聚圈以增强国际竞争力。

### （一）东京都商圈的多层次发展

本研究认为经过五次《首都圈基本规划》的建设，东京都内商业中心

————————

① 在原来 1 都 7 县（东京都、茨城、群马、栃木、埼玉、千叶、神奈川、山梨）的基础上，再加上福岛、新潟、长野、静冈 4 县。

的吸引力已经让东京都成为区域商业中心城市，这里的区域指的是东京都、东京圈、首都圈、中日韩自贸区，这些商圈呈现多层次的态势，如图 8 所示。东京都商圈通过国际观光和互联网平台将市场扩展至中国消费市场。

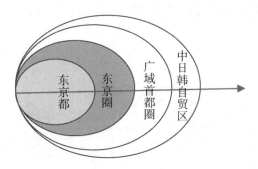

**图 8　东京都－东京圈－首都圈－东亚圈的多层商圈**

资料来源：笔者制作。

## （二）东京都仍然是一极商业中心

如前所述，在五次《首都圈基本规划》中，将东京都的一些功能向东京圈－首都圈发展卫星城·工业区扩展，其结果的确分担了东京都内的发展负担。但是，卫星城·工业区中的商业中心是近邻型商业中心（购物中心、近邻商业街等），这些卫星城内的近邻商业中心仅仅解决了人们日常生活的购买问题，并没有解决娱乐、时尚、休闲、繁华、多选择、价格优势等问题。首都圈商业中心仍然是东京都一极商业中心。

## （三）吸引中国消费者的是日本原产地品牌而非日本品牌

1999 年，日本《第五次首都圈基本规划》第一章首都圈的环境背景中描述了"日本将由人口增加经济高速成长的时代迎来转折点进入经济低成长阶段，新时代应该更重视个性化、多样性、创新性。同时，城市出现空心化、老年化、少子化的现象"。由于日本国内消费者的购买力下降，不能解决日本强大的制造企业的生产能力。我们看到 2010 年前后日本几乎卖掉了所有家用电器品牌将制造业回归国内，全力打造"日本国制造"。因为中国消费者已经成长为追求原产地品牌而非单纯品牌的购买者了。

**参考文献:**

［1］川上秀光. 東京の中心市街地動向と多心型都市構造論［C］//1986
年度第 21 次日本都市計画学会学术研究论文集，1986：13－18.

［2］冯建超，朱显平. 日本首都圈规划调整及对我国的启示［J］. 东北亚论
坛，2009（6）.

［3］富田和晓. 我が国大都市圏の構造変容研究の現階段諸問題［J］. 人文
地理，1988（1）：40－63.

［4］迈克尔，巴顿，杜鲁佛. 零售管理［M］. 刘亚平，译. 北京：机械工
业出版社，2018.

［5］石原武政. 商业组织の内部編成［M］. 东京：二本千書房，2000：138－149.

［6］川上秀光. 東京の中心市街地動向と多心型都市構造論［C］//1986 年
度第 21 次日本都市計画学会学術研究論文集，1986：13－18.

［7］富田和晓. 我が国大都市圏の構造変容研究の現段階諸問題［J］. 人文
地理，1988（1）：40－63.

［8］塩崎潤一，日户浩之，川津のり. 第二の消費スタイル［R］. 东京：
野村総合研究所，2005－09－07.

［9］松原宏. 東京における産業構造の変化［J］. 地学雑誌，2014，123
（2）：285－297.

# 国际三大湾区跨境科技合作经验
# 及对粤港澳大湾区的启示

张　艳　符正平①

国际科技创新中心是粤港澳大湾区的战略定位之一。在粤港澳大湾区建设背景下，珠三角和港澳地区高校科研院所、科技企业和科技人才在跨境科技合作方面已有诸多方面的实践，接下来仍需加大推进力度，深入实施创新驱动发展战略，深化粤港澳创新合作，构建开放型融合发展的区域协同创新共同体。

## 一、粤港澳大湾区跨境科技合作发展现状与不足

内地与港澳之间的跨境科技合作拥有多年的实践基础。早在2004年5月，香港和内地签订协议，成立"内地与香港科技合作委员会"。同年9月通过"粤港科技合作资助计划"，旨在推动粤港两地在科研成果转化方面的工作。2018年，香港特区政府与国家科学技术部（科技部）签署《内地与香港关于加强创新科技合作的安排》（以下简称《安排》）。《安排》和其附件作为未来数年内地与香港共同推动各项创新科技合作的行动指南和纲领，强调在科研、平台与基地建设、人才培养、成果转移转化及培育创科产业、融入国家发展战略以及营造创新科技氛围六个范畴推动两地加强合作。粤港澳大湾区跨境科技合作发展现状概况如图1所示。

---

① 张艳，中山大学粤港澳发展研究院政策分析员；符正平，中山大学自贸区综合研究院院长兼中山大学粤港澳发展研究院副院长，教授，博士研究生导师。

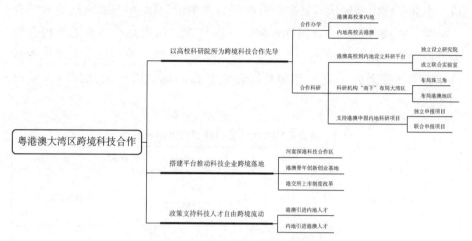

图1 粤港澳大湾区跨境科技合作发展现状概况

## （一）发展现状

### 1. 以高校科研院所为跨境科技合作先导

高校科研院所在跨境科技合作中扮演了重要角色。港澳高校科技研发实力强，科研成果储备丰富，科研国际化水平高，是粤港澳大湾区跨境科技合作的重要力量。中国科学院、清华大学等中关村高校科研院所拥有丰富的科技成果转移转化经验，同时在全国乃至全球建立了广泛的科技创新资源网络。在此背景下，高校科研院所成为粤港澳大湾区跨境科技合作的先导力量。

第一，跨境合作办学。目前粤港澳大湾区跨境合作办学主要以香港高校到内地办学为主，包括与内地合作办学或设立分校的形式。香港高校落户大湾区办学，一方面解决了香港高校在资金和用地等方面的限制，可进一步挖掘并培养内地优秀人才，带动香港本地的科技创新与智造能力；另一方面，香港高校也将先进的办学经验带到内地，同时将优秀科研成果对接内地市场，增强香港高校在内地的影响力。

据公开报道资料，目前有9所香港高校已经或有意向落户大湾区内地9市，包括香港大学、香港中文大学、香港科技大学、香港理工大学、香港城市大学、香港浸会大学和香港公开大学，落户城市覆盖广州、深圳、珠海、东莞、佛山和肇庆。其中，香港浸会大学于 2005 年与北京师范大学合作办学，在珠海创办联合国际学院，这也是首家内地高校与香港高校合作创办的大学。此外，香港中文大学、香港科技大学、香港城市大学、香港理工大学、香港公开大学等则是以设立分校的形式落户大湾区内地城市（详见表 1）。

**表 1　港澳高校在大湾区内地城市办学一览表**

| 跨境高校 | 城市 | 办学特色 | 占地面积 | 投资规模 | 推进进展 |
|---|---|---|---|---|---|
| 北京师范大学 – 香港浸会大学联合国际学院 | 珠海 | 博雅型大学，分为工商管理、人文及社会、理工和文化及创意学部 | 一期 350 多亩①；二期 550 亩 | — | 创办于 2005 年 |
| 香港中文大学 | 深圳 | 采用理事会管理机制，分为经管学院、理工学院、人文社科学院、数据运筹和研究生院 | 一期 1500 亩；二期 1502 亩 | 一期 15 亿元二期 25 亿元 | 一期于 2013 年招生；二期已开工建设 |
| 香港科技大学 | 广州 | 专注更多的跨学科主题，研究范畴涵盖数据科学、机械人与自动化系统、人工智能、先进材料等新兴和前沿领域 | 1650 亩 | 超 300 亿元 | 拟于 2022 年 9 月开学 |
| 香港城市大学 | 东莞 | 以理工科为主的高水平新型研究型大学，重点聚焦物质科学、先进工程、生命科学、新一代信息技术、理学、金融 6 个方向 | 524 亩 | 预计 100 亿元 | 2021 年 4 月 22 日举办奠基仪式，预计 2023 年招生办学 |
| 香港公开大学 | 肇庆 | 应用型的教学研究综合大学，初期开办创新商学院、创意媒体学院、科技学院及语言、人文及社会科学学院，未来将设立护理及健康学院 | 2500 亩 | 38.4 亿元 | 2020 年 4 月 22 日签署合作办学协议 |
| 香港理工大学 | 佛山 | — | 3000 亩 | 307 亿元 | 由于新冠疫情等原因，相关具体办学协议和方案还没确定 |

---

① 　1 亩 ≈ 667 平方米。

续上表

| 跨境高校 | 城市 | 办学特色 | 占地面积 | 投资规模 | 推进进展 |
|---|---|---|---|---|---|
| 香港大学 | 深圳 | 面向世界科技前沿，围绕国家战略及粤港澳大湾区建设和深圳先行示范区建设重大需求，建设一流综合性研究型大学 | — | — | 2021年9月6日签署合作办学备忘录 |
| 澳门大学 | 横琴 | 授权特别行政区政府在新校区内实施澳门法律和行政体系 | 1638.9亩 | 102亿澳门元 | 2013年11月5日正式起用 |
| 澳门科技大学 | 珠海 | 着重在提升学习环境、产学研对接方面做好配套，解决澳门地区产业单一、空间不足的短板问题 | 1542.62亩 | — | 2020年11月30日签署框架合作协议 |

目前，尚没有内地高校到香港办学的案例。但香港岭南大学2021年5月25日发布消息称，与深圳大学签署合作意向书，双方将根据国家对大湾区高等院校合作的相关政策，探讨建立大湾区联合校区的可能性和可行性。深圳大学也公开表示过，有意向在香港设立办学机构，发挥创新创业人才培养特色，就近为香港青年学生提供更多适合在粤港澳大湾区就业、创业、发展的课程。

此外，2016年11月15日，由中山大学率先倡议并与香港中文大学和澳门大学共同发起并成立粤港澳高校联盟。28所首批入盟高校包括华南理工大学、暨南大学等12所广东高校，香港大学、香港浸会大学等9所香港高校，以及澳门大学、圣若瑟大学等7所澳门高校。粤港澳高校联盟旨在推动粤港澳三地的科研合作和交流互访，通过大力推动三地高校积极探索，开展相互承认特定课程学分、实施更灵活的交换生安排、科研成果分享转化等多方面的交流合作，深化三地高等教育交流与创新合作。截至目前，粤港澳三地已有40所高校加入粤港澳高校联盟，其中包括24所广东高校、9所香港高校和7所澳门高校。

第二，跨境合作科研。中央、广东省、珠三角及港澳地区出台了一系列政策促进粤港澳三地的跨境合作科研，包括支持港澳高校、科研机构申报国家科技计划，参与广东省财政科技计划（专项、基金等），鼓励粤港澳三地高校科研机构设立联合科研平台，以及实现省级科研资金跨境拨付等。跨境合作科研的参与主体包括粤港澳三地的高校科研院所和"南下"大湾区的高校科研院所，具体内容包括：

（1）港澳高校到内地搭建科研平台。港澳高校到内地搭建科研平台的方式主要有两种：一是到内地设立研究院或科研机构，二是与内地高校、科研机构共同设立粤港澳联合实验室。

目前香港排名前五的香港大学、香港科技大学、香港中文大学、香港理工大学和香港城市大学均已在大湾区内地城市落户，包括在深圳、广州、佛山等地设立研究院，其中在深圳落地的高校最多。如表2所示。港澳高校在内地设立研究院承担着三大任务：一是结合国家科技发展规划与大湾区内地城市科技发展需求，推动港澳高校与内地的合作科研；二是推动与内地的产学研合作，促进港澳高校科研成果的转化与落地，提升港澳科研产业化水平；三是联合人才团队培养，为珠三角和港澳地区输送具有国际化科研水平的优秀人才。

表2　香港高校到内地设立科研机构一览

| 香港高校 | 内地设立的研究院 | 设立城市 |
|---|---|---|
| 香港大学 | 香港大学深圳研究院 | 深圳 |
| | 香港大学深圳医院 | 深圳 |
| 香港科技大学 | 香港科技大学深圳研究院 | 深圳 |
| | 香港科技大学深港协同创新研究院 | 深圳 |
| | 香港科技大学霍英东研究院 | 广州 |
| | 佛山科大 LED-FPD 技术研发中心 | 佛山 |
| 香港中文大学 | 香港中文大学深港创新研究院 | 深圳 |
| | 香港中文大学深圳研究院 | 深圳 |
| | 香港中文大学深圳医院 | 深圳 |
| 香港理工大学 | 香港理工大学深圳基地 | 深圳 |
| 香港城市大学 | 香港城市大学深圳研究院 | 深圳 |

2019 年 4 月，广东省推出首批粤港澳联合实验室申报，旨在通过粤港澳三方或两方的紧密合作，推进相关重大科学问题和关键核心技术研究、成果转移转化、人才团队培养引进和高水平创新平台建设等。粤港澳联合实验室申报要求必须由粤港澳三方或粤港、粤澳双方的具有合作基础的高校、科研机构、企业等法人单位联合申报，其中粤方单位牵头，港澳有关单位联合共建、实质性参与。联合实验室建设周期为 3 年，每家首期建设经费为 500 万元。目前第一批、第二批粤港澳联合实验室共设立 20 家，港澳参与方包括香港大学、香港科技大学、香港理工大学、香港中文大学、香港城市大学、香港浸会大学、澳门大学、澳门科技大学等多所港澳高校。

（2）科研机构"南下"布局大湾区跨境科技。作为国家战略科技力量，以中科院、清华大学等中关村科研机构为代表"南下"布局大湾区广州、深圳等珠三角城市和港澳地区，推进大湾区高水平科研机构建设，探索大湾区跨境科技联动机制，打造大湾区国际科技合作新典范。

在珠三角地区，2018 年 11 月 18 日中科院与广东省人民政府签署了《共同推进粤港澳大湾区国际科技创新中心建设合作协议》，同时签署共建重大科技基础设施、高水平创新平台等重大项目协议 12 项。在此合作协议下，中科院有关单位在粤承担着建设一批大科学装置、广东省实验室、高水平研究院、新型研发机构等任务，其中主要科研院所包括南海海洋研究所、华南植物园、广州能源研究所、广州地球化学研究所、广州生物医药与健康研究院、深圳先进技术研究院 6 家；在广州、深圳、东莞、江门、惠州等地，建成和在建、拟建有 12 个国家重大科技基础设施建设项目，如中国散裂中子源工程、江门中微子实验项目等；[①] 中国科学院大学广州学院、中国科学院深圳理工大学同时已在启动。

在港澳地区，2018 年 11 月 18 日中科院与香港签署《关于中国科学院在香港设立院属机构的备忘录》，确立中科院在香港设立院属机构，推动其广州生物医药与健康研究院和自动化研究所，分别落户香港并聚焦医疗科技和人工智能及机械人科技的两个"创新香港研发平台"。该院属机构将推动科研成果转移转化、协调中科院与本地大学的合作，以及进行科技教育

---

① 中国科学院广州分院简介，http：//www.gzb.cas.cn/fygk2017/fyjj2017/。

和推广工作。

此外，清华大学在大湾区设立有珠三角研究院、佛山先进制造研究院，中国环境科学研究院设立了粤港澳大湾区环境创新研究中心。与中科院类似，这些"南下"科创资源落户广东的目标不局限于珠三角地区，而是以珠三角为据点实现与港澳地区共建共享与港澳科技资源的联动效应，进一步服务和辐射国际，建设国际化水平的科研机构。

（3）支持港澳高校、科研机构申请内地科研项目。为推动粤港澳大湾区国际科技创新中心建设，科技部、财政部、广东省以及深圳市对港澳高校、科研机构参与内地科研项目申报、科研资金跨境拨付等做了制度安排，推动粤港澳三地在重大前沿科技领域的科研合作以及港澳科技成果在内地转移转化。

2018年5月，科技部、财政部发出《关于鼓励香港特别行政区、澳门特别行政区高等院校和科研机构参与中央财政科技计划（专项、基金等）组织实施的若干规定（试行）》，让港澳高校和科研机构能够直接向中央申请项目，而资金可以过境拨付到港澳的科研单位，为港澳的创科发展提供新动力。同年11月，科技部开放"国家重点研发计划"下"变革性技术关键科学问题"等3个重点专项作为试点对港澳特区开放，鼓励港澳高校联合内地单位共同申报。

广东省和深圳市亦分别在2018年6月和2019年2月发布文件，根据这个文件，香港、澳门的高校和科研机构可以直接申请及承担广东省财政科技计划项目、粤港科技创新联合资助项目、粤澳科技创新联合资助项目、港澳科技成果来粤转化项目及深港澳科技计划项目计划等。至今已有不少香港的科研单位获得广东省和深圳市的资金，用以进行研发项目或建立实验室。合作重点领域包括新一代信息技术、高端装备制造、绿色低碳、生物医药、数字经济、新材料、海洋经济、现代种业和精准农业、现代工程技术等。

## 2. 搭建多元平台推动科技企业跨境

为推动粤港澳三地科技企业跨境，粤港澳大湾区搭建了多元化企业跨境平台，包括：一是建设河套深港科技创新合作区，加速合作区内的跨境科技合作和体制创新；二是建设港澳青年创新创业基地，为港澳青年跨境科技创新转化落地提供便利；三是港交所上市制度改革，激活内地科技企业赴港上市的积极性。

第一，建设河套深港科技创新合作区。作为粤港澳大湾区唯一以科技创新为主题的特色平台，河套深港科技创新合作区的建设为大湾区跨境科技合作提供了体制机制创新的试验田。

2017年，深港两地政府签署《港深推进落马洲河套地区共同发展的合作备忘录》，明确双方在河套A区共同发展"港深创新及科技园"，同时在深方的皇岗口岸区域，也是河套C区，以及福田保税区，规划建设"深方科创园区"，总面积近4平方千米，重点发展医疗科技、大数据及人工智能、机器人、新材料、微电子和金融科技等产业以及面向未来的前沿科技探索，同时鼓励境内外知名科研院所、研发型企业等创新主体投资建设国际化基础研究和应用基础研究机构、高端技术创新平台、科技企业孵化器等创新平台。

据2021年4月公布的进展情况，河套A区目前在建港深创新及科技园（创科园），首批楼宇预期在2024年落成。深圳园区已经集聚了超过140个高端科技项目，其中有5家香港顶尖高校、8个科研项目；有超过10名来自内地、香港和海外的院士；一批国际组织和海外创新中心，如金砖国家未来通信网络研究院中国分院、西门子能源创新中心；还有量子科学与工程研究院等国家级科研平台和独角兽企业。

第二，建设港澳青年创新创业基地。港澳青年创新创业基地建设的目标之一即推进创新创业政策协同，支持其与香港、澳门建立创新创业交流机制，共享创新创业资源，共同完善创新创业生态，为港澳青年创新创业提供更多机遇和更好条件。

2019年5月，广东省人民政府印发《关于加强港澳青年创新创业基地建设实施方案的通知》，提出打造以粤港澳大湾区（广东）创新创业孵化基地为龙头的"1+12+N"孵化平台载体布局。目前，广东省主要建设有南沙粤港澳（国际）青年创新工场、中国（江门、增城）"侨梦苑"华侨华人创新产业集聚区、广州科学城粤港澳青年创新创业基地、深港青年创新创业基地、前海深港青年梦工场、中国横琴澳门青年创业谷、佛山港澳青年创业孵化基地、惠州仲恺港澳青年创业基地、东莞松山湖（生态园）港澳青年创新创业基地、中山粤港澳青年创新创业合作平台、中山翠亨新区"澳门中山青年创新创业园"、肇庆新区港澳青年创新创业基地等 12 家基地。

其中，以南沙港澳青年创新创业基地、前海港澳青年创新创业基地和横琴港澳青年创新创业基地为引领示范。南沙粤港澳（国际）青年创新工场依托广州市香港科大霍英东研究院粤港澳科研及教育合作平台，以"香港标准、国际资源、技术先导、研发支撑"为特色。深圳前海深港青年梦工场致力打造前海片区"创新产业孵化核"和香港"优势产业集聚平台"。截至 2021 年 7 月，梦工场已累计孵化团队 468 家，其中港澳台及国际团队 236 家，团队总融资额超 23 亿元。① 横琴澳门青年创业谷已孵化创业项目 445 个，其中港澳项目 244 个，认定高层次人才 99 位，总融资额逾 5 亿元。②

第三，港交所改革推动内地科技企业赴港上市。2018 年 4 月 30 日，港交所《上市规则》第 18A 章正式推出两项 IPO（initial public offering，首次公开募股）新规：一是允许同股不同权架构的公司在港交所上市，二是允许未盈利生物科技公司赴港上市。港交所还进一步优化首次公开招股制度安排，包括简化首次公开招股程序、缩短首次公开招股结算周期（T＋5）等。港交所对上市制度的改革为中概股回归和生物科技企业赴港上市做好了通道设计的准备。随后在中美贸易摩擦的冲击下，中概股在美国挂牌的成本与风险增大，港交所成为中概股回归和生物科技企业上市的理想地。港交所具有离岸市场的优势，能够继续为科技企业提供一个国际化程度较高的成熟市场。在中概股回归方面，以阿里巴巴、京东集团、网易、百度集团为代表的中概股率先回归港交所，并搭建了中概股"第二上市"的通道。据 Wind 数据统计，自 2018 年港交所改革以来，港交所上市的中概股共有 20 家，总募资规模为 3303.01 亿港元。其中，阿里巴巴、京东集团、网易、百度集团和哔哩哔哩是首发规模最大的前五大中概股。如表 3 所示。

---

① 前海深港青年梦工场简介，http://qh.sz.gov.cn/ehub/mgcjs/content/post_8958792.html。
② 横琴澳门青年创业谷，http://www.innovalleyhq.com/cyg/index。

表3 港交所改革以来回归港股首发规模最大的前五大中概股

| 证券简称 | 首发募集资金 /亿港元 | 上市日期 |
|---|---|---|
| 阿里巴巴-SW① | 1012.00 | 2019 – 11 – 26 |
| 京东集团 – SW | 345.58 | 2020 – 06 – 18 |
| 网易 – S | 242.56 | 2020 – 06 – 11 |
| 百度集团 – SW | 239.40 | 2121 – 03 – 23 |
| 哔哩哔哩 – SW | 232.30 | 2021 – 03 – 29 |

在生物科技企业上市方面，据 Wind 数据统计，自 2018 年港交所改革以来，港交所上市的未盈利生物科技类上市公司共有 32 家，首发募集资金总额为 787.7 亿港元。此外，大量国内外生物科技风险投资基金及私募基金在香港设立总部或办公室，也为生物科技企业的发展提供了良好的融资环境。

在中概股回归及生物科技类企业上市的推动下，港交所上市公司行业结构正在摆脱以房地产、金融业为主体的传统格局，新产业、新技术、新业态、新模式在港交所占比正在加速上升。Wind 数据显示，新规出台前的 2018 年 3 月，港交所上市的资讯科技类上市公司仅有 145 家，市值占比 14.33%，而到 2021 年 7 月，资讯科技业有 172 家，市值排名在所有行业中上升为第一，达 31.4%；医疗保健业有 164 家，市值占比 7.6%，市值排名第六。

### 3. 政策支持科技人才自由跨境流动

高校、科研院所和科技企业的跨境合作在一定程度上也推动了粤港澳大湾区科技人才的跨境流动与科研合作。除此之外，中央、广东省、粤港澳大湾区内地 9 市和港澳特区政府也陆续出台了一系列人才保障政策，以支持粤港澳三地科技人才、专业人士等高层次人才的跨境自由流动。

第一，港澳引进海外和内地科技人才。为加速输入海外和内地科技人才，同时培育本地专才，香港特区政府于 2018 年 6 月推出"科技人才入境

---

① 后缀 – S 表示第二次上市；后缀 – SW 表示"第二次上市 + 同股不同权"。

计划"，涵盖科技园公司和数码港管理有限公司的租户和培育公司可获发配额以输入相关科技人才，要求从事研发领域包括人工智能、生物科技、网络安全、数据分析、金融科技、材料科学、机械人技术 7 个科技范畴。2020年 1 月，该计划优化后新增 6 个科技范畴，包括 5G 通讯、数码娱乐、绿色科技、集成电路设计、物联网、微电子。计划的适用范围也扩大至全港所有进行上述 13 个科技范畴研发活动的公司。数据显示，自该计划推出以来，2018 年、2019 年和 2020 年获批准的申请分别为 24 份、75 份和 116 份，总计 215 份。①

第二，内地引进港澳高层次人才。内地为引进港澳高层次人才、专业人士和科技人才主要从推动职业资格互认、高层次或紧缺人才认定和提供内地生活便利等方面出台政策措施。在执业资质互认方面，在 CEPA 的框架下，内地法律、医疗、建筑工程等行业逐步向港澳开放。2020 年 10 月，国务院办公厅印发《香港法律执业者和澳门执业律师在粤港澳大湾区内地九市取得内地执业资质和从事律师职业试点办法》；2021 年 8 月，深圳市人社局联合市卫健委出台了《关于开展香港大学深圳医院医疗专业技术人员正高级职称认定试点工作的通知》；2020 年 11 月，广东省住房和城乡建设厅发布了《香港工程建设咨询企业和专业人士在粤港澳大湾区内地城市开业执业试点管理暂行办法的通知》。在高层次或紧缺人才认定方面，2021 年 8 月，广东省人力资源和社会保障厅正式发布《粤港澳大湾区（内地）急需紧缺人才目录》，市级层面如广州市科学技术局还发布了《港澳籍专家入选广州市科技专家库条件》和《广州市外籍和港澳台高层次人才认定指引》等。在提供内地生活便利方面，2019 年 3 月，财政部和国家税务总局联合印发了《关于粤港澳大湾区个人所得税优惠政策的通知》。此外，广州、深圳、珠海、佛山、东莞等粤港澳大湾区内地 9 市还为港澳人才提供了人才公寓、住房补贴、交通补贴、医疗服务等生活保障。

---

① 香港资料一线通，https：//data. gov. hk/sc-data/dataset/hk-immd-set4-statistics-applications-approved-techtas。

## （二）发展不足

第一，高校科研院所跨境合作潜力未完全挖掘，有待进一步提升转移转化效率。高校、科研院所是粤港澳大湾区跨境科技合作的主要力量。尤其是香港拥有香港大学、香港科技大学、香港中文大学、香港城市大学、香港理工大学这5所稳居世界大学排名前100强的高校，科技研发实力雄厚。当前，粤港澳三地高校、科研院所通过合作办学、合作科研等诸多形式推动了粤港澳三地的跨境科研合作与人才交流，跨境科研合作取得初步进展，但目前内地尚未完全发挥出将港澳科技成果进行产业转化的优势，高校和科研院所在跨境产学研合作方面的推动不足，科研成果的转移转化效率有待提升。

第二，科技企业跨境合作相对较少，缺乏技术转移对接平台。粤港澳大湾区主要通过搭建平台来推动科技企业的跨境研发合作，但目前实质性的合作与互动仍相对较少，主要原因在于缺乏技术转移对接平台，以结合内地科技企业发展与产业转型升级的需要，高效且有针对性地将港澳科研成果在内地进行转移转化。一方面，内地大型科技企业在港澳设立总部或研发中心的积极性不高；另一方面，港澳青年携科研成果来内地创新创业、落地孵化的效率也不高。但随着中美关系日益紧张，逆全球化趋势愈演愈烈，内地科技企业在海外设立研发中心、挖掘海外人才等方面的难度越来越大，非常需要以香港作为获取全球化科技创新资源的"跳板"，港澳科技的转化落地也需要以大湾区为切入点参与国家内循环，开拓内地广阔市场。

第三，科技人才跨境便利性仍待提升，自由流动性不高。目前，粤港澳大湾区进一步以高校科研院所、科技企业为载体，推动了科技人才的跨境合作与交流。与此同时，中央、广东省以及大湾区"9+2"各个城市支持科技人才跨境的政策覆盖了高层次、紧缺人才或科技专家认定、部分专业执业资格的互认、灵活参加医保、个人税收优惠，以及住房、交通补贴等方面。但科技人才跨境流动的壁垒仍未完全打破，导致人才的自由流动性不高，主要体现在科技人才及其家属跨境通关程序复杂且受到一定限制，粤港澳三地专业执业资格互认尚未完全覆盖，跨境科技人才无法完全享受与本地人同等的生活保障，以及粤港澳三地科技人才市场仍然存在信息不对称等问题。

## 二、国际三大湾区跨境科技合作的经验与模式

旧金山湾区、纽约湾区和东京湾区打造了三大世界级国际科技创新中心。虽然国际三大湾区并不存在粤港澳大湾区"一个国家、两种制度、三个关税区、三种货币"的特殊条件，但在国际间的跨境科技合作方面积累了丰富的实践案例，也呈现出各自不同的发展特点，为粤港澳大湾区建设国际科技创新中心提供了可借鉴的经验。

### （一）旧金山湾区：枢纽型跨境科技合作

位于旧金山湾区东南部的硅谷是美国兴起最早、规模最大的高新技术中心。作为世界高新科技的引擎，硅谷一方面充分利用了全球创新科技大脑；另一方面也向全球输出创新科技经验与模式，发展成为跨境科技合作的双向枢纽。其中，高流动性的跨国公司和跨境人才在硅谷打造全球跨境科技枢纽城市中扮演了重要的角色。

#### 1. 新人才推动的全球知识流动

硅谷人才流动比率高达 30%，是世界平均人才流动比例的 2 倍。硅谷技术人员中，亚洲人占了 60%，高技术人才中有 33% 来源于海外。[1] 这些技术移民、企业家与外籍留学生被称为"空中飞人"。正是在"空中飞人"活跃穿梭于硅谷与全球其他区域之间，促进了硅谷与全球其他地区的跨境知识流动、资本链接与创新互动，如硅谷成功向北京中关村、中国台湾新竹、以色列、印度等地输出了大量研发要素资源与创新创业模式。具体包括两种形式：一是跨境人才将硅谷的科研技术和资源带回母国，二是跨境人才将母国的市场连接至硅谷科技创新项目。

硅谷跨境人才的流动得益于美国开放的移民制度和国际猎头的广泛参与。20 世纪 60 年代，美国为迎合硅谷对新一代高技术人才资源的需求，开启了移民制度改革，打破了对外国人按民族原籍给予很小配额的做法，优先给予专业技术人才及其家人以美国公民待遇。此后，美国又进一步扩大

---

[1] 王志彦：《全球科创中心的 8 大特征》，载《解放日报》2015 年 7 月 21 日。

了非限额移民与技术类移民的范畴，同时增设"投资移民"条款，推出鼓励专业技术人员赴美临时工作的 H—1B 签证计划，允许外国科学家、工程师和技术人员受雇在美国工作可长达 6 年。

与此同时，政府采取了一系列措施支持猎头产业的发展，加速跨境人才的流动。其主要措施有三个：一是通过加大政府采购、研发投入等为硅谷企业使用猎头服务提供经济支持；二是通过减免税费等政策优惠鼓励猎头产业发展；三是借助协会的力量推动猎头产业的规范发展，如 1958 年硅谷就成立了国际猎头顾问协会（Association of Executive Recruiting Consultants，AESC），目前已拥有 200 多家会员。此外，还成立了人力资源管理协会、国际人力资源管理协会等行业协会。①

**2. 跨国公司主导下的全球化研发**

硅谷是跨国公司诞生的摇篮，创造出惠普、英特尔、思科、甲骨文、谷歌、Facebook、特斯拉、苹果公司等 10 多家年收入超过或接近百万美元的世界级跨国企业。一方面，硅谷丰富的科技资源与高科技产业优势，吸引了众多国际科技巨头，选择将总部或研发中心设立于硅谷；另一方面，为充分获取并利用全球最前沿的科研资源，硅谷的跨国公司积极在全球布局跨境研发体系。这些跨国公司的全球布局与扩张，在客观上推动了硅谷的跨境知识流动与科技合作。

以微软集团为例，其在全球设立了 6 家专攻基础研究的微软研究院，如专注自然用户界面、智能多媒体等研究的微软亚洲研究院，研究机器学习、信息安全、数据挖掘等领域的微软英国剑桥研究院，进行人工智能、算法、系统等基础应用研究的微软印度研究院。微软研究院主要扮演三种角色：一是合作研究平台，与当地顶尖高校和研究机构密切交流与合作，联合开展基础性研究；二是产品开发平台，与当地产业界建立密切联系，在本土环境下进行技术孵化，开发新技术产品；三是人才培育与发展平台，资助当地科研青年人才的科技创新项目及海外交流与访问等。

---

① 王辉耀、苗绿、郑金连：《国际人才学概论》，中国人事出版社 2021 年版。

（二）纽约湾区：引入型跨境科研合作

2008 年全球金融危机爆发后，纽约市政府认识到过度依赖金融产业所带来的风险，开始重视科技创新和高科技制造业的发展。为此，纽约 2009年发布《多元化城市：纽约经济多样化项目》的研究报告，随后启动"东部硅谷"计划，并在 2015 年发布新十年规划《一个新的纽约市：2014—2015》，再次明确了"全球创新之都"的城市发展定位。纽约基于摆脱对金融产业的过度依赖，以培育高新科技与新兴产业的发展目标，将全球创新科技引入纽约并进行孵化。具体路径如下：

**1. 全球招募顶级科研机构，以罗斯福岛为中心打造联合创新孵化器**

2011 年 12 月，纽约市公开招募邀请康奈尔大学和以色列理工学院两所全球顶级大学，以罗斯福岛为中心共同建造应用科学和工程园区，并向全球招收学生。该项目由纽约市政府免费提供土地和 1 亿美元资助，用于其基础设施的建设。康奈尔大学于 2012 年完成罗斯福岛孵化器建设，2017 年正式投入使用。为了向罗斯福岛孵化器引入创新企业，康奈尔大学聘请 Twitter首席技术官格雷格·帕斯负责企业公关工作，成功邀请 Google、Facebook、eBay、亚马逊、Groupon、Juniper Networks、AMD、Twitter 等科技公司入驻。以色列理工学院则将以色列的 100 多家著名"科技加速器"搬迁到其在罗斯福岛周围建立的产学研生态系统。

**2. 依托发达的金融业优势，为跨境科技提供高效的金融服务和资本**

纽约是世界金融的"心脏"。华尔街集中了世界市值最大的纽约证券交易所、美国 7 家大银行中的 6 家，2900 多家世界金融、证券、期货及保险、外贸机构均设于此。[①] 全美排名前六的会计公司有四家的总部在纽约，全球排名前十的投资银行的总部或者主要办公地点都设在纽约。纽约以强大的科技实力与资本市场为主导，建设多种融资方式并存的科技创新金融支撑体系，推动了跨境科技人才汇集纽约进行创新创业，帮助初创企业在纽约站稳脚跟。除了纽约证交所和纳斯达克市场、全国性的场外交易市场和私

---

① 鲁志国、潘凤、闫振坤：《全球湾区经济比较与综合评价研究》，载《科技进步与对策》2015 年第 11 期，第 112 – 116 页。

募股票交易市场之外，纽约在担保体系和资本市场的基础上建立了比较完善的间接融资风险分担体系。在此背景下，全美 500 家最大公司，约有 30% 的研发总部与纽约的金融服务相联系。①

### （三）东京湾区：外拓型跨境科研合作

#### 1. 支持本地高校跨境开展联合研究

东京湾区十分注重全球协同创新，科研合作伙伴遍布世界各地。以东京大学为例，与其合作的大学、研究机构达数百所之多。为提高日本高等教育的国际合作和创新竞争力，日本文部科学省（Ministry of Education, Culture, Sports, Science and Technology, MEXT）推出了"全球顶尖大学资助项目"，支持日本高校展开广泛的国际合作。在此背景下，东京大学 2011 年成立了国际高等研究所，加入该研究所的有卡佛里物联合宇宙研究机构和可持续发展学联合研究机构等。前者于 2012 年接受美国卡佛里基金捐助，负责人村山齐特聘教授兼任东京大学与加州大学伯克利分校教授，79 名专职研究人员中 57% 为外国人。后者则与联合国大学合作，定期发行国际学术刊物 *Sustainability Science*。

东京大学还致力推动国际产学研合作。依托国际合作研究或委托研究项目，东京大学与世界领先的科技企业建立联络关系，助力日本产业界和世界领先的创新科技企业对接。例如，东京大学与美国的 Google、Sun Microsystems，印度的 TCS 和中国台湾的台积电等企业在人工智能、数字科技、先进半导体领域开展合作研究，利用这些企业的先进工艺制造或科技应用平台开展产学联合设计。此外，东京大学加大了海外知识产权的保护力度。据东京大学官网数据，截至 2015 年 3 月下旬，东京大学海外申请专利有 4807 件，与国内专利申请数比例为 1：1.15。

#### 2. 鼓励本土企业外拓汲取全球知识

日本科研力量的主体在企业，每年企业研发经费的投入占日本 R&D 经费（全社会研究与试验发展经费）的 80% 左右。东京更是拥有本田、索尼、日立、佳能、东芝、三菱电机、富士通、住友化学、日本电气等超过 200 家

---

① 林勇、沈玲娣：《纽约湾区对粤港澳大湾区发展的启示》，澎湃新闻，2020 年 1 月 13 日。

世界级企业。在企业活动日益国际化的背景下，其一，东京都鼓励本地企业生产和对外贸易网络相互补充，推动东京逐步成为日本汲取全球外部知识与转移内部知识的中间纽带。其二，针对中小企业对精通海外市场信息、商业惯例，且能够成为连接企业与海外据点的国际人才的需求越来越大，东京都展开了"支援引进国际人才工作"，以支援有计划开展海外投资的中小企业等引进国际人才，具体包括建立面向国际人才的服务网站、设立多语种咨询服务台，以及在海外举办推介活动等。

## 三、推进"广州—深圳—香港—澳门"跨境科技合作发展思路

根据《粤港澳大湾区发展规划纲要》的要求，粤港澳大湾区建设国际科技创新中心要推进"广州—深圳—香港—澳门"科技创新走廊建设。基于广州、深圳、香港和澳门的创新要素分布、产业基础等条件分析，结合国际三大湾区跨境科技合作的经验，提出粤港澳大湾区跨境科技合作的发展思路。

（一）打造"香港—深圳"双中心跨境创新枢纽，大力引进科技公司研发中心落地，激活创新科技人才的跨境流动

深圳拥有一批具有全球影响力的创新科技企业，而港澳（尤其是香港）的国际化人才资源丰富，创新要素的流动性强。借鉴硅谷经验，粤港澳大湾区可依托河套深港科技创新合作区，打造"香港—深圳"双中心跨境创新枢纽，推动国内外大型的创新科技企业落地国际研发中心，充分激活并利用国际创新科技人才的自由流动，助推香港和深圳实现开放式跨境科技合作。

（二）以应用科学为导向，推动内地科研机构入驻港澳，联合港澳搭建科技创新孵化培育平台

与转型前的纽约类似，香港当前面临制造业空心化、过度依赖金融业的发展困境，亟待借助科技创新实现产业结构的调整，以进一步推动香港

经济转型。1998 年亚洲金融风暴后，香港也曾提出打造"香港硅谷"，并推动建设以创新孵化为目标的数码港和香港科技园，但结果不甚理想，一直未能孵化成功具有全球影响力的科创公司。借鉴纽约湾区的转型经验，香港需以应用科学为导向，推动本地高校与国际高校、科研机构联合办学，借助跨境高校科研机构的科创资源及科技转移转化经验，联合搭建科技创新创业孵化培育平台。

（三）鼓励广州、东莞等内地企业外拓汲取香港及海外科创资源，大力支持香港科技中介服务业发展

广州、东莞、佛山等传统珠三角地区民营经济发达，拥有上百万家工业企业，且其中绝大部分是中小微企业，当前正处于"科技赋能"实现转型升级的攻坚阶段。借鉴日本东京湾区经验，广州、东莞、佛山等珠三角地区应鼓励内地企业积极开展跨境合作，外拓汲取香港及全球创新科技成果，大力引进跨境创新科技人才，联合攻关世界前沿领域的重大科技研发项目。同时，充分利用香港金融业、法律业、知识产权服务业的优势，支持香港科技中介服务业的大力发展，为本土及内地科技企业的技术转移转化提供有力支撑。

## 四、对粤港澳大湾区推进跨境科技合作的政策建议

粤港澳大湾区推进跨境科技合作要继续紧抓科技人才、科技企业和高校科研院所的创新主体作用，充分调动科技人才、科技企业和高校科研院所跨境科技合作的积极性。具体政策建议如下：

### （一）支持科技人才跨境方面

其一，以"香港—深圳"为试点实行大湾区科技人员的自由跨境机制。出台"粤港澳跨境科技人才绿卡"，经认定的粤港澳跨境科技人才及其家属可不受限制、无须签证往返港深两地，且享受在两地购房购车、子女入学等一系列配套生活支持；试点"新技术移民制度"，面向海外科技人才放开新技术移民的限额、范围和居留年限等。其二，推动粤港澳科技人员的常

态化双向跨境交流机制。建立粤港澳三地科研人员"旋转门"机制，支持并提供资金资助科研人员双向跨境流动，对接粤港澳三地的高校、科研院所或科技企业进行访问交流或短期工作；通过粤港澳跨境科技成果会展、学术研讨等形式，搭建跨境科技人才常态化交流平台，形成粤港澳科研人才交流合作网络。其三，依托粤港澳合作办学建立大湾区国际科技人才联合培养机制。依托香港中文大学（深圳）、香港科技大学霍英东研究院等粤港澳合作办学，建立与国际接轨的科研人才培养与评价体系，提升粤港澳大湾区科研人才的国际竞争力，为大湾区战略性新兴产业输送科技及高端专业人才；推动粤港澳三地高校、科研院所、企业机构等联合设立博士后科研流动站、工作站，广泛招收香港、澳门以及海外毕业的博士生进站开展科研工作。其四，支持粤港澳高新技术领域跨境猎头市场的发展。以政府采购、税费减免、补贴研发经费等形式支持粤港澳高新技术领域跨境猎头公司的发展及科创企业使用猎头公司；鼓励粤港澳三地猎头公司成立跨境行业协会，打通跨境科技人才数据库。

## （二）推动高校、科研机构跨境方面

其一，推动内地科研机构对标国际一流，赴港澳设立分支机构或联合港澳成立应用型科研机构。推动广州生物岛实验室、深圳鹏城实验室、东莞松山湖实验室、佛山季华实验室等科研机构在港澳设立办事处或分支机构，对标国际一流，吸引一批港澳及海外高端科研人才，在港澳启动科技创新重大项目；联合成立应用型科研机构，以市场需求为导向、多样化模式组建、企业化模式运作，主要从事科学研究、技术研发、成果转化等活动，促进产业链、创新链、资金链衔接。其二，支持内地高校、科研院所与港澳高校成立国际化的联合实验室。支持中山大学、深圳大学与香港大学、香港科技大学、澳门大学等合作成立国际化的联合实验室，瞄准世界科技前沿展开联合攻关，致力实现前瞻性基础研究、引领性原创成果重大突破；有针对性地开展国内外科技项目申报以及相关专利申请。其三，推动内地科研院所与港澳高校联合打造科技创新孵化培育平台。依托中科院深圳先进技术研究院和清华大学珠三角研究院等科研院所的技术转移转化服务，联合港澳高校打造创新创业孵化培育平台，引进并孵化高科技企业入驻园区，培育战略性新兴产业；为粤港澳三地企业"牵线搭桥"对接科创资源，为高新技术在粤港澳大湾区乃至整个中国市场落地进行早期的转化孵化和市场培育。其四，支持内地科研机构成立粤港澳跨境科研机构联盟。通过联盟内部粤港澳三地的科研机构，获得所在地区科技领域或行业的信息，积极组织联盟成员开展双边沟通和活动。

## （三）鼓励企业研发跨境方面

其一，推动香港成立跨境知识产权交易平台。协助内地科技创新企业获取香港及海外的知识产权，实现技术升级；成立"走出去"知识产权服务机构，协助内地企业完成境外知识产权专利申请、登记和日常管理工作及知识产权纠纷处理工作，"借船出海"开拓国际市场。其二，支持港澳发展创新科技相关的高端专业服务业。继续发挥香港的金融中心优势，鼓励金融机构为科技企业的技术孵化落地提供金融支持，发布创新科技相关的金融产品，支持知识产权质押融资等；大力支持香港发展科技中介服务业，为科技企业提供法律、会计、审计、资产评估、信息服务以及技术转移转化等专业服务。其三，扶持港澳青年本地创新创业，打通粤港澳大湾区创新链和中高端产业链。鼓励并扶持港澳青年本地创新创业，通过技能培养、当地能力建设和研发布局等措施催化粤港澳三地大数据、人工智能、云计算、区块链、生物科技等创新协同发展。其四，鼓励内地科创企业与港澳高校联合开发或资助研发项目。鼓励内地创新科技企业跨境赴港澳成立研发中心，积极对接并利用港澳高校的科研资源，共同推进技术转型升级。

**参考文献：**

[1] 陈琦. 硅谷模式对上海创建全球科创中心的政策启示：基于区域创新网络理论 [J]. 商业经济研究，2017（1）：209 – 211.

[2] 陈强，王浩，敦帅. 全球科技创新中心：演化路径、典型模式与经验启示 [J]. 经济体制改革，2020（3）：152 – 159.

[3] 黄亮. 国际研发城市的特征、网络与形成机制研究 [D]. 上海：华东师范大学，2014.

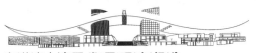
［4］李玲，黄琳．"一带一路"下应用型科研院所国际科技合作对策研究［J］．特区经济，2020（2）：23－28.

［5］郦苏菲，王杨，阮妹，等．全球热点城市科研人员流动性分析［J］．文献与数据学报，2019，1（3）：45－55.

［6］刘欣博．美国旧金山湾区高新技术产业创新体系研究［D］．长春：吉林大学，2020.

［7］沙德春，曾国屏．超越边界：硅谷园区开放式发展路径分析［J］．科技进步与对策，2012，29（5）：1－5.

［8］邵翔，田甜．全球链接、跨区域创业与创新全球化［J］．中国经贸，2011（7）：48－50.

［9］盛垒，洪娜，黄亮，等．从资本驱动到创新驱动：纽约全球科创中心的崛起及对上海的启示［J］．城市发展研究，2015，22（10）：92－101.

［10］滕丽，滕小硕．纽约湾区科技创新发展经验对粤港澳大湾区的启示［J］．时代金融，2020（21）：17－19.

［11］王兰，刘刚，邱松，等．纽约的全球城市发展战略与规划［J］．国际城市规划，2015，30（4）：18－23.

［12］王玉峰，方慧，施婉娇，等．"世界实验室"：华为全球化研发战略［J］．中国工业和信息化，2019（213）：18－22.

［13］许鸿．日本科技创新模式和全球化科技合作启示［J］．安徽科技，2020（7）：29－32.

［14］中国高技术产业发展促进会知识产权战略研究课题组．纽约为打造"世界科技之都"建造了两个斯坦福：纽约的主要竞争对手可能是"印度硅谷"［J］．科技促进发展，2014（3）：73－74，85.

［15］JUE W, KEVIN C, COCO D. Assessing the potential of cross-border regional innovation systems: a case study of the Hong Kong-Shenzhen region［J］. Technology in society, 2021（65）.

［16］MAKKONEN T, WILLIAMS A M, MITZE T, et al. Science and technology cooperation in cross-border regions: a proximity approach with evidence for Northern Europe［J］. European planning studies, 2018, 26（10）:

1961 – 1979.

［17］ KANG Y, JIANG J. Revisiting the innovation systems of cross-border cities: the role of higher education institution and cross-boundary cooperation in Hong Kong and Shenzhen ［J］. Journal of higher education policy and management, 2020, 42 （2）: 213 – 229.

# 第三编

# 粤港澳大湾区合作平台建设

# 横琴粤澳深度合作区基于粤澳共治，<br>提升横琴粤澳深度合作区基础能力

符正平　胡　坤①

## 一、横琴粤澳深度合作区在大湾区中的使命与责任

### （一）粤澳共治的政治体制的现状

自澳门回归祖国以来，粤澳合作取得了显著成效。随着环境的变化，粤澳合作大致经历了经贸合作主导的浅表一体化合作、府际契约范导下的深度一体化合作、国家战略引领下的深度融合型合作三个阶段。15 年多以来，粤澳合作的主要经验有：中央政府的鼎力支持是粤澳合作成功的前提；澳门特区政府全面贯彻"一国两制"和基本法是粤澳合作成功的保障；澳门特区政府因应环境变化调整合作策略是粤澳合作成功的关键；粤澳双方进行利益让渡和行政管辖权让渡是合作成功的基础。粤澳合作成功的重要启示是：必须毫不动摇地坚持"一国两制"的道路自信、理论自信、制度自信和文化自信；港澳两个特区必须充分利用好国家复兴这一最大"变量"；港澳特区政府应与时俱进地提升自身的区域合作和跨境治理能力。2021 年 9 月公布了合作区范围。合作区实施范围为横琴岛"一线"和"二线"之间的海关监管区域，总面积约 106 平方千米。其中，横琴与澳门特

---

①　符正平，中山大学自贸区综合研究院院长兼中山大学粤港澳发展研究院副院长，教授，博士研究生导师；胡坤，中山大学自贸区综合研究院应用经济学博士后。

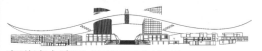
区之间设为"一线",横琴与中华人民共和国关境内其他地区(以下简称"内地")之间设为"二线"。

### (二)横琴粤澳深度合作区发展情况

横琴粤澳深度合作区的基础,首在1991年国务院就提出针对自贸区的建立和发展,并且在20世纪90年代对我国关于自贸区建设问题进行系统分析。自贸区是区域经济发展的新的加速器,中国顺应全球经贸发展的新趋势,实行了更加积极主动的中国自贸区战略。横琴粤澳深度合作区的设立则是其中相当重要的一步,给珠海的发展带来了新的契机,更是珠海西部升级的契机。横琴粤澳深度合作区的开展不只是带动横琴的发展,它将带动珠海整个西部的发展,并进一步辐射周边,跟澳门的合作,将和澳门错位发展,互相促进,共同发展,它是国家2015年开放政策的新方案,是国家新一轮的试点,横琴的成功将是国家新政策的成功,它将利用珠海横琴的地理优势跟港澳形成优势互补,带动横琴的发展,带动珠海西部经济的腾飞。它的发展将会反哺广东和澳门的发展,将会给内地的发展带来更多的商机,将是内地跟国际接轨的跳板,将会给国家发展带来新一轮的机遇。横琴粤澳深度合作区获批将比特区更特别,横琴将建设成为带动珠三角、服务港澳、率先发展的粤港澳紧密合作示范区。

珠海横琴粤澳深度合作区的建立主要是指国家之间的资金和货物可以进行自由通商,这对于推动产业结构调整和经济进步具有积极意义。伴随着世界经济的迅速发展,区域化经济和一体化经济是未来经济发展的主要潮流。对于贸易伙伴之间扩大对方出口需求以及经济增长稳定具有积极意义。对全球范围内可以更好更快地加入贸易自由化形成积极影响。世界经贸组织成员之间的发展水平具有一定的差距,成员之间进行很大范围的贸易自由化,可能造成经济中的重大震荡,如使本国产业在全球竞争中遭受灭顶之灾,威胁经济与社会的稳定。而首先在区域范围内进行试验,可以削弱消极影响,培养本国的竞争力,获得相关经验,更好地参与全球竞争。自由贸易区内,贸易伙伴之间要实现贸易自由化,这就会刺激有关成员在区域的和多边的两个层面上,进行更多更广泛的贸易和经济改革。成员国加速自身的贸易自由化,对全球的贸易自由化是有利的。自由贸易区协定还能通过广泛的谈判提供有益的经验和样板。例如，双边或地区的自由贸易区可以在卫生标准和有关管制、贸易的技术障碍、服务业贸易与投资、简化海关规则及劳工和环境标准，以及政治上敏感的某些部门等方面实现比全球范围内更有意义的贸易自由化。这些谈判就可能为更广泛的地区和多边谈判提供借鉴。从双边自由化进程中所获得的经验也有助于中国确定自身在多边贸易谈判中的立场。

### 1. 体制机制方面

（1）大部制构架运转高效。横琴粤澳深度合作区管理机构正式挂牌后，明确澳门特区行政长官以及广东省省长为主任，合作区管理委员会由粤澳双方联合组建，统筹决定合作区重大规划、重大政策、重大项目和重要人事任免等，下设执行委员会，承担合作区经济和民生日常管理职能，由澳门特别行政区政府经济财政司司长担任执行委员会主任。根据横琴全岛客观现实情况，对合作区进行分区分类施策管理。澳门大学横琴校区和横琴口岸澳门管辖区，由全国人大常委会授权澳门特区政府管理，适用澳门有关制度和规定，与其他区域物理围网隔离；粤澳双方共商共建共管共享区域采用电子围网监管和目录清单方式，对符合条件的市场主体，实施特殊政策管委会实行扁平化大部制结构，下设执行委员会及办公室、党群工作部、发展改革局等 11 个正处级部门。2014 年广东自贸试验区成立后，设立中国（广东）自贸试验区珠海横琴粤澳深度合作区片区管委会，与原横琴粤澳深度合作区管委会合署办公，并将原 11 个部门重新整合优化为 12 个正处级部门。珠海市政府专门授予横琴粤澳深度合作区市一级行政管理权限，12 个部门平均每个承担着 3～5 个市属部门相应的职责，但整个新区（自贸区）管委会行政编制仅有 97 个，不足人员由聘用的政务服务人员补充，并且出台了较为完善的管理激励机制。从目前运转情况来看，大部制的组织构架在横琴粤澳深度合作区的运转是比较成功的，保证了工作运转的高效顺畅。

（2）决策顺畅，执行力强。新区成立后，制定和实行了一系列结合大部制组织构架的工作机制，保证了重点工作从决策到执行的最高效化。除了党委会议、主任办公会议等研究重大事项的会议制度外，新区还参照大型现代企业实行早餐会制度，每周一、三、五利用上班前的集体早餐时间，由主要负责人召集，部门以上负责人参加，通报重点工作落实情况、下一步工作和相关情况，餐会结束后由各部门分头落实，会议时间一般仅半个小时左右，但效率很高，而且每两天一次的频度使得各部门落实工作丝毫不敢懈怠。

**2. 规划建设和发展理念方面**

（1）战略定位。首先，促进澳门经济适度多元发展的新平台。立足粤澳资源禀赋和发展基础，围绕澳门产业多元发展主攻方向，加强政策扶持，大力发展新技术、新产业、新业态、新模式，为澳门长远发展注入新动力。

其次，便利澳门居民生活就业的新空间。推动合作区深度对接澳门公共服务和社会保障体系，为澳门居民在合作区学习、就业、创业、生活提供更加便利的条件，营造趋同澳门的宜居宜业生活环境。丰富"一国两制"实践的新示范。坚守"一国"之本，善用"两制"之利，立足合作区分线管理的特殊监管体制和发展基础，率先在改革开放重要领域和关键环节大胆创新，推进规则衔接、机制对接，打造具有中国特色、彰显"两制"优势的区域开发示范，加快实现与澳门协同化发展。

再次，推动粤港澳大湾区建设的新高地。充分挖掘粤港澳大湾区制度创新潜力，用足用好澳门自由港和珠海经济特区的有利因素，加快提升合作区综合实力和竞争力，有力支撑澳门—珠海极点对粤港澳大湾区的引领作用，辐射带动珠江西岸地区加快发展。

发展定位清晰。横琴发展总体规划对横琴发展的三大总体定位是成为"一国两制"下粤港澳紧密合作示范区、深化改革开放和科技创新的先行区、促进珠江口西岸产业升级的新平台。新区成立7年来，也是紧紧围绕国家的定位在进行发展布局。重点发展商务服务、金融服务、旅游休闲、文化创意、中医保健、科教研发和高新技术七大产业。累计投资3200亿元的82个重点项目顺利推进，目前，以十字门中央商务区为代表的商贸服务业，以金融街服务中心为代表的金融服务业，以长隆海洋王国项目为代表的旅游休闲业，以粤澳合作中医药产业园为代表的中医保健业，以横琴·澳门青年创业谷为代表的文化创意产业和以澳门大学新校区为代表的科技产业都已经初具规模，成为横琴粤澳深度合作区的一张张闪亮名片。

发展理念超前。一是生态环保优先原则。横琴全岛106平方千米，纳入规划开发范围的仅 30 平方千米，占全岛 70% 以上的自然山体和绿化湿地全部保留，并投资 6 亿多元专项资金用于开展海岛生态修复工程等。二是舍得大投入超前布局建设基础设施。全岛除建设完成全长 102 千米的高标准市政道路外，还投入 22 亿元在横琴主干道建设了全长 33.4 千米的地下综合管廊，目前在全国领先；建成全岛热电联供电站和分布式冷气站网；投资 70 亿元建设城际铁路并计划与澳门轻轨对接；投资 85 亿元建设横琴口岸综合交通枢纽；投资 4 亿多元进行智慧城市建设，内容包括智慧政务平台、智慧交通口岸平台、智慧旅游平台、信息化管理和地下空间可视化管理系统等。三是产业定位超前。从目前横琴重点发展的七大产业来看，全都是高附加值、高科技含量、高资本、无污染、无排放的现代服务类和高新技术类产业，可以预见，产业形成后，横琴将直接跨越工业化发展阶段进入一个既繁华现代又生态宜居的理想的现代产业体系。

到 2024 年澳门回归祖国 25 周年时，粤澳共商共建共管共享，体制机制运作顺畅，创新要素明显集聚，特色产业加快发展，公共服务和社会保障体系与澳门有序衔接，在合作区居住、就业的澳门居民大幅增加，琴澳一体化发展格局初步建立，促进澳门经济适度多元发展的支撑作用初步显现。到 2029 年澳门回归祖国 30 周年时，合作区与澳门经济高度协同，规则深度衔接的制度体系全面确立，各类要素跨境流动高效便捷，特色产业发展形成规模，公共服务和社会保障体系更加完善，琴澳一体化发展水平进一步提升，促进澳门经济适度多元发展取得显著成效。到 2035 年，"一国两制"的强大生命力和优越性全面彰显，合作区经济实力和科技竞争力大幅提升，公共服务和社会保障体系高效运转，琴澳一体化发展体制机制更加完善，促进澳门经济适度多元发展的目标基本实现。

（2）澳门发展情况。澳门回归祖国以来，经济建设和社会进步的出色成就令世人瞩目。2011 年，澳门实现本地生产总值 2955.35 亿澳门元，同期增长 30.2%；人均本地生产总值达到 53.8 万澳门元，折合 6.7 万美元，上升至世界各国各地区排名中的第 6 位。

然而，2012 年前后有不少机构或学者预测，澳门的经济发展将放慢步伐。早在 2011 年岁末，中国信用评级行业与市场的先驱者和权威机构"大公国际资信评估有限公司"在维持澳门特区本币、外币信用等级 AA＋的基

础上，预测澳门 2012 年的经济增长率为 16%。2012 年 3 月底，郝雨凡、吴志良、林广志主编的《澳门蓝皮书：澳门经济社会发展报告（2011—2012）》即预测，澳门"由于经济增长速度快，经济规模亦不断扩大，在基数较大的情况下，经济持续高速增长的可能性不大"；"澳门整体经济增长逐渐进入稳定期"；"预测 2012 年全年仍有 10% 左右的增长"。同年 5 月初，澳门大学经济学系预测，2012 年澳门经济增长率可能为 18%，比 2011 年将明显回落。主要原因在于"外围经济不明朗，影响本地服务出口增长放缓"，同时，因"欧美经济不稳定影响出游意欲，对澳门推动客源多元化增添困难"。

考察澳门经济的实际情况，我们将更为清楚地看出澳门经济发展速度的回落趋势。根据澳门特区政府统计暨普查局提供的资料，2012 年前三季度澳门地区生产总值的同比增长幅度（修订后）分别为：第一季度 18.5%，第二季度 7.8%，第三季度 5.1%，第四季度 3.2%。参考上述指标体系，可见一年来澳门的经济总量的增长速度逐步降低，已经从较大幅上涨阶段降至上涨阶段，又回落到小幅上涨阶段。而作为经济支柱产业的博彩服务出口就更为明显了，2012 年前三季度的同比增长幅度分别为 19.1%、5.6% 和 0.6%（一说为 -0.1%），从较大幅上涨阶段开始回落，经小幅上涨阶段，一直降低到持平阶段。入境澳门的旅客人数也很能说明问题。同年 1 月 15 日，新上任的澳门特区政府旅游局局长文绮华宣布，2012 年内入境澳门的旅客总人数为 2800.82 万人次。尽管针对常住人口仅为 56 万人的澳门而言，这一数字堪称十分巨大；但是，同比增长幅度只有 0.3%，已经大大低于经济总量的增长速度，仅处于"持平"的状态。

澳门经济发展增速趋缓的原因是多方面的。诚如许多专家学者所指出的，不外乎世界（主要是内地）经济形势影响的外部因素和本地产业结构制约的内部因素。从外部看，按照"十四五规划纲要"的精神，内地进入"以科学发展为主题，以加快转变经济发展方式为主线"的新阶段，经济增长速度明显放慢。这一总趋势也将影响澳门的经济状况。另外，出于反腐倡廉等政治方面的需要，内地各地的"自由行"政策会出现微妙的变化，一有风吹草动就会对澳门的旅游业乃至整个经济状况产生影响。加上随着对外开放的深入，内地居民出国出境、走向世界的渠道越来越畅通，旅游目的地的选择越来越宽广，相形之下，澳门作为旅游目的地的份额就会相应减少。由于内地游客人数总量极大，份额的微小变化就可能对澳门造成重大冲击。2009 年以来，内地赴澳门自由行游客人数在 2012 年第一季度首次比前期有所下降，这个迹象值得高度重视。2020 年澳门在新冠疫情的情况下，动用中央储备全民抗疫，并封闭了澳门对内地、澳门对香港及澳门对境外的口岸。

从内部因素来看，在澳门处于绝对支柱地位的博彩业的状况，会对澳门整体经济增长速度起到"牵一发而动全身"的作用。从 2004 年第一家外资赌场在澳门开业以来，至 2011 年，澳门博彩业全年营业收入达到 340 亿美元，总收入比初开张时提高了 6 倍。但从 2012 年开始，澳门博彩业的增长速度明显放缓。特别可以作为佐证的是，2013 年来，澳门博彩业营业总收入的增长幅度首次在 2012 年低于赌桌总数的增长幅度，表明博彩业的经济效益增长势头呈现下滑趋势。2012 年 4 月至 7 月，金沙中国的股票跌幅已经接近 30%，美高梅中国则在两个月内下跌 20%。博彩业的效益有所降低是澳门经济发展速度放慢的重要原因，长此以往，就有可能对澳门的经济造成严重的打击。

回顾澳门 1999 年回归祖国以来（特别是有可对比统计数据的 2002 年以来）的发展历程，我们发现，周期性涨落、波浪式前进是澳门经济发展的规律。如果根据澳门的实际情况，将地区生产总值的同期变动率达到 15%作为一条分界线（大于 15% 为较高速发展，低于 15% 为较低速发展），那么，澳门经济总量的增长率大致表现为"高速—低速交替"，其周期为 2～4 年。例如，2004 年澳门本地生产总值同期变动率为 29.4%（较高速），2005 年即回落到 14.8%（较低速）；2006 年和 2007 年分别上升至 23.4% 和24.5%（较高速），2008 年和 2009 年又分别回落到 14.6% 和 2.3%（较低速，其中 2009 年尤因受到全球性金融危机的影响而降至谷底）；2010 年与2011 年又分别跃居 33.4% 和 30.2%（较高速）的巅峰状态，2012 年为13% 的较低速增长状态。把握好这一统计学规律，我们才能未雨绸缪，制定合适的对策来促进澳门经济的持续发展。

多年来，调整产业结构的问题已经引起澳门各界的关注和重视，政府部门和有关社会力量也做出了很大的努力。问题是同人们的期望和努力相

比，澳门产业结构调整的效果一直不甚显著。笔者认为，关键在于确立科学而正确的指导思想与工作方针。首先，应当从澳门的历史与现实出发，接受博彩业占据龙头地位的状况，保持博彩业显著的经营效益与强劲的发展势头。其次，要将博彩业的调整、改革、创新作为产业结构调整的重头戏。具体地说，一方面，应当通过博彩业与旅游业、餐饮业、零售业、会展业、演艺业等相关产业的合作、结合乃至交融，派生出博彩旅游（或旅游博彩，以下类似）、博彩美食、博彩商业、博彩会展、博彩演艺等新兴产业门类，达到对博彩业"外部微调"的效果。另一方面，应当倡导博彩业更彻底地走混业经营的道路，在经营狭义博彩（赌场）的同时，更多地经营上述有关联的产业，逐步实现"内部微调"。另外，还应当改造传统的博彩方式，开发老百姓喜闻乐见、体现民族性的博彩新品种，逐步增加博彩业的文化内涵。当澳门的博彩业逐渐展现出与时俱进的新面貌的时候，澳门产业结构的调整一定会取得实质性的成效。

在改革博彩业的同时，也要大力发展一些符合澳门的新兴产业。对于这一观点，在澳门已经形成共识。旅游业、餐饮业、零售商业、会展业、物流业、文化创意产业等已经成为澳门人正在重点扶持的首选目标。根据形势发展的需要与在澳门兴办的可能性，还有一些产业也适宜在澳门发展并有望逐渐形成气候。例如，教育培训业：可进一步发展以外地生源为主的高等教育，吸引国际生源的留学教育，以本地居民为对象的培训教育，以世界各地专业人员为对象的专业培训教育等。家政服务业：顺应居民生活水平逐渐提高的形势，兴办高档次、高质量的家政服务，包括月嫂服务、国际家教服务，吸收内地雇员的家政服务等。文化娱乐业：除了引进高水平的影视、演艺活动外，可以兴办画廊、陶巴等文化娱乐设施，还应当针对澳门现有夜店、酒吧的状况，创办类似台湾诚品书店等的高品位夜生活场所。竞技体育业：在现有格兰披士大赛车、女排大奖赛等活动的基础上，充分利用澳门的场馆资源，引进国际高水平的赛事；同时大力引进人才，组建澳门的高水平运动员队伍，发展竞技体育。如此等等，不一而足。

从根本上说，要想实现澳门经济持续高速发展的目标，关键在于扩大内需。因为只有当澳门全区的消费需求不断增长，保持长盛不衰的态势，澳门的经济发展才有强劲的原动力。每年来到澳门的近3000万游客，是外部需求转化为内部需求的有效途径。为了保持这部分需求，我们一方面寄希望于中央政府的政策扶持，另一方面应当硬件建设与软件建设两手抓，为外来游客提供尽可能先进的设施与尽可能优质的服务。扩大内需的另一个重要环节是将澳门本地居民的消费需求真正释放出来。不妨简单地算一笔账。3000 万外来游客，假如平均每人在澳门逗留 5 天，他们在澳门消费的时间最多是 1.5 亿人·日；而澳门现有的常住人口接近 60 万人，就算每人每年在澳门居留 335 天（外出一个月），那么他们在澳门的消费时间也会超过 2 亿人·日。可见澳门本地居民的需求是大头，澳门经济增长主要靠本地居民需求来推动。

有效地扩大澳门本地居民的内需，首先应当倡导现代消费观与现代生活方式，引导广大市民转变观念，跟上时代步伐。由于受历史传统的影响，澳门市民在餐饮方面的消费比较踊跃，而在其他方面，特别是精神文化领域的需求相对薄弱。在宣传引导的同时，政府还应当加强文化领域的基本建设，规划、兴建或创办更多的书店、博物馆、图书馆、电影院、剧院、画廊、展览馆等，为居民满足精神需求创造条件。

随着"一带一路"建设的不断深入，沿线各国的合作规模、合作领域及合作深度还将不断扩大，这为澳门未来经济的发展带来机遇的同时也带来了挑战。

首先，作为典型的外向型经济体，澳门自古以来在中国内地与"外界"之间充当着政治经济文化的桥梁。但随着"一带一路"建设的深入，中国内地与沿线国家无论是从政策、贸易还是文化上的障碍都被一一排除，这使得内地省份对外交流、对外贸易的能力逐步增强，澳门正在失去经济发展为之依赖的外向型优势，其桥梁作用也在逐步弱化。这就需要澳门审时度势，准确定位在"一带一路"建设中的角色，推动经济结构的调整以适应新的形势。

其次，澳门周边环绕着"一带一路"沿线国家，随着"一带一路"建设的推进，这些国家在政策上和产业发展上可能会对澳门的产业造成直接影响，首当其冲的就是博彩业。一方面，周边国家和地区对博彩业政策的松口，加之在"一带一路"建设中旅游互通的作用下，来自内地和香港的澳门博彩业的主要客源将被分流。这无疑将对澳门博彩业造成严重的影响，从而影响澳门的整个经济发展。另一方面，如果澳门支持当地博彩业积极参与周边国家和地区博彩业的竞争，很可能出现恶性竞争，这不但有悖于"一带一路"建设的原则，而且有悖于澳门经济适度多元化发展的目标。

因此，"一带一路"建设为澳门经济发展带来机遇的同时也带来了挑战，澳门需要结合自身区域特点，扬长避短，抓住"一带一路"建设的机遇，积极推进经济结构调整。

## 二、基于优势产业，粤澳共治横琴粤澳深度合作区对湾区发展的促进路径

澳门特区成立后采取了一系列举措积极支持中医药教育、科研及产业化发展，近年来，澳门大学、澳门科技大学也逐步发展成为中医药高等教育基地。澳门凭借自由港、低税制等自身优势吸引了海内外知名企业来投资办厂，澳门特区政府有关部门、大学、中医药专业社团也不断组织举办了各种活动，初步形成了比较浓厚的中医药学术研究氛围。

自"一带一路"倡议提出以来，我国主要省市行政单位、各行各业，纷纷结合自身特点发布相应的"一带一路"发展规划。其中，我国传统的中医药行业紧跟时代发展，不甘居于人后。2021 年底，由国家中医药管理局、国家发展和改革委员会共同制定了《中医药"一带一路"发展规划(2016—2020 年)》(以下简称"中医药'一带一路'规划")，旨在加强国家中医药产业建设，振兴传统医学，同时为中医药产业的国际化指明方向。相对于内地中医药界的衰落以及涌现出"中医黑"现象，在港澳地区，中医药产业的火种从未"熄灭"，且地位无可撼动。澳门中医药发展得到中央政府和特区政府的高度重视，中央政府更将"推动澳门中医药事业发展"纳入国民经济"十二五"规划。近年国家中医药管理局还分别与澳门社会文化司司长办和粤澳中医药科技产业园签署合作协议，重点支持澳门建设世界卫生组织传统医药合作中心，以及参与中医药"一带一路"建设，支持粤澳中医药科技产业园建设成为国际级中医药质量控制基地和国际健康产业交流与交易平台。

## （一）澳门在"一带一路"建设中的定位

《推动共同丝绸之路经济带和 21 世纪海上丝绸之路的愿景与行动》的第六部分"中国各地方开放态势"中的"沿海和港澳台地区"内容中提到"充分发挥深圳前海、广州南沙、珠海横琴、福建平潭等开放合作区作用，深化与港澳台合作，打造粤港澳大湾区""发挥海外侨胞以及香港、澳门特别行政区独特优势作用，积极参与和助力'一带一路'建设"。从文件中可以看出，澳门在"一带一路"建设中具有特殊的地位。国家高度重视澳门在"一带一路"建设中的独特作用，希望澳门抓住机遇，善用在区位、环境、产业、人文等方面的独特优势，融入国家战略，进一步提升国际竞争力。澳门是以服务业为主体的微型经济体，由于自身的经济实力，受制于市场规模、地域空间及资源等多方面的客观要素禀赋，在"一带一路"倡议中虽不处于非常重要的位置，但是澳门具有深厚的历史文化积淀和优越的地理条件，使其在"21 世纪海上丝绸之路"建设中可以发挥积极的作用。2017 年 6 月 8 日至 9 日，在澳门科学馆会议中心会议厅举行的"'一带一路'与澳门发展国际研讨会"上，前任行政长官崔世安致辞时指出，"澳门是海上丝绸之路的节点城市，与丝路沿线国家有着长久的传统联系"。澳门应把握"一带一路"中的"21 世纪海上丝绸之路"的发展机遇，特别是加强和南亚、东南亚国家和地区的经贸活动，推进澳门经济适度多元化和长期稳定增长。

## （二）澳门的众多优势资源不容小觑

澳门参与国家"中医药'一带一路'规划"期间，笔者认为应妥善利用如下几项特殊优势做"药引"。

### 1. "一国两制"及 CEPA 的优势

如上文所说，粤澳中医药科技产业园就是"一国两制"框架下的一次成功实践，在"一国"框架内双方各自分工，相得益彰，在促进了中医药产业发展的同时亦可实现多元化发展。在"两制"框架下澳门可充分发挥自身优势，向海外拓展。如扩大世界卫生组织传统医药合作中心的作用，在推动传统医药纳入 ICD－11（国际疾病分类第十一次修订本）中发挥积极

作用，将未来澳门科研团队首创的 GMP（药品生产质量管理规范）标准推向全世界等。同时，应妥善、加强利用 CEPA 政策的优势，澳门传统的加工业早已衰落，可借助中医药产业的优势，在中医药产业园发展高科技、高附加值、绿色环保的中医药加工制造业。当今世界的中药材交易有 90% 以上由日韩主导，若利用 CEPA 优势，可扭转这一尴尬局面。

### 2. 中葡平台优势

自澳门回归祖国以来，国家"十二五""十三五"规划均明确支持澳门建设世界旅游休闲中心及中国与葡语国家商贸合作服务平台（简称"一个中心，一个平台"）。澳门可利用中葡平台优势，结合内地医疗团队成立联合小组，向具有两亿多人口的葡语系国家推广我国的中医药学，售卖中成药、中药材。同时，赴当地宣传，培养专业人才，让他们了解中国医疗瑰宝的魅力。尤其于非洲国家，中医药具有价格低廉、治疗范围广泛、自给自足的优势。自新中国成立以来我国就向非洲国家派遣中医医疗团队，澳门可将这一优秀传统发扬光大。国家"一带一路"倡议及中医药走向"一带一路"沿线国家的过程中，为澳门中医药产业乃至经济适度多元化带来了机遇。为全面了解澳门如何参与国家中医药"一带一路"发展，本研究通过文献回顾、实地调研、专家访谈、圆桌会议等方式，简要分析了国家"一带一路"倡议的内容及国家中医药事业发展的情况，以及整理了"一带一路"沿线主要国家及葡语系国家中医药发展状况，重点探讨了中医药国际化进程与遇到的困难，归纳总结了澳门中医药发展的现状、优势及存在的问题。同时，结合本次新冠疫情，尝试探讨在"一国两制"框架下澳门开展城市外交的意义。

### 3. 广泛的侨胞优势

澳门拥有来自 60 多个国家的归侨及侨眷，其中不少来自东南亚的"一带一路"沿线国家，归侨社团在澳门均拥有广泛的社会关系和影响力，且从事行业多元。几百年间，众多华侨早已将中医药文明的火种于当地广泛传播，甚至成为当地的主流医疗手段。"众人拾柴火焰高"，借助归侨的力量，不仅于宣传方面事半功倍，亦可借助其在东南亚国家当地的人脉、财力获得发展空间。笔者认为澳门在参与"中医药'一带一路'规划"的具体操作层面，以下几味"药材"不可或缺。

（1）成立"中医药专项基金"。"兵马未动粮草先行"，如此宏大的专项工程须有专项的资金支持，且澳门财政连续多年盈余，有足够的财力成立专项基金。基金用于支持中医药产业园区的开发、建设，以及相关公司的日常运营，专款专用。监管方面可由澳门、内地相关部门共同派员监管。未来可考虑投资优秀的中医药企业。目前国家鼓励"大众创业，万众创新"，无论是澳门抑或内地、海外的中医药创业团队，该基金均可用于风险投资，亦可支持优秀的中医药企业上市，获得最大收益。

（2）推进中医药教学与科研。中医药人才断层严重，于澳门，目前只有澳门大学与澳门科技大学有相关完整的教学课程与人才培养机制，并且有国家级重点实验室。但距离参与"中医药'一带一路'规划"的目标还有不小的差距。除联合政府高等教育辅助办公室，于澳门大专院校内开设相关课程，扩大招生规模，澳门特区政府还应加强对中医药科研的投入。一方面着手培养本地人才，另一方面从内地、海外聘请专家赴澳门施教或进行专项研究。同时，中医药的产业链纵深、长度极广，除培养医生，亦可于中医药检测、种植、保健等方面着手。

（3）加快中医药标准体系的建设。在 21 世纪的今天，中医药产业无法再现往日辉煌的原因之一，从治疗制度、诊疗方法到药品检测等系统的标准，均未建立起完善的现代医疗制度所需要的一切体系，这导致中医不被西方医疗体系接纳。这一工作虽然有难度，但意义非凡。澳门的科研团队可多做尝试，并使成果走向世界，成为通用的中医药标准。

（4）宣传中医药文化。中医药文化的没落，与长期缺乏有效宣传密切相关，另有各种别有用心的"中医黑"作祟，使中医的发展之路雪上加霜。中医药的宣传不是单单靠几部影视剧就能解决的，而是需要结合现代手段，系统、完整地向广大民众讲解其优点、科学性、历史性以及其他的魅力之处。澳门在向东南亚国家以及葡语系国家推广中医药文化、产品的过程中，最大的优势在于语言、文化相通。同时，结合澳门本地一直开展的文创活动，让文创的"新瓶"装入中医药——这个虽古老但一直生生不息的"旧酒"。结合"中医药"主题文化，开展多种形式的经营，拉长产业链的上下游，拉宽产业链的纵深。

（5）建设好粤澳中医药科技产业园。粤澳中医药科技产业园是目前唯一的从国家层面出发、建立于自贸区内的中医药产业工业园区，可见国家除了重视中医药产业的发展，亦重视澳门的发展，肯定澳门于"中医药'一带一路'规划"中将起到极大作用。借助此产业园，澳门应把握机会，在吸引内地专才、企业落户的同时，鼓励澳门本地人才、企业多"走出去"，用开放的思维来运营管理。同时，树立优秀的大湾区合作典型，支持国策。

（6）开展国际医疗援助，发挥大国外交下的城市外交作用。在新冠疫情期间，中国政府在国内严峻的疫情稍加稳定后，立即以最快的速度援助了世界多个国家和地区，积极在线分享医疗救治经验，为全世界范围内的疫情防控防治做出了不可磨灭的贡献。其中，利用中医药的治疗手段格外引人注目。澳门特区政府亦于2020年5月向阿尔及利亚派遣医疗救援队。由澳门特区政府组建的中国国际应急医疗队（澳门）于2019年4月通过世界卫生组织的评估和认证，成为中国第五支、全球第二十五支世卫组织认证的国际应急医疗队。之后，澳门特区政府持续加大对医疗卫生的投入。澳门初级卫生保健体系被世界卫生组织评定为"太平洋地区典范"，居民整体健康状况达到发达国家水平。澳门特区政府参与"一带一路"中医药建设的同时开展"一国两制"框架下澳门的特色对外关系问题，从全新的角度探索"一国两制"框架下开展城市外交的途径，为城市外交做出新的典范，亦为中国特色大国外交贡献自己的力量。

我国拥有丰富的中药材资源，具有发展壮大中药产业的天然优势。据中国中医科学院中药研究所统计，按来源来分类，中药资源可分为药用植物、药用动物和药用矿物3种，分别有11146种、1581种和80种；按使用情况可分为中药材、民族药和民间药3种，分别有1200多种、4000多种和7000多种。近20年来，我国中药产业取得了较为快速的发展，年平均增长率达20%以上，年销售额已突破800亿美元。

但中医药在国际市场上仍处于尴尬地位——身份难以合法化。国家中医药管理局副局长房书亭接受记者采访时说，目前中医药在世界上的生存状况可分为三类：一是融入类。如在中国、韩国、越南等国家，传统医药和西药均受到政府支持，大众也认可。二是立法类。如澳大利亚、美国、德国等国家的部分省（州）出台法规，加强管理，保护中医中药的合法地位。三是放任型，既非合法也非不合法。如在希腊、瑞典等国家，只要不出医疗事故等，这些国家普遍任其发展。

由于地位尴尬，中医药虽然在全世界100多个国家有市场，但普遍难以进入国际医药和保健品的主流市场，大部分只能在华人圈子里使用。不过，我们相信未来西医"一统"医疗市场的局面将被打破，天然药物产业将成为全球制药业中最具发展前景的特色产业，中药产业也将成为世界医药产业的重要发展方向之一。中药是指按照中医药理论使用、纳入了中医药理论体系的药物；而植物药或草药，则是尚未纳入任何医学体系的药物，仅凭一定经验使用。笔者了解到，虽然中药与植物药差异比较大，但可以预见的是，独具特色的中医药具有良好的发展前景。

## 三、金融发展融入合作区建设

近年来，国际上兴起了"科技金融"的概念，期望通过对金融体系的重塑来推动科技和包容性经济的发展。就"科技金融"的内涵而言，不仅指金融机构的投融资活动要充分运用科技手段，即决策时要充分考虑科技创新因素，减少乃至停止对于低科技含量的重复项目的支援，加大对高科技创新项目的扶持，而且要构建科技金融体系的整体框架，调整实际运营活动，并将社会风险、治理风险等也纳入该体系中。

**1. 通过推广科技金融理念，将科技金融纳入经济转型和生态文明战略**

将科技金融理念纳入经济转型和建设生态文明工作，为建设科技金融体系组织专门研究。

**2. 在金融改革和开放中发展科技金融**

一是建立"科技"评估机制，把握横琴科技金融的发展现状和存在问题；二是加强科技金融的制度建设；三是在金砖国家开发银行和亚洲基础设施投资银行运营机制设计中，加强科技金融合作和拓展新业务。

**3. 参与相关国际合作项目，争取共识**

在科技金融领域，横琴起步晚且尚未得到国家认可，故未来更需以积极的态度参与可持续金融发展的相关国际合作项目，争取在未来国际科技金融框架定义和设计过程中达成共识、统一标准、共同推进。

（1）研究科技金融在满足横琴科技发展和科技经济的需求时面临的困难，特点是分析科技发展项目普遍存在前期投入大、收益期长、现金流覆盖能力低、收益不确定、风险高等问题对于金融机构参与积极性的影响，探索以政府政策推动为主要动力的科技金融在发展过程中存在的政策完善问题。

（2）研究琴澳科技金融如何适应经济转型的趋势，如何从资源消耗型经济过渡到资源节约型和环境友好型经济，实现经济发展方式向科技发展的调整，包括促进科技产业发展和改造传统产业两个层面。

（3）研究琴澳金融体系如何在遵循金融行业本身发展的特征和趋势的同时，通过金融资源的配置作用，有效引导金融资源的流向，促进产业结构的调整，加速增长模式的转变，化解产能过剩，减少资源环境约束，为整个经济的转型发展提供强有力的支撑，以及研究金融体系自身如何寻找有别于传统金融的科技发展模式，有效识别和防范环境因素导致的金融风险。

## 四、打造横琴粤澳深度合作区优势产业的建议

### （一）中医药产业

#### 1. 评估现状

评估中医药产业对粤港澳大湾区经济和社会的影响，并确定中医药产业生态系统中关键的差距，以推动中医药的发展。

资本代价探讨：研究粤港澳大湾区现有的企业，以了解该行业的潜在挑战、机遇以及加速增长的可能解决方案。探讨两个区域在确定跨界中医药产业机会和挑战方面的促进作用，以追求创造价值的中医药产业和创新。确定澳门和澳门进一步合作的条件和可能性，并制订一项可持续的跨境合作计划，以实现这两个地区的互利共赢。

#### 2. 稳定人力

（1）人才引进的构成。运用人力资源中"团队"的理论，分析现行中医药企业中人才构成的因素，形成模糊人才构建的理论模型，从人才的构

建体系和企业资本运转两个方面来评估人才培养的代价。

（2）"人才体系"的评估模型建构。基于"人才学历—培养成本—培养时间—工资收入—培养效率"的分析框架，确定人才体系的自变量，建立人才体系的评估模型。

（3）"人才体系"的作用机理分析。通过建立中医药人才劳动力的供给政策，培养政策及企业人才的需求决策等理论模型，分析中医药人才对参与人力成本投资及企业人才需求的影响，揭示"人才体系"的作用机理。

（4）中医药人才的"企业资本运转"理论模型建构。基于我国目前的政策引导情况，揭示政策制度中的"人才培养盲点"，运用新制度人力资源管理学和企业管理学理论，基于"中医药人才—人才体系—企业资本运转"的分析框架。建立评估"企业资本运转"理论模型，分析人才培养对企业人才保障、成本把控、时间预算、培养效果等运转耗损及中医药人才可能做出的"逆向选择"，揭示"企业资本运转"的来源、作用机理和风险。

### 3．人才培养

（1）中医药人才"人才体系"的力度度量。结合理论模型和数据调查，实证分析培养前和培养后中医药人才对企业发展的影响，测量培养效果。

（2）中医药人才的"企业资本运转"的度量。以现阶段人才和需求的人才为代表，基于当前的政策及体系制度，以西医药人才为参照，估算人才培养对培养前中医药人才与培养后中医药人才对中医药人才的人才保障、成本把控、时间预算、培养效果等。

（3）人才体系的总度量。将中医药人才培养和企业成本资本运转进行加总，对人才体系进行综合评估。

（4）人才培养的差别性分析。基于《粤港澳大湾区发展规划纲要》发布后的发展现状，分析粤港澳三地不同城市的中医药人才的培养差别，不同的人才受到的培养和企业所需要的成本存在差别，探索资本运转成本的重点对象，揭示人才培养的共同特征。

### 4．人才引进制度的优化设计

（1）人才培养成本的分担模式探讨。以国际比较的方法，总结中医药人才培养成本以及对应的企业其他成本，借鉴国外先进的医药管理经验，探寻我国中医药人才发展的新机制。

（2）社会制度优化。通过调查问卷分析现有的人才制度以及中医药企业的特殊需求，结合实际的人才培养估算结果，运用政治生态学分析工具，从社会保险、社会福利、社会救助等制度层面进行系统性的社保制度优化设计，以增进中医药人才的福利。

（3）政策改革重点。基于实证研究揭示的人才培养代价重点作用领域和作用对象，确定政策改革重点，在进行普惠性人才引进制度优化的同时，制定特殊中医药人才就业援助和配套的人才照顾支持政策。

## （二）科技金融

### 1. 界定科技金融的概念和定义，辅助科技发展战略的顶层设计

迄今为止，琴澳关于科技金融尚缺乏完整、统一、明确的概念框架和统计意义上的详细定义，决策者及各参与机构对科技金融概念的内涵和外延的理解不完全相同，导致各方对科技金融及相关概念存在理解狭隘、概念冲突等问题。此外，虽然横琴明确了科技金融可持续发展的战略深度合作区，但缺少一个关于科技金融战略实施的顶层设计和具体实施规则，部门之间的协调机制仍不完善。这使得该战略难以在金融政策的制定过程中得到完整有效的落实，科技金融发展的战略和战术层面尚未有效衔接。在对科技金融概念进行定义，以及对科技金融战略的顶层设计、实施方面都存在较多空白的情况下，难以真正将相关概念在立法和实施层面都得到充分的体现。

### 2. 构建琴澳科技金融发展的法律、监管以及制度体系

第一，科技金融的法律和监管体系不完善，责任归属不明，操作性不强，执行不力。横琴尚未制定颁布了保护智慧财产权的法律、法规、规章、标准和规范性档，没有形成比较完整的智慧财产权保护政策体系。现有的政府管理机构之间存在着一定程度上的机构重复和职权交叉，政府相关部门关系不明，甚至不同法规之间内容矛盾。权责不明导致具体实施过程中相关规定被不断弱化，执行和监管不力，客观上降低了智慧财产权保护的标准，难以对智慧财产权保护形成强有力的外部保障，制约了科技金融的发展。目前，横琴金融监管物件的范围狭窄、监管不严，导致科技金融的发展缺乏动力。总的来说，智慧财产权保护领域存在法规不严、执行不力、

标准过低等问题，难以有效引导科技金融资源充分流向核心产业。同时，立法层次低也在相当程度上影响了法律和监管制度的效力。

第二，相关机制存在缺陷。以资讯披露为例，政府产业部门、企业管理部门和金融监管部门之间，以及政府与金融机构之间缺乏有效的信息联通机制。银行关于科技信贷的披露信息缺乏一致、清晰的口径，导致资料缺乏可比性。上市公司关于科技创新情况、发展措施及效果等重要信息的披露也不足，且仅针对 IPO 环节。智慧财产权交易市场的监测、报告和核证体系尚未建立，市场体制尚不完善，交易制度的设计能力尚不足。

第三，未能通过法律、政策和体制安排，将市场价格体系下科技项目的正外部性和科技风险的负外部性显性化。导致政府和企业缺少运用科技金融进行技术创新的动力，加大了科技金融创新的风险。

## 五、总结

总的来说，未来要深化琴澳深度合作区建设，粤澳两地政府需打破澳琴不同体制间的壁垒，通过在民商事法律法规、贸易、税收等配套措施方面加强研究，推动体制机制创新，建立多层次常态化沟通机制，加强重大项目对接，探索有关法律、科技、金融、营商和社会民生等领域的政策协调和规划衔接，优化横琴"分线管理"政策，创新跨境金融监管模式，推动跨境数据安全有序流动，促进人才、资金、技术等各种要素的便捷流动和高效配置，让粤澳两地在横琴真正实现联通、融通和贯通，整合区域优势，盘活地区资源，打造粤港澳大湾区协同创新发展的示范点。

由于"一国两制"的制度安排，琴澳合作是中央政府领导下的特殊地方间政府的合作。在中央政府、粤澳政府和琴澳政府的共同努力下，琴澳合作形成了从中央政府到地方政府的多层制度创新，突破了回归前琴澳合作难以直接沟通的制度障碍，为做好琴澳协同治理横琴自贸区确立了基本的制度架构。然而，做好琴澳协同治理横琴自贸区的政府间关系，依然存在囿于"一国"和"两制"、"等级"与"谈判"、"小我"与"大我"的"国内境外"合作难题。在启动新一轮的琴澳协同治理横琴自贸区之前，需要以网络状治理、多层治理和包容性治理为理论指导和改革对标，进一步调整、管理和优化，做好琴澳协同治理横琴自贸区中的政府间关系，在凸显中央政府作用、强化中央政府统筹协调成效的同时，加强粤澳政府、琴澳政府间的目标协调和治理创新，实现合作共赢。

**参考文献：**

[1] 霍艾湘."一带一路"倡议下中医药国际化交流平台建设 [J].改革与开放，2019（13）.

[2] 高睿，魏巍.中医药健康产业现状与发展趋势 [J].中医药管理杂志，2016（13）.

[3] 史昊宇.浅析国家中医药产业在"一带一路"规划中的发展：以澳门平台为例 [J].新丝路，2020（5）.

# 粤港澳合作平台深圳前海建设进展

黄抒田[①]

## 一、前海推进对港澳合作发展现状

建立前海深港现代服务业合作区（以下简称"前海合作区"）是党中央、国务院做出的重大决策，是新时代推进改革开放的战略举措。成立 10 年以来，前海合作区作为推进粤港澳大湾区和中国特色社会主义先行示范区建设的重大平台，充分发挥前海深港合作和自贸试验政策叠加优势，坚持以制度创新为核心、以风险防控为底线，抢抓建设粤港澳大湾区、深圳先行示范区和实施深圳综合改革试点重大历史机遇，以逐步成为新时代改革开放重要窗口。

前海合作区实现注册企业增加值从 2013 年的 49.8 亿元增至 2020 年的 2586.05 亿元，增长了 51 倍；税收收入从 5.2 亿元增长到 485.64 亿元，增长了 93 倍。2021 年第一季度，前海实现注册企业增加值 701.73 亿元，增长了 4.3%；税收收入 168.42 亿元，增长了 25.6%；完成固定资产投资 67.63 亿元，增长了 42.8%；实际使用外资 6.53 亿美元，增长了 4.6%。按申报口岸口径，前海蛇口自贸片区进出口总额 3456.66 亿元，增长了 87.79%。

前海合作区快速发展的核心动力之一即在于深港合作。截至 2021 年第一季度，前海合作区累计注册港资企业 1.14 万家，注册资本 1.25 万亿元；

---

①　黄抒田，中山大学自贸区综合研究院副研究员，英国律师，英国埃克斯特大学地理学博士，英国布里斯托大学法学硕士、学士，应用经济学博士后。

实际利用港资 202.5 亿美元，占合作区实际利用外资的 92.3%，港资港企作为前海经济起到的支柱的作用日益显现。对港合作产生的经济增长离不开合作平台与机制的构建与创新。为进一步落实党中央、国务院的决策部署，充分利用前海毗邻香港的区位优势，促进香港融入国家发展大局，近年来前海合作区从制度创新的路径角度出发，推出了一系列能有效深化和拓展对港合作的平台与机制。

## （一）贸易便利化与数据流通平台

前海合作区作为对港合作的联络枢纽，近年来正全面推动与香港之间的双边贸易的便利化，并逐步向贸易自由化转型。前海合作区基于构建高效集约、便利化的贸易监管体系为发展导向，推出了"全球中心仓"MCC前海国际中转集拼"离港空运服务中心"等创新举措，对经香港机场空运分拨出口货物的相关理货、打板、订舱、查验等服务和手续前置到前海综合保税区，直达香港机场"登机"，全程耗时从以往的 2 天以上缩短至 3 小时左右，累计进出口总货量 5.63 万吨，总货值近 300 亿元人民币。

同时，前海充分依托香港教育和科研优势，布局大湾区基础服务设施、深港科技合作产业创新基础设施，近年来也加快了对港数据要素流动的相关枢纽工程。2020 年 8 月 6 日，前海合作区基于推动高质量、低成本连接，进一步实现"依托香港、服务内地、面向世界"，实现生产效率的提升、交易成本的降低的目标导向，发布了《加快新型基础设施建设推动前海数字经济高质量发展的行动方案（2020—2025 年)》，计划实施 32 项新型基础设施行动，包括信息基础设施建设 9 项行动、融合基础设施建设 12 项行动、创新基础设施建设 11 项行动，首批重点项目 50 个、总投资近 300 亿元。加快新型基础设施建设，既是前海联动香港构建开放型、创新型产业体系，在新起点上持续实现高质量发展的必然要求，也是"服务内地"、打造新的"动力源"，为构建"双循环"新发展格局发挥引擎作用的必然要求。前海将以新型基础设施建设带动新业态、新模式、新产业发展，着力培育高质量发展新的增长点，通过新型基础设施建设为前海制度创新、深港合作、产业集聚、城市新中心建设等注入新动力。

## （二）金融开放与投资合作平台

香港作为全球最重要的国际金融中心之一，截至 2020 年底，上市公司共计 2538 家，总市值 6.1 万亿美元，其中，内地企业 1431 家，占市场总值 80% 以上。香港与内地之间的金融业具备高度的互补性且开放合作潜力巨大。金融互联互通及合作发展有赖于配套的管理政策及相关改革措施的推进和落实。前海正推动实现跨境人民币贷款、跨境双向发债、跨境双向资金池、跨境双向股权投资、跨境资产转让、自贸区 FT（free trade）账户"六个跨境"。

前海在 2020 年上线了行业首个中小企业全线上跨境贸易融资平台，依托海外供应链服务平台，应用金融科技手段，基于大数据、AI 和区块链等先进技术，把贸易融资的全流程数字化、线上化，将供应商的交易场景和融资场景无缝对接，为中小企业提供供应链金融服务。该项目支持外贸出口实体经济的同时，也利用创新型的跨境金融服务，加强了深港市场联动，促进跨境供应链金融市场的创新发展。项目上线以来，迟付率和违约率皆为零。项目荣获"2019 年亚洲财资服务奖"。在 2020 年 10 月香港金管局举办的金融科技周上，获得了"初创企业金奖项目"称号。

同时，前海合作区率先降低了港资金融机构进入内地市场门槛，支持前海联合交易中心加挂"深圳天然气交易中心"牌子，全国首家港资控股公募基金公司恒生前海基金、境内首家港资控股证券公司汇丰前海证券等一批企业相继开业，CEPA 框架下金融业对港开放措施在前海全面落地。目前，前海合作区正在规划建设的"前海深港国际金融城"定位于深港金融机构集聚地和深港金融创新承载平台，并将成为香港金融机构在内地的"第一站""首选地"，为深港合作实现优势互补、融合发展提供重要平台支撑。前海金融控股与香港交易所集团合作成立了前海联合交易中心（Qianhai Mercantile Exchange，QME），目前在内地现货交易场所领域已具有较强的公信力。

## （三）法治化与专业规则对接平台

为加快打造中国特色社会主义法治建设示范区，夯实与港澳合作的法

治基础，近年来前海合作区推出了一系列创新实践。其中包括：出台全国首部自贸片区法规《深圳经济特区前海蛇口自由贸易试验片区条例》；最高人民法院第一巡回法庭、第一国际商事法庭和中国（深圳）知识产权保护中心等落户前海，形成商事、金融、知识产权、海事等门类齐全的专业机构布局，全国11家粤港澳联营律师事务所中有7家已落户前海。

在新冠疫情防控的关键阶段，前海法院作为深圳市集中管辖一审涉外涉港澳台商事案件的法院，全面推进民事诉讼程序改革试点工作，按照最高人民法院《民事诉讼程序繁简分流改革试点实施办法》中关于扩大独任制适用范围的要求，前海法院充分考虑到在防疫关键时期减少人员聚集的需求，制定了《关于扩大和规范适用独任制审判实施细则》，允许事实不易查明但符合法律规定的涉外涉港澳台案件适用普通程序独任审理，2020年2月3日至12月31日，前海法院适用普通程序独任审理涉外涉港澳台案件共782件。此外，《关于加强和规范电子诉讼工作的实施细则》专门规定涉外涉港澳台案件当事人在线身份认证、在线调解和司法确认、电子送达、境外证据认定等内容，为更加高效、便捷解决跨境纠纷提供了新的平台机制。前海法院针对跨境纠纷解决距离远、耗时长等难点，依托互联网与5G技术，不断完善线上跨境调解机制，以深圳融平台为基础，对全部调解案件实行云管理，为在册特邀调解员开通融平台账号，港澳地区调解员无须前往法院，可以在境外通过个人电脑登录平台进行远程案件接收和管理。港澳地区调解员根据不同地区当事人不同通信习惯，积极活用电子邮件、微信、WhatsApp等域内外各类社交软件开展线上调解工作。在新冠疫情期间，前海法院香港地区调解员线上安排跨境调解106件，保障了疫情期间当事人的合法权益。

2020年8月，深圳国际仲裁院运用经济特区立法权制定了《深圳国际仲裁院条例》，规定仲裁院设立理事会，作为决策机构，共由11～15名理事构成，理事会设理事长1名，副理事长2～4名。理事由境内外法律界、工商界和其他相关领域的知名人士担任，其中来自香港特别行政区、澳门特别行政区以及其他境外的人士不少于理事总人数的1/3。同时，要求设立仲裁员名册，聘请公道正派的人员担任仲裁员，其中来自香港特别行政区、澳门特别行政区以及其他境外的仲裁员不少于1/3。前海通过规范仲裁院法人治理结构和管理体制，充分发挥了仲裁服务经济社会发展大局的作用，有利于进一步加强与港澳和其他境外仲裁及调解机构的交流合作，完善国际商事纠纷解决机制。

同时，前海合作区按照前海海外高层次人才创新创业基地、深港人才特区、粤港澳人才合作示范区、全国人才管理改革试验区"三区一基地"的战略定位，以推进港澳专业人士跨境执业为重点，通过创新合伙联营、项目试点、执业备案等特殊机制安排，出台了香港工程建设领域专业机构资质备案和专业人士执业管理办法，在全国率先实现港澳涉税专业人士免试跨境执业，推动香港注册税务师、会计师、律师、建筑师、结构工程师等20多类专业人士在前海执业。以建筑工程师为例，前海印发了《深圳市前海深港现代服务业合作区香港工程建设领域专业机构资质备案管理办法》《深圳市前海深港现代服务业合作区香港工程建设领域专业人士执业资格备案管理办法》（以下简称《管理办法》），并于2020年10月1日起实施。两个办法通过详细对标清单，使香港专业机构和人士可在备案后直接授予执业资质、资格，在前海合作区范围内直接执业，参与前海建设。允许已取得备案的香港专业机构直接参与前海合作区建设工程项目设计的招投标活动。允许已备案的香港注册工程师、注册建筑师和注册测量师在其备案的执业范围，在前海直接提供勘察、设计、项目管理等服务，对勘察结果、设计图纸和文件、质量安全等管理工作成果、监督工作成果予以认可签字。前海管理局对已备案专业机构及专业人士进行事中、事后监管，具体方式包括：联合市、区行业主管部门进行执法活动；与香港发展局、香港注册管理局、各专业学会合作建立协同管理机制；委托第三方专业机构对港企港人在前海合作区范围内提供的执业活动进行巡查。该项制度创新有助于打破两地建设领域资质壁垒，扩大香港工程建设模式实施范围，加快推动深港两地建设领域的交流与融合，以创新方式实施香港工程建设模式，吸引更多香港专业机构及人士参与前海的建设，对发挥前海进一步深化改革、扩大开放、促进合作具有重要的意义。

（四）对接港澳工商界及青年合作交流平台

前海合作区制定了《前海深港合作专项行动计划（2018—2020）》；设

立了驻港联络机构，聘用香港本土知名人士担任首席联络官；相继与香港总商会、香港中华总商会和香港贸发局等工商社团签订了战略合作协议；实施了针对港人港企的"万千百十"工程，坚持1/3以上的土地面向港企出让。

为了全面提升港企投资前海的积极性及便利性，前海税务局试点建设港人港企直通车工作室，工作室积极开展对港人港企税收政策的宣传辅导与涉税体验的优化工作。首批服务对象先面向重点税源企业中的港人港企总结经验，分批次地向全前海的港人港企铺开。线下通过设置港企直通车窗口，开通港企办税绿色通道；线上依托区块链管理服务云平台，探索港企涉税事项智能化办理以及"非接触"远程办理。畅通税企双向沟通和反馈渠道，及时了解企业需求，积极提供精细化个性化服务。成立港人港企直通车工作室对接港人港企各种涉税需求，专业梳理港人港企涉税业务指南，加强涉税政策指导和服务创新，畅通税企双向沟通和反馈机制，积极开展热点事项培训，提升港人港企办税获得感。

同时，为促进深港青年广泛交往、深入交流、全面交融，前海合作区建立并发放港澳青年专项扶持资金，实施了前海港澳青年招聘计划，举办了第五届前海粤港澳台青年创新创业大赛，并通过完善香港青年交流与实习基地以及前海深港青年梦工场，为港澳大学生累计提供了超过3000个实习岗位，孵化了深港青年创业团队224家。前海管理局组织发起暨南大学"前海百企千人大学生实习计划"，充分发挥前海丰富的企业资源优势，重点遴选前海总部企业、独角兽企业、港澳台资及外资企业、高新技术企业及重大科研中心、公共服务机构，以及金融、现代物流、科技服务、信息服务、文化创意、专业服务等领域纳税前列的优质企业共建合作关系，每年组织百家以上前海企业及机构，为港澳台侨大学生提供千个以上实习岗位。前海管理局为暨南大学组织的港澳台侨实习生提供一定的实习补贴。前海管理局进一步完善有关支持前海企事业单位吸收港澳台侨大学生就业的政策措施，提升奖励、补贴、支持力度，原则上每年至少组织一场前海企业面向暨南大学港澳台侨大学生专场招聘会。

此外，前海合作区率先将港籍人才在内的境外高端人才个人所得税税率降低至15%，累计认定1434人次，补贴5.92亿元，吸引74.4万人在前海申报个税，个税总额 65.9 亿元，相关经验在粤港澳大湾区等区域复制推广。

### （五）未来对港澳合作平台的规划

根据前海合作区发布的《全面深化前海深港现代服务业合作区改革开放方案》，近期前海合作区对港合作主要有两方面的内容。一是全力打造深港合作"两城六区一园一场六镇双港"重大项目。适应香港产业特色、企业特征、港人特长，结合前海实际、空间特点，科学、有序安排产业布局，实现对港用地面积、容纳港人数量和资金投入"三个倍增"。二是全面深化改革创新与扩大对外开放。前海合作区将进一步降低准入门槛，推动 CEPA 服务贸易协议开放措施落地，促进对港澳在金融、法律、建筑、会计、文化、电信、旅游等领域开放；并持续优化提升营商环境，营造开放包容的市场准入环境，进一步推进审批事项分类改革、精简审批流程、压缩办理时限，提高企业开办便利度，降低市场准入门槛。

## 二、对港澳合作平台建设的实践问题与政策障碍

近年来，前海在构建对港澳合作平台、提升粤港澳产业合作发展等方面取得了一系列亮眼的成绩。但不可否认的是，由于粤港澳三地制度规则差异、新冠疫情影响、区域竞争激烈、产业链协同及价值链延伸程度不足等问题，前海在对港澳合作实践的各领域中仍存在许多问题。

### （一）与港澳产业合作受到空间及政策限制

前海根据其"依托香港"的总定位，始终将挖掘香港创新优势及科技资源、增强与香港发展的联动性、为香港创新及科技发展提供空间、为香港的结构优化发挥杠杆作用等目标作为前海发展高新科技产业的重要导向。在实践中，前海出台了一系列优惠扶持政策，支持香港、澳门高校和科研机构在前海合作区设立分支机构或创新平台，鼓励香港科创企业赴前海投资兴业、扩大市场，进而促进深港产业创新融合，构建深港政产学研资用等要素深度融合的创新生态系统。但在历年实践中，对港澳的高新科技产

业合作发展实践仍存在一系列问题。

首先，前海空间不足及用地成本过高等问题已经成为制约前海新兴科技产业发展的最大因素。新兴科技产业内涵丰富、覆盖面广，与金融业、商贸物流业和专业服务业交叉融合，且就业吸纳能力强，对办公空间的总需求相对较大。根据前海管理局的预估，"十四五"期间，前海新兴科技产业需新增 120 万～150 万平方米的产业空间以支撑产业发展，目前前海既有的产业空间已无法满足产业发展需求。同时，租房成本过高也影响港澳初创企业来前海发展的积极性。尽管前海管理局近年来加大了租金补贴力度，但过高的租金基数已成为制约创新企业"归巢"的主因之一。

其次，前海辖区内的深港科技产业协作程度仍然较低。目前，内地虽然对多数产业项目采用负面清单，但对电信和文化服务领域的跨境服务仍保留正面清单形式，开放幅度较小，能够援引适用 CEPA 开放准入的主体数量有限。同时，准入后环节目前仍存在制度性障碍，港澳投资存在"准入不准营"的困境，现实中港澳资企业参照外商投资管理，未能获得完全的国民待遇。以物流业为例，香港企业通过 CEPA 获准在内地经营物流业务后，还需符合内地就经营物流企业而制定的经营管理、监督检查及法律责任等政策法规的相关规定。据香港驻粤经贸办事处的统计，内地有关外资物流企业经营内容的行业法律法规多达 11 项，提高了外资企业进入内地的制度成本。从港资在前海的实际经营表现来看，截至 2020 年底，前海科技创新领域在地企业 180 家，港资企业仅 78 家，其中税收 50 万元以下的共 71 家（占比 91%），在地科创类港资企业呈现数量少、体量小的特征。目前，香港本地企业受疫情影响经营受损，部分港企直接面临生存困境，而封关期限尚未明确，港企投资内地面临现实障碍，深港产业合作不确定因素增加，在一定时期内会持续影响港资项目落地。

最后，愈趋白热化的区域竞争环境也相对弱化了前海对于港澳新兴产业资源的吸引力。从深圳本市发展布局来看，深圳已将光明科学城、福田落马洲河套地区深港科技创新合作区和南山西丽湖国际科教城作为争创综合性国家科学中心三大支撑点，以此为基础建设粤港澳大湾区国际科技创新中心。国家"十四五"规划也明确指出粤港澳大湾区将按照"两廊两点"规划布局，河套地区被认定为支撑广深港创新走廊的科技创新极点。同时，香港主要高校在粤港澳大湾区内地 9 市均有相应布局，在大湾区"超级枢纽"的规划下，相比包括珠海横琴、广州南沙等周边地区，前海的绝对区位竞争优势逐渐减弱。

## （二）港澳专业机构在前海执业仍存在政策障碍

目前，港澳与内地已基本实现服务贸易自由化，内地可开放的领域已基本开放。但是，港澳企业在进入前海的过程中仍存在"落地难"的问题，有些领域甚至与现行行业管理的政策法规存在冲突。以建设行业为例，前海是内地试行香港建设模式最早、最集中的区域之一。2013 年、2016 年，前海率先与香港发展局签署了合作意向书及《在深圳市前海深港现代服务业合作区试行香港工程建设模式合作安排》，为建设领域深港合作构建了框架。但由于受《中华人民共和国建筑法》资质资格管理要求的限制，两地企业资质和专业人士职业资格互不相通，香港专业机构只能通过与内地企业合作的方式参与项目，无法在内地便利执业。前海为打破香港建设领域专业机构和人士在内地执业的隐形壁垒，向港企、港人开放前海建设市场，前海管理局会同香港发展局，通过修订前海合作区条例条款作为上位依据，组织编制了《深圳市前海深港现代服务业合作区香港工程建设领域专业机构执业备案管理办法》和《深圳市前海深港现代服务业合作区香港工程建设领域专业人士执业备案管理办法》，于 2020 年 9 月 23 日印发，10 月 1 日正式实施。在 2021 年 4 月，前海又针对上述措施进行了进一步优化。截至 2021 年 4 月底，前海已完成 14 家专业机构、104 位专业人士备案；还有 1 家专业机构、3 位专业人士的备案工作正在办理中。但由于受新冠疫情及其他相关因素的影响，目前仍有大量香港专业机构和人士尚处于观望状态，到前海申请办理备案的香港专业机构和人士数量仍然较少。

## （三）对港澳综合配套措施有待完善

当前前海与香港在生活环境、营商环境等方面还存在较大差异，港人、港企到前海发展仍存在交通、通讯、住房、社会保障、医疗、教育等一系列现实问题。以信息通信为例，深港使用网络制式不同，需要相互切换。内地居民去香港，需要切换为香港的网络，香港居民往返内地也需要切换

移动电话网络，信号、通讯顺畅度不佳，容易对行程造成影响。同时，深港之间移动资费存在差异。当前三大电信运营商在内地取消了漫游资费，但是往来港澳的游客和工作人员，其语音和流量仍然需要支付漫游资费，且办理漫游业务套餐与不办理的资费价格相差较大，两地实行不同的价格机制是导致信息流不顺畅的主要原因之一。另外，在前海的香港居民登录国外网站受限，许多国外网站和软件因相关政策原因均无法使用。这对到前海工作和生活的香港人士造成了一定的困扰和不便，需要争取在加强网络监管和维护网络安全的前提下，逐步放宽相关网站和软件的使用，使信息交流更为顺畅。

## 三、关于前海未来对港澳合作的发展路径及对策建议

针对前海未来对港澳合作的发展方向，本文认为在双循环新格局下推动前海对港澳合作建设应跳出港澳合作的狭小格局，采取协同化、互补化、一体化的整体网络视角，将前海对港澳合作置于更为宏大的国家发展战略和国际经贸格局中来定位前海对港澳合作的未来路径。前海对港澳的合作平台建设应以构建极点带动、轴带支撑网络化空间格局为基调，而非仅仅止步于搭建几个政策互动平台、推动几项合作共建项目、修建几条互联互通道路为目标。从世界上区域内城市联动协同发展的历史经验来看，区域内多城联动发展的目的是使区域经济具有开放的经济结构、国际化法治化市场化的营商环境、高效的资源配置能力、强大的集聚外溢功能。因此，本文将把前海与港澳合作发展的问题置于粤港澳大湾区及"一带一路"倡议背景下进行分析，并对在前海建立对接港澳及国际高水平规则的实践导向和逻辑进行评述。

（一）构建前海作为大湾区乃至"一带一路"沿线的网络中心节点

前海对港澳的合作平台建设在发展路径和导向上首先要强调的是，发挥前海作为大湾区枢纽节点的要素集聚与流通作用，在现有基础上拓展和提升粤港澳各类要素（货物、人员、资金、数据等）自由流通的规模与质

量。前海要通过各类平台建设，抓住要素集聚和流通所产生的经济辐射功能，发挥前海在产业结构和地缘位置上的优势，深度嵌入并在一定程度上影响和塑造全球价值链。

具体而言，前海在建设各类合作平台时应把握枢纽节点如何成功嵌入宏观区域大背景的核心成功逻辑，而不是单纯地为创新而创新。香港过往的成功实践并非基于对一地一域的紧密合作，而是将香港置身于更为宏大的全球化背景。前海对港澳的合作平台建设也不应止步于港澳某些市场主体的短期需求，而应放眼于国家层面的发展战略，一方面促进香港融入国家发展大局，另一方面链接全球优质资源。参考诸如新加坡、迪拜等国际典型自由港的演进历程和先进做法可以看到，新加坡、迪拜等在要素集聚与流通的成功实践上，既凭借它们具备高度竞争力的制度创新实践及良好的经营模式，同时也依赖于制度创新在建设导向上深度关联并嵌入全球化的经贸格局。换句话说，新加坡、迪拜等在制度创新和经营实践的建设导向上绝非简单地为创新而创新，其功能导向也并非孤立地提升效率或降低成本，而是在极大程度上服务于两大目标：其一，促使其城市地区作为关键性空间场所有效地嵌入全球化经贸格局；其二，通过其城市地区吸引全球优质资源并与本土资源相互整合构成内生性增长动力和关系型资产网络。新加坡、迪拜等的吸引力与竞争力绝非源于孤立的平台建设创新案例，而是根植于其制度安排与国际经贸格局之间所构成的嵌入机制和互动实践。新加坡、迪拜的兴起也标志着重要城市区域开始更为直接地嵌入全球化市场与流动性资源链中，尝试构筑及维持其自身的内生性增长动力，并作为相对独立的区域经济单位提升自身在全球经济态势中的综合竞争力。

事实上，从前海乃至深圳市过往的成功经验来看，深圳的城市综合实力提升不仅源于中央赋予的经济特区政策（事实上除深圳外，诸如厦门、汕头、珠海等并未取得类同的发展表现），更源于深圳在组成和联结现代社会经济网络架构上所发挥的重要作用。从经济地理学的理论视角来看，现代社会的经济网络架构大多以高科技与金融服务产业为主要发展导向。而此类产业的快速发展又赋予了深圳同时具备了生产方面的本地化资源集聚以及供应方面的全球化市场延伸。深圳作为此类产业的空间载体，得以通过产业的全球化网络拓展进一步培育和提升了城市的社会资本、关系网络、

技术创新等一系列发展要素，进而成为大湾区乃至更大区域中重要的供给侧增长引擎。如果从行动者网络理论的视角来审视前海，前海不仅应在规划建设上注重推动高新科技、金融、物流等现代服务业的产业及要素集聚，为相关产业的发展提供优质的制度及基建配套设施；同时更应注重构建区域性的关键空间场所，使包括粤港澳等地区的各类行为个体与组织得以在此空间场所中沟通协调，寻求包括但不限于经济增长在内的多元目标的达成，进而形成以前海自身为节点、连接全球市场的行动者网络中心。

就前海目前的状况而言，尽管前海在金融、法律等高端服务业领域已初具规模，但必须要指出的是，与中国香港、新加坡及欧美等发达经济体的同类产业相比仍然存在较大差距。同时，在信息技术服务产业方面，包括前海在内的我国诸多地区的国际竞争力与印度相比也略显不足，前海在构建区域网络中心和要素集聚流通节点上仍有较大的提升空间。因此，前海在双循环新格局下应将自身建设更加紧密地嵌入粤港澳大湾区和"一带一路"倡议之中。从衔接国内国外两个循环及促进要素流通的角度出发，前海可发挥自身制度、区位、产业结构等优势，打造为全国各地区各类市场主体向港澳地区及"一带一路"沿线国家"走出去"提供综合性专业服务的示范平台与枢纽区域，将前海建设成为国内市场主体向港澳地区及海外"走出去"和产业输出的前沿阵地，成为建设粤港澳大湾区及"一带一路"中最亮眼的区域代表。据此，前海可考虑：

（1）进一步完善前海参与粤港澳大湾区和"一带一路"建设的实施方案，从战略定位、发展目标、战略布局、重点任务和保障机制等方面进行顶层设计，构建包括金融服务、信息资讯、贸易网络、风险管理、人才培养在内的综合服务体系，全方位、多层次地推动各地区企业通过前海平台参与大湾区和"一带一路"建设，鼓励企业"走出去"。

（2）大力推动建设服务相关企业向港澳地区及"一带一路"沿线国家的"走出去"综合服务平台和重点窗口。通过大数据、前沿算法等信息技术手段全面及时地收集并发布港澳地区和"一带一路"沿线国家及重点园区的相关资讯，并对与港澳地区和"一带一路"沿线国家的经贸合作前景、综合可行性及风险防控要点进行量化评估分析，为"走出去"企业智能匹配最优贸易投资方案与路径。

（3）推进建设针对港澳地区及"一带一路"沿线国家的风险预警机制、跟踪风险因素、监控风险因素的变动趋势，评估港澳地区及"一带一路"沿线各国的最新政策对有关合作项目的影响强弱程度，及时向决策层、企业及公民发出预警信号，并拟订应急预案，对各类重大事件及时进行评估和应对。

（4）明晰重点发展导向，全面提升金融、科技研发、现代物流、信息技术服务业等支柱产业，有针对性地打造具备前海特色的产业链、企业群和商贸网络，为相关企业拓展国际市场发展空间，促进前海更为直接地嵌入全球化市场与流动性资源链中，构筑及维持其自身的内生性增长动力，并作为粤港澳大湾区和"一带一路"重要枢纽提升自身在全球经济态势中的综合竞争力。

## （二）打造对接港澳及国际高标准规则的区域性试验平台和机制

构建现代产业体系，强调制度创新，对接港澳及国际高水平经贸规则是前海在未来"十四五"发展期间的重要路径。习近平总书记在2021年7月召开的中央全面深化改革委员会第二十次会议上强调："要围绕实行高水平对外开放，充分运用国际国内两个市场、两种资源，对标高标准国际经贸规则，积极推动制度创新。"前海作为对港澳及国际高水平规则对接的重要试验窗口，不能单纯地为对接而对接，而应慎重把握好规则对接的几项原则。其一，在和现存港澳及国际规则接轨的同时改革现存不合理的港澳及国际规则；其二，在制定前海本地规则的同时充分考量港澳及其他相关国家和地区的利益等；其三，要有意识地把前海、深圳乃至大湾区内庞大的市场力量转化成为规则，通过更广、更深、更高层次的开放连接内外循环，打通国际、国内两个市场，在对外接轨的同时促进港澳融入国家发展大局并实现中国规则的国际化。

具体而言，前海在推进对港澳及国际规则对接的路径方法上可借鉴参考欧洲法院（European Court of Justice，ECJ）在推进欧盟一体化进程中的"初步裁决请求"的做法与精神，建立某种鼓励市场主体，对规则对接壁垒问题进行积极主动反馈的快速响应机制。欧共体及其后的欧盟为了加速实

现一体化进程，产生了许多和传统政治经济及社会制度实践全然不同的新规则、新制度。其中，欧洲法院通过相关司法权限和程序，发挥能动性，通过反面立法（相对于传统正面立法而言）的方式大力推进欧盟一体化的做法尤为成功。欧共体（欧盟）源自一种以经济一体化为目标的区域经济合作制度试验。而评估一体化程度的最重要标准之一在于欧共体各成员国能否切实贯彻其所签订的共同体条约的宗旨、原则和精神。与传统的区域合作联盟相同，欧共体自创建起所面临的最大问题在于：其一，各成员国理念意见不一，利益考量繁复，难以达成共识进而签订足够多的共同体基础条约，且这一问题随着欧共体（欧盟）成员国数量的不断增多变得愈发严重；其二，已成功签订的共同体基础条约在内容上多只包含宏观层面的发展方向、政策精神和主导理念，不具备充分的具体规范内容，无法直接适用和应用于各成员国内个人和经济个体的社会经济实践。因此，在欧共体发展的历程中，从正面主动立法来推动一体化进程步履艰难，其成果往往仅限于涉及新成员国加入、重大机构改革等宏观架构方面，在具体的社会经济实践方面的一体化成果乏善可陈。在这种背景下，欧共体创造性地利用欧洲法院这一机构，通过反面立法的方式，在涉及微观市场运行、具体社会生活等实践领域，真真正正快速、广泛且有效地推进了欧洲一体化进程中的核心规则对接与融合，在确保社会稳定的基础上促进了欧盟内部各项要素的自由流通。

欧洲法院的制度创新实践核心要点在于：在引导和发挥市场和民众本身的能动性和自觉性的前提下，为市场和民众提供了一个有效的制度平台，通过该制度平台，市场主体和民众可以对他们所认为的、触犯其切身利益并且违背了欧共体基础条约宗旨及精神的相关具体法律法规和政策，经由本地法院向欧洲法院提出所谓的"初步裁决请求"。在收到此类"请求"后，欧洲法院将针对所涉及的欧共体基础条约的宗旨和精神进行具体而广泛的司法解释，从而判断市场或民众所提出的政策或法律冲突是否存在及成立。如若欧洲法院裁决，成员国的法律、法规和政策确实存在与欧共体基础条约的宗旨和精神相冲突的内容，则可责令相关成员国限期重新立法或修订政策，以使其法律政策契合欧共体条约的宗旨和原则，进而推进欧洲一体化进程。

　　这也就是说，在推进一体化进程时，欧共体及其下属的欧洲法院主要并非通过"一棵棵栽树"的方式来正面树立一体化的制度和规则融合对接，而是通过"一根根拔刺"的方式从反面去除和修改同一体化精神宗旨有违背有矛盾的既存政策和规则。

　　该"初步裁决请求"机制的优势有以下三点：其一，有效地引导和调动起市场和民众，使其基于利益攸关的动机，广泛地认可和参与到具体落实那些宏观条约宗旨精神的事务中来，形成以市场为导向、以广大民众切身利益为攸关考量的发展模式；其二，避免了政府和司法部门闭门造车式的僵化计划倾向，也为政府部门既存的相关政策是否契合顶层设计、是否符合大政方针、是否落实相关指导精神提供了及时有效的评估标准；其三，通过司法解释等极具公信力和执行力的程序机制，避免了不同层级的行政权力机关在权限方面的冲突，也为基本条约的宏观宗旨精神与具体政策法律法规的贯彻落实提供了一个有效的缓冲带。

　　基于欧洲法院的上述做法，本文提出，前海可以在治理体系中设立某种"市场反馈快速响应机制"，从而对前海区域内市场主体最亟须解决的规则问题进行明晰定位，使得前海在建立国际化、法治化、市场化营商环境的过程中有的放矢。该机制在实践中可获得如下预期效果：其一，在前海投资入驻的各类企业可通过该"快速响应机制"，针对区内与营商环境建设有关的相关政策、法规、法律向前海有关部门提出一般性建议。其二，投资入驻的各类企业如果认为前海与营商环境建设有关的相关政策、法规、法律存在与相关上级政策和指导意见相冲突，且对其正常运营或商业行为造成明显的、可评估的负面影响时，可通过该"快速响应机制"向前海有关部门反映。其三，"快速响应机制"在收到建议后，根据事项不同、所需权限不同等差异化要素，对所有建议进行分类备案，按一定周期报呈相关领导参阅讨论；对于前海权限范围内的事项内容，可斟酌在 10～20 个工作日内针对建议提出方或利益攸关方给出初步反馈，在 30～50 个工作日内给出解决方案并进行公示；对于前海权限范围以外的事项内容，按程序报呈上级部门，在 10～20 个工作日针对建议提出方或利益攸关方给出初步反馈，在收到上级部门正式答复后，尽快与相关方联络、给出反馈。

参考文献：

[1] CRAIO P, BÚRCA G. EU law text, cases and materials [M]. Oxford：Oxford University Press, 2007.

[2] KOUTRAKOS P. EU lnternational relations law [M]. Portland：Hart Publishing, 2007.

[3] SNYDER F. The gatekeepers：the European Courts and WTO Law [J]. CMLR, 2003, 40：313 – 367.

# 深圳中国特色社会主义先行示范区
# 建设成效与建议

彭　曦①

　　建设中国特色社会主义先行示范区，是在深圳经济特区改革开放 40 年、各项实业取得显著成效的基础之上，在更高起点、更高层次、更高目标上推进改革开放。两年以来，深圳坚决扛起先行示范的历史担当和主体责任，举全市之力落实中央战略部署，扎实推进深圳先行示范区建设，取得了巨大成就。下一步，深圳还应着力解决国际高端要素资源自由流动，城市"软件"，国际化、法治化营商环境和舒适宜居的未来城市等方面存在的问题，推动先行示范区的建设取得更大成效。实现到 21 世纪中叶，深圳成为竞争力、创新力、影响力卓著的全球标杆城市的宏图伟业。

## 一、深圳建设中国特色社会主义示范区取得的成效

　　2019 年 8 月 18 日，中共中央、国务院印发《关于支持深圳建设中国特色社会主义先行示范区的意见》，深圳全力落实中央《意见》和省委支持措施，紧扣高质量发展高地、法治城市示范、城市文明典范、民生幸福标杆、可持续发展先锋这"五大战略定位"；围绕"三个阶段发展目标"，到 21 世纪中叶，深圳以更加昂扬的姿态屹立于世界先进城市之林，成为竞争力、创新力、影响力卓著的全球标杆城市；聚焦率先建设体现高质量发展要求

　　① 彭曦，经济学博士，重庆工商大学金融学院（重庆金融学院）讲师，中山大学粤港澳发展研究院副研究员，主要研究方向为自由贸易试验区（FTZ）、产业经济、金融科技。

的现代化经济体系、率先营造彰显公平正义的民主法治环境、率先塑造展现社会主义文化繁荣兴盛的现代城市文明、率先形成共建共治共享共同富裕的民生发展格局、率先打造人与自然和谐共生的美丽中国典范的"五个率先"重点任务，在示范区建设中取得了较大成效。

## （一）率先建设体现高质量发展要求的现代化经济体系

深圳过去几十年的发展中，也正是以"摸着石头过河""敢为天下先"的勇气，突破体制机制束缚，在过去 40 年里创造了深圳的发展奇迹。而在新发展阶段，需要更深层次地推进改革开放，这与以往的发展模式不同，发展模式要真正转向创新驱动的新模式。在《粤港澳大湾区发展规划纲要》中，明确提出以深圳为主建设国际科技创新中心，是深圳实现高质量发展的关键一环。虽然深圳在研发投入占比、专利合作条约（patent cooperation treaty，PCT）国际专利申请量等方面都在全国领先，但是与全球主要的创新城市相比较，各项指标仍然较为落后，特别是在科研院所资源、原始创新能力方面仍然面临短板。

人才等高端科技资源是实现高质量发展的第一要素资源，也是全球各个国家争抢的主要要素，深圳需要大胆突破，在吸引全球高端科技人才方面走在全国前列，做好先行示范。在以往的发展中，深圳正是利用了毗邻香港、依托国内国际强大的市场优势，吸引全球人才集聚，华为、大疆、宁德时代、比亚迪等企业正是基于深圳对于人才的吸引力，才得到快速发展和壮大的。深圳也实施"凤凰计划"等国际人才战略，在全球抢夺高端人才资源，但与美国硅谷、日本东京、英国伦敦等国际大都市相比，深圳的短板在于人才的发展环境和人才的创新环境，当前先行示范区在这方面也开始推进。

深圳为抢夺更为顶尖的人才，通过打造国际化街区，围绕构建高质量发展体制机制，全方位打造"国际人才高地"。早在 2017 年，深圳就成立了深圳国际人才交流中心。2021 年 4 月，第十九届中国国际人才交流大会也在深圳召开，大会以"创新、发展、合作、共赢"为主题，有来自 30 多个国家和地区的 1000 多家专业机构和组织参会，为全球人才搭建国际创新合作平台。① 据统计，仅2019年一年，深圳接收应届毕业生9.37万人，引进市外在职人才12.95万人，引进海外留学人员1.86万人；已累计认定国内高层次人才9000多人，累计引进海外留学人员超过13万人；在站博士后3400多人。②

深圳之所以能够吸引这么多人才集聚，关键在于其取消了制约人才流动的"桎梏"。早在2001年深圳就取消了人事计划单列制度，也取消了对用人单位下达人才调动指标的限制，人才可以直接到人事部门办理干部调动手续；取消人才引进考试制度，除公务员录用和事业单位进人仍实行必要的"入口"考试之外；以前海管理局为例，实行法定机构的管理制度，实行企业化、市场化的用人制度，享有独立的用人自主权，在市政府确定的授薪人员名额、领导职数及薪酬总额范围内，自主决定机构设置、岗位设置、人员聘用、薪酬标准等，并接受机构编制、组织人事、财政、纪检监察等部门的监督，真正实现了人员能进能出、工资能高能低，人尽其才地把人才用到合适的岗位上。

深圳以建设大湾区国际科技创新中心为契机，打造世界级的科研平台、大科学装置，补齐原始创新能力短缺的短板。主要以鹏城国家实验室、中科院深圳先进研究院、哈工大（深圳）、清华国际研究生院、北京大学深圳研究生院、南方科技大学、深圳大学等科研院所的建设为依托，通过这些科研院所的建设，吸引人才到深圳集聚，并鼓励这些人才利用科研成果创业。发挥科技领军企业的创新引领作用，深圳有华为、腾讯、中兴、比亚迪等企业，创新能力较强，一些技术在全球领先，但它们仍然停留在应用层面上创新。以电子信息产业为例，其占深圳工业产值的比重超过60%，以往遵循的是全球分工的格局，但当前面临"卡脖子"的问题，导致工业增速下降，如何解决？只有通过加强原始创新能力，在全球分工情况下仍然注重产业链安全的问题。

在加快构建现代产业体系方面，深圳在未来通信高端器件、高性能医

---

① 郑玮玮、闫洪：《第十九届中国国际人才交流大会在深圳召开》，见央视新闻，2021年4月24日，网址：https://baijiahao.baidu.com/s？id=1697914639602247027&wfr=spider&for=pc。

② 《深圳全方位打造"国际人才高地"——已累计认定国内高层次人才9000多人》，载《深圳特区报》2019年12月18日，第A06版。

疗器械等领域创建制造业创新中心，并逐步实现产业多元发展，尤其是注重对于战略性新兴产业的培育。据统计，深圳将30%以上市级财政科技专项资金投向基础研究和应用基础研究，实施50个关键核心技术攻关项目，出台科技计划管理改革22条，完善"基础研究＋技术攻关＋成果产业化＋科技金融"的全过程创新生态链。前瞻布局5G、人工智能、4K/8K超高清视频、集成电路、生物医药等产业。2019年，深圳先进制造业增加值占规模以上工业增加值比重超过70%，国家级高新技术企业总量超过1.7万家，仅次于北京，PCT国际专利申请量达17459件，约占全国申请总量的30.6%，连续16年居全国城市第一名。

### （二）率先营造彰显公平正义的民主法治环境

在法治建设方面，深圳充分利用经济特区立法权，做到重大改革于法有据、立法主动适应改革发展需要。深圳出台全国首部个人破产法规《深圳经济特区个人破产条例》，使得创新创业者在失败以后，能够投入到下一轮的创新创业中，为建设科技创新中心服务；深圳颁布全国首个生态环境公益诉讼地方性法规《深圳经济特区生态环境公益诉讼规定》，对破坏环境的问题，很好地解决了诉讼的主体问题；深圳市司法局发布了《深圳经济特区数据条例（征求意见稿）》，该条例运用经济特区立法权率先展开地方数据立法，首提数据权，促进个人隐私保护，促进公共数据开发利用，培育数据市场，通过立法规范数字产业发展。

前海蛇口自贸片区是全国唯一的"社会主义法治示范区"，2012年12月7日，习近平总书记在前海视察时指出，"前海可以在建设具有中国特色的社会主义法治示范区方面积极探索，先行先试"。就法治创新领域而言，前海蛇口自贸片区积极弘扬社会主义法治精神，以构建法治文化为目标，以促进现代服务经济发展为核心，率先在前海营造公正、透明、高效、诚信、廉洁的法治化国际化营商环境，将前海打造成为具有中国特色社会主义法治示范区。争当样本和标杆，为深化全面依法治国实践提出"前海方案"，前海法治建设对于中国的特色社会主义法治理论体系的完善至关重要。

以法治化、国际化、便利化营商环境为目标，全面推进法治创新。全国首创庭前会议制度、"港籍调解"与"港籍陪审"制度，适用香港法律在前海审判经济纠纷案件，形成了对接香港、接轨国际的法治环境。前海公证处首创跨境公证法律服务，快速解决境外律师跨境取证难问题，为中国企业"走出去"提供了切实便利。推进司法体制综合配套改革，挂牌成立前海法院、前海检察院、深圳金融法庭、深圳知识产权法庭，成立深圳（前海）知识产权保护中心，率先探索跨行政区划管辖案件，率先实行立案登记制，率先探索审执分离，率先探索司法行政事务管理权与审判权分离，首创港籍陪审员制度，首创大法官会议制度，发布全国首个自贸区司法保障意见。试点第三方电子数据保全公共服务平台，首创创客法律服务平台，探索"公证＋互联网"新模式，首创初审和双重审查等管理制度，率先开拓保理新型公证业务，率先推出遗嘱保管服务，等等。

### （三）率先塑造展现社会主义文化繁荣兴盛的现代城市文明

深圳不仅仅在经济方面取得成就，还使得生活在城市里面的人能够分享城市发展的成果，并不断提升城市的文明程度。深圳通过加强基层党建来推广和传播社会主义核心价值观，成立了全国首个党建工作咨询委员会，囊括了全国党建研究会、上海、深圳等地的党建专家，充分发挥智力集成优势，按照咨询委员会章程，通过调查研究、宣传推介、整合资源、建言献策、学术交流等方式，来开展党建工作。通过争创第六届全面文明城市来推动城市文明水平的提升，让城市更加安全稳定、更加文明和谐、更加宜居舒适、更加崇德向善，变得更加美好。此外，中央广播电视总台粤港澳大湾区中心落户深圳，中国国际文化产业博览交易会、深圳读书月、"一带一路"国际音乐季、深圳设计周暨环球设计大奖、中国设计大展等活动在深圳举办，现代城市文明程度得到提升。

### （四）率先形成共同富裕的民生发展格局与率先打造人与自然和谐共生的美丽中国典范

通过提升城市综合治理水平来推进数字政府和智慧城市建设，打破数据孤岛的问题，提升市民办事的便利性。以"i深圳"为例，该App整合超过4700项政务服务事项，使98%的行政审批事项实现网上办理，94%的行政许可事项实现"零跑动",企业和个人政务办事需提交的材料减少70%,行政效率的提升带来了企业注册数量大幅增长和新兴产业不断集聚。深圳前海以人为本,设立人才服务站,提供"一站式、个性化、零距离"服务,人事人才服务、社会保障、技能提升等182项公共服务事项均能办理。服务站还灵活借助进驻单位的线上服务平台、微信服务等方式,打破时间、空间限制,缩短与企业及员工之间的服务距离,使人社服务不间断,交流无阻隔,回应更及时,服务效率更加高效快捷。

补短板,出台推进教育高质量发展政策,1/6 的财政支出用于教育事业,年度投入增长约23%。中山大学深圳校区投入使用,深圳大学、南方科技大学等高水平大学建设提速,加快提升医疗卫生水平,2019 年新增三级医院4 家,制定人才住房、安居型商品房、公共租赁住房三大配套政策,启动大规模公共住房建设行动。实施"清洁护河"行动,实现1400 多个排水小区和22 个城中村的自然村雨污分流全面覆盖,黑臭水体整治全面完成,水质达到30 年来的最佳水平,辖区环境生态改善程度前所未有。深圳空气质量在全国领先,根据生态环境部发布2020 年12 月和2020 年1 月至12 月全国环境空气质量以及地表水状况,2020 年1 月至12 月,深圳空气质量综合指数在全国168 个重点城市中排名第六。①

## 二、在发展当中所面临的关键性问题

深圳在发展过程中也逐渐开始暴露一些短板,包括土地、人才等要素资源的短缺,导致产业发展受限。并且随着人口不断地涌入,也暴露了深圳的公共服务能力不足的情况,尤其是学位紧张方面的问题。

### (一) 要素制约是深圳高质量发展面临的最大阻碍

深圳全市总面积1997.47 平方千米,2019 年常住人口1343.88 万人,比2018 年增加41.22 万人,实际管理人口更是超过2000 万人,不断涌入的人口,加上土地供应紧张,使得房价不断上涨,有近60% 的人口生活在城中

---

① 吴洁:《深圳空气质量全国排名第六》,载《深圳晚报》2021 年1 月16 日,第 A04 版。

村，所带来的负面效应逐渐显现。由于房价的升高，使得人们的生活成本越来越高，居民的幸福感在下降。科技创新是深圳的"立市之本"，但深圳没有好的高校资源，如国际高校不能全资在深圳注册办学等制度限制了深圳引入国际科教资源。特别是在人才方面，由于国内科研院所大都在北京、上海等地，科研人员到深圳工作缺少平台，缺乏好的学术环境和全球领先的高校。

### （二）港澳合作面临体制机制障碍

与港澳之间合作面临要素自由流通的障碍，由于深港澳三地开放程度、基本经济制度、税收政策、人均收入等差异较大，而深圳作为内地关税区的一部分，其税收、金融及其他经济政策受制于国家整体经济制度的开放与发展进展。因此，深港两地经济难以达到完全对等的要素双向自由流动，而这仍然是阻碍两地区域资源要素高效配置的重要因素。以资金要素为例，金融合作以自发为主，规模小、水平较低，层次不够深入；交易平台覆盖率不足且规模效应低，金融资源缺乏双向流动的有效平台；金融合作与监管合作仍没有建立起真正的制度性机制；制度安排滞后导致了"二元"金融结构。两地金融合作的水平和层次，已滞后于两地经济日趋融合的发展态势。在其他专业服务领域，如律师、会计师资质互认与执业经历无法完全互认，仍然是阻碍专业服务和专业人才自由流通的一大因素。

在现行体制下，香港在行政上享有高度自治权，在经济上有高度的自由度，而深圳是副省级城市。香港与深圳在行政权力机构、行政等级结构、自主决策权力、立法权力和司法环境以及受国家宏观经济干预程度等方面都存在较大差别。这些差别导致了港澳与广东制定决策的机构、程式、效率和权力都存在不同。包括深圳在内的内地地方政府对于经济、社会的调控力度较强，与香港合作愿望强烈。然而，由政府主导的制度变迁不可避免地会受限于路径依赖、知识局限和利益集团冲突问题，政府和市场动力错位，难以充分调动试产力量参与，从而使得两地合作进程会受到阻碍。

### （三）缺乏系统性、集成性的改革权限

国家支持深圳建设中国特色社会主义先行示范区，推进"五位一体"

全面改革试验，而这对于深圳一个副省级行政级别城市来讲，改革任务较重，而行政级别较低。深圳先行示范区的建设也缺少类似海南自由贸易港的政策获得国家批量授权。国家也没有制定先行示范区法律，仅仅依靠深圳的经济特区立法权，解决不了与上位法之间的冲突，改革深度与系统集成都不够。从实践来看，改革也大都是小打小闹，没有系统集成，在与港澳对接时，也会因为层级不够而影响两地之间的合作，对于推进"一国两制"实践不利。

立法与行政板块稍显不足，法治实践创新依赖于上位法赋予的空间，自然受到相应制度的制约，管理权力的受限等方面存在问题。一是法律规则体系化程度仍有不足。深圳经济特区立法权的权力有限，无论是中央层面的立法还是地方层面的立法，都应当提速增效，让立法追赶上改革的速度，让重大改革都于法有据。在体系化程度上，仍然难以体现法律体系的自上而下性、秩序性、一致性。二是零碎的合规审查仍然不能代替法律规则的体系化编撰。尤其在改革创新实践中，应对新环境、新业态需求的规则层出不穷，部门间的规章制度繁多，未体系化梳理的问题可能导致规则间相互矛盾、冲突，难以为营商主体提供透明、稳定的预期。

管理机构权力受限，行政执法能力不足。针对外资准入问题，"大门开小门不开"，准入不准营的问题一直存在，深圳也不例外。综合行政执法能力仍需提升，如法律、法规、规章规定的行政处罚权以及相关的监督检查、行政强制职权等。如何协调相关部门之间的关系，有效执行相应行政职能，并同时避免因权力集中而可能产生的权力寻租问题等，都值得进一步探索。民主性和公共参与性不够，没有充分尊重和考虑各类群体的利益诉求。制度的建设是各类群体利益之间的一种权衡，也是妥协的结果，政府强制性的规则往往会导致部分群体的利益受损，使得政策的推行难度增大。涉及各类群体利益的，尽可能地充分考虑政策可能带来的影响，并广泛征询各类群体的意见，给予一定的解决措施，建议成立前海民意调查中心，对于政策的实施广泛收集意见。

（四）国际化程度不够，导致对外开放面临难题

深圳通过出口加工业嵌入全球价值链，以创新获得发展机遇。"深圳奇

迹"靠的是改革开放，未来深圳推动科技创新，实现高质量发展也必须依靠全面深化改革开放。在中央赋予更大改革自主权支持下，深圳再获发展"加速度"，将着力建设中国特色社会主义先行示范区，积极探索建设全球标杆城市。深圳是建设粤港澳大湾区国际科技创新中心的主战场，但其"国际化"程度不够。衡量国际化程度的指标之一是领事馆数量，深圳目前仍然没有领事馆；对于国际直航航班，深圳也难以与北上广等城市相比较；在外国人居住数量、国际会议与国际机构等指标方面都较为落后。深圳的开放平台前海蛇口自贸片区开放的力度也不够，在对港澳落实 CEPA 协议、服务业开放方面，也面临较多的制度约束。以深澳合作为例，在 CEPA 中也未对全部服务领域实施公平待遇，内地对澳门开放的服务部门多达 153 个，涉及 WTO 分类标准 160 个的 95.6%，但协议实行公平待遇的服务领域只有62 个，97 个服务领域对澳门开放但是未实行公平待遇，这制约了澳门相关企业进入内地。在金融开放方面，深圳虽然毗邻香港，但仍需解决金融发展的定位与开放问题，尤其是科技金融的发展问题。

## （五）教育、医疗、生活环境等仍是短板

教育和医疗缺乏的矛盾较为突出，公共资源的供给与人口规模增长幅度不匹配，优质学位较为短缺。以幼儿园为例，深圳是幼儿园在园人数位列全国第一的城市，民办园占比 90% 以上，虽然政府不断加大投入，但2020 年仍被称为"读幼儿园最难的一年"。在深港之间频繁的跨界行为不仅仅影响深港居民个体的身份、人生经历、社会网络、个人自由和工作。香港是国际社区，然而部分香港居民对内地的文化及生活的差异仍然较为抵触，香港统计署的调查结果也显示，大多数香港跨界者前往深圳的目的是探亲访友，而工作、旅游、休闲则占少数。所谓"摩擦"是部分香港居民认为内地人争夺其教育、就业、医疗、福利、旅游及物价、房价等紧缺资源，从而表示不满。在生活环境中的水质方面，深圳实行的《生活饮用水卫生标准》与美国、日本甚至世界卫生组织的水质标准相比还有差距。在国际化的生活环境方面，创业者表示在社会文化、资讯畅通和税务制度三个方面有较大的负担。例如，创业投资政策文件繁多且属于多头管理，缺乏系统性、权威性，导致国际人才很难及时了解最新的政策法规和正确申

请相关行政服务的流程。

## 三、进一步改革的措施及发展建议

深圳对于中国特色社会主义先行示范区的建设，需要解决自上而下的改革权限问题，同时也要利用经济特区立法解决地方政府改革权限问题，在经济发展方面应当进一步多元化，围绕国家科学中心、科研院所等孵化一批世界级的独角兽企业。此外，通过示范区的建设解决民生、环境等方面的突出问题，构建世界级的优质生活圈。

### （一）解决示范区全面深化改革的体制问题

要赋予深圳更大的改革自主权，而通过行政级别的提升，有利于理顺中央与地方关于全面深化改革任务分配，解决的是"自上而下"与"自下而上"双轮驱动问题，也有利于缩短管理链条，实现三级政府、四级管理体系，减少改革当中面临的阻碍，减轻行政成本。为了降低土地成本，可以让深圳尝试实行"地票"制度，将深圳 10.41 万亩的耕地置换为城市建设用地，或授权深圳自行调整土地管理制度。

### （二）制定先行示范区法，解决改革权限问题

从海南建设中国特色自由贸易港的经验来看，要想实现制度创新的系统集成，只有通过立法的形式打包授权下放。深圳也可以通过立法加强顶层设计，破解当前的改革体制机制掣肘。从韩国经验来看，韩国制定了《关于自由贸易区的制定及运营的法律》作为上位法，明确规定在自贸区范围内关税法、对外贸易法等是其特例与补充。建议借鉴韩国自贸区的管理运作模式，为深圳先行示范区立法，提高其立法层级，从根本上理顺中央和地方的立法关系。

对于深化改革、新业态发展等产生的新的立法需求，要争取全国人大常委会、市人大常委会支持，调整或停止有关法律法规在示范区的适用，实现立法与改革决策相衔接，做到重大改革于法有据，立法主动适应改革和经济社会发展需要。对于法律制度的整体性、体系性要求，要注意对法

律制度的及时梳理与公开。前海蛇口自贸片区对于新颁布的法律法规，要及时总结立法成果，梳理法律规则，进行有效的废止与整理，编撰成体系并在网络平台上及时、全面、准确、完整、便利地向公众公开，特别是一些地方性的法规、条文，申请地方人大授权对合理条文予以"立改废释"。

## （三）加强针对国际的法律、知识产权服务

构建更为国际化的法律制度。提高仲裁制度国际化程度，将前海打造成为仲裁高地。加强司法体系对仲裁制度的支持，并向上级立法机构争取，以促进《深圳国际仲裁院仲裁规则》中诸如临时仲裁、临时措施等制度的实际落地，并加强《深圳国际仲裁院关于适用〈联合国国际贸易法委员会仲裁规则〉的程序指引》的实施效果。扩大联营律所执业范围，全面提升国际化水准律师的福利与保障水平。争取全国人大支持，至少对港澳联营律所的执业范围适当扩大；对标港澳律师社会福利与保险制度，吸引来自世界各地的优秀法律执业人才。在知识产权保护方面，建议成立知识产权局，并应深入开展与"一带一路"沿线国家、粤港澳大湾区等知识产权国际合作交流。知识产权局统一负责专利、商标和版权，建立完善保护机制和纠纷解决机制。同时，积极争取国家知识产权局继续将中美欧日韩专利审查高速公路（patent prosecution highway，PPH）等推广项目、"一带一路"合作交流项目放在深圳举办。

## （四）破解高端要素资源自由流动难题

深圳未来不能只靠吸引国内的科技资源，建设国际科技创新中心要突出"国际"两字。建议参考海南的政策，允许境外高校在深圳独立办学，可以雇佣境外教师，不受签证的限制。深圳与香港之间人员、科研设备、科研经费跨境流动由审批制度向备案制度转变。在金融开放方面，建议可以采取一些自由贸易港的相关政策，通过在岸和离岸市场分割运行，设立电子围网解决金融开放问题，并通过电子围网来解决金融监管的问题。进一步开放引入国际高端服务业，配套深圳高端制造业、电子信息产业。例如，欧洲经济下滑，可整体引入欧洲的设计公司、创意公司到深圳开设总部。

### （五）加强城市"软实力"建设

城市舒适物包括空气环境质量、水资源质量、公园、图书馆、社会福利与保障，以及独特的自然环境和文化环境等。深圳在小孩教育、税收、信息服务、人才资格认证、法律制度等各个方面都需要与国际通行规则相对接。当前深圳应设立中英文"一站式"的信息发布平台，如将境外居民在深圳生活、就业、就医、就学等方面的信息统一在平台上发布，方便境外居民寻找所需信息。此外，高水平城市化既是提升城市品质的基石，更是海内外专业人才落户、企业投资兴业的重要参考。深圳面临着繁重的城市更新、棚户区改造、城市运行环境优化等现实任务，如何以"人"为本，构建面向未来的城市架构，深圳还需提前做好规划。

**参考文献：**

［1］曹宇阳，刘伟. 深圳中国特色社会主义先行示范区的中医药文化建设［J］. 特区经济，2020.

［2］杜克寒. 深圳南山 加快建成世界级创新型滨海中心城区 勇当深圳建设中国特色社会主义先行示范区标杆［J］. 新经济，2021（10）：4.

［3］何立峰. 支持深圳加快建设中国特色社会主义先行示范区 努力创建社会主义现代化强国的城市范例［J］. 宏观经济管理，2019（11）：3.

［4］霍思伊. 深圳：从先行到示范［J］. 中国新闻周刊，2019.

［5］金民卿. 全面把握建设中国特色社会主义先行示范区的丰富内涵［J］. 特区实践与理论，2020（6）：7.

［6］谢春红. 建设中国特色社会主义先行示范区的多重意蕴［J］. 岭南学刊，2020（1）：6.

# 第四编

## 粤港澳大湾区区域联动

# 粤港澳大湾区与海南自由贸易港"港区"联动发展的策略研究[①]

陆剑宝 符正平[②]

## 一、引言

2020年6月1日，中共中央、国务院颁布《海南自由贸易港建设总体方案》，意味着海南在探索建设全域自由贸易试验区两年后正式启动自由港的建设。海南建设自由贸易港，粤港澳大湾区打造国际一流湾区和世界级城市群都是国家重大战略，而二者的联动发展意义更为重大和深远。粤港澳大湾区与海南自贸港联动具有叠加效应、优势互补的必要性，也具有地理和人文相近、合作共赢的可行性。通过分析目前粤港澳与海南的合作现状，提出推动粤港澳大湾区与海南自贸港在设施联通、产业支援、政策互用、人才流通四方面的政策建议。

2019年2月18日，中共中央、国务院印发了《粤港澳大湾区发展规划纲要》，对粤港澳三地"9+2"城市群发展进行了协同规划。粤港澳大湾区的建设目标是：国际一流湾区和世界级城市群。2020年6月1日，中共中央、国务院印发《海南自由贸易港建设总体方案》，对海南全岛分阶段建设自由贸易港进行了系统的规划。海南自贸港的建设目标是：全面建成具有较强国际影响力的高水平自由贸易港。由此可以看出，无论是粤港澳大湾

① 基金项目：2021年度广东省普通高校特色创新类项目"优化我国自由贸易试验区布局研究"（项目编号：2021WTSCX124）。

② 陆剑宝，广州南方学院副教授，中山大学自贸区综合研究院研究员；符正平，中山大学自贸区综合研究院院长兼中山大学粤港澳发展研究院副院长，教授，博士研究生导师。

区还是海南自由贸易港的建设都是国家重大区域战略。而海南和粤港澳大湾区地理位置相邻，民风相近，行政相通，具备通过制度联动和经济联动达到区域经济一体化协同发展的良好潜力。

## 二、区域联动的理论基础

### （一）区域经济一体化是区域联动研究的参考

#### 1. 关税同盟理论是区域经济一体化的一个重要逻辑起点

1950 年，美国经济学家 Viner 提出的开拓性研究——关税同盟理论掀起区域经济一体化研究的热潮，并成为当时区域经济一体化研究的核心理论。在他的基础上，相关学者对关税同盟理论中的贸易创造和贸易转移进行了专门的量化处理。区域经济一体化分为国与国层面，如欧盟；省与省层面，如我国的长三角、粤港澳大湾区和京津冀；市与市层面，如湖南的长株潭。欧盟关税的统一为欧盟市场一体化扫平合作障碍，而我国长三角等跨省合作则存在"行政区经济"、地方保护主义阻碍跨省区域经济一体化进程等问题。其中，重要的表现就是地方之间贸易成本的居高不下。法国经济学家早在 1997 年已经测算出中国国内省级之间的商品贸易平均关税达到 46%，这一关税水平超过了欧盟各个成员国之间的关税水平。因此，我国跨省行政区之间要实现真正意义上的区域一体化，需从"税"上进行突破。

#### 2. 贸易便利化是区域经济一体化的一个重要标志

传统对区域经济一体化的研究主要有两个理论基础，一是区域经济学的研究，二是经济地理学和政区地理学的研究。区域经济学近期围绕长三角区域经济一体化问题产生一系列实证分析成果，大多学者的统一意见是区域经济一体化的进行只能寄望于市场经济的完善，因为市场力量迟早会超越行政边界的力量，从而带来区域之间的分工和合作，达到资源的优化配置。经济地理学和政区经济学的学者只要针对中国的行政区划划分导致的"碎片经济"，建议主要集中于"撤县建市""撤销地区行署建立实体市"等通过调整行政区划使得行政区域经济尽量达成一致。以上主要的两个理论思想在实践上均存在一定的难度。一方面，单靠市场化体制机制的成熟并非一日之功，就算是西方发达国家也倾向于实行政府干预性的协调；另一方面，通过调整行政区划也未必能完成与频繁变化和转移的经济区相匹配，而且行政区划调整涉及经济、政治、社会等多方面，调整成本甚至高于调整后带来的经济效益。因此，我国在实践区域经济一体化的第一步，应该是通过市场和政府两只手"双管齐下"，首先在区域间贸易的便利化上进行切入。

### （二）跨行政区政府合作

#### 1. 区域政府合作是区域经济一体化体制障碍的逻辑起点

地方政府的合作能够为合作双方或多方带来潜在的收益，而且当合作协调、监管监督和政治协议的成本较低时，地方政府之间的合作就更容易开展。行政区划导致的地方财政和"地方政府领导晋升锦标赛"是阻碍区域经济一体化的重要体制。我国长三角、珠三角、京津冀的合作长期受行政区划的影响而进展稍显困难，行政交界处的"边界效应"长期存在，"断头路"仍存。区域经济一体化中的地方之间通关便利化、自然人流动以及基础设施联通是首先打破行政区域利益所构建的进入壁垒的关键。

#### 2. "复合行政"是区域经济一体化的新思路

王健等人在2004年针对中国区域经济一体化与行政区划的冲突问题提出了"复合行政"的概念。行政区划的调整不能彻底解决"行政区经济"所带来的问题，因为区域的边界永远存在。因此，阻碍区域经济一体化的根本原因不是行政区划本身，而是地方政府职能转变未能跟上我国市场经济高质量发展的要求。"复合行政"的核心思想是为了促进区域经济一体化，实现跨行政公共服务，跨行政区划、跨行政层级的不同政府之间，吸纳非正常组织参与，经交叠、嵌套而形成的多中心、自主治理的合作机制。非政府组织（Nongovernment Organizations，NGO）参与部分政府事务管理在西方发达国家发展成熟并且成效显著，如旧金山湾区的区域规划协会在旧金山湾区的发展区域一体化中起着重要的决策和执行作用。我国协会等并未能甚至长期亦发挥不了特别重要的影响作用。我国推行的自由贸易试验区中，前海片区、南沙片区和上海浦东等均引入了"法定机构"，旨在尝试不同的政府治理模式。如何有效处理不同区域、不同主体之间的利益博弈，如何在日益复杂的全球竞争背景下建立区域合作动力机制，如何制定有效的区域合作政策促进区域经济一体化等很多问题都依然无解。随着我国自由贸易试验区不断深化改革的推进，跨区域要素流动成本不断降低，区域边界日益淡化和模糊，以及我国经济在持续转型升级，区域联动达到高质量发展的区域一体化理论和实践也在不断呈现。

### （三）飞地经济

#### 1. 跨区域产业合作是区域经济一体化的重要抓手

在区域合作和产业转移的双重动力之下，合作产业园以及"飞地经济"出现。区域合作、地方政府合作最重要的抓手依然是产业合作。王德利和方创琳在 2010 年从宏观数据出发测度了中国跨区域之间产业分工与联动的特征，印证了区域合作中，距离仍然是投资不可磨灭的鸿沟。跨区域产业联动具有明显的"邻域空间"指向性，相近区域的产业联动性较强。因此，我国的产业转移方向也呈现"涟漪效应"，在物理空间上，以邻近区域转移为主。2017 年，国家发展和改革委员会、国土资源部、环境保护部等八部门联合印发了《关于支持"飞地经济"发展的指导意见》，在政策上明确支持"飞地经济"的发展，这尤其对发达地区带动落后地区发展提供了又一条路径。

#### 2. "飞地经济"更适合有经济级差的邻近区域合作

受苏州工业园（1994 年 2 月经国务院批准设立的中国和新加坡两国政府的合作项目）成功的影响，2006 年江苏省的苏州和宿迁两市联合在宿迁设立合作园区，采用的是"联合理事会"模式。2011 年，广东佛山顺德区和清远英德市共同发起省重点产业转移园建设，采用"共建管委会"模式；2010 年，西藏和青海在青海省格尔木市共建的藏青工业园，是我国少有的西部飞地和省际飞地，园区采用"派驻办事处"模式。随着"飞地经济"的发展，创新模式探索亦越来越多，如广东深圳和汕尾 2011 年在汕尾市建立的"深汕特别合作区"就对管理模式进行了创新。通过不断调整和优化两地的共同治理机制，深汕特别合作区从以产业转移为重点的"对口帮扶＋合作共赢"，历经"共建共管＋聚焦产业"，行至"单方管理＋产城并进"的新阶段。在飞地经济合作模式实践越来越成熟的背景下，"飞地治理立法"问题也呼之欲出。

## 三、粤港澳大湾区与海南自贸港区域联动的必要性

### （一）粤港澳大湾区加强与海南自贸港联动将会形成两大国家级重大区域战略的叠加效应

如果粤港澳大湾区和海南自贸港能在区域联动上做出实质性的项目合作或制度合作，在中国南部将国家两个重大区域战略捆绑，于琼粤港澳有利，于国家有利。两个区域可以优劣互补，海南可以获得大量来自粤港澳大湾区的项目投资和人才注入，粤港澳大湾区可以获得邻近的绿地投资。此外，海南承担的国家海洋强国战略也需要有粤港澳大湾区的经济实力和海洋科技人才支持，才能不负重任。

### （二）对标国际投资贸易规则，港澳地区先作借鉴

海南自贸港是国家进一步深化对外开放，对标国际化、市场化、法治化投资贸易规则的"试验田"，要坚持高起点谋划、高标准建设，主动适应国际经贸规则重构新趋势，充分学习借鉴国际自由贸易港的先进经营方式、管理方法和制度安排。而粤港澳大湾区中香港和澳门地区的国际化营商环境长期居于全球前列，两地的通关和监管模式、投资贸易规则、港口物流服务业发展模式、服务业行业规则、社会治理模式等，均值得海南自贸港借鉴学习。粤港澳大湾区中前海片区、南沙片区和横琴片区多年的自贸试验区制度创新经验也可以直接复制推广到海南。

### （三）海南自身经济基础发展自由贸易港力有不逮

海南从广东省管辖到单独成为全岛性的经济特区，一直以来经济基础相对薄弱，产业结构主要以农业和旅游业为支柱产业，缺乏制造业和先进服务业。此外，相较于我国其他沿海的港口城市，海南的港口吞吐量不高。对标国内外先进经验，制度创新改革必须要建立在产业和企业的需求上，缺乏制造业和先进服务业支撑的海南自由贸易港，若要进行制度创新会力

有不逮。综观全国自由贸易试验区，制度创新成效比较显著的都是产业基础坚实的区域，如上海自贸区的金融、生物医药、港口基础，广东的金融、科技、贸易、港口基础等。海南缺乏厚实的第二产业和生产性服务业支撑，制度创新就缺乏抓手。因此，按照目前海南的经济基础和产业基础去进行大规模的开放性制度创新，难度较大。

### （四）粤港澳大湾区需增加"制度腹地"

尽管《粤港澳大湾区发展规划纲要》已于 2019 年出台，但规划对粤港澳大湾区并没有特殊的制度创新安排，其政策创新主要体现在促进粤港澳要素更便捷流动的制度安排上。但海南自贸港建设总体方案所赋予的税收、投资贸易便利化、土地、法治等一系列重大制度创新安排，这是粤港澳大湾区支持政策无法与其相媲美的。如果粤港澳大湾区能利用自身经济优势和产业优势，成为海南自贸港建设的定点援建力量，解决国家所关心的"海南底子薄"的痛点，粤港澳大湾区相关组织机构亦可以获得海南自贸港建设所带来的制度红利。

## 四、粤港澳大湾区与海南自贸港区域联动的可行性

### （一）海南与粤港澳地区具备地理和人文的邻近性

对于投资目的地选择，除了信息化的互联网降低了时空的限制外，距离仍然是项目投资和人员流动不可忽视的重要因素。多年的泛珠三角经贸合作成效显示出，投资强度会随交通距离增加而逐渐降低。因此，从投资的邻近性来看，海南是承接粤港澳大湾区产业服务的重要省份之一。此外，海南在 1988 年之前归属广东省管辖，海南居民对广东民俗文化有天然的认同感。两地方言相通、人文相近，是关系亲近的"兄弟"省份。

### （二）海南所缺、粤港澳大湾区所长，具有合作互补性

拥有大型港口、大量的进出口贸易、大量的资金往来，是中国香港、新加坡、迪拜等国际著名自由贸易港的显著特征。一般而言，海南在经济

薄弱、产业门类不够丰富等基础上建设自由贸易港，有以下两个路径选择：一是通过国家对海南实施特惠制度，改善营商环境，吸引大量的外来投资；二是海南有大量的创业和项目投资集聚，提升制度变革效率。在全球性投资疲软的同时，东南亚各国在不断加大区域性投资吸引的竞争力度的形势下，海南能吸引到的国际性投资有限。海南作为岛屿的生态属性，由于很多产业投资的限制，海南也不可能建构起一、二、三产业全面开花的企业门类。"罗马不是一天建成"，因此，海南仅靠自身力量推行以上两个发展路径，这个过程中将遇到各种困难。

相对于海南，粤港澳大湾区的经济实力和产业门类则是全国最为雄厚的。首先，从资金来看，粤港澳大湾区集聚了大量的国际性金融机构及基金，它们对投资海南有邻近性的偏好。其次，从产业基础看，珠三角地区大量的制造企业有转移和增设分厂的意愿，如海南有相应的优惠政策支持，相信有部分珠三角制造企业会选择到海南投资。粤港澳大湾区在教育、旅游、批发零售等生活性服务业上具有明显的优势，金融、物流、广告、商贸等生产性服务业是香港、澳门、深圳和广州的优势产业，均是海南自由贸易港建设比较匹配的引资对象。最后，从海洋强国战略来看，单靠海南的资金和人才实力不足以支撑。而粤港澳大湾区中，香港拥有大量的港口、物流、海商、仲裁等国际专业人才，而广州则拥有国家海洋局南海分局、中山大学海洋学院等科研实力雄厚的机构，拥有大量的海洋人才储备。如果通过项目合作的方式，海南的专业人才引进难题就可迎刃而解。

## 五、加强粤港澳大湾区与海南自贸港区域联动的路径

### （一）设施联通

#### 1. 打通广东与海南自由港的陆路交通衔接瓶颈

制约粤港澳大湾区与海南自由港紧密合作的其中一个瓶颈就是交通问题。目前，进出海南只有两种方式：航空和海运，其中，海运需经过广东湛江。以往持续性大雾天气叠加节假日黄金周返程高峰期，海口每天滞留上万辆汽车、数万名旅客无法及时出岛。因此，要进一步拓展广东进入海

南的陆路通道,包括:湛江—海南的海底隧道和跨海大桥要借助海南自由港建设的契机,两地联合向国家申请立项,建设资金方面可以探索在国家、海南、广东三方出资的基础上,引入香港和澳门的基金,成为海南自贸港与大湾区工程建设合作的示范案例。在现有粤西沿海高速、汕湛高速等公路铁路的基础上,粤港澳大湾区—徐闻的高速公路和铁路要进一步延长,直达海南。

### 2. 建设"泛大湾区世界级港口带"

广东作为进入海南自贸港的唯一陆路通道外,粤港澳大湾区可以充分发挥港口群的优势,推进与海南、广西海上互联互通的建设,形成"泛大湾区世界级港口带(大湾区—茂名—湛江—海南—北部湾)"。海南所有中小型港口要积极主动融入大湾区世界级港口群建设,可以考虑把海南部分港口交付大湾区实力雄厚的港口集团,如广州港集团等以合资形式或 PPP 形式统一开发管理,结合海南自贸港的通关便利化制度安排,与香港港口物流业高度对标,提升海南港口的国际竞争力和贸易便利化程度。增强大湾区与海南港口物流的联动,以海南洋浦港为平台,探索粤港澳大湾区与海南所有港口共用国际贸易"单一窗口",探索开展大湾区港口与洋浦港之间的内外贸同船、沿海捎带业务。推进海南所有港口与香港、广州、深圳、澳门的大港合作,加密并优化海南岛与大湾区之间的班轮航线,支持运营好洋浦港与港澳地区的"天天班"航线。

### 3. 加强航空的互联互通

加密海口美兰机场、三亚凤凰机场与广州白云机场、深圳宝安机场、香港机场、澳门机场的航线互联互通。粤港澳大湾区可以逐步与海南商讨合作建设儋州机场、东方/五指山机场、琼海机场等小型机场或市支线机场。可以采用香港机场和珠海机场的代理经营模式进行海南新建机场的运营管理。

### (二)产业支援

#### 1. 粤港澳大湾区支持海南自贸港打造一批特色产业集群

首先,应充分利用海南自由贸易港的便利措施,促进粤港澳大湾区产业和投资部分向海南转移。海南每个市应划出专门的交通便捷区域作为粤港澳大湾区产业合作的承接带。其次，粤港澳大湾区日用化工、五金不锈钢、纺织服装、皮革玩具、家电家具等消费品加工业和电子信息、无人机、生物医药等新兴产业的部分环节和分厂可以设置这些承接产业园。再次，以博鳌医疗健康城为平台，创新海南自贸港的健康医疗监管体制，打造海南自由港高端医疗产业集群。充分发挥香港、澳门和广州的医科药科类高校和科研院所的综合实力，在粤港澳大湾区与海南自贸港的医疗项目合作、药品联合开发和医科人才流动上给予更便捷灵活的制度安排。建议在海南建设香港大学或中山大学的附属医疗科研和临床机构，以支援海南健康医疗产业人才的储备。最后，利用海南发展现代服务业的基础和政策优势，打造大湾区—海南商贸物流集聚区。在海南试点建设通达粤港澳大湾区的商贸物流、服务外包、跨境电商、东南亚金融服务、综合性服务等商贸集聚区，加快推进洋浦港物流园建设。

### 2. 建设大湾区城市的海南"飞地经济"

重点支持粤港澳大湾区城市，特别是香港、澳门在海南建设发展"飞地经济"。依托海南数个港口的腹地，建设若干个小型的、有特色的"飞地合作园区"，如琼海–香港基金小镇、万宁–香港影视文化小镇、三亚–澳门旅游小镇、陵水–香港国际教育小镇等。按照"合建园区分别管理""共建园区共同管理""租借园区自我管理"等多种模式，充分发挥香港、澳门商业土地不足但资金和经验充足的特点，资源互补，共同发展。合作方式可以学习"深汕合作开发试验区"的税收和利益分配机制。深圳、广州、佛山、东莞等一些用地紧张但制造业基础厚实的湾区内地城市可以作为"领头羊"的角色，首先在海南选址成立"飞地经济"，引领港澳资本和人才的进入。

### 3. 旅游合作是产业合作的突破口

粤港澳大湾区的旅游业在全国甚至全球都具备竞争力，而海南亦是国家一直支持发展的国际旅游岛。但海南除了自然资源外，开发资金、旅游产品、旅游主体都明显不足。要充分发挥大湾区中香港、澳门、深圳、广州等重要旅游目的地的资金和经验优势。发挥香港在会展旅游、主题公园旅游、购物旅游三个重要领域的基础，支持海南完善旅游产业配套。发挥港澳地区"赛马赛狗"等体育赛事经验，支持海南逐渐探索"赛事经济"。

发挥粤港澳大湾区香港、南沙和前海的邮轮母港建设优势，与三亚邮轮母港进行联动发展，打造大湾区—海南的"一站式"游艇旅游绿色通道。大湾区中深圳的华侨城集团、长隆集团、岭南集团等一批成熟的珠三角文旅集团，可以进入海南设置综合型文旅消费项目，做大、做实海南的"旅游全产业链"。

### 4. 共建海洋经济

利用粤港澳大湾区海洋开发经验和人才资源，协助海南开放建设"蓝色经济区域"。在海洋渔业、油气开发、海洋装备制造、航运物流、海事仲裁等海洋一、二、三产业合作发展。香港、广东的海洋科研机构和高校可以在海南单独设立办学和科研机构，助力海南的海洋经济建设。大湾区的南海研究所和中山大学海洋学院可以在海南设置实验室基地或研究分院，共建海南—广东海洋研究平台。

### 5. 联合开拓东南亚市场

海南有两个腹地，一个是粤港澳大湾区，另一个是东南亚。但目前海南对东南亚市场的开发投资不足，粤港澳大湾区与东南亚市场一直密切来往，基础夯实。粤港澳大湾区与海南自贸港通过制度联动，一起"造船出海"，共同做大21世纪海上丝绸之路这块市场蛋糕。可以与东南亚的现代农业项目投资合作，可以通过协会联动的模式，拓宽和加深和大湾区企业现在的合作领域。

## （三）政策互用

### 1. 建立协同粤港澳琼四地合作的专责小组和专门机构

在粤港澳大湾区对应行政协调小组的基础上，增加海南自贸港的专责小组，负责对接双方合作事宜。专责小组主要负责四地的基础设施互联互通、创新平台共建、贸易投资合作、人才跨区域流动和合作等。

### 2. 粤港澳大湾区携手海南自贸港争取国家政策支持

联合海南争取国家在大型交通项目安排和资金投入上给予"广域大湾区"更大的支持。在交通基础互联互通中，积极联合争取中央专项建设资金，支持海南—广东、海南—港澳的航道建设。在产业园区和"飞地经济"合作中，需要从省级层面进行协调，广东省发展和改革委员会、香港特别行政区贸易发展局、澳门特别行政区经济局联合制定配套的园区合作方案细则。

### 3. 商讨制定"海南自贸港－粤港澳大湾区"投资正面清单

在投资自由便利和贸易自由便利中，争取海南自贸港形成的一系列制度创新集成经验、促进高端要素便利流动的制度安排，首先在湾区内地城市特别是前海片区、南沙片区和横琴片区中复制推广，从而做到琼粤的政策相通。

（四）人才流通

### 1. 海南自贸港的公务人员引进对象以长期为主、借调为辅，大幅增加来自粤港澳大湾区的干部

首先，只有收编长期在琼工作的公务人员才更有利于提升海南公共管理人才梯队的稳定性和当地的熟悉性。其次，集中力量选调粤港澳大湾区核心城市的主管科贸工信等副职到海南工作，带动粤港澳大湾区部分相应的企业家和投资项目转移到海南，带动海南的特色产业园做实做强。港澳地区的公职人员，可以以顾问形式参与海南自贸港建设的建言献策理事会。港澳地区的公职人员可以借调到海南工作，甚至港澳青年可以报考海南公务员。

### 2. 对粤港澳大湾区支援或投资海南建设的企业和事业单位人才实施"自由港蓝卡"计划

"自由港蓝卡"计划人才，在认定资格的基础上，在通关、税收、购物、教育、医疗、住房上，首先享受国家给予自由港的所有优惠政策。海南自贸港人才卡设计以简单和一卡通功能为主，一张卡代表所有身份，无须使用其他辅助证明和证件。

### 3. 粤港澳大湾区高校科研机构应积极在琼设立分校和科研机构

利用好海南自贸港允许境外理工农医类高水平大学、职业院校在海南自由贸易港独立办学，设立国际学校；推动国内重点高校引进境外知名院校在海南自由贸易港举办具有独立法人资格的中外合作办学机构。香港的理工类高校，澳门的旅游类高校，广州的理工类、海洋类、医科类、海洋类高校及科研机构要积极在海南自贸港设立分校或研究分院。特别面向教

育用地不足的港澳地区名校，实行大湾区—自由港一校两园的管理模式。粤港澳大湾区名校领导亦可以选调部分支援海南的高校科研团队建设。

**参考文献：**

[1] 陈剩勇，马斌. 区域间政府合作：区域经济一体化的路径选择 [J]. 政治学研究，2004（1）.

[2] 高轩，张洪荣. 区域协作背景下飞地治理立法研究：以深汕特别合作区为例 [J]. 江汉论坛，2020（3）.

[3] 李彩霞. 区域经济一体化建设中地方政府合作研究综述 [J]. 农村经济与科技，2020（5）.

[4] 刘秉镰，朱俊丰，周玉龙，等. 中国区域经济理论演进与未来展望 [J]. 管理世界，2020（2）.

[5] 陆剑宝，符正平. 海南自由贸易港与粤港澳大湾区联动发展的路径研究 [J]. 区域经济评论，2020（6）.

[6] 王健，鲍静，刘小康，等. "复合行政"的提出：解决当代中国区域经济一体化与行政区划冲突的新思路 [J]. 中国行政管理，2004（3）.

[7] 谢海生. "飞地"区域法制发展的挑战及前景：以广东深汕特别合作区为例 [J]. 学术前沿，2020（3）.

# 粤港澳大湾区西翼发展研究

林　江　徐世长[①]

## 一、引言

广东内部的区域之间发展不平衡、不协调的问题由来已久。区域之间的竞争力优势差异导致了区域要素配给能力的差异，环珠江口城市群与粤西北城市之间的产业效率、人才效率、资本效率、财政效率均存在较大差异。针对上述存在的主要问题，本文从规划先行、营商环境、区域分工、人才支撑、公共产品等维度给出了大湾区西翼发展的对策建议。

## 二、研究背景

2019 年 2 月，《粤港澳大湾区发展规划纲要》颁布，标志着以广东 9 市联合港澳地区，正式进入"大湾区时代"。从战略任务来看，大湾区承载国家深度开放的历史使命；从区域发展来看，大湾区东西两翼存在明显的发展差距；从资源要素配置的能力来看，珠三角城市群与粤西城市群之间呈现二元结构。以珠江口为参照，大湾区西翼的范围可以大致等同于"珠中江佛"城市群（粤西城市群）。该城市群与以广州、深圳、东莞为代表的粤东城市群之间展现出不同的发展特点。

如何强化区域之间协调发展，如何更加科学地引导各类要素在区域之

---

① 林江，中山大学岭南学院教授，博士研究生导师；徐世长，经济学博士，中山大学马克思主义学院助理教授，中山大学粤港澳发展研究院、中山大学自贸区综合研究院特聘副研究员，研究方向：自贸区与大湾区金融战略。

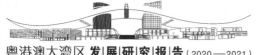

间合理流动,如何激发相对落后地区在产业水平分工、公共服务产品供给以及营商环境优化等层面的"后发优势",不仅是经济发展的难点问题,更成为广东在粤港澳大湾区建设时代,抢抓区域合作战略机遇的题中之义。

## 三、区域协调发展的理论问题探讨

### (一) 持续扩大开放仍然是国际经贸领域的大趋势

当今世界经济虽然遭受了新冠疫情以及国别之间贸易摩擦的影响,但是开放合作作为经济发展的重要动力机制,不会因为局部的经贸摩擦而减弱。大湾区战略从内部解读可以发现,内地城市群进一步对港澳的开放成为抢抓历史机遇的重要窗口期,尤其是在发挥内地城市腹地、产业链优势与港澳专业服务优势及共建高质量产业链生态方面意义重大。港澳经贸规则更加接近国际市场,大湾区西翼城市群对于港澳资源的链接需求较大,新一轮的经济发展与产业模式创新都需要借助港澳以及东部城市群的辐射力。

### (二) 粤港澳大湾区"内部大循环"面临重构

从当前大湾区"9 + 2"城市群的合作情况来看,传统"前店后厂"型分工遭遇挑战,合作模式受到土地、劳动力等"刚性成本"快速上涨的影响,其边际产出效率与产业稳定性都在不断下降。粤港澳大湾区内部必将迎来一次"内部大循环"模式的重构,尤其是环珠江口地区的要素生产率普遍提升,生产要素的重组需求增加,生产过程的联动机制将由"东部对东部",变成"东部对中西北部",也就是说,大湾区内部循环结构的变化,将给广东西北部地市的产业合作和转型升级提供重大的历史机遇。

### (三)"特别合作区"机制成为新形势下的新动力

改革开放以来,从"经济飞地""跨境合作区"到"特别合作区"制度,跨区域的联动发展不断升温,解决体制机制的合作难题成为区域协调发展的关键。当前,以"深汕、深赣、深河"等特别合作区为代表的跨区域合作制度安排,对于垂直型产业链的形成和巩固至关重要,着眼于"成本转移、制造迁移、政策延伸与创新延伸"的特别合作机制，其本质是对产业梯度的维护和对价值最大化的布局。特别是在跨区土地指标与用途的协调方面，能够基于产业优势充分发挥、要素配置最为合理的原则，实现东西互补、产业联动的合作共赢生态（致力于发挥本地竞争优势和以资源整合为出发点，构建具有与大湾区发达城市平行竞争的产业生态是当务之急）。

### （四）大湾区西翼城市群要更加凸显"外向型战略"

新形势下的大湾区西翼城市群在外向型发展目标方面是构建"区域内的大循环"格局，也就是说对外平台建设以及经济发展的主攻方向是能够深度"嵌入大湾区内部的大循环链条"。要能够与周边地市（尤其是东部城市群）形成顺畅连接的产业对接机制，围绕交通基础设施对接与规划，区域性商品交易市场建设，现货集散中心建设以及企业内部产业链的跨市部署提供"低成本、广辐射、便捷性、及时性"的区域内部大循环机制，并逐渐打造西翼城市发挥比较优势，成为区域性的商品交易中心和信息调度与集散中心，搭建现代服务要素聚集平台，提升软环境质量。

## 四、非平衡发展：粤港澳大湾区"东、西岸城市群"比较分析

本部分重点从粤东城市群与粤西城市群之间的发展差异来分析粤港澳大湾区当前区域协调发展存在的主要问题。

### （一）现状对比分析

#### 1. 粤港澳大湾区珠江东、西岸城市群产业结构差异

粤港澳大湾区由珠江口东、西岸城市群构成，由广州、深圳、珠海、惠州、佛山、东莞、江门、肇庆、中山9个城市和香港、澳门两个特别行政区组成。

由表1可知：粤港澳大湾区的产业结构主要以制造业和服务业为主，且服务业发展水平差异较大。根据《广东统计年鉴2020》的数据表明，除了清远、韶关和肇庆的第一产业占GDP的比重分别达到15.5%、13.2%、

17.1%，其余各城市的第一产业占比均不超过 10%；随着开放程度的进一步提升，香港与广州、深圳在交通、商贸等领域的合作更加便利化，使得广州与深圳的第三产业占比提升较快，达到 71.62%、60.9%，西岸城市群区域的现代服务业发展相对滞后。

表 1　分区域产业占比

| 区域 | 2019 年 | GDP（亿元） | 人均GDP（元） | 一产增加值（亿元） | 二产增加值（亿元） | 三产增加值（亿元） | 一产占 GDP（%） | 二产占 GDP（%） | 三产占 GDP（%） |
|---|---|---|---|---|---|---|---|---|---|
| 东岸 | 广州 | 23629 | 156427 | 251 | 6454 | 16923 | 1.06 | 27.32 | 71.62 |
| | 深圳 | 26927 | 203489 | 25 | 10496 | 16406 | 0.1 | 39 | 60.9 |
| | 东莞 | 9482.5 | 112507 | 28.48 | 5361.5 | 4092.2 | 0.3 | 56.5 | 43.2 |
| | 惠州 | 4177.41 | 86043 | 205.5 | 2169.2 | 1802.9 | 4.9 | 51.9 | 43.2 |
| 西岸 | 珠海 | 3435.89 | 175500 | 57.36 | 1528.3 | 1849.9 | 1.7 | 44.5 | 53.8 |
| | 中山 | 3101.1 | 92709 | 62.6 | 1521.2 | 1516.8 | 2.1 | 49.1 | 48.9 |
| | 江门 | 3146.64 | 68194 | 254.3 | 1352.4 | 1539.7 | 8.1 | 43 | 48.9 |
| | 佛山 | 10751.2 | — | 156.2 | 6044.2 | 4549.8 | 1.5 | 56.2 | 42.3 |
| | 肇庆 | 2248.8 | 53936 | 386 | 925.5 | 937.3 | 17.1 | 41.2 | 41.7 |

### 2. 粤港澳大湾区东、西岸"新基建"布局差异

新基建的"新"主要体现在科技创新、智能制造领域，其本质是信息数字化的基础设施建设与升级，主要包含 5G、特高压、城际高速铁路和城际轨道交通、新能源汽车充电桩、大数据中心、人工智能、工业互联网七大领域。本部分将关注珠三角区域 9 个市的新基建投资与建设情况，探寻全新的产业升级和产业发展合作方式。据不完全统计，已有 25 个省区市在 2020 年政府工作报告中明确提及新型基建。以广东为例，2020 年将在全省新建 6 万座 5G 基站，新基建投入预计超 500 亿元。广州更率先推出针对新基建的产业政策"新基建 10 条"，投资力度之大、政策出台之快，足见地方对新基建的重视程度。

由表 2 可知：粤港澳大湾区东岸 4 市布局建设就达到了全省数量的 44.7%，广州市则建设了 20.29% 的 5G 基站，深圳与东莞的基站数量也都

超过9%，而粤港澳大湾区西岸城市群的基站数量与东岸城市的差距较大，基站数量占比仅为19.6%。差距主要由于东岸城市的经济基础良好，且通信产业基础优良，聚集了大量通信相关企业，同时也涵盖了基站、核心网络设备以及通信终端等多个产业链上下游环节，具备较好的产业氛围，西岸城市的部署与建设有较大的发展空间。

表2 粤港澳大湾区东、西岸城市群现有及未来
布局规划5G基站数据

| 区域 | 城市 | 现有5G基站分布数量（个） | 现有5G基站分布数量占全省比例 | 2021—2022年布局规划5G基站建设数量（个） | 2023—2025年布局规划5G基站建设数量（个） |
|---|---|---|---|---|---|
| 东岸 | 广州 | 29193 | 20.29% | 67100 | 73800 |
| | 深圳 | 14928 | 10.37% | 63000 | 62000 |
| | 东莞 | 13295 | 9.24% | 31600 | 38500 |
| | 惠州 | 6921 | 4.81% | 21200 | 26100 |
| 西岸 | 珠海 | 3933 | 2.73% | 9300 | 13600 |
| | 中山 | 5381 | 3.74% | 13500 | 19200 |
| | 江门 | 5586 | 3.88% | 12300 | 18800 |
| | 佛山 | 8813 | 6.12% | 32800 | 38600 |
| | 肇庆 | 4484 | 3.12% | 8100 | 12100 |
| 总值 | 东岸 | 70036 | 44.70% | 192200 | 213700 |
| | 西岸 | 28197 | 19.60% | 76000 | 102300 |
| | 全省合计 | 143893 | 100.00% | 351500 | 450100 |

数据来源：《广东省5G基站和数据中心总体布局规划（2021—2025年）。

### 3. 粤港澳大湾区东、西岸"人才资源"布局差异

（1）人才数量。高校和科研机构是新知识产生的载体，也是创新人才集聚的地方，能够有效促进新技术和新企业的诞生。粤港澳大湾区共有43个国家重点实验室，珠三角有201家省重点实验室、64家企业重点实验室，可以带动湾区整体创新水平的提升。根据2019年《中国城市统计年鉴》的

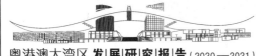
数据显示，广东省一共有169所普通高等学校，每年有近60万高校毕业生。湾区东翼的高校数量占广东省的72.78%，西翼仅占15.38%，数量差距悬殊，东岸城市特别是广州市，是广东省教育资源最集中的城市，集聚了广东大部分高水平大学，具有较强影响力和辐射力。

由表3统计显示：粤港澳大湾区东、西岸教育资源分布极不均衡。2018年，深圳、东莞、广州呈现人口流入，分别吸引了847.66万人、607.22万人、562.44万人，深圳是一个典型的"移民"城市，外来人口占常住人口的65.07%，从而形成了敢于开放、勇于创新、公平竞争的文化，为城市的创新发展提供了较有力的支撑，而据《2019年中国城市统计年鉴》显示：清远、韶关、肇庆等城市对于人才的吸引力不足，人才流出现象值得警惕。

表3 2018年粤港澳大湾区东、西岸城市高校数量及学生数

| 区域 | 城市 | 中等职业教育学校数（所） | 普通高等学校数（所） | 普通高等学校占全省比例 | 普通高等学校在校学生（人） |
|---|---|---|---|---|---|
| 东岸 | 广州 | 82 | 82 | 48.52% | 1086407 |
| | 深圳 | 15 | 13 | 7.69% | — |
| | 东莞 | 28 | 9 | 5.33% | 121408 |
| | 惠州 | 36 | 5 | 2.96% | 44018 |
| 西岸 | 珠海 | 9 | 10 | 5.92% | 138957 |
| | 中山 | 11 | 5 | 2.96% | 56996 |
| | 江门 | 20 | 4 | 2.37% | 42120 |
| | 佛山 | 45 | 13 | 7.69% | 123575 |
| | 肇庆 | 20 | 5 | 2.96% | 97195 |
| 总值 | 东岸 | 161 | 109 | 64.14% | 1251833 |
| | 西岸 | 105 | 37 | 21.90% | 458843 |
| | 全省合计 | 485 | 169 | 100.00% | 5783218 |

数据来源：《2019年中国城市统计年鉴》。

（2）人才结构。粤港澳大湾区东、西岸城市群人才发展的不平衡问题尤为突出，高端人才首选东岸城市，西岸城市群面临人才虹吸与流失的困

境。根据恒大研究院出具的《2019 年中国城市吸引力报告》，其中中国最具吸引力城市 100 强，湾区内有 9 个城市上榜，深圳以 85.3 分位居全国第二，仅次于上海，湾区东岸城市的吸引力指数大大超过了西岸城市，应届生更多地选择广州与深圳作为就业去向城市。

但整体上看，粤港澳大湾区对于外籍高端人才的吸引力有待提升，据《国际人才吸引力指数报告 2019》数据显示：截至 2019 年，深圳累计认定的高层次人才中外籍人才仅有 328 人，占总量的 2.4%；常住外籍人口占总人口比重低，持工作类证件的外国专家 1.67 万人，仅占全市常住人口的 0.2%，远低于硅谷（67%）、纽约（36%）、新加坡（33%）和中国香港（8%）等世界先进城市，尚未成为国际化"高精尖缺"人才聚集地（载《开放导报》，2022 年 4 月）。

**4. 粤港澳大湾区东、西岸"财政金融资源"布局差异**

（1）金融机构。金融机构的数量代表着一定的金融基础设施能级，金融机构数量越多，可以提供更加完善的金融服务。我们从表 4 中可以看出，较发达地区的金融机构数量更多，广州、深圳、佛山、东莞四市的金融机构数量超过 1000 家。

表 4　2019 年粤港澳大湾区东、西岸城市金融机构分布

| 区域 | 市别 | 中资机构数（个） | 占比 | 常住人口（万人） | 机构数（个/万人） |
|------|------|------|------|------|------|
| 东岸 | 广州 | 2717 | 16.44% | 1530.59 | 1.775132 |
| | 深圳 | 1804 | 10.91% | 1343.88 | 1.342382 |
| | 东莞 | 1370 | 8.29% | 846.45 | 1.618524 |
| | 惠州 | 736 | 4.45% | 488 | 1.508197 |
| 西岸 | 珠海 | 485 | 2.93% | 202.37 | 2.3966 |
| | 中山 | 624 | 3.78% | 338 | 1.846154 |
| | 江门 | 883 | 5.34% | 463.03 | 1.907004 |
| | 佛山 | 1786 | 10.81% | 815.86 | 2.189101 |
| | 肇庆 | 529 | | 418.71 | 1.2634 |

数据来源：《广东统计年鉴 2020》。

进一步分析可知：如果挖掘每万人金融机构数值的内涵发现，粤港澳大湾区西岸城市群比值相对东岸平均较高，说明金融机构的东、西区域分布不平衡，金融服务能力配置不平衡。

（2）金融机构存贷款。经济增长在很大程度上是依靠投资拉动，投资在我国经济增长中发挥重要作用，而金融机构贷款余额很大程度上反映一个城市的资金需求程度和金融运行情况。

如表5所示，粤港澳大湾区内地9市中贷存率较高的是惠州，结构性金融需求较大，体现出产业发展潜力，金融资源供给与需求的矛盾相对突出。深圳、东莞拥有相对丰富的民间金融资源，金融服务实体产业发展的渠道相对多元化。另外，《广东统计年鉴2021》数据显示，贷款余额超过1万亿元的是深圳、广州、佛山、东莞，反映出这些城市投资需求仍然很大，相应未来经济增长的动力也更足。江门、肇庆2020年的各项贷款余额相对较低，与其他城市相比差距巨大，反映出产业结构的短板比较明显。从贷款均值的时序特征变化来看，东岸城市群对西岸城市群保持平均4～5倍的贷款额度。

表5　2020年粤港澳大湾区东、西岸城市金融机构存贷款情况

| 地区 | | 各项贷款（亿元）2020年 | 金融机构本外币存贷（亿元）2020年 | 2020年（贷/存比） |
|---|---|---|---|---|
| 东岸 | 广州 | 54387.64 | 67798.81 | 0.80 |
| | 深圳 | 68020.54 | 101897.31 | 0.67 |
| | 东莞 | 12777.12 | 18232.83 | 0.70 |
| | 惠州 | 7183.93 | 7235.61 | 0.99 |
| 西岸 | 珠海 | 7626.26 | 9604.51 | 0.79 |
| | 中山 | 5711.18 | 6921.69 | 0.83 |
| | 江门 | 4390.98 | 5475.45 | 0.80 |
| | 佛山 | 14507.62 | 19161.40 | 0.76 |
| | 肇庆 | 2485.60 | 2893.08 | 0.86 |

数据来源：《广东统计年鉴2021》。

（3）预算收支。政府可以通过对市场的干预和调节机制，提高资金运

用效率，通过政策手段引导经济资源实现跨区域配置。政府的这种能力需要一定财政收入的支撑，所以将地区公共预算收入与支出也作为金融支持的衡量指标之一。

由表6可知，粤港澳大湾区城市群"财力差异"较大。通过计算支出/收入比可知，广州从2018年（1.53）到2020年（1.71）该比值持续处于上升态势，广州公共预算收入规模较大，但是财政支出压力更大。深圳财政情况持续改善，支出/收入比降为2020年的（1.08）。肇庆财政持续承压，该比值2020年高达（3.46），高质量财政转型工作相对紧迫。

表6　粤港澳大湾区东、西岸城市财政对比情况

| 地区 | | 一般公共预算收入（百万元） | | | 一般公共预算支出（百万元） | | |
|---|---|---|---|---|---|---|---|
| | | 2018 年 | 2019 年 | 2020 年 | 2018 年 | 2019 年 | 2020 年 |
| 东岸 | 广州 | 163422.42 | 169903.83 | 172278.90 | 250618.18 | 286532.63 | 295264.70 |
| | 深圳 | 353844.14 | 377338.31 | 385746.20 | 428255.98 | 455273.36 | 417842.40 |
| | 东莞 | 64991.10 | 67326.63 | 69475.09 | 76540.53 | 86301.34 | 84032.53 |
| | 惠州 | 39300.58 | 40085.93 | 41224.63 | 54421.51 | 61485.74 | 63737.52 |
| 西岸 | 珠海 | 33147.02 | 34448.65 | 37913.27 | 57252.11 | 61573.66 | 67761.59 |
| | 中山 | 31522.69 | 28341.87 | 28757.29 | 43792.05 | 41173.69 | 37563.49 |
| | 江门 | 24404.79 | 25682.98 | 26400.41 | 37787.63 | 42123.84 | 44237.56 |
| | 佛山 | 70314.18 | 73161.56 | 75356.09 | 57252.11 | 61573.66 | 67761.59 |
| | 肇庆 | 10604.21 | 11420.81 | 12450.66 | 31571.67 | 35164.52 | 43058.42 |

### 5. 粤港澳大湾区东、西岸"外向度"情况差异

（1）进出口外向度。粤港澳大湾区作为全球第四粤港澳大湾区，在人口和占地面积上超过其他三大湾区，经济总量上仅次于东京湾区，机场吞吐量和港口吞吐量远超其他三大湾区，基础设施对比也很完备，但是与其他湾区相比，创新性、开放性、要素整合性都仍然存在一些差距。

2019年度出口总额占GDP比值较高的城市有东莞、深圳、中山、珠海、珠海等，显示出这些城市对外贸易依存度很大。此外，据《广东统计年鉴2020》数据计算可知：惠州、清远、韶关等城市，外资企业出口额度

占全市总出口额度的比值超过 60%，显示出这些城市的出口主要是外资企业占主导，是外资企业的加工生产基地。深圳、佛山、东莞等城市，出口额度虽然高，但是外资出口额占总出口额的比例未超过一半，这些城市内资企业加工出口比例较大，显示出较大的内循环竞争力。

（2）外商投资外向度。从广东全省数据可以看出，2018 年外商直接投资的规模显著高于 2017 年水平，增加近 7 倍。借助粤港澳大湾区规划建设，外商看好粤港澳大湾区发展潜力，积极增加对粤港澳大湾区的投资。但是通过对比也可以看到，东、西岸城市群对于外商直接投资的吸引能力差别较大。见表 7。

表 7　粤港澳大湾区东、西岸城市利用外资情况

| 区域 | 市　别 | 合同利用外商直接投资（万美元） | | 实际利用外商直接投资（万美元） | |
|---|---|---|---|---|---|
| | | 2019 年 | 2020 年 | 2019 年 | 2020 年 |
| 东岸 | 广州市 | 25941076 | 15453892 | 4593649 | 4937180 |
| | 深圳市 | 14017511 | 16230544 | 5323646 | 5954181 |
| | 东莞市 | 1364055 | 3606826 | 880307 | 796305 |
| | 惠州市 | 1657571 | 1639515 | 642549 | 556721 |
| 西岸 | 珠海市 | 6375157 | 8036238 | 1639012 | 1780516 |
| | 中山市 | 565510 | 839127 | 369793 | 405449 |
| | 江门市 | 929729 | 830196 | 545425 | 566200 |
| | 佛山市 | 1148963 | 2127873 | 511300 | 459187 |
| | 肇庆市 | 624774 | 150838 | 94089 | 58464 |

数据来源：《广东统计年鉴 2021》。

另据《广东统计年鉴 2021》数据显示：传统对外开放程度较大的城市，如深圳、广州、珠海对外资的吸引力仍然很大，均超过 10%，且这三地的外商投资增幅都很大，其中珠海外商直接投资的金额在当地 GDP 占比中高达 36.08%，反映该城市仍然是外商投资重要承载地。上述经验表明外向型城市市场化国际化法治化投资环境优化工程的持续推进至关重要。

## 五、推动大湾区西翼发展的路径设计

推动大湾区西翼城市群高质量发展，实现西翼与东中翼城市群协调发展，需要在新形势下不断给出新的模式和制度内涵，要能够打破现有区域规划分割与权力分割的制度障碍，统筹谋划，协调推进，一体化布局。

### （一）立足规划先行

在顶层设计层面要成立促进广东省区域协同发展的统筹规划委员会，制定规划目标和任务清单，并严格监督检查与政策落实责任。突破城市之间各自为政的规划思路，避免城市产业与要素配置过度同质化与低水平竞争，力争实现跨区域的"产业规划与城市空间规划合一"。重点聚焦跨区域公共交通"断头路"，实现大湾区内部交通硬联通，打通城际铁路站点"最后一公里"并完善配套服务，积极探索跨区域产业转移税收分成与分工合作，争取跨区域制度创新复制推广。

### （二）强化区域水平分工

推动广东区域协调发展可通过经济、金融、产业优势互补形成资源要素共生效应，既要通过整合垂直分工实现产业链延伸，形成更高效的产业集聚和公共服务辐射，又要发挥当地要素比较优势，实现水平分工。要将大湾区西翼城市群的产业动能与资源纳入东部城市群的产业链环节，实现比较优势和结构化分工。要能够形成粤东与粤西北地区产业水平分工局面，进一步凸显相对落后地区的产业比较优势，依托珠江口城市群产业链引导作用，实现产业协同与产业共生。

### （三）突出港产城联动

要在广东全省的视角下加强沿海港口与粤西北内河港、无水港之间的联动发展机制设计，将东部海港资源配置优势与内陆产业资源紧密联系（凸显经济腹地优势），带动相对落后地区经济高质量发展，从而由港口合作到产业合作，再到城市整体协同发展（聚焦东部港口型城市在信息枢纽、交

通枢纽、人才枢纽等优势条件，切实联动内陆地区的资源要素，形成横向产业带布局）。推动建立广东省沿海港口群与省内内地腹地城市之间联运通道枢纽布局、有序推进物流通道建设（重点发挥离境港与内河港之间的机制协同与系统化运营），形成经济带多式联运集聚区。

（四）聚焦营商环境趋同建设

广东省域内相对落后地区与珠三角城市群之间存在明显的营商环境制度差异（尤其是当前广东三大自贸试验区建设对于营商环境的改革举措进行了系列重大制度创新）。进一步提升大湾区西翼城市群营商环境水平，对标省内一流营商环境，围绕市场化、国际化、法治化、数字化四大维度开展深化改革与制度创新，不断降低行政沟通、行政执法、政策重复申报等成本，提升市场主体对政府政策的主观获得感（重点是要对政府政策的实施过程开展透明度监管，对负面清单实施细则进行法定约束）。

（五）提升财政跨区域转移支付效率

广东省内各级政府应将转移支付法治化，协调完善纵横转移支付制度，使其各司其职，使各地级政府有法可依、有章可循。建立财政转移支付大数据信息系统，运用科学的标准衡量各地政府的财政支付与公共服务水平是否合理，同时财政信息透明化，让财政转移支出在人民的监控下运行。重点围绕生态补偿和民族文化等因素，发挥财政转移支付缩小区域间经济差距的功能作用。对转移资金的使用情况进行及时监督检查问效，对使用资金不合理、不充分的地区，要求其政府及时纠正整改，并将检查结果作为当地政府绩效和财务管理效果的一部分。

（六）聚焦公共产品供给平衡

充分发挥公共服务建设的辐射能力，克服落后地区的"木桶效应"。建立跨区域公共产品预算来协调财政资源共享，成立广东省内公共产品合作规划机构，确保公共服务均等化，避免对效率和财源动力机制造成损害。搭建区域公共服务协调政策合作平台，进一步增强政府对公共服务建设的合作和协调，统一对广东省的公共服务建设进行筹划部署与协调执行。鼓励对公共服务的提供主体和供给方式进行多元化发展，以此减轻政府提供公共服务的压力，通过招标、采购、合约出租等方式，下放部分公共服务职能，鼓励市场参与公共服务的供给，达到进一步充实公共服务的目的。

### （七）强化人才支撑

在西翼城市群大力度搭建产学研一体化平台（选取优势产业和优势区域）。要围绕企业的实际需求扎实推进产学研工作机制，政府以向社会购买服务的方式对企业的"柔性引才"成本进行一定比例的补贴。创新工作机制探索灵活用工，短期性、便利化的专家参与机制，常态化的专家交流机制，能够有效克服西翼城市群当前的引才局限。突出比较优势，培育"产业专才"。要围绕产业现状和产业层次开展扎实的人才需求评估工作，倡导实施"产业专才"计划，重点解决身份准入（港澳台）＋待遇准入（大湾区政策缺乏落地机制）等问题。

**参考文献：**

[1] 林江，徐世长.粤港澳大湾区市场一体化与规则对接研究报告［R］. 2019.

[2] 林江，徐世长. 推动粤港澳大湾区金融合作研究报告［R］. 2020.

[3] 林江，徐世长. 大湾区西翼发展研究报告［R］. 2021.

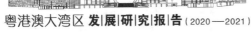
# 广州深圳联动策略研究

史欣向　李善民　李胜兰①

粤港澳大湾区建设的关键在于一体联动，既要做实做强比较优势，也要聚焦优势资源要素的整合，在最高水准上形成区域创新创造能力。2019年2月，国务院公布《粤港澳大湾区发展规划纲要》，将广州、深圳、香港和澳门列为四大中心城市，希望四座城市作为区域发展的核心引擎，继续发挥比较优势做优做强，增强对周边区域发展的辐射带动作用。广州和深圳两地中心城区相距不过100千米，是省内科技创新活动最活跃、创新资源最集中的两个城市，在诸多领域内具有发展的互补性，具有打造"双子城"的基础与动力。早在2019年9月，广深两地就签署《广州市深圳市深化战略合作框架协议》，立足全局谋划城市功能布局和现代产业发展，务实推进两个城市的各领域对接合作。随后，广东省又在"十四五"规划中进一步提出要以深化双城联动强化核心引擎功能，放大辐射带动和示范效应，打造世界级创新平台。在新发展格局下，如何全面深化战略协同、战略合作，联手共建具有全球影响力的大湾区"双子城"，成为摆在广深两地面前的关键问题。

## 一、广深"双城"联动的现实基础

在大湾区都市圈协同发展的背景下，广深联动为深化粤港澳创新合作、

---

① 史欣向，中山大学马克思主义学院、自贸区综合研究院副教授，硕士研究生导师；李善民，中山大学管理学院、自贸区综合研究院教授，博士研究生导师；李胜兰，中山大学岭南学院、自贸区综合研究院教授，博士研究生导师。中山大学课题组成员徐世长、黄抒田、王珏、程钰舒、麦景琦、刘金玲对本文亦有贡献。

构建开放型融合发展的区域经济共同体提供了新思路。作为广东省内体量最大的两个城市，广州、深圳中心城区相距不过 100 千米，又在经济社会发展上形成了各自独特的优势、模式，并做出突出成就，已经在科研共建共享、产业协同布局、基建互联互通等方面取得了一定成效，但由于广深的城市功能定位的不同以及更为重要的各自市场外延的不同，传统路径的广深联动难以有效推动双方的制度联动与产业协同。事实上，双城联动的核心不仅在于建立政府层面的协作机制以及基建层面的互联互通，更在于双方空间载体内以及网络外延上的各类市场主体是否具备合作动机且能否建立合作协作关系，因此，从城市功能分工、产业结构演变与城市群融合发展等多个方面分析两者联动的基础，具有充分的现实意义。

（1）广深两地经济基础比较。广州与深圳既是国家中心城市，更是支撑粤港澳大湾区高质量发展的极点带动平台。"十三五"以来，广州与深圳借助国家深化改革与扩大开放的战略东风，经济总量持续增长，区域经济辐射力与要素凝聚力不断增强，在粤港澳大湾区形成了"两极互动"的发展格局。2020 年度，广深两地的地区生产总值之和占广东省的地区生产总值（约 11 万亿元）的比重超过 47%，显示出强大的区域资源配置能力与经济辐射张力。（见图 1）2020 年以来，受到国内外政治、经济因素影响，两地经济结构性反弹方面特点明显，实际外资使用规模呈现"稳中有降"的态势（见图 2），消费升级类商品销售增速加快。广深两地资本雄厚与消费、投资内循环加速，成为广深两个核心城市得以保持正增长的重要保障。

（2）广深两地基础设施比较。广深联动的首要核心条件是基础设施的一体化和互联互通。目前来看，广深之间的交通基建联通主要依托广深高速、广深沿江高速、珠三环高速东段、穗莞深城际、佛莞城际等复合型的交通通道。整体而言，既有公路、铁路基建发展态势良好，能够满足两市之间互联互通的需要，尤其是广深沿江高速的车流量仍处于远未饱和的状态。空港联通方面，目前广州通过机场与北京、上海等城市的联系，更侧重发展党政、军事、外交、重工业和商贸功能，与政府行政事务及国有资本紧密关联。深圳通过机场则更侧重于北京、上海等市的金融、信息产业、高新制造、军民融合等功能以及顶尖高校、科研院所等设施关联，体现了深圳的科技创新、技术转化与境内融资职能特点。以城市网络的角度来审视广深空港

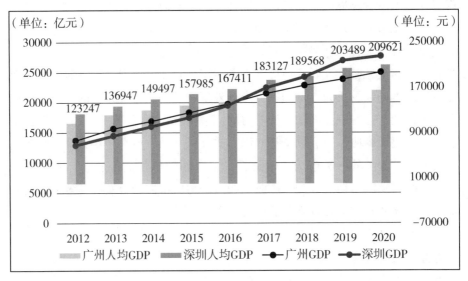

图1　广深2012—2020年度地区生产总值（人均）时序

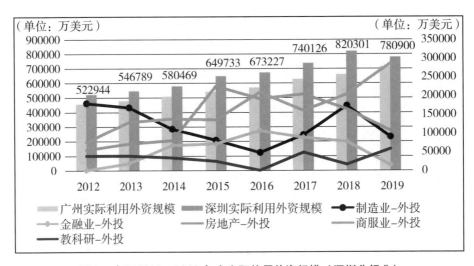

图2　广深2012—2019年度实际使用外资规模（深圳分行业）

的联通发展现状，当前广州与深圳之间呈现竞合关系：广州主要扮演政治中心、商贸中心的职能，制造业谱系中的重工业色彩较浓厚；深圳主要扮演科创中心、对内金融中心的职能，制造业谱系侧重高新制造端。换言之，目前广深之间在空港层面尚处于以错位竞争为主的阶段，但随着区域产业融合的加速，广深空港之间将面临客源竞争加剧的态势。

（3）广深两地产业发展比较。深圳的社会经济网络架构主要以高科技与金融服务产业为导向，从而获得生产方面的本地化资源集聚以及供应方面的全球化市场延伸。广州在城市发展上则强化其作为传统商贸中心城市的功能，对于高新技术等现代服务业的发展更多地定位于应用层面，这亦对广州外延"市场"的拓展构成了产业竞争力不足的制约。

从规模以上工业总产值看，深圳规模以上企业工业总产值高于广州，且两者间差距呈扩大趋势。而从广深两地三产的区位商（location quotient）来看，广深两地第三产业的区位商均大于1，说明广深两地第三产业的专业化程度超过全省。但深圳第二产业的区位商较广州而言更接近1，说明深圳第二产业的专业化水平较广州而言更接近全省水平。工业方面，广州的汽车制造业的优势较为明显；深圳则长于计算机、通信和其他电子设备制造业，并且是国内最大的电子制造业基地。而服务业方面，广州的优势行业是交通运输、仓储和邮电通信业及批发和零售业等；深圳的优势行业是金融业，金融资产规模不断提升，金融业增加值占 GDP 比重逐年提升，金融服务实体经济发展的潜力巨大。如表1至表4所示。

表1 广州和深圳三产 GDP 占比情况

| GDP 占比情况 | 年份 | 广州 | 深圳 |
|---|---|---|---|
| 第一产业占比（%） | 2014 | 1.31 | 0.00 |
| | 2018 | 0.98 | 0.09 |
| | 2019 | 1.06 | 0.09 |
| 第二产业占比（%） | 2014 | 33.46 | 42.60 |
| | 2018 | 27.27 | 41.13 |
| | 2019 | 27.31 | 38.98 |
| 第三产业占比（%） | 2014 | 65.23 | 57.40 |
| | 2018 | 71.75 | 58.78 |
| | 2019 | 71.62 | 60.93 |

续上表

| GDP 占比情况 | 年份 | 广州 | 深圳 |
|---|---|---|---|
| 规模以上工业<br>总产值（亿元） | 2014 | 16131.47 | 24777.59 |
| | 2018 | 18595.11 | 35439.02 |
| | 2019 | 19554.91 | 37326.16 |

注：数据来源于 Wind 数据库和广深两地统计年鉴。

**表2　广州和深圳三产区位商情况**

| 区位商情况 | 年份 | 广州 | 深圳 |
|---|---|---|---|
| 第一产业 | 2014 | 0.28 | 0.00 |
| | 2018 | 0.26 | 0.02 |
| | 2019 | 0.26 | 0.02 |
| 第二产业 | 2014 | 0.72 | 0.92 |
| | 2018 | 0.66 | 0.99 |
| | 2019 | 0.68 | 0.96 |
| 第三产业 | 2014 | 1.33 | 1.17 |
| | 2018 | 1.31 | 1.07 |
| | 2019 | 1.29 | 1.10 |

注：①数据来源：作者依据 Wind 数据库和广深两地统计年鉴的数据计算。

②计算方法：区位商（LQ）＝（某地 A 产业总值/某地 GDP 总值）/（全省 A 产业总值/全省 GDP 总值）。

**表3　2019 年广深两地各工业行业区位商**

| 行　　业 | 广州 | | 深圳 | |
|---|---|---|---|---|
| | 区位商 | 占比(%) | 区位商 | 占比(%) |
| 石油和天然气开采业 | — | — | 0.6 | 0.9 |
| 非金属矿采选业 | 0.0 | 0.0 | — | — |
| 开采专业及辅助性活动 | 0.0 | 0.0 | 2.5 | 0.1 |
| 其他采矿业 | 0.0 | 0.0 | 0.0 | — |
| 农副食品加工业 | 1.6 | 1.7 | 0.7 | 0.7 |
| 食品制造业 | 1.4 | 3.1 | 0.1 | 0.2 |

续上表

| 行　业 | 广州 | | 深圳 | |
|---|---|---|---|---|
| | 区位商 | 占比（％） | 区位商 | 占比（％） |
| 酒、饮料和精制茶制造业 | 1.8 | 1.2 | 0.7 | 0.5 |
| 烟草制品业 | 3.3 | 1.1 | 0.6 | 0.2 |
| 纺织业 | 0.5 | 0.7 | 0.2 | 0.3 |
| 纺织服装、服饰业 | 0.7 | 1.5 | 0.3 | 0.7 |
| 皮革、毛皮、羽毛及其制品和制鞋业 | 0.7 | 0.9 | 0.2 | 0.3 |
| 木材加工和木、竹、藤、棕、草制品业 | 0.5 | 0.2 | 0.0 | 0 |
| 家具制造业 | 0.9 | 1.5 | 0.2 | 0.4 |
| 造纸和纸制品业 | 0.6 | 0.8 | 0.3 | 0.4 |
| 印刷和记录媒介复制业 | 0.6 | 0.6 | 0.7 | 0.7 |
| 文教、工美、体育和娱乐用品制造业 | 0.5 | 0.9 | 1.8 | 3.3 |
| 石油、煤炭及其他燃料加工业 | 1.3 | 3.3 | 0.0 | 0.1 |
| 化学原料和化学制品制造业 | 1.8 | 6.0 | 0.2 | 0.8 |
| 医药制造业 | 1.1 | 1.8 | 0.6 | 1 |
| 化学纤维制造业 | 0.4 | 0.0 | 0.0 | — |
| 橡胶和塑料制品业 | 0.7 | 2.6 | 0.9 | 3.1 |
| 非金属矿物制品业 | 0.5 | 2.4 | 0.3 | 1.3 |
| 黑色金属冶炼和压延加工业 | 1.3 | 1.7 | 0.1 | 0.1 |
| 有色金属冶炼和压延加工业 | 2.3 | 2.0 | 1.1 | 0.9 |
| 金属制品业 | 0.4 | 1.8 | 0.4 | 1.6 |
| 通用设备制造业 | 1.2 | 3.9 | 0.8 | 2.7 |
| 专用设备制造业 | 0.5 | 1.8 | 1.1 | 3.8 |
| 汽车制造业 | 5.4 | 27.7 | 0.4 | 2 |
| 铁路、船舶、航空航天和其他运输设备制造业 | 3.5 | 2.0 | 0.7 | 0.4 |
| 电气机械和器材制造业 | 0.5 | 4.8 | 0.8 | 7.8 |
| 计算机、通信和其他电子设备制造业 | 0.4 | 10.7 | 2.1 | 59.9 |
| 仪器仪表制造业 | 1.2 | 1.2 | 1.4 | 1.4 |

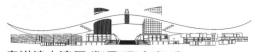
续上表

| 行　　业 | 广州 | | 深圳 | |
|---|---|---|---|---|
| | 区位商 | 占比(%) | 区位商 | 占比(%) |
| 其他制造业 | 0.3 | 0.1 | 0.8 | 0.3 |
| 废弃资源综合利用业 | 0.2 | 0.1 | 1.1 | 0.8 |
| 金属制品、机械和设备修理业 | 1.5 | 0.4 | 0.4 | 0.1 |
| 电力、热力生产和供应业 | 1.8 | 8.0 | 0.6 | 2.5 |
| 燃气生产和供应业 | 3.3 | 3.0 | 0.4 | 0.4 |
| 水的生产和供应业 | 0.7 | 0.5 | 0.6 | 0.4 |

注：①占比表示占各地工业总值比重。

②数据来源与计算方法同表2。

表4　2019年广深两地各服务行业区位商

| 行业 | 广州 | | 深圳 | |
|---|---|---|---|---|
| | 区位商 | 占比(%) | 区位商 | 占比(%) |
| 交通运输、仓储及邮电通信业 | 1.40 | 8.1 | 0.80 | 4.7 |
| 批发和零售业 | 1.03 | 19.1 | 0.83 | 15.5 |
| 住宿和餐饮业 | 0.84 | 2.7 | 0.87 | 2.7 |
| 金融业 | 0.81 | 12.1 | 1.50 | 22.4 |
| 房地产业 | 1.01 | 15.7 | 0.90 | 13.9 |

注：①占比表示占各地服务业总值比重。

②数据来源与计算方法同表2。

（4）广深两地科技创新比较。广州和深圳是广东省科技创新活动最活跃、创新资源最集中的两个城市。2019年，广东省科学研究与试验发展（R&D）经费支出为3098.49亿元，其中，广州677.74亿元（占地区生产总值比重2.97%）、深圳1328.28亿元（占地区生产总值比重4.93%），两者共占广东省R&D经费支出比重约2/3。广州、深圳科技创新活动具有雄厚的产业基础，对科技成果转化十分有利。目前，广州与佛山、深圳与东莞分别形成了较为紧密的区域产业联系，但广州高技术制造业占规模以上工业比重低于深圳，且深莞城市圈在高新技术产业的产业化方面略优于广

佛城市圈。在基础研究方面，广州相对于深圳优势明显，数据显示，2019
年广州市6类研发机构国家重点实验室、省重点实验室、国家级工程技术开
发中心、省级工程及技术开发中心、省实验室、省级新型研发机构数量分
别为21个、238个、9个、1660个、4个、63个，深圳的数据则分别为
6个、50个、6个、834个、4个、42个，相差巨大。在高校和领军人才方
面，广州拥有高等院校83所，量质均居全省第一，具有深圳无可比拟的优
势。总体来说，广州汇聚了大量优质的高校及科研院所，基础创新能力突
出；深圳以战略性新兴产业、民营经济而闻名，产业发展迅猛。如表5
所示。

表5　2019年广深两地科技活动

| 科技活动 | 广州 | 深圳 |
|---|---|---|
| R&D经费支出（亿元） | 677.74 | 1328.28 |
| R&D经费支出占GDP比重（%） | 2.97 | 4.93 |
| 政府科技拨款（亿元） | 243.9456 | 548.4249 |
| 政府科技拨款占GDP比重（%） | 8.51 | 12.05 |
| 专利申请量（个） | 177223 | 261502 |
| 专利授权量（个） | 104811 | 166609 |

（5）广深两地教育医疗比较。高等教育方面，广州拥有包括中山大学、
华南理工大学等高等院校83所，而深圳从零起步，到如今只有15所高校。
职业教育方面，广州发展态势良好，7所高等职业教育院校与44所中等职
业教育学校均取得喜人的办学成绩，深圳亦进展不俗，多所职业院校与华
为、比亚迪、平安科技、阿里巴巴等世界500强或行业龙头企业合作紧密。
基础教育方面，广州优质教育布局均衡，中心城区与其他地方优质教育资
源配置均衡，学位数量不断提升，显著优于深圳。医疗卫生方面，广州拥
有全国顶尖的医疗资源，三甲医院数量达到62家（排行全国第二），而深
圳医疗卫生事业底子较薄、起步晚，三甲医院数量仅有21家，三级以上医
院数量仅有48家，与广州比还有较大差距。

## 二、双城联动建设世界级创新平台的进展

2019年广深签署的《广州市深圳市深化战略合作框架协议》，明确了广深合作的指导思想、内容、机制，双方将在支持深圳建设中国特色社会主义先行示范区、共建国际科技创新中心、打造国际性综合交通枢纽、共建具有国际竞争力的现代产业体系、共建宜居宜业宜游优质生活圈、共同引领"一核一带一区"建设、加强广州南沙粤港澳全面合作示范区和深圳前海深港现代服务业合作区合作等方面深化合作。自此以后双城联动进入实质性阶段。

（1）机制联动。2020年10月，广深两市举办"双城联动"论坛，两市相关职能部门签署科技创新、智能网联汽车产业、智能装备产业、生物医药产业、基础设施、营商环境、自贸区7个领域的专项合作协议，推动"双城联动、比翼双飞"。同年12月，两市民政部门共同签订了《广州市民政局深圳市民政局深化两地民政事业协同发展合作框架协议》，内容涵盖社会组织、养老服务、社会救助、困境儿童救助保护、婚姻登记、殡葬管理、慈善事业、队伍建设及其他事项九大领域，两市一体化程度进一步加强。

（2）机构联动。自2019年9月两市签署深化战略合作协议后，两市高层领导交流互访常态化，两市成立了由两市市委书记、市长，以及分管发展和改革委员会的副市长组成的合作领导工作组，同时两市签署了关于加强两市人大工作协作的协议；广州市各区各部门主动对接深圳、学习深圳、支持深圳；依托高水平专家团队成立"双城联动"研究院；广深联合举办"中国风险投资论坛"，汇聚行业最有力量的声音，探索全球经济的发展走向。

（3）平台联动。在高端科研资源方面，两市实现共享财政资金购置的单价30万元以上的科研仪器，并互相推荐、精准匹配科技评审专家。广州南沙科学城与深圳光明科学城联动发展，南方海洋科学与工程广东省实验室设立了深圳分部，人工智能与数字经济广东省实验室建设实行广深两点布局。在金融服务合作方面，深圳证券交易所（以下简称"深交所"）与广州共建科技金融路演中心。2019年6月，深圳证券交易所广州服务基地成立并投入运营，为湾区企业上市挂牌、发债融资等提供综合性资本市场服务，截至 2020 年 10 月，广州共有 79 家企业在深交所上市；继 2019 年 9 月广州开发区与深交所合作发行全国首只纯专利知识产权证券化产品后，2021 年 8 月将又有 2 只证券化产品在深交所获批发行（全省累计发行 6 只）。

（4）项目联动。交通项目方面，广深港高铁、穗莞深城际建成通车，而深莞增城际、广深中轴城际、广深高速磁悬浮等项目亦在规划之中，正在建设的广深第二高铁采用高速轻轨设计，最高时速达 600 千米/小时，投入运营后广州白云机场和深圳宝安国际机场只需 20 分钟可互达。生物医疗方面，广州国际生物岛与深圳国际生物谷在生物医药产业的研发、检测、通关等领域开展各项合作，取得有益进展。文化交流方面，粤港澳大湾区公共图书馆联盟正式成立，参与者包括广州图书馆、深圳图书馆等文献机构。

## 三、双城联动的主要障碍及其原因分析

区域协同发展一直是中国区域经济发展的难题和痛点之一，尤其是存在"双城"的情况下，如山东的济南和青岛、福建的福州和厦门以及成渝两城。双城联动的最大问题在于多头部和双核心。由于资源禀赋或者政策支持各有优势，双城在历史发展中容易走向各异的发展路径。当前广深两城在科研共建共享、产业协同布局、基建互联互通等方面已取得了一定成效，"双核联动""双轮驱动"已然成为推动珠三角乃至大湾区城市圈协同发展的重要引擎，但两地联动依然存在各种现实壁垒。

### 1. 双城改革创新权限不对等

广深双城联动的关键在于一体联动和协同联动，其中最关键的在于广深一体联动，即在各领域尽可能地进行全方位的联动合作。现阶段，双城最大的差异是双方政治定位不同造成的资源割裂，限制了双城联动的整体性与协同性。在改革自主权上，深圳的经济特区立法权使其在各方面拥有先行先试权，且深圳在国家战略体系中的定位进一步提升。相比之下，广州先行先试的权限受限较多。在财政支配权上，广州属于三级财政，除上缴中央的税款外，还需给省里上缴 50%，加之作为副省级省会城市，公共

事务支出项目远多于深圳，而可供支配的财政资金不如深圳充裕。其他改革自主权限方面，深圳可在建设用地的地上、地表和地下分别设立使用权，按照海域的水面、水体、海床、底土分别设立使用权等，而这些权限均未在广州先行先试。

### 2. 产业的联动性与互动性不足

广深两地整体上产业结构相似，且两地的第三产业专业化程度均高于全省水平，但两地产业互补性不强，联动性不足。广州具有比较优势的产业主要集中在汽车制造业、批发和零售业、交通运输、仓储及邮电通信业等传统产业类型上，而深圳具有比较优势的产业主要集中在计算机、通信和其他电子设备制造业、金融业等行业，两地优势产业的联系和互补性不强。从国内投资流向来看，深圳历年跨城投资的目标城市前两位始终是北京与上海，对广州的投资流量则远低于北上，换句话说，如果从投资流向的市场外延来看，北京才是与深圳形成最大联动的国内城市。

### 3. 两地科创资源未形成合力

广深两地在科技创新领域拥有差异化的禀赋优势，当前科技创新领域"双城联动"的主要障碍在于两地错位竞合的条件尚未完全齐备。目前，广深两地的科技创新活动均有雄厚的地区产业集群作为支撑，广佛、深莞两个城市圈是大湾区内部高科技企业最集中的地区。相比而言，广州作为大湾区辐射内地的交通枢纽，在基础科研条件、科研人员生活配套设施、多样化的研发应用场景等方面较有优势，而深圳则具备更优越的市场化条件，在创新成果转化的过程中，更容易将研发成果与产业资本匹配起来。但同时应该看到，两地科技创新合作的机制仍然存在大量需要理顺的地方。首先，广州作为区域交通枢纽并未充分发挥汇聚外部要素的功能，两地的中心区间的通勤时间依然较长，未能在科技创新"双城联动"中很好发挥连接广深两地人流、物流、资金流的作用，很大程度上限制了广佛、深莞两大城市圈的产业联动。此外，两地政府科技部门的协调机制有待完善，政府科技部门间数据互通、合作决策机制、联合对外合作项目等仍比较缺乏，广深两地的科研要素暂未与产业基础有效结合，优势科创资源仍有待进一步整合。

### 4. 双城中心区间的通联性有待提升

目前，广深之间的公路互联互通相较国内多数省市地区已处于较为发达的水平，但必须指出的是，两地公路连通依然呈现出明显的车流量不均衡态势，具体表现为广深高速过于拥堵，而沿江高速则远未饱和。相较于公路，广深之间铁路连通的问题则相对严重。目前，广深之间主要有广深铁路与广深港高铁两条线路。广深铁路速度较低，广深港高铁接入广州南站距广州中心区较远，两者均难以满足两市中心间的快速联系需求。具体而言，广深港高铁在广深联动中最大的问题在于广州南站所在位置离广州天河区、海珠区、越秀区等中心区域过远。尽管从深圳北站或深圳福田站出发的高铁行至广州南站仅需 35～45 分钟，但从广州南站经地铁或出租车至市中心区域需耗时 1 小时以上。如考虑到城区堵车及地铁换乘等因素，则广深两市的中心区连接耗时将达 2.5 小时以上，这一耗时离打造"广深半小时生活圈"的目标相差甚远。

### 5. 两地金融基础设施、政策差距明显

深圳金融主要以"直接融资（资本市场＋创投资本）"为主，形成了"交易所金融＋科创投金融＋跨境金融＋供应链金融"的服务体系，具有与交易所价值链相关的金融要素与资源配置红利，在金融市场基础设施建设层面（各类型交易所）优势明显。广州金融市场主要以银行、保险、信托等传统型金融机构为主，直接融资市场不论在产品规模还是创新能力方面都需要加强。此外，国家层面更多赋予深圳先行先试开展对香港金融合作的制度创新权限，相较于广州而言存在"制度预期优势"，从而导致了金融资源不断地偏向深圳金融市场寻求投资机会。双方对于共建一个怎样的粤港澳大湾区金融合作生态圈，以及对金融业的发展定位、差异化竞争等层面，依然是文件大于行动，实质性进展相对缓慢。

### 6. 消费升级缺乏政策协同，共同消费热点并未形成

自新冠疫情以来，广深两地资本来源内卷化与消费、投资内循环加速，成为广深两个核心城市得以保持正增长的重要保障。2020 年以来，广深密集出台多项"稳增长、稳就业、稳物价"政策，但广深两地的促进消费政策（如广州文旅惠民消费券、深圳的消费券）仅适用于本地消费。事实上，广深两地的消费习惯和倾向具有较强的互补性。据统计，2020 年，广州限

额以上日用品类、粮油食品类、中西药品类、饮料类商品零售呈现高增长、旺需求态势，而深圳则是消费升级类商品增长迅速，特别是食品、烟酒和交通、通信消费表现亮眼。考虑到两地消费的互补性和空间上的邻近度，若通过统一规划完全有条件培育共同的消费热点。

## 四、对策建议：双城联动打造世界级创新平台的现实路径

新时代新发展格局下，以习近平新时代中国特色社会主义思想为根本指导，将创新、协调、绿色、开放、共享五大新发展理念贯穿于双城联动的全过程之中恰逢其时。从这个角度来讲，广深双城联动的指导思想应该包括共同谋划、共同争取与共同宣传三点：一是要共同谋划，从全省乃至全国的高度来谋划广深双城联动的部署和实施，至少在省级层面建立领导机制，广深双城高级别领导建立常态化的互动机制，核心职能部门建立日常化的信息共享机制，加强过程交流，共同谋划双城联动发展；二是要共同争取，两地共同策划一批先行先试的重大议题，在推动议题落地的过程中共同向中央争取相关制度创新权力的下放，逐渐改变现有中央分别给予政策支持的局面，实现双城实质性联动；三是要共同宣传，面向全球宣传广深合作的未来，向市场释放广深联动的信号，建立广深一体化的形象，引导资源向广深合作的项目和平台上投放，通过市场化机制保障双城联动的可持续性。总体而言，广深双城联动是两个超级城市的"强强联合"，广州的优势在于经济发展、科教文卫、社会治理的广度，而深圳的长处则是经济社会发展的深度和精度，广深双城联动的要义就是在全面发展的广度上加强经济社会发展的纵深，最终形成一个立体化、多维度的高质量发展体，实现优势互补、融合发展。

（一）加强顶层设计，建立常态化的沟通交流机制，用好自贸试验区的制度创新平台

广深双城联动不仅是广州和深圳两地的行为，而且应从更高的站位和更远的视野来看待双城联动，把广深双城联动打造成为中国特色社会主义

先行示范城市群。因此，建议设立由省委书记或省长挂帅的双城联动推进办公室，两市市委书记任副主任，核心职能部门领导共同参与，首先在领导机制和机构上保障双城联动工作的有序推进。与此同时，加强广深两地主政干部的互相任职，建立基层部门公务员常态化交流机制。在我国当前的治理体系下，主政干部在地方政府治理体系中担当着非常重要的角色。此外，基层公务员作为双城联动的实际执行层面，他们的合作意识、专业素养以及对实地情况的掌握程度，极大地影响着双城联动的实际效果，可考虑打通两地公务员交叉任职的通道，实现基层公务员常态化的两地晋升机制，为双城联动、广深融合奠定坚实基础。

双城联动除了基础设施连通、产业协同发展，更重要的是信息共享，尤其是政务信息和政策信息。现阶段两地政府的重大政策或者规划，如"十四五"规划，在制定过程中几乎没有任何沟通机制，以至于政策公布以后甚至出现政策"打架"现象。因此，两地要推进双城联动，应该按照共同体的理念来重构政务信息和政策信息的流转流程，设立"双城公务信息云平台"，一般的政务信息无条件共享，特别的公务信息由双方共同协商建立清单。同时，建立日常化的"线下交流"机制，对口部门或者承担同一合作项目的部门应建立日常的资料交换机制和座谈沟通机制。

自贸试验区是粤港澳大湾区建设的重要创新平台。广深双城联动打破了地理界限，而南沙、前海自贸片区亦要相互拥抱，利用自贸试验区制度创新优势，把双城联动碰到的体制机制问题，率先在自贸试验区创新性解决，将自贸试验区打造成为双城联动先行示范区。广州、深圳两地目前的人才政策仍受地域限制，广州的人才无法享受深圳的较高的货币补贴政策，深圳的人才无法享受广州教育、医疗、居住等人才配套资源，自贸区可率先打通两地政策阻隔，实行政策叠加和政策最优原则，吸引全国乃至全世界的科技人才在广州南沙、深圳前海自贸片区内集聚。此外，双方亦可就GDP核算、税收、公共服务投入等关键政策共同探讨，可以采用飞地、法定机构、土地租赁、股份公司等多种模式，通过共建产业发展平台，使得双方的合作有基础，能落在实处。

（二）基础设施先行，优化完善双城之间的综合交通体系，缩短中心城区—中心城区的通勤时间

交通基础设施投资对经济增长具有正向作用，增加交通投资有利于经济增长。广深联动首先要充分发挥不同交通运输方式的比较优势，优化完善双城之间现代交通综合运输体系。从货运的角度来看，广深两地主要基础设施相对完善，通过基础设施投资来增加运输供给，促进经济增长的空间会越来越小，应注重运输结构的优化，完善交通网衔接，发展多式联运，实现成本和效率组合的最优化。从客运的角度来看，广深联动应在下一阶段着重发展公路—铁路—地铁的双城中心区互通无缝对接，重点建设"高速地铁—快速地铁—普速地铁"三个层级的城市轨道网络，强化广深之间的市中心快速联通。

同时，提升广州南沙区与深圳宝安区及光明新区的互联互通。加快广州地铁 22 号线拓展工程的建设，通过将 22 号线南延至庆盛站、蕉门、南沙客运港，跨海而过连接东莞，经东莞滨海湾站（transit oriented development，TOD）、继续东延至深圳沙井站，与深圳地铁 18 号线对接，增强广州南站的综合交通枢纽功能。另外，广州应考虑将南沙打造为广深联动的"桥头堡"，在南沙区规划相关基建积极对接深中通道。南沙支线作为深中通道的重要组成部分，一旦建成将构成广州与深圳之间地理意义上最短的联接路径，由此将对广深之间的产业协同布局、项目联合开发、要素互动流通、居民生活往来产生变革性的影响。

（三）打造重点产业合作平台，形成紧密的利益共享体系，稳固广深两地的纽带作用

从横向来看，广深两地的优势产业互补性较弱，因此对广深两地已形成的、互补性较弱的优势产业要进行"强强联合"，即两地企业通过技术传导、扩散、共享等方式推动水平型产业合作。从纵向来看，在新兴产业方面，广深两地要通过优势互补进行垂直型产业联动。例如，在生物医药领域，广州已经构建了上游技术研发、临床试验，中游转化中试、生产制造，下游上市应用、流通销售的完整产业链，而深圳在医疗器械制造等领域发

展成熟，广深在生物医药领域的合作是对粤港澳大湾区生物医药产业布局的完善。

加快推进现有合作平台建设的同时，在更广的领域探索合作平台或共享利益项目。一方面，要加快现有合作平台建设。例如，在智能网联汽车产业合作方面，通过加强世界级智能网联汽车产业集群建设顶层设计、构建完整世界级智能网联汽车产业链生态环境和打造世界级智能网联新型车路协同生态链等方式，加快推进世界级智能网联汽车产业集群建设。另一方面，广深可以在智能物流与仓储、数字创意产业等方面探索更广领域的合作。例如，在数字创意产业合作方面，深圳的电子技术装备已拥有完整的产业体系，广州在文化底蕴、国家游戏产业、音乐创意产业等方面也有深厚的积累，广深在数字创意产业方面具备联动发展的基础。

广深两地经济的发展离不开民营企业的支持，两地要充分重视民营企业在产业联动中的作用。广州市 2020 年统计年鉴显示，2019 年广州内资企业中，私营企业数量为 3543 家，占广州内资企业的 79.2%；2019 年广州规模以上私营企业工业销售产值为 2666.9 亿元，占广州规模以上工业销售总产值的 14.0%。民营企业在深圳也越来越呈现出强劲的辐射能力和稳定的内生带动力。同样地，相关数据显示，深圳企业总数超过 200 万家，而其中私营企业占比 96%；深圳本土上市公司中，民营企业占比 90%；民营经济贡献了全市 GDP 的四成、纳税的六成、就业的七成、专利的九成[①]。2020年，深圳企业 500 强的民营企业数量为 422 家，占比超过 84%。因此，广深产业联动一定要发挥民营企业的作用，依托民营企业的优势，助力广深产业合作。

## （四）以共同建设国家综合性科学中心为抓手，充分发挥大湾区内一流高校的凝合作用

广州、深圳是广深港澳科技创新走廊中的核心节点城市，要在建设国家综合性科学中心上共同发力，聚焦关键共性技术、前沿引领技术、现代

---

① 资料来源：《深圳资本活力图谱上市公司九成民企，拟 IPO 数并列第一，偏爱创业板》，见 21 世纪经济报道，2020 年 9 月 1 日。

工程技术、颠覆性技术，加强基础研究与应用基础研究合作。建立健全科技创新合作机制，加强科技创新政策协同，保障创新要素自由流动，对接和集聚全球创新资源，形成具有国际竞争力的政策环境，共建广深港澳科技创新走廊。加强中新广州知识城、广州科学城、南沙庆盛科技创新产业基地与深港科技创新合作区、光明科学城、西丽湖国际科教城等重大创新载体的对接合作。建立健全开放型的科技资源共享体系，推动广深两地科技基础设施、科技智力资源（专家库）、专业技术服务平台、科技文献信息资源和大型科学仪器开放共享，提高重大科技资源平台利用效率。先期建立服务共享和科技评审专家共享机制。

广州和深圳是广东省科技创新活动最活跃、创新资源最集中的两个城市，要鼓励广深两地高校和科研机构与大型骨干企业合作，共建共享创新平台。依托广深两地高校和重大创新平台联合开展人才引进和培养，拓宽人才成长路径。积极搭建各类科技（人才）交流平台，组织参加中国国际人才交流大会等各项人才交流活动，强化两地人才政策对接，促进科技人才跨区域交流。促进两地"政产学研金介用"协同，深化创业孵化、成果转化、技术转让、科技服务等领域合作，建立两地科技企业项目与创投机构信息对接共享机制，开展形式多样的科技成果交易对接活动，搭建科技成果转移转化渠道，鼓励广深有关企业和研究机构开展广泛合作，引领广深相关产业形成一批具有区域性，乃至全国、全球的行业标准。促进广深风投创投领域融合发展。充分发挥广州科技企业众多且估值低的"价值洼地"优势和深圳风投创投机构集聚优势，依托南方创投网及其投资联盟，合作构建多元化、跨区域的科技创新投融资体系，建立两地科技企业与创投机构信息对接机制，促进广深两地在风投创投领域融合发展。

建立健全双城科创联动沟通协调机制。成立广深科技创新合作工作小组，邀两市科技部门主要领导以及有关处室负责人参加。两市科技部门确定对口合作工作专班，协同推进具体工作事项，确保各项工作进展顺利。两市在引进重大科技项目、争取重要创新政策时，保持信息互通，形成良好互动局面。积极参与两市政府之间协商合作机制，紧密协作，形成合力。在市级层面合作框架下，推动两市各区科技部门自主结对合作，鼓励两市高新技术企业界、科技服务界、学术界等加强交流合作，支持各类创新主体共同参与广深科技创新合作。

（五）双城联合开展金融改革创新，共建金融新业态产业集群

新形势下的广深金融合作要建立在水平型分工的基础上，要聚焦各自比较优势的发挥，共建"区域性金融协同创新中心"。首先，要聚焦广深两地金融市场差异化竞争，将"广州传统金融优势＋深圳创新金融优势"深度结合，同频共振，搭建广深金融资源共享信息平台，共同助力大湾区"'走出去'金融服务体系"建设。其次，推动广深两地自贸片区金融合作。加强广深金融政策联动，逐步消除两地金融制度供给势能差（尤其是金融高端人才政策差异），搭建"金融＋产业"服务新高地，强化跨境金融创新政策的联合设计，共同提升自贸片区金融制度创新压力测试能级。最后，强化广深地方金融监管协同。发挥广州金融科技研发优势，联合深圳金融市场主体优势，共建金融风险传染监测平台（特别是基于大数据算法的金融企业沙河监管新机制），建立广深地方金融监管常态化沟通与工作交流机制。

首先，围绕广深两地数字经济、数字新基建等新一代信息化基础设施，探索金融服务新经济的产品创新模式，建立金融嵌入新经济产业图谱的标准体系与规则机制，构建"广州主导基础研发＋深圳便利化场景应用"的新型水平型金融分工模式，提升金融创新的服务精准度和资源配置效率。其次，广深可联手做强"实验室金融"，充分发挥广州琶洲数字金融、科技与智能金融研发优势，围绕国家金融开放与创新战略面向全球吸引人才和应用场景。最后，广深联手做强交易所网络体系。围绕广州期货交易所、深圳证券交易所开展"最大制度公约数"设计，构建创新金融服务网络体系，加速金融资源双向流动，形成"期货＋现货＋交易"的三位一体合作格局，重点围绕绿色金融、碳中和、碳期货、环保债、金融数据中心等金融新业态开展制度供给，共建金融新业态产业集群。

（六）携手建设国际消费中心城市，联合"走出去"服务"一带一路"建设

支持广州、深圳建设国际消费中心城市，打造全国乃至全球消费市场

的制高点。以文创、旅游为抓手，推动建设具有地方特色的市内免税店，促进传统百货店、大型体育场馆、闲置工业厂区向消费体验中心、休闲娱乐中心、文化时尚中心等新型发展载体转变，引导境外消费回流。实施内外销产品"同线同标同质"，开展"粤贸全国"计划，积极开拓国内市场。推动高品质商圈建设，打造消费节庆品牌，充分释放消费潜力。

艾瑞咨询发布的《2018 年中国动漫行业研究报告》，数据显示，中国的泛二次元用户规模已达 3.5 亿人，其中，"95 后"是动漫产业消费的主力。基于这部分人群在就业、消费上和动漫产业的紧密联系，广深两地可共同制定 Moving China 一系列动漫文创合作战略，通过强化政策供给、完善公共服务等途径着力发展动漫产业，携手打造动漫及动漫周边文化产品新高地，推动我国文化向海外输出。

### 参考文献

［1］蔡文娟，陈莉平．社会资本视角下产学研协同创新网络的联接机制及效应［J］.科技管理研究，2007，27（1）：172 – 175.

［2］范斐，连欢，王雪利，等．区域协同创新对创新绩效的影响机制研究［J］.地理科学，2020，40（2）：4 – 11.

［3］解学梅．协同创新效应运行机理研究：一个都市圈视角［J］.科学学研究，2013，31（12）：1907 – 1920.

［4］刘丹，闫长乐．协同创新网络结构与机理研究［J］.管理世界，2013（12）：1 – 4.

［5］刘修岩．产业集聚与经济增长：一个文献综述［J］.产业经济研究，2009（3）：70 – 78.

［6］吕国庆，曾刚，顾娜娜．经济地理学视角下区域创新网络的研究综述［J］.经济地理，2014（2）：3 – 10.

［7］严含，葛伟民．"产业集群群"：产业集群理论的进阶［J］.上海经济研究，2017（5）：34 – 43.

［8］张学良，林永然．都市圈建设：新时代区域协调发展的战略选择［J］.改革，2019（2）：46 – 55.

［9］FREEMAN C. Networks of innovators：a synthesis of research issues ［J］.

Research policy, 1991, 20 (5): 499 – 514.

[10] GRANOVETTER M. Economic action and social structure: the problem of embeddedness [J]. American journal of sociology, 1985, 91 (3): 481 – 510.

[11] GULATI R. Managing network resources: alliances, affiliations, and other relational assets [M]. Oxford: Oxford University Press on Demand, 2007.

[12] ROTHWELL R. Successful industrial innovation: critical factors for the 1990s [J]. R&d management, 1992, 22 (3): 221 – 240.

[13] POWELL W W, KOPUT K W, SMITH-DOERR L. Interorganizational collaboration and the locus of innovation: networks of learning in biotechnology [J]. Administrative science quarterly, 1996, 40 (1): 116 – 145.

[14] COOKE P. The new wave of regional innovation networks: analysis, characteristics and strategy [J]. Small business economics, 1996, 8 (2): 159.

[15] LU Y, WANG J, ZHU L. Do place-based policies work? Micro-Level evidence from China's economic zone program [J]. Micro-level evidence from China's economic zone program (July 3), 2015.

[16] CASTELLS M. The informational city: information technology, economic restructuring, and the urban-regional process [M]. Oxford: Blackwell, 1989.

第五编

粤港澳大湾区市场一体化

# 粤港澳大湾区人力资源市场调研报告

邓靖松　王永丽　蔡梓文[①]

## 一、引言

在湾区经济成为区域经济的重要推动力量的背景下，粤港澳大湾区在中国特色社会主义现代化建设的环境中应运而生，其范围包括香港特别行政区、澳门特别行政区和广东省珠三角地区的广州市、深圳市、珠海市、佛山市、惠州市、东莞市、中山市、江门市、肇庆市。建设和发展粤港澳大湾区，在国家发展中处于重要的战略地位，为各城市深入合作和面向世界经济扮演着重要的角色。《粤港澳大湾区发展规划纲要》指出，粤港澳大湾区要实施创新驱动发展战略，并加快发展现代服务业，其中人力资源服务产业的发展对发挥大湾区人才优势和打造人才高地具有重要的作用。

同时，粤港澳大湾区企业人力资源发展高峰论坛指出，目前大湾区人力资源发展存在两个矛盾：一是湾区经济高质量发展对人才的需求量大与现有人才供给不足的矛盾，二是湾区人力资源体系与世界先进体系仍存在较大差距的矛盾。因此，进一步深入了解粤港澳大湾区人力资源服务业的状况对促进湾区人才建设具有重要的意义。而粤港澳大湾区地处"广佛肇""深莞惠""珠中江"三大经济圈，并以泛珠三角区域为发展腹地，因此本次调研主要从广东珠三角地区的广州市、深圳市、珠海市、佛山市、惠州市、东莞市、中山市、江门市、肇庆市9个城市为调研对象，对其人力资源服务业和人力资源服务机构的现状、挑战、规划以及大湾区企业的人力资

---

① 邓靖松，中山大学管理学院副教授，研究方向为人力资源管理；王永丽，中山大学管理学院教授，研究方向为人力资源管理；蔡梓文，中山大学管理学院硕士研究生。

源服务需求进行全面分析，以深入了解大湾区产业结构特征和用人需求，从而为大湾区人力资源市场规划和布局提供数据支撑，这也对提升大湾区的人力资源发展水平和构建现代服务业体系有一定的指导意义。

具体而言，本次调研的实施过程包括两个部分：①问卷调查和访谈。此次调研我们对大湾区9个城市各人力资源服务机构2018—2019年的营业状况进行了全面问卷调查，并对其中的典型人力资源服务机构进行了访谈调查，同时在大湾区9个城市中抽样调查了2544家企业，以全面分析其人力资源服务需求，在对人力资源服务进行供需分析的基础上，归纳总结大湾区人力资源市场的发展现状。②案卷分析。我们对2019年和2020年的统计年鉴中有关人力资源服务产业和人力资源市场的数据进行了梳理和分析，从中分析人力资源服务机构的规模与分布，人才引进、培养和流动的现状，人力资源产业园的建设现状等，进而诊断大湾区人力资源市场建设的现状与挑战，并探索大湾区人力资源市场建设的发展趋势，在此基础上给出相关的发展策略建议。

就调研结果总体而言，大湾区的服务业发展迅猛，其中人力资源服务业整体发展良好，而产业结构的不断优化要求不断改进人力资本的数量、质量和结构。同时，各城市的人力资源服务机构发展现状以及企业的人力资源需求各具规模和特色，可因地制宜地采取相应措施。目前，广州、深圳、珠海等城市，已经发挥自身优势，在经济结构、扩大开放、社会治理深刻转变的过程中取得显著成果。大湾区人力资源服务业危中存机，有巨大的发展潜力，因此，统一规范、竞争有序的人力资源服务产业，既是推动产业结构调整、实现经济转型升级的内在动力，也是人力资源服务产业自身蓬勃发展的绝佳机会。

## 二、大湾区人力资源服务机构现状调查

### (一) 大湾区服务业和人力资源服务机构概况

#### 1. 大湾区服务业的规模与分布

2019年，广东省规模以上服务业企业共27885家。从规模以上服务业

企业数量在地区法人单位中的比例来看，广州和深圳的服务业企业数量最多，东莞、佛山次之，而江门、肇庆则数量较少。同时，广州和深圳的服务业就业人数分别为200.48万人和211.35万人，而江门、肇庆则只有4.46万人和2.25万人。可见服务业在大湾区各城市的发展不平衡，主要集中在发达城市。

同时，从各城市的服务业营收情况和增长率来看，一方面，大部分城市的服务业营收增长率都处于较高的水平，表明服务业在稳步发展；另一方面，从营收来看，广州和深圳远多于其他城市，这与广州、深圳的服务业企业数量和行业结构相符。如图1所示。

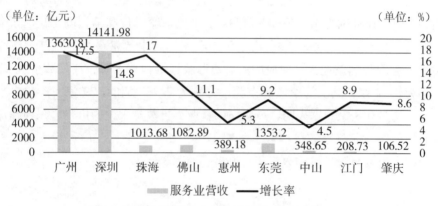

图1　2019年大湾区广东9市服务业营收和增长率

数据来源：《广东统计年鉴2020》。

### 2. 大湾区人力资源服务机构数量与分布

关于服务业中的人力资源服务机构，据广东省人力资源市场管理服务平台统计信息，广东省共有1630家人力资源服务机构，占全省法人单位数的0.08%。

从城市来看，广州市人力资源服务机构在法人单位数中的占比最高，为0.33%，其次为惠州0.26%。中山、江门和肇庆3个城市人力资源服务机构在法人单位数中的占比较低，均在0.05%以下。如图2所示。

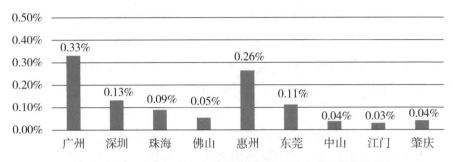

**图 2　大湾区广东 9 市人力资源服务机构在法人单位中的比例**

数据来源：广东统计年鉴、广东省人力资源服务市场管理平台、各地人力资源与社会保障局。

　　同时，广州市占据全省几乎一半的人力资源服务公司（43.18%），深圳和东莞占比分别为 15.47% 和 7.78%，分别占第二位和第三位。其他 6 个城市的人力资源服务机构数量均小于 100 家，其中数量最少的是江门，为 30 家。按每万名就业人员对应的人力资源服务机构数来看，江门数量最多，平均为 8.24 家；其次为肇庆和东莞，分别为 7.77 家和 6.29 家；广州市最少，平均为 0.8 家。这表明，就对应的就业人员数量来说，广州、深圳和珠海三地的人力资源服务机构数量相对偏少，相比之下，江门、肇庆和东莞三地的人力资源服务机构数量相对偏多。如图 3 所示。

（单位：家）

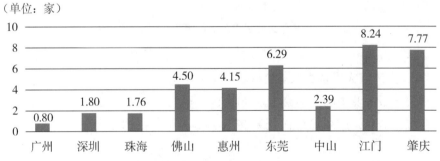

**图 3　大湾区广东 9 市每万名就业人员对应的人力资源服务机构数**

数据来源：《广东统计年鉴 2019》。

　　以上数据表明，人力资源服务产业城市发展不均衡，产能与规模各有特色。总体而言，粤港澳大湾区人力资源服务业整体发展良好，但与人力资源服务业发达省、市相比，整体人力资源服务机构数量较少、规模较小，危中有机，发展潜力巨大。

## （二）人力资源服务机构调查基本情况

### 1. 样本总体描述——以经营性服务机构为主，覆盖粤港澳大湾区广东 9 市

为了更好地促进大湾区人力资源市场建设、共同打造大湾区人才集聚新高地，中山大学管理学院项目团队对粤港澳大湾区广东 9 市的 693 家人力资源服务机构进行了问卷调查，以全面了解大湾区人力资源服务机构的现状及各机构对大湾区人力资源政策的评价。此次接受调研的人力资源服务机构在单位性质上以民营企业为主，共 540 家，占比为 77.9%；其他包括国有企业、商独资企业、事业单位、机关单位以及民办非企业单位共 153 家，占比为 22.1%。在单位类型上，主要以经营性服务机构为主，共 533 家，占比为 76.9%；非经营性服务机构（包括综合性公共服务机构、就业公共服务机构、人才公共服务机构）共 160 家，占比为 23.1%。在城市分布上，广州占 34.6%、深圳占 19.3%、东莞占 16.6%、中山占 7.2%、佛山占 6.8%、肇庆占 4.6%、珠海占 3.9%、惠州占 3.6%、江门占 3.4%。进一步分析在各城市中不同类型的服务机构占比可知，除江门、肇庆外，其余城市的人力资源服务机构都以经营性服务机构为主，占比超过六成。如图 4 所示。

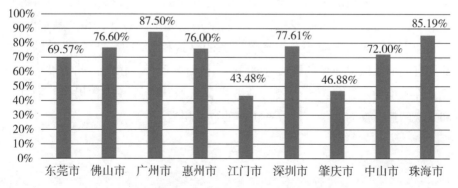

图 4 各地区服务机构中经营性机构的占比

**2. 机构业务资质情况——超过半数机构具有人力资源招聘、劳动派遣、管理咨询业务资质**

人力资源服务机构可提供多种业务，在此次接受调研的机构中，超过半数的机构都在人力资源招聘（65.9%）、劳务派遣（59.2%）、人力资源管理咨询（51.4%）上具有服务资质；相比而言，仅有不到三成的服务机构在人才测评服务、人事代理或猎头服务上具有业务资质。可见，现阶段人力资源服务机构可提供的服务主要以人力资源招聘、劳务派遣及管理咨询为主，其他服务特别是人才测评服务、人事代理、猎头服务等在人力资源市场中的供给较少。如图5所示。

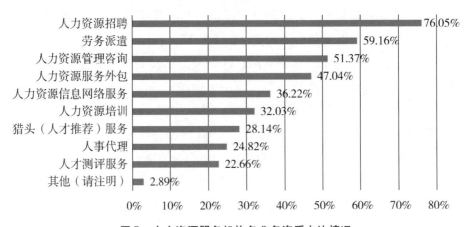

图5　人力资源服务机构各业务资质占比情况

从各城市的情况来看，所有城市都有超过六成的机构拥有人力资源招聘资质，人力资源招聘服务在各城市供给量较充足。另外，相比其他城市，广州和惠州的人力资源服务市场各业务的供给相对均衡，超过半数的机构都拥有四项或以上业务的资质（如图6所示）。此外，由于广州等城市均以经营性机构为主，各项人力资源业务主要由经营性服务机构提供；而江门和肇庆的经营性与非经营性服务机构的数量相当。

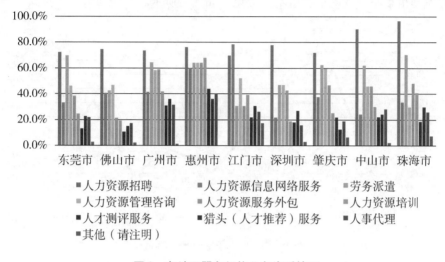

**图6  各地区服务机构业务资质情况**

## （三）人力资源服务机构营业状况

**1. 服务对象——以本科及以下学历人才为主，但多地服务效果不理想，服务质量有待加强**

此次调研我们对各机构2018年的营业状况进行了调查，数据显示共有约3000万人登记求职和要求提供流动服务，平均每家机构登记求职人数约为1.3万人，其中大专学历及以下占65.6%，本科学历占31.3%，研究生及以上学历占3.1%。可见本科及以下学历是人力资源服务机构提供流动服务的主要对象。从服务效果上看，2018年机构共帮助实现就业和流动人数约550万人，不到总登记人数的两成。可见，虽然市场中有大量的求职者，但总体来看，人力资源服务机构为人才提供流动服务的效果不太理想。

从不同城市的情况来看，东莞、广州、江门的机构平均登记求职人数较多，但实现就业率较低，特别是东莞和江门的机构实现就业率仅一成。可见，东莞、广州、江门人才市场大、求职人才多，但流动率不足，人力资源机构没有充分发挥出人才桥梁的作用，人才服务效果还有待提升。此外，虽然佛山、惠州、中山的机构平均登记求职人数较少，但实现就业率均超过30%，表明人才流动情况较好。而深圳、肇庆、珠海3个城市的人

才流动市场小，流动情况也不太理想。如图 7 所示。

（单位：人）

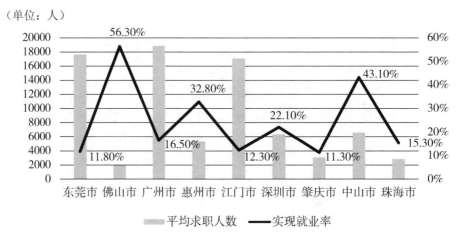

图 7　平均每家机构登记求职人数与实现就业率

除了为流动人才提供求职服务外，各用人单位也是人力资源服务机构的服务对象。在数量上，2018 年人力资源服务机构共服务约 150 万家用人单位，平均每家机构服务约 600 家企业，其中国有企/事业单位占 3.0%、民营企业占 64.4%、外资企业占 15.0%、其他占 17.5%。可见民营企业是人力资源服务机构的主要服务对象。在行业分布上，制造业占比最大（87.0%），其他行业占比均未超过一成。可见，人力资源机构服务的用人单位以制造业为主，与广东省产业结构较为契合。

**2. 业务概况——主要提供人力资源招聘服务，各城市业务存在差异**

在具体提供的业务上，2018 年提供服务最多的是人力资源招聘服务，占总服务次数的 57.1%，其次是信息网络服务（36.6%）；而人事代理、管理咨询、人才测评、人力资源外包等服务的次数占比较小，均未超过 1%。可见，总体上机构业务需求相对较多的业务是人力资源招聘及信息网络服务，与现阶段人力资源服务机构具有的业务资质情况如劳动派遣、管理咨询等有所不匹配。如表 1 所示。

表 1　2018 年人力资源服务机构提供服务情况

（单位：%）

| 服务业务 | 人力资源招聘 | 信息网络服务 | 劳务派遣 | 人力资源管理咨询 | 人力资源服务外包 | 人力资源培训 | 人才测评服务 | 猎头服务 | 人事代理 | 其他 |
|---|---|---|---|---|---|---|---|---|---|---|
| 提供服务占比 | 57.12 | 36.60 | 1.57 | 0.24 | 0.57 | 1.84 | 0.29 | 1.39 | 0.21 | 0.17 |

　　进一步对各城市机构提供业务的情况进行分析发现，东莞、佛山、深圳、中山、珠海的人力资源服务机构主要提供人力资源招聘服务，占比超过各城市人力资源服务中次数的一半，服务对象以制造业为主。同时，深圳的猎头服务市场最为活跃，成功率达 97.8%。广州、惠州的机构则更多地为企业提供人力资源培训服务，其中广州的服务对象主要包括批发、零售业以及信息服务业，惠州的服务对象则主要是制造业。而江门的机构主要提供信息网络服务，特别是为制造业提供相关服务。此外，肇庆的机构主要提供劳务派遣服务，其中科教卫文和社会工作、公共设施管理业及制造业对劳务派遣的需求较大。

　　可见，不同城市的人力资源服务机构主要提供的服务，以及在服务对象上有一定差异。整个市场中大量的业务由广州、深圳、东莞的人力资源机构提供，其人力资源市场相对较大。大湾区人力资源服务业供应链链条完整，发展空间大，而各模块业务发展不均衡，政府在对人力资源市场中的不同业务进行扶持、推动业务均衡发展时，可根据各业务在不同城市的分布情况，有针对性地对不同城市的机构进行扶持。

　　**3. 营业收入——主要来自劳务派遣和人力资源服务外包，各城市营收各具特色**

　　2018 年，企业性质的服务机构的营业收入总额约为 6000 亿元，利润总额约为 200 亿元。平均每家机构营业收入约为 2500 万元，平均利润约为 90 万元。从各业务的收入分布情况上看，2018 年营业收入主要来自劳务派遣和人力资源服务外包，分别占总营业收入的 42.0% 和 35.2%。结合各业务

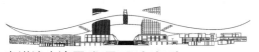

服务次数的情况可以发现，虽然人力资源招聘和信息网络服务是主要需求业务，但营业收入占比不足两成。这表明，人力资源服务机构的创收业务与企业需求存在明显的冲突，这在一定程度上可能会导致机构缺乏经济动力为企业提供高质量服务。如表2所示。

表2 2018年人力资源服务机构提供服务及营业收入情况

（单位:%）

| 服务业务 | 人力资源招聘 | 信息网络服务 | 劳务派遣 | 人力资源管理咨询 | 人力资源服务外包 | 人力资源培训 | 人才测评服务 | 猎头服务 | 人事代理 | 其他 |
|---|---|---|---|---|---|---|---|---|---|---|
| 提供服务占比 | 57.12 | 36.60 | 1.57 | 0.24 | 0.57 | 1.84 | 0.29 | 1.39 | 0.21 | 0.17 |
| 营业收入占比 | 12.33 | 0.83 | 42.02 | 0.88 | 35.24 | 3.24 | 0.38 | 2.09 | 2.64 | 0.35 |

于具体城市而言，珠海、广州、东莞机构的营业收入占比较大，超过总额的20%。其中，珠海的机构收入情况表现最好，虽然机构数量仅占总数的3.9%，但营业收入却超过总营业额的1/4，其主要收入源自人力资源服务外包业务，服务对象主要是建筑业及信息服务业。东莞和广州的机构收入则主要来自劳务派遣业务，服务对象主要是制造业。此外，深圳机构的主要创收业务是人力资源招聘业务，主要为信息服务业的企业提供招聘服务。而其他城市，包括中山、佛山、肇庆、惠州、江门的营业收入均未超过总额的10%，这可能与其机构数量较少有关，且人力资源机构经营效果还有待提高。如图8所示。综合而言，人力资源服务市场各业务分布和收入情况在城市中各具特色，需要注意虽然部分城市在招聘业务或劳务派遣或服务外包业务上提供的次数更多，但经济效益并不一定更好。因此，部分城市的机构还需要借鉴其他机构在业务实施方面的情况，注重业务的整体经济效益。

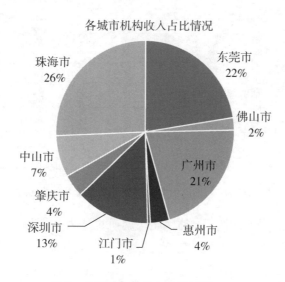

图8 各城市机构收入占比情况

## （四）人力资源服务机构管理和创新情况

### 1. 人力资源管理现状——薪资水平不具优势，但管理结构总体较为完善

通过分析人力资源服务机构的所有员工的平均收入分值（1 是偏低，2 是持平，3 是偏高）后发现，与同行员工的平均收入相比，此次接受调研的人力资源服务机构得分为 1.99 分；与主要客户员工平均收入相比，得分为 1.80 分，总体偏低。如图 9 所示。就具体各城市而言，只有江门、深圳、肇庆的员工平均收入略高于同行收入，其他城市的服务机构在薪酬上没有优势，特别是与主要客户的收入水平比起来相差较多。可见，人力资源服务机构的员工薪资水平不具有优势，在吸引并留住人才上可能存在一定的挑战。

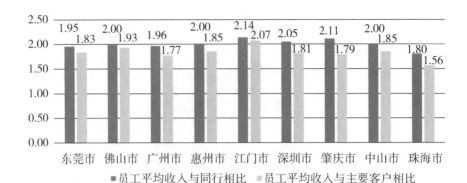

**图9　各地区服务机构员工平均收入分值比较**

除对员工薪资水平打分外，此次调研也让人力资源服务机构的员工对机构的人力资源管理水平（包括重视员工的能力提升、自主性、福利、安全和健康、晋升机会平等）进行打分，结果从总体上看，服务机构在人力资源管理方面比较完善，在各项的平均得分上均高于4分，总体平均得分4.40分（5表示非常符合）。如图10所示。

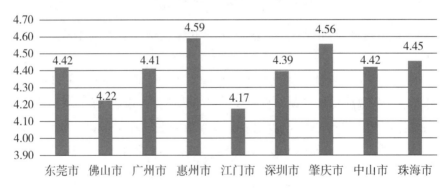

**图10　各地区服务机构人力资源管理得分情况**

**2. 专业工具与产品专利——工具主要源于自主搜集，自主研发的经济效益高**

人力资源服务机构的技术产品和专业工具往往是决定服务质量的关键因素，是机构竞争力的表现。根据此次调查结果发现，机构的技术产品和专业工具的主要来源为自主搜集，占总数的39.4%；其次为购买同行专业产品（19.2%）、其他来源（15.3%）、合作开发（14.0%）、自主研发

（12.1%）。可见，总体上，服务机构的技术产品和专业工具来源以自主搜集为主。

再分析各城市机构的产品（工具）来源发现，几乎所有城市的机构都主要使用自主搜集的技术产品和专业工具，占比均超过 30%。但相比而言，惠州选择自主研发的机构最多，占比 20%；其次是广州和江门，分别为 15% 和 13%。再分析自主研发机构的类型发现，83% 的自主研发机构是经营性服务机构，而非经营性机构仅占 17%。可见，人力资源服务机构的自主创新能力不足，特别是非经营性服务机构。如图 11 所示。

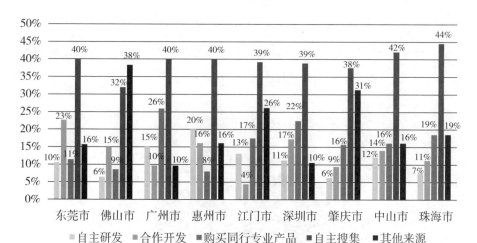

图 11　各地区机构技术产品与专业工具来源情况

进一步分析不同产品（工具）来源的机构利润情况发现，虽然选择自主研发的机构仅占 12.1%，但自主研发机构的利润却占了总利润的 67.6%。如图 12 所示。可见，虽然自主研发投入多、研发周期长，但自主研发产品（工具）的经济效益显著。因此，各机构需加强创新意识，积极投入到自主研发中，提高自身的竞争优势。

在创新成果方面，16.7% 的自主研发机构拥有专利。从城市分布上看，广州机构的研发成果最好，拥有的专利数量最多，占 9 个城市专利数量总和的一半以上。而佛山、江门、肇庆、珠海的机构暂无研发专利。如图 13 所示。结合前面自主研发机构在各城市的占比情况发现，自主研发机构数量将直接影响该城市拥有的专利数量，机构数量的基数为知识分享和创新环

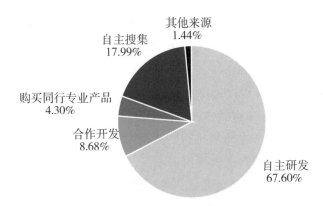

**图 12　不同产品（工具）来源的机构利润占比情况**

境的形成发挥作用。因此，各地区可进一步鼓励机构创新，增强创新意识，为自主研发机构营造更好的创新环境。

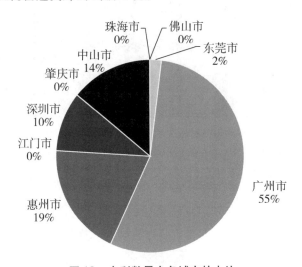

**图 13　专利数量在各城市的占比**

## 三、大湾区企业人力资源服务需求调查统计

### （一）调研企业总体描述

本次调查受广东省人力资源和社会保障局委托，对大湾区 9 座城市

2544 家企业进行抽样调查，以全面分析其人力资源服务需求。本次调研以大样本数据为支撑，其中佛山占比最多，有 760 家；东莞（601 家）和深圳（356 家）次之。从所属行业来看，接受调研的企业以制造业企业为主，共 1716 家，占比 67.43%；其次为其他（15.05%）、信息技术和软件业（2.87%）以及住宿和餐饮业（2.59%）。另外，此次调研企业在单位性质上，民营企业数量居多，共 1373 家，占据总数的 54%，港澳台企业次之，共 379 家。从各类型企业 2018 年的营业收入总和来看，54% 的民营企业贡献了约 61% 的营业收入，折合人民币约 35 亿元。而 15% 的港澳台企业也贡献了约 19% 的营业收入，3% 的中外合资企业贡献了约 15% 的营业收入，可见在粤港澳大湾区 9 座内地城市中，民营经济是最主要、最具活力的市场主体，也是适合港澳台资和外资经济发展的土壤。如图 14 所示。

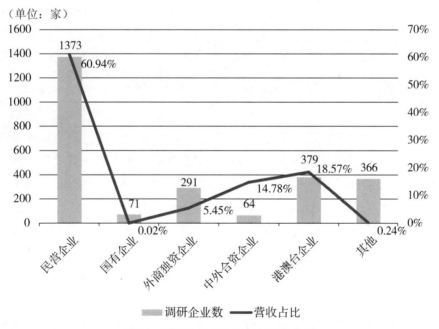

图 14 调研企业单位性质与营收占比

### （二）企业内部人力资源状况

#### 1. 企业人力资源部门状况与需求

（1）人力资源人数配比与人力资源部门需求满足度——同规模企业人力资源人数配比差异较大，小微企业人力资管理规范欠缺。企业的人力资源人数配比与劳动力市场的供给、企业所在的行业特点、企业规模、管理规范化程度、信息化程度及发展阶段等息息相关。从表3数据来看，大型企业的人力资源人数均值达到11.3，而微型企业平均人力资源人数值为0.7，说明至少有一定比例的企业并没有人力资源工作人员，从某种意义上来说，微型企业的人力资源管理欠缺。

表3　各类规模企业的人力资源部门工作人员情况

| 规模类型 | 微型企业 | 小型企业 | 中型企业 | 大型企业 | 所有企业 |
| --- | --- | --- | --- | --- | --- |
| 各类型企业总数（家） | 287 | 1267 | 477 | 197 | 2228 |
| 人力资源人数均值（位） | 0.7 | 2.2 | 4.6 | 11.3 | 3.6 |

从人力资源人数配比来说，与企业的规模（据国家统计局大中小微企业划分标准）进行交叉分析后，发现微型企业的人力资源人数配比呈现两级分化，大部分不配备人力资源工作人员，同时还有62.72%的企业的人力资源人数配比为1∶500以下，这说明微型企业在人力资源管理上极度欠缺；而24.39%的微型企业人力资源数量配比为1∶10以上，说明此时又存在人力资本的严重浪费。另外，大部分小型企业的人力资源人数配比处于1∶100至1∶10的区间，中型企业的人力资源人数配比处于1∶250至1∶50的区间，大型企业则处于1∶250至1∶100的区间。如图15所示。

从对人力资源管理需求的满足情况分析来看，大部分企业认为人力资源部门至少能够满足人力管理的核心需求。更具体地来说，大型企业对自身人力资源部门的评价情况优于规模更小的企业，大型企业认为人力资源部门不能满足需求的仅占4%，中型企业中这一比例为6%，小型企业为8%，而微型企业则达到13%，这说明大型企业内部的人力资源管理体系更

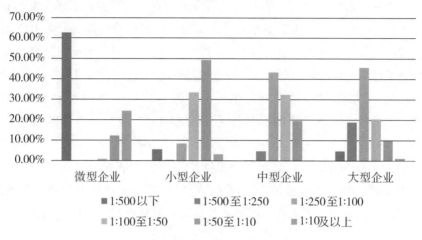

**图15　各规模企业的人力资源人数配比**

为健全，而规模较小的企业内部管理体系则相对不完善，更需要从外部接受优质的人力管理服务，是人力资源服务市场的重要潜在客户。如图16所示。

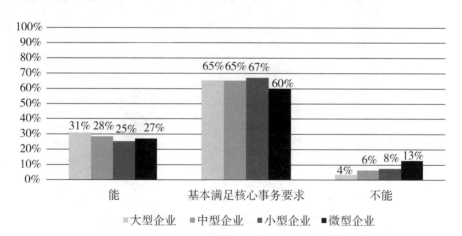

**图16　不同规模企业 HR 部门对公司目前人力资源管理需求的满足情况**

（2）企业人力资源问题——人才招聘成最大困扰，超七成企业招聘不到合适人才，近半数企业没有使用专业的人才测评工具。一方面，通过数据分析发现，企业在人力资源服务中面对的最大的难题是招聘，有76.45%的企业主要受招聘困扰。此外，两成左右的企业也要面对日常性事物、培训与薪酬

制定等难题。如图 17 所示。企业在人力资源管理中的困惑在不同规模、不同产业的企业中相似。这说明企业人力资源服务质量仍有待提高，人力资源中介机构可以针对企业人力资源存在的问题提供相应支持。因此，建议政府搭建供需平台，更好地帮助企业和人力资源服务机构进行人才对接。

而另一方面，调研也发现近半数企业没有使用专业的人才测评工具，仅测评部分员工的能力、特点与行为。人才测评工具尚未在广东省的企业内普及。近些年来，随着人力资源与人工智能的结合，也涌现了不少创新、专业的人才测评工具，支持人力资源科技企业的发展对大湾区打造人才高地发挥基础作用。总体而言，大湾区企业需要进一步加强借助人力资源服务提高效率的意识，人力资源服务业的认可度有待提高，发展空间大。

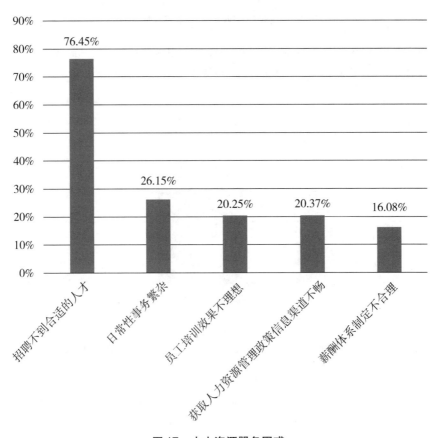

图 17　人力资源服务困惑

### 2. 企业招聘现状与需求

（1）企业招聘费用——小微企业的招聘成本压力大，是政府需扶持的市场主体。从各类型的每家企业招聘费用平均值来看，微型企业的费用均值比较高，而从招聘费用占营业收入的比例来看，随着规模的扩大，这一比例有所降低，说明微型企业在招聘投入方面相对其他规模的企业投入高、效率低，需要一定的扶持，以降低其招聘成本压力。如表4所示。

表4 不同规模企业的招聘费用情况

| 规模类型 | 微型企业 | 小型企业 | 中型企业 | 大型企业 | 所有企业 |
|---|---|---|---|---|---|
| 总招聘费用 | 51540.00 | 324989.70 | 364572.90 | 418249.29 | 1159351.89 |
| 招聘费用/企业数 | 1375.82 | 279.77 | 790.64 | 1936.34 | 455.72 |
| 招聘费用占营业收入（2018年）比例 | 0.13% | 0.07% | 0.05% | 0.01% | 0.02% |

注：金额单位为"万元"。

（2）企业招聘渠道——人力资源中介机构使用率不高，微型企业招聘方式单一。本次调研调查了企业是否使用职业中介机构、人才交流会、校园招聘会等渠道进行人才招聘，数据显示65.84%的企业在人才招聘中不使用职业的中介机构，89.27%的企业不使用猎头公司，大部分企业在招聘中采用的方式是熟人推荐与公司网站招聘。以上结果表明，人力资源中介机构在企业招聘中发挥的作用不够充分。

而将企业招聘渠道与企业规模交叉分析可以发现，大型企业与中型企业会使用多种方法进行招聘，而小型企业与微型企业的招聘方式则比较集中。大型企业平均使用3.97个渠道，中型企业平均使用3.60个渠道，小型企业平均使用2.73个渠道，微型企业平均使用2.07个渠道。大规模的企业更愿意在招聘中使用职业中介机构或猎头公司等人力资源中介机构，44.44%的大型企业使用职业中介机构进行招聘，远高于微型企业29.81%的比例。如图18所示。可见，招聘业务中，人力资源中介机构与小规模企业的合作不够充分，应加强对小规模企业的关注与扶持。

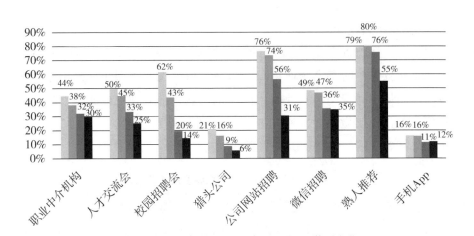

图18　不同规模企业招聘渠道

　　针对不同城市的调研结果表明，不同城市的企业面临的最大困扰都是招聘不到合适的人才。中山市、深圳市与东莞市的人力资源中介机构在招聘中的作用更大，这些城市的企业在招聘中更愿意与人力资源中介机构合作，但深圳市与东莞市的企业很少使用校园招聘会与人才交流会。佛山市、江门市与肇庆市的人力资源中介机构的招聘服务尚不完善，在企业招聘中发挥的作用最小。这些城市的人力资源中介机构应该更关注企业的岗位需求，开辟更多的人力资源服务产品，帮助企业招聘到合适的人才。如图19所示。

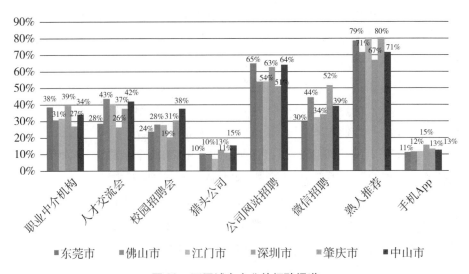

图19　不同城市企业的招聘渠道

（3）企业招聘岗位需求——招聘主要需求为生产性与技术性岗位，高级人才难寻，微型企业招工难。在企业招聘岗位需求上，数据表明生产性岗位和技术性岗位工人的需求最大。结合访谈，此结果可能是因为外省招聘生产工人竞争力逐渐增强，并且新生代年轻人不愿意进入生产性岗位。人力资源中介机构要加强对生产性岗位与技术性岗位招聘的关注，开辟更多的招聘渠道，加强与技术院校的合作。如图 20 所示。

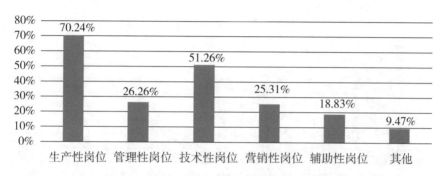

图20　企业招聘岗位需求

而将企业招聘的岗位需求与企业规模进行交叉分析的结果表明，大规模企业一般一致地需要生产性与技术性岗位的员工，而微型企业没有明显的需求偏好。因此，人力资源中介机构应该意识到不同规模的企业有不同的招聘需求，应针对不同的需求开展工作。如图 21 所示。

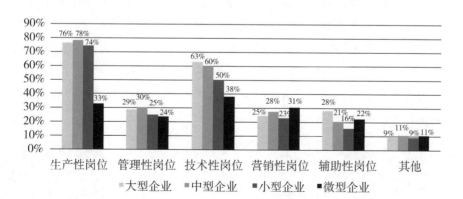

图21　不同规模企业的岗位需求

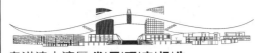
　　就具体城市而言，生产性岗位与技术性岗位仍然是各个企业最主要的需求，但不同的城市有不同的模式。例如，东莞市的人才需求集中在生产性与技术性的员工；佛山市、深圳市、中山市与肇庆市的岗位需求较为分散，除了生产性与技术性员工，佛山市与中山市还需要营销岗位人才，肇庆市还需要管理岗位的人才，而深圳市还需要营销岗位人才、辅助性人才。不同城市的人力资源中介机构在招聘中应该关注服务对象的主要需求，提供相应的服务。如图 22 所示。

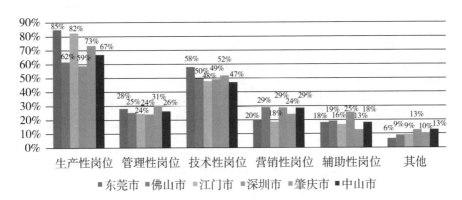

**图22　不同城市企业的岗位需求**

　　而将录取率、上岗时间与企业规模进行交叉分析，所得结果表明，总体而言，一线工人的录取率最高，而高级管理人才与关键技术人才的招聘存在困难；企业规模越小，企业在招聘时的录取率越低。微型企业在所有岗位的招聘录取率都显著低于大型企业，但上岗时间没有显著差异。对于不同城市，东莞市与中山市的招聘情况优于其他城市，各岗位录取率较高。深圳市的生产性岗位与技术性岗位的录取率低，但上岗时间短。而佛山市、江门市与肇庆市的招聘则存在一定的困扰，这些城市各个岗位的录取率低于其他城市。如图 23 所示。

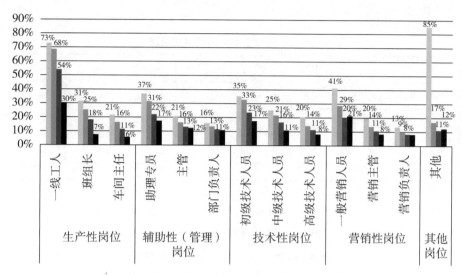

**图23 不同规模企业的录取率**

### 3. 企业培训现状与需求

通过对接受调研企业的员工培训进行分析发现，从不同规模来看，大型、中型企业在培训方面投入更好，两者的培训费用投入占总数的68.5%。从各类型的每家企业培训费用平均值来看，微型、大型企业的费用均值比较高。从培训费用占营业收入的比例来看，随着规模增加，这一比例有所降低，微型企业在培训投入方面需要一定的扶持，以降低其培训成本压力。如表5所示。从城市来看，佛山市、中山市和江门市企业的培训费用均值比较高，分别为620.69万元、578.51万元和551.72万元，这说明这些城市企业在培训投入方面有较大意愿，有很大的市场潜力。而东莞市是最低的，只有140.83万元。

另外，在企业培训需求方面，大部分企业只进行了短期培训且培训效果欠佳。调查发现超七成企业员工在过去一年里的人均培训时间时长不超过7天，且过半数企业认为培训效果较差或一般。近三成的微型企业不对员工进行任何形式的培训，且培训成本压力较大。因此，需引导人力资源服务机构提供国际化、专业化培训方案和针对中小企业基础性技能培训服

务才能进一步激发人才活力。

表5　各城市企业的培训费用情况

| 城市 | 东莞市 | 佛山市 | 江门市 | 深圳市 | 肇庆市 | 中山市 |
|---|---|---|---|---|---|---|
| 培训费用/企业数 | 140.83 | 620.69 | 551.72 | 439.24 | 211.12 | 578.51 |
| 培训费用占营业收入（2018）比例 | 0.018% | 0.049% | 0.104% | 0.005% | 0.019% | 0.013% |
| 培训费用/从业人数 | 0.5388 | 2.8270 | 1.9168 | 1.0799 | 0.9085 | 1.3429 |

注：金额单位为"万元"。

### 4. 外部人力资源服务合作现状和需求

（1）交流频率与合作情况——人力资源机构应加深与各地企业特别是与小微企业的交流合作。通过企业与外部人力资源机构交流合作分析，数据表明选择交流频率低和非常低的企业占比更大，企业与人力资源服务商交流频率整体偏低。对于具体不同规模企业而言，与服务商保持高以及非常高交流频率的大型企业总共占22%，中型企业占15%，小型企业占9%，而微型企业仅占5%。如图24所示。在服务机构合作数量上，对于大型企业，没有与人力资源服务商合作的仅为34%，合作服务商数量在1～5家的有49%；而对于微型企业，高达64%的企业没有与服务商建立合作关系。可见，规模越大的企业越会从外部获取优质的人力资源服务，而小微型企业内部人力资源管理体系不健全，是人力资源服务市场的重要潜在客户，人力资源服务商可以抓住这一重要商机，发展面向小微企业的业务。

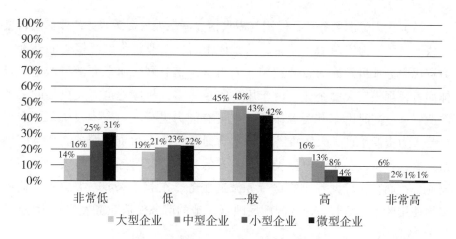

**图24　不同规模企业与人力资源服务商交流频率**

从各个城市来看，中山市企业中，与服务商保持高以及非常高交流频率的占18%，深圳占12%，东莞、江门和肇庆各占10%，佛山占8%，而肇庆、佛山、江门这三市企业中与服务商的交流频率则较低。从服务机构合作数量来看，肇庆、佛山、江门三地没有与服务商建立合作关系的企业占比也更多，分别为58%、49%、48%，相比之下，深圳有8%的企业合作服务商数量在5家以上，相比其他城市占比更高。但总体而言，各个城市中与服务商交流较为密切的企业并不多，各地可以加强企业和服务商之间沟通平台的搭建。如图25所示。

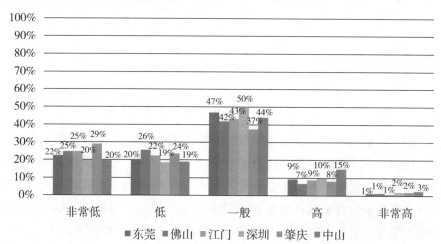

**图25　不同城市企业与人力资源服务商交流频率**

（2）人力资源服务项目使用与需求情况——人力资源服务产业面临转型挑战。对于人力资源服务项目，从整体上看，企业最为广泛接受的外部人力资源服务项目是人力资源招聘、人力资源信息网络服务和劳务派遣。具体而言，规模较大的企业，由于用工需求更多，相应地也需要更多的劳务派遣服务，同时由于其资源雄厚，也更有能力进行人力资本投资，更多地接受人力资源培训、人才推荐等技术含量更高的人力资源服务。从不同城市来看，各个城市企业曾接受过的最多的人力资源服务项目是人力资源招聘业务，而存在较大差异的是劳务派遣服务，东莞、深圳、中山的企业更多地使用劳务派遣服务，从侧面反映这三地的劳务派遣业务发展较为成熟。如图 26 所示。

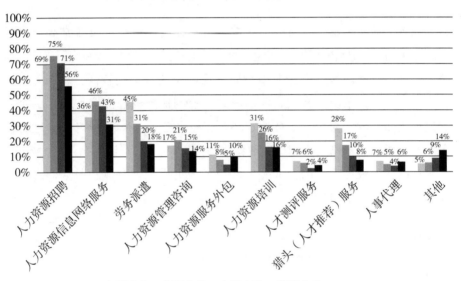

**图 26　不同规模企业曾接受的人力资源服务**

而对于需求而言，企业当前最为需要的外部人力资源服务项目是人力资源招聘、人力资源信息网络服务和人力资源培训，相较于前文提到的曾经接受过劳务派遣服务的企业数量，目前该项服务的企业需求量整体有所下降，特别是致力于服务大型企业以及东莞、深圳、中山三市的劳务派遣公司面临服务需求量更大幅度的下降，需要及时进行业务结构调整。

　　从整体上看，企业对人力资源服务项目的需求仍较为集中在少数类型，这反映出当前人力资源服务市场业务类型仍较为单一。因此，一方面，人力资源服务机构应该努力实现自身转型升级，发展高品质的信息平台服务、人才培训等服务，为企业提供更多选择。另一方面，数据也反映出当前人力资源服务产业发展不够成熟，企业对外部人力资源服务的使用程度不高，倾向于依靠内部人力部门处理人力管理问题，应提升人力资源服务产业的战略高度，加强行业规范化管理，提升企业对其的认可度。如图27、图28所示。

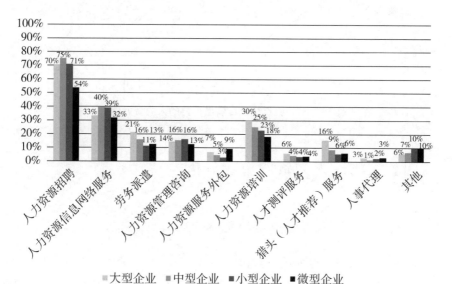

图27　不同规模企业目前最需要的人力资源服务

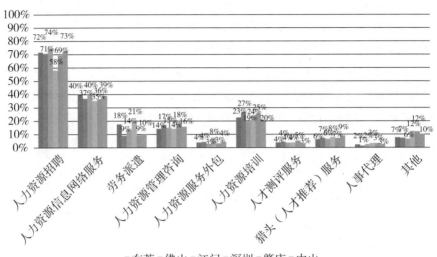

图28　不同城市企业目前最需要的人力资源服务

## 四、大湾区人力资源市场分析

### （一）大湾区人力资源市场总体情况

#### 1. 从需求端——企业层面分析

通过相关调研结果综合而言，对于大湾区中的广东9市，招聘仍然是企业在人力资源管理中面临的最大难题，特别是对于生产性、技术性与高级人才的招聘，并且大部分企业没有与人力资源中介机构进行良好合作。同时，不同规模的企业在人力资源人数配比上差异较大，小微企业人力资管理规范较为欠缺，企业在人员培训、人才测评、绩效考核等方面仍需改进。另外，大部分企业与外部人力资源服务商的交流合作水平较低，外部人力资源服务的品牌认可度不足。因此，企业要加强借助人力资源服务提高效率的意识，和人力资源中介机构进行供需匹配，特别是微小型企业，不仅要加强与外部服务商的交流和合作，同时还要规范自身人力资源管理模块与需求分析，做好统筹发展。

### 2. 从供给端——人力资源服务机构层面分析

对于人力资源服务机构来说，人力资源服务机构缺乏高学历、高专业性人才，吸引、留住人才存在困难，而且其创收业务与企业需求业务冲突大，服务质量不理想。同时，服务机构自主创新能力不足，而研发投入、社会网络、创新环境是重要因素。具体到各城市，存在发展不平衡、服务内容不均衡等问题。综合而言，人力资源服务业主要面临服务人才要求高、客户单位要求高、服务对象对本机构的了解不够三大挑战。人力资源服务机构未来需要重点投入的领域主要是加大对专业人员的引进与培养、供需匹配、信息化管理的建设及市场开发。而不同城市的机构未来都将围绕自身发展问题，进一步适应市场，贴合客户单位与服务人才的需求。调整自己的战略和业务策略，升级服务模式，改善运营效率。

### 3. 从人力资源服务产业园层面分析

通过对人力资源服务产业园、服务机构及客户的调研，提炼出粤港澳大湾区广东省城市的人力资源服务产业园建设存在以下问题：①客户寻求配套的服务，而产业园集聚化程度不高；②客户寻求便捷的服务，而产业园信息化建设不彻底；③客户寻求可信赖的服务，而产业园缺乏标准化规范；④客户寻求高性价比的服务，而产业园服务的专业性和技术含量较低；⑤客户寻求人性化的服务，而产业园软性服务不足。因此，根据上述问题，人力资源服务产业园需精准定位其服务功能与规划产业结构特征，以服务品牌和服务产品为纽带，吸引优质人力资源服务企业入驻。同时，做好园区数字化建设，提高服务效率，完善相关人力选拔和激励机制，建立专业队伍，形成专业化、配套化、体系化服务体系。

### 4. 从高层次人才流动层面分析

人力资源服务机构在人才流动方面有着敏捷的感知和深刻的实践。通过此次调研，人力资源机构认为，广东省现有人才引进政策主要存在三个问题：一是政策优惠幅度不够、吸引力不强，二是政策分散、不易操作，三是对引进人才标准界定不清楚。因此，未来关于中高端人才队伍建设的重点，接受调研的人力资源机构认为是完善人才引进及培养政策、培养和提升本土人才。此外，本次调研也调查了人力资源服务机构对企业的人力资源实践的客观评价。通过比较人才流入单位和人才流出单位发现，人才

流入单位在人才资源实践方面更完善，包括公平、成体系的晋升渠道，骨干成员的发展前景，人才梯队建设的制度，职业生涯规划等。可见，发展以人为本的人才资源实践，提高员工组织承诺，是留住中高端人才的重点。

（二）大湾区各城市人力资源发展状况

通过对大湾区内地 9 个城市的人力资源服务机构和相关企业需求进行调研，发现人力资源服务产业在各城市中出现产业发展不均衡、各模块业务发展不均衡的现象，创新、产能与规模各有特色。而大湾区企业需要进一步强化借助人力资源服务提高效率的意识，提高人力资源服务业的认可度。

具体而言，广州市人力资源服务产业发展规模较大、创新能力较强，却面临从业人员薪酬缺乏竞争力、离职率高等问题。未来，广州市应重点关注专业人员的培养与引进，加快信息科技的成果转换。

深圳市人力资源服务产业发展情况总体良好，但从企业需求角度来说，人力资源管理需求的满足程度较不理想。未来，深圳市应进一步促进现有人力资源服务机构的发展，在服务提升、研发创新、人员素质培养方面予以支持。

珠海市人力资源服务产业存在服务人才要求高、创新能力不足等问题。未来，珠海市需重点发展多层次、多样化的人力资源服务体系，全面提升人力资源服务能力。

佛山市人力资源服务产业面临营收能力不足、从业人员留职困难、创新能力差的难题；企业的人力资源需求，尤其是招聘需求、培训需求难以得到满足。未来，佛山市应进一步提升人力资源机构的服务能力，发挥服务机构在劳动力供需中的桥梁作用，支持创新，鼓励战略新兴产业和创新业务。

东莞市人力资源服务产业发展状况总体良好，未来东莞市需重点提升人力资源服务效率，进一步满足企业人力资源管理需求，在培训从业人员和劳动力方面发挥作用。

惠州市人力资源服务产业创新能力较突出，却存在从业人员高离职率的问题。服务机构认为政府政策支持力度不够。未来，惠州市需进一步提升人力资源机构的服务能力，特别是对于现代服务业、信息技术产业的服务作用。

中山市人力资源服务产业发展较理想，在服务能力、创新能力、促进就业方面都取得了较好成果。但目前人力资源服务产业规模较小，市场开发不足。未来，中山市需进一步加大人力资源服务机构与其他产业的结合，挖掘发展空间，发挥其重要作用。

江门市人力资源服务产业在企业人力资源管理中发挥的作用较小，企业的培训需求依然是值得拓展的业务领域。未来，江门市应重点发展人力资源机构的培训业务，在技能培训、能力培养方面为企业减轻压力，发挥专业作用。

肇庆市企业的人力资源管理各方面需求的满足程度较低，服务机构的服务能力不足，在业务实践方面存在较大困惑。未来，肇庆市需创造更多交流机会，促进人力资源服务机构学习其他城市的行业、服务经验，促进机构与企业的交流，从而进一步发展业务。

## 五、大湾区人力资源市场建设的挑战与对策

### （一）大湾区人力资源市场面临的挑战

#### 1. 服务对象的挑战——服务人才要求高、客户单位要求高、服务对象对本机构的了解不够是目前的三大挑战

根据此次调研结果发现，人力资源服务机构目前面临的三大挑战集中在服务的人才要求高、客户单位要求高以及服务对象对本机构的了解不够，分别有52.53%、48.63%、44.88%的机构选择。如图29所示。而这些挑战主要缘于机构专业化、精细化、深度化、定制化的水平还不够，无法满足客户需求，也难以让客户对机构产生信任。具体分析各城市的情况发现，除惠州的机构认为政府支持政策力度不够是目前最主要的困难外，其他城市最主要的问题与总体结论一致。因此，各地的人力资源服务机构需提高自身服务质量，提高人才对机构的认知度，发挥人力资源服务机构在人才服务市场的作用，才能更好地应对客户提出的高要求。

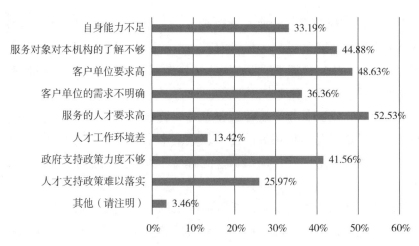

**图29　人力资源服务机构在人才服务过程中的困难**

**2. 市场开发的挑战——将主要加大对专业从业人员的培养、信息化建设与管理以及市场开发**

　　为了解人力资源服务机构未来发展趋势，此次调研对机构未来将重点投入的领域进行了调查。总体上看，超过六成的机构未来将在专业人员引进与培养、信息化建设及市场开发上加大投入力度。但在产品研发上，仅有不到两成的机构未来有计划加大投入。就具体城市而言，东莞、广州、惠州、江门、珠海、深圳的机构将以引进与培养专业人员为主，佛山、肇庆的机构未来将重点加大信息化建设力度，中山机构的未来重心则是市场开发。可见，不同类型、城市的机构未来都将围绕自身发展的问题，进一步适应市场，贴合客户单位与服务人才的需求。如图30、图31所示。

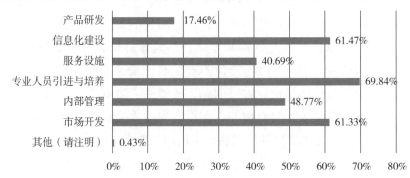

**图30　人力资源服务机构未来重点投入领域情况**

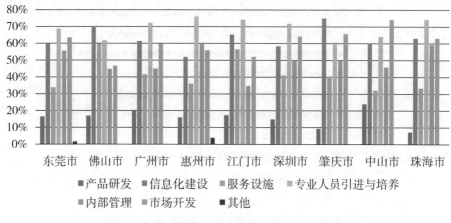

图 31　各地区服务机构未来重点投入领域中情况

**3. 未来业务拓展的挑战——以人力资源招聘、劳务派遣、人力资源信息网络服务及人力资源服务外包为主**

除了对未来投入领域的规划外，此次调研还调查了机构未来业务的重点拓展方向。总体上看，超过半数的机构选择将人力资源招聘、劳务派遣、人力资源信息网络服务及人力资源服务外包作为未来重点拓展的业务方向。仅两成左右的机构未来将重点拓展人才测评和人事代理业务。如图 32 所示。结合上述业务服务情况和业务收入情况分析发现，人力资源招聘和信息网络服务是服务次数相对较多的业务，而劳务派遣和人力资源服务外包则是营业收入相对更好的业务。可见，人力资源服务机构对业务未来的拓展计划贴合实际，具有一定的合理性。再看各城市情况，除惠州、江门、珠海的人力资源服务机构未来最主要拓展的业务是人力资源信息网络服务外，其他城市未来仍以人力资源招聘业务为重点拓展方向。如图 33 所示。

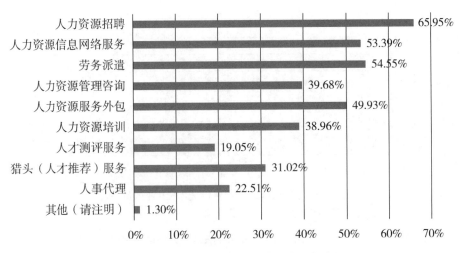

图32 人力资源服务机构未来业务拓展方面

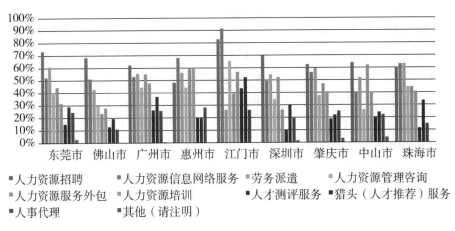

图33 各地区服务机构未来业务拓展方向

## （二）大湾区人力资源市场建设策略

党的十九大报告提出，人才是实现民族振兴、赢得国际竞争主动的战略资源。粤港澳大湾区作为我国未来区域发展中最具增长活力和创新动力的重要区域之一，集聚优质、充足的人力资源，特别是国际高端人才，既是粤港澳大湾区持续发展的必然要求，更是粤港澳大湾区的重要特质所在。

**1. 人力资源服务机构建设策略——提升人力资源服务业的战略高度**

（1）优化营商环境，发挥人力资源服务机构的桥梁作用，促进供需匹配。"就业难""招聘难"一定程度上要归根于劳动力供求不匹配、结构失衡问题。经济社会发展最为需要的应用型、复合型、技术技能型人才十分紧缺，人才供给和市场需求"对不上"。目前，需要提升人力资源服务业的战略高度，优化营商环境，就要做到人力资源市场审批更简、监管更强、服务更优，构建国际一流营商环境，不断激发人力资源市场活力。人力资源服务机构作为连接企业和就业劳动力的桥梁，需要成为协调就业供需匹配的重要信息窗口。要加强人力资源服务机构之间的交流与合作，定期发布关于企业人才需求与劳动力就业观念、行为、情况的白皮书，为供需双方提供指导，进一步促进劳动力市场供需匹配。

（2）依托知名校企平台，举办促进企业、机构交流的论坛与活动，推动价值共创。借鉴人力资源服务行业和高校实践经验，定期举办"人力资源服务创新发展峰会""首席人力资源官大会""人力资源发展论坛"等促进企业、人力资源服务机构交流与合作，分享人力资源服务供应商的最新研究成果，倾听具有国际化水准和前瞻性客户的实践经验，学习全面整体和高兼容性的人力资源服务解决方案。通过一系列聚焦人力资源服务合作中的热点问题，旨在提升人力资源服务的辐射力和影响力，努力打造一流的人力资源服务枢纽平台，促进人力资源服务业发展。

（3）推动人力资源产业基金建设，给予研发投入多的人力资源服务机构更多支持。支持人力资源服务机构和高校、科研院所开展人力资源实践新技术、新工具研发、应用和产业化。支持人力资源服务创新企业加大科技投入，充分利用好各类政策工具，采取前期资金投入、后期补助等方式对人力资源服务机构技术、工具研发给予扶持，鼓励有能力的服务机构探索产学研合作前沿，推动产业的人力资源优化与发展。支持龙头企业、互联网科技企业、创新企业等示范应用，助力人力资源服务实践精深化、专业化。

（4）审查和培训人力资源服务机构从业人员，培育新兴业态。制定和完善服务机构执业人员的资格认证制度，确立服务机构人员资质和上岗标准；加强对人力资源服务机构人员的业务能力、语言运用能力和服务能力

培训。鼓励服务机构加强培训能力的建设，鼓励服务机构在提高人力资源素质的前提下实现对劳动力和人才资源的配置。同时，加强对服务创新机构的引导，支持灵活用工、人工智能测评等新业态的迭代和创新，规范新兴人力资源服务市场，推动创新服务成为人力资源市场的新动力。此外，继续大力发展现有的包括人力资源服务产业园在内的公益性人力资源服务机构和猎头公司在内的盈利性人力资源服务机构，规范其业务内容、业务重点和业务分类，监督其在人力资源市场上发挥的作用，加大评估和奖惩力度，树立典范，促进良性竞争。

**2．人力资源产业园建设策略——精准定位、重点激励**

（1）产业园建设发展要实现"三步走"，即从"产业集中"到"产业集聚"，再到实现"产业品牌"的目标。通过以市场为核心，以服务品牌和服务产品为纽带，吸引优质人力资源服务企业入驻。进一步完善人力资源服务产业园的激励政策，包括财税优惠政策、专项产业财政扶持资金、企业集聚奖励（龙头、重点企业）、人才奖励政策、品牌奖励政策等。注重软环境建设、配套设施、生活便利、信息互通甚至交通便捷等需求，促进企业、人员、资金、信息的集散，推动市场机会的协同开发、汇总、交流、碰撞和再造。通过产业集聚，形成配套化、体系化的"一站式"服务集聚地，从而实现"产业品牌"的目标。

（2）拥抱"互联网＋"，加大对园区信息化建设的资金投入，推动服务产业转型升级、推动创新驱动发展战略。鼓励和支持人力资源服务企业与互联网企业深度合作，研究开发人力资源供求信息查询系统、人才测评系统、职业指导系统、远程面试系统等，不断推出新业态、新产品，推动产业智慧化。加大政府对园区信息化建设的资金投入，推动实现"一园多区"信息联网，共享园区人才信息库和服务项目信息库，探索建立网上人力资源产业园，建立 O2O 人力资源服务产品实时交互平台，实现供需精准对接、精确匹配，实现信息共享、服务贯通，积极打造"智慧"园区。

（3）建立健全园区正常运行机制和管理制度，提高园区服务质量标准化和服务效率。加强对入驻园区企业的行业管理和行业自律，建立园区诚信服务体系和星级评定标准，完善园区企业入驻和退出机制，建立园区可持续发展的长效机制。积极引导园区企业通过加入人力资源服务行业协会等社会自治组织严格实施行业标准，完善园区诚信管理服务体制，加快建立园区行业诚信登记、考核、评选、奖励制度，引导企业自觉实施行业规范，严格履行行业义务，规范行业服务行为。通过评价工作逐步建立人力资源服务行业信用档案，促进上下游行业间互认评价结果，实现企业信用评价结果的上下游共享。

（4）产业园管理者要跳出"房东"思维，提升专业化水平。将简单的招商入驻变为主动为人力资源服务产业园入驻企业培育商机，并为入园企业提供行业梳理、资源整合、品牌建设、产业链深化完善等方面的全方位服务。人力资源服务产业园运营方本身就可以作为"龙头"，引导和帮助园区入驻企业通过相互了解与优势互补，结成战略联盟，开拓市场、创新服务，起到引领行业的作用。产业园需精准定位与规划，避免同质化问题。要贴近当地市场、产业结构特征和人力资源市场化水平等要素的个性化和差异化功能定位。

（5）加强人力资源服务业的人才学习交流，以人为核心，传递软性服务。以园区和行业协会为纽带，以市场主导和优势互补为原则，实现区域人力资源服务人才培养开发交流的资源共享，优化市场人力资源服务人才开发的资源配置。实施从业人员三年培训计划，在引进人力资源服务研究机构的同时，设立园区人力资源服务业研究院，积极开展对人力资源服务项目、服务营销策略、从业人员专业能力、职业道德等进行研究开发和专业培训，通过各种学术研讨、培训交流等形式推进园区中高级人才的交流，加强与国内外知名高校、知名人力资源服务业企业的合作。以此全面提高和优化园区人力资源服务业人才素质，建立一支职业化、知识化、专业化、社会化的人力资源服务业人才队伍。

### 3. 人才流动机制建设策略——打破城市壁垒、促进人才流动

（1）各个城市要继续打破各种壁垒，发挥市场在人才资源配置中的决定性作用。人才是稀缺资源，只有实现有效配置，才能使这一稀缺资源真正发挥效用。人才"共享"的人才流动机制正是解决这个问题的关键。这就需要企业打破陈旧的"人才独为我用"的用人思想观念，以更加开放、合作和包容的心态看待人才流动。高校要加强相互合作，促进师生之间的学术合作和交流，通过人才帮扶的方式，由大湾区名校带动普通高校一起

发展，提升大湾区普通高校的人才培养实力。不同地区的企业根据自身行业特征以"点对点"形式开展人才"共享"。

（2）通过建立科学合理的机制，建立建设人才信息库，鼓励本地人才"走出去"并"回流"。提高大湾区的整体技术创新水平，缩小与世界其他三大湾区之间存在的人才方面的差距。加强人力资源服务业的人才学习交流，以产业园和行业协会为纽带，以市场主导和优势互补为原则，实现区域人力资源服务人才培养开发交流的资源共享，树立现代化人才管理观念，鼓励人才"走出去"，同时做好人才"回流"工作，优化市场人力资源服务人才开发的资源配置。

（3）建立科学合理的人才吸引和激励机制。一方面，要建立科学的人才评价机制，进一步规范、统一粤港澳三地各类资格认证和职业考试，改善人才因职业资格认定标准不统一而受到流动阻碍的局面；另一方面，应正确认识和理解人才多维需求，实行切实可行的高端人才引进政策并落地，通过绿色通道优先给高端人才发放绿卡，解决其落户安家、配偶工作、子女教育等基本问题，加强人文关怀力度，针对其存在的问题提供"一对一"咨询服务，及时提供解决方案，并跟踪反馈，为其提供周到的健康服务。组织"高端人才见面会"和"企业家俱乐部"等活动，加强高端人才之间的交流互动，增强他们的归属感和满意度。此外，向高端人才提供优质的创新环境和有竞争力的创新基金，实行优惠的税收政策来吸引更多优秀的人才加盟。

**参考文献：**

［1］陈杰，刘佐菁，苏榕. 粤港澳大湾区人才协同发展机制研究［J］. 科技管理研究，2019（4）.

［2］东莞市统计局. 东莞统计年鉴 2020［Z］. 2021 – 03 – 28.

［3］佛山市统计局. 2020 年佛山统计年鉴［Z］. 2020 – 12 – 23.

［4］《广东省人才发展条例》［Z］. 2019 – 01 – 01.

［5］广东省人力资源和社会保障厅. 2019 年人力资源和社会保障统计快报数据［Z］. 2020 – 01 – 21.

［6］广东省人力资源和社会保障厅. 2020 年人力资源和社会保障统计快报

数据［Z］. 2021 - 03 - 19.

［7］广东省统计局. 广东统计年鉴 2019 年［Z］. 2019 - 09 - 29.

［8］广东省统计局. 广东统计年鉴 2020 年［Z］. 2020 - 10 - 09.

［9］广州市统计局，国家统计局广州调查队. 2020 年广州市国民经济和社会发展统计公报［Z］. 2021 - 03 - 12.

［10］惠州市统计局，国家统计局惠州调查队. 2020 年惠州国民经济和社会发展统计公报［Z］. 2021 - 03 - 15.

［11］江门市统计局. 2020 年江门市国民经济和社会发展统计公报［Z］. 2021 - 03 - 22.

［12］深圳市统计局，国家统计局深圳调查队. 深圳统计年鉴 - 2020［Z］. 2020 - 12 - 31.

［13］肇庆市统计局. 2020 年肇庆市国民经济和社会发展统计公报［Z］. 2021 - 04 - 30.

［14］中共中央，国务院. 粤港澳大湾区发展规划纲要［Z］. 2019 - 02 - 18.

［15］中山市统计局. 2020 年中山市国民经济和社会发展统计公［Z］. 2021 - 03 - 28.

［16］周志坤，王聪. 深化人才发展体制机制改革 加快建设广东人才高地［J］. 南方日报，2017 - 03 - 29.

［17］珠海市统计局. 2020 珠海概览［Z］. 2021 - 07 - 17.

# 金融协调监管与地方金融安全：以广东为例

*李广众*①

## 一、引言

### （一）地方金融风险容易引发"边缘革命"式的系统性和区域性金融风险

当前金融风险变得更加隐蔽和复杂，呈现传染性更强、跨地面积更大、影响面更广和扩散速度更快的特征，金融风险防控工作面临着新的挑战。其中，非法集资、金融诈骗等违法违规金融活动频发，对当地的金融秩序造成极大的破坏，令区域性金融风险防控压力变大。2017 年召开的中央经济工作会议上，习近平总书记明确提出："打好防范化解重大风险攻坚战，重点是防控金融风险。做好重点领域风险防范和处置，坚决打击违法违规金融活动，加强薄弱环节监管制度建设。"此外，习近平总书记在中共中央政治局第十三次集体学习时指出："防范化解金融风险，特别是防止发生系统性金融风险，是金融工作的根本性任务，也是金融工作的永恒主题。"

地方金融系统是指为地方金融发展提供服务的机构、市场。地方金融系统微观主体类别很多，包括金融机构、上市公司、非上市企业、家庭/个人和地方政府。其中，地方金融机构具有特殊性，除了纳入中央监管机构监管的大型金融机构及其分支机构，还包括根据中央要求纳入地方金融监管范围的"7 +4 +1"类地方金融主体。根据最新监管精神，这"7 +4 +1"类地方金融机构具体是指：7 类机构包括小额贷款公司、融资担保公司、区

---

① 李广众，中山大学商学院院长，教授。

域性股权市场、典当行、融资租赁公司、商业保理公司、地方资产管理公司；4 类机构是指投资公司、农民专业合作社、社会众筹机构、地方各类交易所；1 类机构是指网络借贷信息中介机构。

在国家金融安全体系中，地方金融监管具有特殊的重要性，具体表现在两个方面。

第一，地方金融风险管理是一个崭新的挑战。大多数地方金融活动不纳入中央监管机构的监管范围，主要由省市金融办兼职监管，缺乏专门监管机构，是金融监管的薄弱地带。同时，传统金融风险管理理论和技术不适用于地方金融机构的风险管理。这是由于传统金融风险管理依赖于完善的财务数据和风险内控流程，但地方金融机构财务数据和风险内控体系大多缺乏规范，这给地方金融机构的风险管理带来新的挑战。

第二，地方金融风险容易向全国蔓延而造成"边缘革命风险"。地方金融系统中各微观主体形成了一个复杂关联网络，使得金融风险会在复杂网络中传导蔓延。地方金融活动处于缺乏专门监管机构进行专业监管的边缘薄弱地带，容易发生重大金融风险事件。比如一些地方企业的非法集资活动往往结合网络传销手段进行疯狂扩展，从一个地方向全国蔓延；但在监管方面，中央监管机构没有监管权限和数据，地方金融管理机构又缺乏足够的专业力量且不能在全国范围监管，于是一些地方金融风险隐患如非法集资得以野蛮生长，一旦风险爆发，容易造成极为严重的金融风险事件，如 E 租宝、钱宝网事件。又如资本系风险，地方上市公司往往通过控制地方金融机构作为进行资本扩张的融资渠道，一旦风险爆发，不但对地方金融经济造成极大冲击，更对全国金融市场系统造成严重威胁，如"德隆系"和"海航系"等风险。但是，作为上市公司的监管主体证监会和交易所又不具有地方金融机构的监管权责和缺乏有关数据，难以对资本系风险进行识别和监测。这种地方金融风险隐患造成的重大风险可称为"边缘革命风险"。即在复杂金融网络系统中，导致危机的风险往往从比较边缘和薄弱的地方爆发，由小变大，不断蔓延最后导致全局崩塌。边缘革命不局限于社会风险，金融风险也存在同样的规律，如我国股市 2015 年异常波动（俗称"股灾"）的重大金融风险事件就起源于游离在中央监管体系之外的场外配资和伞形信托等高杠杆融资活动。可见，边缘革命风险是一种严重的系统

性风险，如何防止地方金融风险通过复杂金融网络进行累积和蔓延，是维护国家金融安全时面临的重大挑战。

### （二）金融协调监管对维护金融安全的重要性

金融监管的最终目的，是防范金融风险，维护金融安全与稳定。从"一行三会"的金融监管格局演变来看，似乎有其规律可循。首先，经济发展催生新的金融市场和业务；其次，经济遇冷或遭遇金融危机，前期积累的市场风险开始暴露，强化监管解决违规操作、市场混乱等问题成为重要手段，以推动市场和业务可持续健康发展。1997 年至今，我国曾召开过五次全国金融工作会议，其中三次涉及金融监管体制的改革和调整，证监会、保监会、银监会以及最新成立的国务院金融稳定发展委员会和"一行两会"均是在"加强金融监管，整顿金融秩序，防范金融风险"的指导思想下设立的，也可视为混业监管和分业监管在不同历史时期的产物。

为了推动金融监管协调发展，更好地监控跨市场风险传染，2003 年，银监会成立之后，就建立了"三会"联席会议制度。2013 年，建立了由中国人民银行牵头的金融监管协调部际联席会议制度，重点围绕金融监管开展跨多个部门的协调工作，但联席会议并没有建立起明确的决策机制、议事规则、决策权限等，更多地扮演了一个信息交流平台的角色。金融监管体系中的专业化分工必然会带来相应的协调问题，尤其是重大的系统性风险，很难仅仅依靠某个单一的监管机构加以处置。在此次金融监管改革之前，中国金融监管体系存在的核心问题是监管机构之间、中央和地方之间均缺少一个实体性的协调机构来发挥统筹协调作用。为此，第五次全国金融工作会议提出的国务院金融稳定发展委员会（以下简称"金融委"）自然而然地担负起此项重任。2017 年 11 月 8 日，金融委宣告成立并召开第一次会议。金融委的设立不仅是将 2013 年 10 月开始运行的金融监管协调部际联席会的"部际水平协调"升级为"上下级垂直协调"，而且是提升我国金融领域国家治理水平的重大体制机制创新。

不同的经济与社会发展阶段，不同金融体系所面临系统性风险的来源与传导机制存在着差异。目前，由于中国金融发展所处阶段和金融体系的特定结构，时间维度下因经济增速放缓可能引发的系统性风险隐患相对较小。但随着金融混业及金融创新的发展，金融控股公司等大型混业经营机构由于其规模庞大、具有高度的复杂性和关联性，使其系统性风险隐患不断升级。同时，那些以跨业经营为主要特点的交叉性金融业务和产品，由于存在一定的监管套利空间，则逐渐成为中国金融市场的不稳定因素。加之全球经济波动，国内经济增速调整，经济结构转型以及金融体系市场化改革的不断深入，使得金融体系内部的风险开始显性化，金融监管面临着重重挑战。关于金融监管改革的讨论，最核心的内容就是如何在金融各子领域内实现"穿透性"监管，如何统一监管标准以尽可能地降低监管套利的可能，如何打破监管机构的部门利益以杜绝"各管一摊"的行为，以及如何更好地发挥地方金融监管部门的作用。要解决以上提出的问题，就必须要加强金融监管方面的统筹协调，并逐步实现"十三五"发展规划提出的"加强统筹协调，改革并完善适应现代金融市场发展的金融监管框架"的总体要求。

从根本上看，金融的混业经营与分业经营是促使金融监管体制不断调整的内在因素。但两种模式孰优孰劣并无定论，金融业务的相关性也使得两种经营模式难以划定清晰的界限，即使在一些金融发达的国家也难以做到泾渭分明。在历史上，我国曾尝试较为严格的金融分业经营模式，但由于我国金融混业经营不断深化，不同金融机构业务关联性增强，新金融业态层出不穷，金融风险跨行业、跨市场传染性也不断加强，并未达到理想效果。因此，混业经营趋势下，如何实现有效协调配合，制定统一监管规则，达到监管全覆盖，既不留监管空白，也要避免重复监管，就成为金融监管部门探索的重要方向。金融协调监管是为了更加有效地实现监管目的，强调金融监管当局之间在监管信息交流、技术合作以及在决策行动上的协调一致，避免制度不完备、信息不对称和行动不协调而出现监管漏洞。防止在金融监管中出现矛盾，提高金融监管效率，维护金融安全。

## （三）广东面临的地方金融风险活动形势

粤港澳大湾区是我国金融创新最活跃的区域之一，具有丰富的金融资源和雄厚的金融服务基础。香港是继纽约和伦敦之后的全球第三大金融中

心，据中新社报道，2015 年香港金融总资产超过 31 万亿元，对外金融总资产超过 24 万亿元；深圳是中国第二大金融中心和成长中的全球金融中心，广州是中国内地重要的区域金融中心，2015 年广东金融资产超过了 23 万亿元；澳门是开放的国际特色金融中心和博彩业中心，金融资产超过 1 万亿元。作为粤港澳大湾区最核心的广东省，是经济大省，也是金融大省。其银行业总资产、各项存款、各项贷款等主要指标均居于全国前列，地方金融活动蓬勃发展，政府、金融机构和企业都积极发展地方金融风险管理手段。

近年来，P2P 等互联网金融、私募股权基金、融资担保、地方各类交易所等地方金融业态风险频发，成为防范化解金融风险工作面临的重大问题。广东省金融创新十分活跃，但是其地方金融安全形势已十分严峻。以广东省地方金融风险监测防控平台监测调研数据为例，截至 2018 年 1 月，在已纳入监测的 20137 家企业中，发现已爆发风险的异常企业为 127 家，高危企业 77 家，高风险企业 491 家，风险指数达到高风险及以上的企业占监测企业总数的 3.45%，须重点监测的企业 180 家。一些企业已成为系统性金融风险的重点关注对象，亟待处置。目前缺乏统一的监管处置机构，因此都是各个地方政府自行处置，各自为政。广东省是粤港澳大湾区中心，毗邻国际金融中心香港，是承受境外金融冲击的最前线。在境外金融风险冲击下，地方金融风险隐患一旦集中爆发，将可能会通过上市公司、地方金融机构、非上市企业和家庭个人构成的复杂网络向全省、粤港澳大湾区乃至全国进行蔓延，从而造成严重的系统性风险事件。

## 二、金融协调监管体制现状及面临的挑战

### （一）金融协调监管体制现状

从 2017 年中央经济工作会议提出在"今后三年要重点抓好决胜全面建设小康社会的防范化解重大风险、精准脱贫、污染防治三大攻坚战"后，广州市地方金融监督管理局响应国家号召，2018 年在全国率先推出了《广州市决胜防控金融风险攻坚战三年行动计划（2018—2020 年)》，并在接下

来两年内在各个方面取得关键进展，使地方金融领域风险总体可控，逐步形成地方金融风险防控的"广州模式"，实现部门监管、行业自律、大数据检测等风控领域的全方位覆盖。2020年5月10日，由于广东在防范化解金融风险、营造诚实守信金融生态环境、维护良好金融秩序、健全金融消费者权益保护机制方面成效较好，在国务院办公厅发布关于对2019年落实有关重大政策措施真抓实干成效明显地方予以督查激励的报告中获得督查激励。

**1. 地方政府金融监管协调机制**

为了实现金融风险监管全覆盖，加强地方监管部门之间和中央政府与地方政府之间的金融监管协调，广东省先后建立了防控金融风险联席会议制度和金融委办公室地方协调机制，逐步构建金融监管协调体系。这些协调机制在不改变现行的"一委一行两会"分业监管架构的同时，像胶水一样将各个部门联结在一起，降低各级监管部门之间的割裂程度，消除由此带来的金融监管真空。

2017年第一季度，广东省人民政府金融工作办公室推动建立了广东省防控金融风险联席会议制度，由分管副省长担任召集人，成员单位有省金融办、中央驻粤金融监管部门和省有关部门。不改变现行金融监管体制，不替代、不削弱有关部门现行职责分工，通过季度定期召开联席会议来开展相关工作。

广东省防控金融风险联席会议的职责主要是协调指导省各部门之间、省与中央驻粤金融监管部门之间的协同监管、风险防控工作，强化监管技术手段和相关数据信息的共享，在风险监测预警、落实监管措施等方面进行联动，形成对类金融业态的合力监管，协同应对新形势下的地方金融监管、金融形势分析、区域性系统性金融风险的防范化解等重大问题，共同维护金融安全稳定。另外，广东省防控金融风险联席会议还需要在国家的统一部署下推进地方金融工作部门职能调整，强化监管力量；研究建立机构监管与行为监管相结合的创新监管模式，以实现地方金融业态监管的全覆盖、无死角。

2020年初，国务院金融稳定发展委员会办公室印发《国务院金融稳定发展委员会办公室关于建立地方协调机制的意见》，将在各省（区、市）建

立金融委办公室地方协调机制，加强中央和地方在金融监管、风险处置、信息共享和消费者权益保护等方面的协作。为贯彻金融委办的要求，国家金融管理部门驻粤机构、广东省政府相关部门协商成立金融委办公室地方协调机制（以下简称广东省协调机制），并于2020年3月4日发布《关于建立金融委办公室地方协调机制（广东省）的通知》。

根据相关文件，广东省协调机制设在人民银行广州分行，日常工作由人民银行广州分行承担，将邀请广东省政府相关部门、省内相关市政府和金融机构负责人参加会议。广东省协调机制的作用定位于指导和协调，不改变各部门职责划分，不改变中央和地方事权安排，主要通过加强统筹协调，推动落实党中央、国务院及金融委有关部署，强化金融监管协调，促进区域金融改革发展和稳定，推动金融信息共享，协调做好金融消费者保护工作和金融生态环境建设，履行属地金融监管和地方金融风险防范处置责任。

广东省协调机制的成立，有助于建立中央和地方条块结合、各有侧重、监管覆盖完整、协调联动机制健全的金融监管体系。广东协调机制将按照"强化统筹协调、增强有效合力、促进区域发展、提高监管效能"的原则开展工作，在实践中不断探索完善，充分调动中央和地方的积极性，消除监管真空，避免监管缺位，最终形成监管的强大合力，更好地服务实体经济、防范金融风险、深化金融改革。

**2. 地方金融机构风险的监管**

广东在P2P等重点领域成立了相应的工作小组，如P2P风险应对工作小组和网络借贷风险应对工作领导小组，专门负责各个领域的金融机构风险。一方面，清理整顿网络上的股权融资、外汇交易、资产管理等平台；另一方面，对小额贷款公司、P2P、融资担保等公司进行现场检查。

广东的监管部门特别注重对P2P平台的监管，2018年2月28日，广东金融办在其官网发布《关于贯彻落实网络借贷信息中介机构业务活动管理暂行办法的通知》，从各个方面加强对P2P平台业务活动的监管。首先，加强了市场准入限制，对已存续网贷机构严格开展现场检查、整改验收等工作，对验收合格的指导办理备案登记，除了这些少量严格备案的机构，其他的机构都应该根据相关政府文件制订退出计划，目前P2P行业已基本完成风险出清。其次，要坚持穿透式监管，对业务实质进行界定，不留监管盲区。另外，就是要强化监管手段，加强监管科技应用，将 P2P 平台数据接入地方金融风险监测防控中心。

2018 年 3 月 8 日，广州互联网金融行业在全国率先实行首席风险官制度，并在 2020 年 5 月 6 日进一步将该制度推广到小额贷款行业。首席风险官定位为金融机构高级管理人员，既参与高管会议、列席董事会，也对监管部门和投资者负责，负责搭建、维护并运行金融机构的风险体系，并对金融机构业务部门工作的合法合规性和风险管理状况进行监督检查。该制度与监事制度、独立董事制度相配合，是对现有金融机构公司治理机制的进一步完善，有助于提高各金融行业内部合规及风险管理水平，促进金融机构依法稳健经营，完善金融消费者和投资者权益保护体制机制，构建行业的监管长效机制，形成金融行业"外部＋内部"协同监管合力。

### 3. 非法金融活动的监管

近年来，广东省有关监管部门坚决打击非法集资等非法金融活动，把处置非法集资风险摆在突出位置，主动出击，大力开展"排雷行动"，有力有序地处置大案、要案和久拖未决的案件，化解积累多年的风险。

另外，政府积极进行群防群治工作，依托群众力量通过多种举措来防范风险。在宣传教育方面，按照"政府主导、机构支持、社会参与、上下联动"的思路，处置非法集资部际联席会议连续 7 年组织开展防范非法集资宣传月活动，广州市地方金融监管局在《广东金融大讲堂》等多渠道投放法治宣传视频，合力打造防范和化解非法集资宣传教育"广东模式"。对非法集资的举报奖励力度进一步加大，一些地方及时调整标准、扩大范围，受理线索、奖励金额均实现大幅增长，并解决奖励门槛标准过高、奖励范围过窄、奖励兑现时间滞后等问题。

监管部门还充分运用互联网、大数据、人工智能等科技技术手段，建设非法金融活动风险防控平台。现有超过 25 个地区已建或在建大数据监测平台，并有 12 个重点地区 200 多家高风险机构已经进行了全面体检扫描。广东省非法集资监测预警体系建设加快推进，立体化、信息化、社会化的监测预警体系正逐步形成。

最后，各地各部门正积极探索落实非法金融活动全链条治理思路，抓

住企业准入审核、广告监管、资金异动监测和风险防控、与社会信用体系对接、资产保值和处置等关键环节，深化全行业、全流程、全生态链防控，从源头上降低非法金融活动的风险。

**4. 地方金融风险防控平台与非现场监管**

广东省政府依托广州商品清算中心于 2017 年授牌成立的广东省地方金融风险监测防控中心，是全国首创的地方金融风险监测防控平台。防控平台打造了金融风险防控"金鹰系统"，利用自然语言处理等信息化、智能化手段推动风险全链条、立体化、高效率处置，有效落实识别预警、实时监测、分析与辅助定性、协调处置的四大职能，形成了风险"识别发现—监测预警—深度研判—协同处置—核查反馈—持续监测"的闭环管理机制。

"金鹰系统"根据其四大职能建设了 10 个平台：在识别预警方面，有主动识别平台、舆情监测平台和监测预警平台，主要功能是根据"7 + 4 + 1"类地方金融业态业务特征分别建设监测预警模型，通过对接政务信息、金融机构报送信息及网络舆情、投诉信息等数据，实现动态评级和及时预警。在实时监控方面，建立了非现场监管平台、金融广告监测平台、电子合同存证（交叉验证）平台，集中统一登记被监测企业的基本信息、经营情况、资金信息等，并进行信息交叉验证，运用现代金融科技手段实现穿透式监管。实现分析与辅助定性方面功能的是监测预警平台，该平台除了能识别预警，还能深入研究地方金融各个业态特征，提供行业调查分析报告、地区金融稳定发展报告、舆情分析报告和企业专项风险排查报告。最后是协调处置方面，有金鹰投诉举报平台、资金监管平台、非法集资信息报送平台、风险处置管理平台和电子合同存证（证据保存）平台能协助实行此功能。

另外，为进一步加强防控中心的非现场监管能力，解决数据缺失、数据造假等问题，由防控中心打造的地方金融非现场监管区块链系统于 2020 年 1 月 8 日正式落地。该系统是全国首条地方金融风险防控链，利用区块链中的分布式记账、智能合约和共识机制等技术，可实时同步金融机构的资金、资产、交易等核心信息，将交易合约数字化，保证交易记录不可篡改，具备可追溯性，并减少金融系统被黑客攻击的风险。

深圳市地方金融监督管理局和腾讯公司合作开发了"灵鲲金融安全大数据平台"，该平台通过人工智能识别、基于数据挖掘的多维度信息关联、基于知识图谱的平台风险指数计算、基于涉众人数增长异常规模预警等风险识别方法，能够有效预警全市金融活动中蕴藏的各种金融风险，得到国家部委的高度认可。

**5. 数字金融协同治理平台**

2019 年 8 月 10 日，由广州互联网法院联合广州市地方金融监督管理局、广州市越秀区人民政府共同成立的全国首个数字金融协同治理中心在广州正式揭牌。该中心汇聚了优质的人才资源和先进的技术资源，积极构建数字金融协同治理机制，以提升广州数字金融治理能力和水平，是为粤港澳大湾区全力推进数字金融建设赋能的新举措。

该平台的主体部分是全国首个针对互联网金融纠纷的全流程在线批量审理系统"类案批量智审系统"，覆盖了存证调证、催告、和解、调解、申请立案、立案审查、送达、证据交换、庭审、宣判、执行等诉讼环节，实现了全流程在线快速、批量、智能办理。其中，送达环节全程通过区块链记录，可实时追踪送达时间、地点、签收人等关键节点信息。对于代表性强、具有示范意义的典型案件，法官可以通过发送邀请码等形式让同类型案件当事人在线旁听，推动平行案件达成和解、调解协议。

构建数字金融协同治理机制，探索创新"互联网＋"纠纷解决机制，是加强机构协同互动、保障数字金融高质量发展的必然要求，为金融纠纷提供了一条多元化、批量化的解决之道，有利于推动形成"数字湾区"金融发展"生态圈"，为营造公平、透明、稳定、有序的数字金融法治化营商环境提供有力支撑。

### （二）广东省地方金融监管协调与金融风险防控的经验总结

**1. 建立多层次的金融监管协调模式**

近几年来，广东省通过建立各种机构、颁布各种政策的方式逐渐建立起了一个多层次的金融监管协调模式：在政府层面，制定了广东省防控金融风险联席会议制度和金融委办公室地方协调机制（广东省）等监管协调制度；在行业与金融机构层面上，通过行业协会和专门工作小组来防控各

个行业领域的金融风险，利用首席风险官制度提高各金融行业内部合规及风险管理水平；在社会公众层面上，积极进行群防群治工作，发动群众防范非法金融活动风险。

这种多层次的金融监管协调模式可以扩大金融监管的覆盖范围，增强对金融风险的防控力度，形成"全局一盘棋"的监管协调局面，有利于消除分业监管造成的重复监管和监管真空，应该在粤港澳大湾区乃至全国的金融监管协调模式建设中加以推广。

### 2. 积极运用先进的新制度和新技术

在建立广东省金融监管协调模式时，各监管部门不断创新，在全国第一个引进在国际上表现优秀的首席风险官制度，成立全国首创的地方金融风险监测防控中心、全国首个数字金融协同治理中心，还建立了全国首条地方金融风险防控链和全国首个针对互联网金融纠纷的全流程在线批量审理系统。

由此能够看出，广东省在地方金融监管协调领域的成就在全国范围内处于领先地位，获得多个"全国第一"。这是因为广东省在进行建设时不故步自封，不断吸收国内外先进制度和技术，保证了广东省金融监管协调架构先进的效用和效率，形成了全国独树一帜的地方金融风险防控"广东模式"，发挥了巨大的模范带头作用。

### （三）金融协调监管体制面临的挑战

#### 1. 决策层次不够高、链条长

现在做出地方金融监管相关决策的政府部门层次较低，这样的决策机制比较适应日常事务性的监管工作，但决策集中度不够高，在面对需要协调统筹的决策时就会使决策链加长，使地方金融监管效率变得低下。

#### 2. 联合处置协调机构权责不够清晰

虽然国家开始逐步重视地方金融监管协调，但当前地方政府在统筹协调地方金融监管事宜方面发挥的作用不够充分，在推动加强监管协作、形成监管合力方面的统筹力度不够，使得联合处置协调机构分工不明、权责不明，缺乏有效的考核激励和追责机制，难以压实风险处置的责任，在风险处置过程中各部门往往存在争议和踢皮球的情况，使得处置时效严重滞后。最终导致参与部门协调配合积极性不高、工作参与度不够，往往协调机构变成了承办机构，很大程度上影响了对金融市场、金融主体等的穿透式监管和整体监管。在此过程中，地方金融风险逐渐累积直至爆发，使得处置部门之间出于责任归属考虑，更加难以协调，形成了恶性循环。

### 3. 地方性金融监管法规不完善

目前，关于地方政府金融监管的法律制度还处于缺失状态，法律中没有地方政府金融监管职责、地方金融和央地金融事权划分的相关规定，监管机构的执法依据基本上只是规章和规范性文件，立法层次和法律效力偏低。而且除了河北、山东、浙江等少数省份，大多数省份还没有制定发布地方金融管理条例，监管部门对地方性金融活动的约束缺乏规范性和合法性。

也正因如此，地方金融监管局缺乏有力的处置机制，行使行政审批权的依据不足，也不能行使行政执法权和行政检查权。对于危害地方金融稳定性的企业相关部门只能警告和罚款，不能做出与危害相对应的处罚，风险企业在监测过程中风险逐渐膨胀，无法真正实现维护地方金融安全的目标。

### 4. 监管数据平台尚需完善

虽然广东省的地方金融风险监测防控平台仅在广州就高效监测了1400万个市场经营主体，实时监测了40多万家重点企业，但是仅覆盖了私募基金、商业保理、融资租赁、网络小贷和P2P行业，余下的"7＋4＋1"类地方金融业态，包括融资担保公司、区域性股权市场、典当行、地方资产管理公司、投资公司、农民专业合作社、社会众筹机构、地方各类交易所的数据均处于缺失状态，亟须完善。

在技术方面，"金鹰系统"只能通过一些简单的统计性指标对金融风险进行监测，还不能使用智能的方法去构建模型和新的风险指标，需要逐步完善。接下来的平台的技术发展方向主要有地方金融数据多源融合与多维度表示技术、基于复杂网络的金融风险知识图谱和深度学习技术、基于人工智能算法的风险评估与监测预警技术，以及地方金融风险压力测试与情景－应对分析的计算实验建模技术。

# 三、对于金融协调监管与维护地方金融安全的建议

习近平总书记指出，形成金融发展和监管强大合力，补齐监管短板，避免监管空白。广东应在大湾区金融监管协作治理环境下，探索监管的制度性改革方向，做到制度完善与技术进步两手抓，清晰界定各地金融局所担负的权责，同时解决好地方政府发展与稳定、速度与质量的关系。上述内容分析了维护地方金融安全的重要性、金融协调监管体制的现状及弱点，面对广东地区严峻复杂的实际情况和监管体制的不完善，本文将进一步从制度与技术层面对金融协调监管体制提出政策建议。

## （一）制度层面

### 1. 建立广东省金融安全决策委员会和专业风险处置队伍

建议扩充基层人员数量，并成立省金融安全决策委员会和专业的风险处置队伍，有效防范与化解金融风险。目前，广东省金融风险监管预测平台建设已取得一定成果，在广州金融风险监测防控中心内有一套风险监控系统——金鹰系统，可通过四大渠道发现风险企业，包括主动识别平台、舆情监测平台、金融广告监测平台和金鹰投诉举报平台。但也不可过分强调监管科技的作用，而忽略传统而艰苦的线下工作（如走访、摸底等）的作用，线上、线下仍需融合。如某些未涉及互联网的金融风险，金鹰系统未能做出预警，则容易陷入无金融风险的陷阱之中。为防止出现监测预警的盲区，应努力打造线上、线下一体化防范处置格局。

尽管广东在不同程度上已经加强了地方监管局编制，但与其所承担的监管职责力量相比仍显不足，表现为人员较少、结构不合理、配置呈倒金字塔，越到基层人数越少。而金融风险往往发生在基层和一线，与现有监管资源配置不匹配。针对基层人员数量不足的问题，需发挥网格员、社区维稳人员的作用。加大对现有从事金融监管工作人员的知识储备培训，使其尽快熟悉监管工作手段，建立深入社区的非法集资巡查制度，有效满足专业金融监管的要求，打造防范化解金融风险的天罗地网。

考虑到地方非法金融活动牵涉的部门颇多，其活动同时涉及金融、公安厅、检察院、法院、工商、维稳办等部门，广东省地方金融安全决策委员会建议由省委常委统一领导和负责，其成员需要来自金融系统中的省金融监督管理局、一行两会的省级机构，公安厅、检察院、法院和工商等部门的专职负责人。同时，建立专业的地方非法金融活动处置机构与执法队伍，全面统筹管理相关事宜。分别在省公安厅、检察院、法院抽调专职人员组建专业的非法金融活动处置队伍，如在具有执法权的省公安厅成立一支专业的非法金融活动侦办队伍，在检察院成立专业的非法金融活动检察官队伍，在法院设立非法金融活动专门法庭。

地方金融安全委员会的职能在于对地方金融风险进行定性决策和牵头处置实施，在地方金融安全委员会做出非法金融活动处置决策后，将移交公安厅的非法金融活动侦办队伍进行侦察，收集法律证据后，交由检察院的专门机构进行起诉，最终由法院的专门法庭进行判决，全链条防范处置流程完整，显示出广东省对非法金融活动打击的力度与重视程度。

**2. 加快建立健全地方性金融立法和执法工作**

我国当前金融风险总体可控，但防控事关国家安全、发展全局和人民财产安全。金融行业所具有的特殊性，决定其需要有更为严密的法律保障。地方金融监管职能和监管对象上还缺乏统一的制度安排，可能导致监管职能分散、监管边界不清等问题，容易引发监管缺位。金融法制工作的重要性也日益凸显，应加强地方金融监管的法制建设，推出适合广东省的金融监管条例。加大对金融违法行为的处罚力度，切实严肃市场纪律。

目前，已有不少省市发布了地方金融监管规范，如《天津市地方金融监督管理条例》《四川省地方金融监督管理条例》《河北省地方金融监督管理条例》等。通过对各地区的具体规范内容进行比对研究后发现，不仅各地监管对象不同，行业入门门槛不同，具体的监管方法与思路也存在差异，但多数条例将焦点都集中在金融风险防范和打击非法集资等方面。

据 2020 年 5 月广东省金融监管局公布的年度重大行政决策事项目录，其中就包括起草《广东省地方金融监督管理条例》。在中央统一监管规则和地方金融条例的基础上，广东省正在加快推进地方金融监督管理条例的立法工作，推出适合本省的金融监管条例，从法律层面赋予地方政府金融监管和风险防控执法权。明确地方金融监管内容与规则，如信息披露、数据

标准等，明确防范化解金融风险的地方政府及部门职责，明确相关部门监管权限和手段，如非法金融活动、违规金融机构处置，统一市场准入、日常监管、行政处罚、市场退出等各环节的操作规程。落实金融监管责任，维护地方金融安全稳定，促进地方金融改革发展。此举有利于完善法律规则体系，填补地方金融立法的空白，解决地方金融主管部门执法缺乏有效手段、执法依据不足的问题。

建议在出台《广东省地方金融监督管理条例》之后，加快广东省地方金融行政执法工作流程的制定，规范各级地方金融监管部门行政执法行为。明确各部门及工作人员开展地方金融行政执法工作的基本原则、行政执法公示制度、行政执法全过程记录制度，细化执法工作流程，增强实际操作性，持续营造广东省良好的金融法制环境。

### 3. 明确权责和建立激励及追责机制

第一，明确界定中央与地方金融风险处置责任。坚持在金融监管主要由中央事权的前提下，按照中央统一规则、地方实施监管的总体要求，赋予地方政府相关金融监管职责，强化属地风险处置责任。在当前金融管理体制下按照金融条块监管相结合原则，建立"中央为主，地方补充，规则统一，权责明晰，运转协调，安全高效"的金融监管和风险防范处置体系。探索建立由地方政府、金融机构、行业协会共同参与的风险补偿机制和分担机制，及时有效实施风险救助。

第二，明确广东省地方各相关部门权责属性，并实施激励与追责，打造风险提示和有效处置闭环管理。广东省地方金融风险监测防控平台是由广东省政府依托广州商品清算中心建设而成的。其主要通过三步实现风险防控：一是通过全天候、多维度收集信息，检测风险；二是利用区块链、人工智能和大数据等技术手段，从中筛选出高危、高风险的信息，及时发出预警并提供深度分析作为工作依据；三是一旦目标检测企业出现违法违规等风险情况，可立即运用资金监管和统一清算的模块功能进行控制和打击，并向地方金融监管机构汇报。

地方金融监管机构负责处置决策，公安部门负责侦办案件，监察部门负责起诉，法院负责判决，工商部门负责限制企业经营活动，金融系统负责将企业资金与结算冻结，维稳办负责维稳及相关可能引发的群体事件处置。明确各处置环节上各个关键部门的相关权责，实行激励与追责。

激励可大致分为两大类，一是物质激励，表现形式之一为正激励，如对部门进行专门的绩效考核，根据绩效给予专项经费支持，对参与人员实施奖金、津贴等物质奖励。另一种表现形式为负激励，主要包括对工作不到位、不合格的部门进行物质罚款、扣除奖金等追责处罚措施。二是进行精神激励，可对工作中表现突出的部门及相关人员提出表扬，授予荣誉称号，并作为晋升考核依据。

### 4. 推进形成大宣传格局

一方面，需要做好金融风险防控工作；另一方面，广东省地方金融监管局也应继续加大投资者教育，创新投资者教育方式，大力鼓励居民举报身边进行的非法金融活动。按照"政府主导、机构支持、社会参与、上下联动"的思路，在打造防范和化解非法集资宣传教育机制上勇于创新，提升宣传教育的覆盖面、渗透率。多渠道投放法制宣传视频，合理使用新兴自媒体平台（如抖音、微博等），精心策划并组织相关活动。进一步发挥主流媒体作用，积极拓展新媒体渠道，推动形成政府全面行动、社会广泛参与、持续协调发力的宣传工作局面。

## （二）技术层面

### 1. 建设地方金融风险的大数据平台

地方金融组织数量庞大，在技术的包装下风险更加隐蔽。地方普通工商企业从事金融类或金融活动出现许多乱象，逐渐发展成为严重非法金融活动，形式包含非法吸收公众存款、变相吸收公众存款、非法集资、非法发放贷款、其他非法金融业务活动等。非法金融活动区别于一般违法犯罪活动的独特之处在于其对数据的充分性要求高。如今广东省地方金融风险监测防控平台只能获取非法金融活动线索，无法获取企业内部数据作为非法活动的定性依据。

因此，需要建立专门的地方金融大数据平台，将分散在金融、公安、检察院、法院、工商、税务、企业、网络各处的相关数据进行整合，借助大数据分析技术，为监管工作提供决策依据。对金融机构的经营运行形成动态、穿透式合规监管，对地方金融个体和分业行情做统计分析和风险监

测。通过对接更多本地数据及互联网公开数据，形成对法人机构的资金、资本的移动监测、股权穿透、高管管理等。

此外，为构建地方金融大数据平台，需继续扩大监测所覆盖的行业范围，整合全行业金融活动数据。目前广州市地方金融监督管理局重点监测P2P网贷行业、私募基金、商业保理、融资租赁、小额贷款等行业的非法金融活动风险，从公司设立、资金来源和运用、监督管理等方面重点要求。但仍有许多行业的金融活动数据处于监测范围之外，如融资担保公司、区域性股权市场、典当行、地方资产管理公司、投资公司、农民专业合作社、社会众筹机构、地方各类交易所，数据均处于缺失状态，需要将其日常经营数据接入监控系统。另外，运用大数据技术辅助舆情监测，对采集的海量舆情数据深入分析并挖掘关键信息，使用金融科技技术对收集的数据进行精准校验，再次确保数据的真实性。真正实现金融监管全行业覆盖，不留一处死角。对于非法金融活动，通过地方金融大数据平台整合所有违法犯罪信息，从数据维度形成完整的证据链。对于正规合法经营的地方金融机构，也可以通过对地方金融大数据平台集合的数据校对，进一步提高金融风险监测预警的能力。

广东省地方金融风险监测防控中心自成立以来，发挥金鹰系统的作用，并将其在广东省全面推广应用。该中心与广州市各区建立了"识别—监测—预警—处置—反馈—再监测"风险处理流程，并率先建设了"监测预警—处理反馈—持续监测"的创新风险闭环管理机制，已经在数据方面积累了大量分析经验，实质性地承担地方金融风险的发现、监测、分析工作。建议将统一的数据平台建立在广州商品清算中心，接入公、检、法等各个部门分散的数据与投诉举报信息，逐步推进数据互联互通，实现跨部门信息集成、风险穿透识别与动态监测预警，适应新形势下地方金融监管的新要求。

**2. 建设金融风险防控决策剧场**

更加开放、复杂、动态和不确定是地方金融安全管理决策任务的重要特征，特别地，情景推演实现的"情景—应对"型决策支持需要先进的仿真环境，复杂多变的情景需要群体协作的决策支持平台。决策剧场作为一种协作决策支持的实现技术，能有效利用高性能计算机系统，将先进仿真、可视化呈现、协作群决策三大平台整合为一体，不仅可将假设构建为虚拟决策场景，使金融风险防控决策问题形象化，也可通过仿真情景来预测未来可行解决方案的各种后果，从而实现对复杂问题决策过程和结果的图形可视化呈现，支持决策群体共同对问题进行研究形成决策方案。

未来将决策剧场运用于地方金融风险管理问题，对系统性风险进行实时监管和模拟，提供决策问题分析、决策方案设计、决策过程监控、决策效果评估的多环节支持服务。针对广东省突出的金融风险隐患问题，建立广东省金融动态监测预警与政策仿真系统，实时预测地方金融机构运行状况与风险，并根据风险监测情况，实现"情景—应对"型决策。在决策综合集成的过程中，决策剧场对各种金融风险防控的决策方案提供直观演示的渠道，备选决策方案通过计算机体系进行建模与仿真，并显示在决策情境中，通过不断调整决策模型参数，实现对决策方案的调整与优化，直至形成最合理的决策方案。区域金融风险防控决策剧场的建立，不仅能为广东省制定相关监管政策提供科学的决策支撑，还能为地方金融安全监测与防控提供示范应用。

### 3. 以金融监管沙盒推动粤港澳大湾区跨境金融监管协调

监管沙盒不受地域空间的限制，由一套监管制度和监管技术系统作为主要载体，对暂未实施的创新型金融产品、服务、业务模式进行内部测试，全面掌握其漏洞及风险，可以推动监管模式由事后、事中向事前转变。一方面可以极大程度地降低企业的试错成本，另一方面提高了支持金融科技创新的效率。当前，在广东省地方金融监督管理局的推动下，已开发出"金鹰"和"灵鲲"两套非现场监管系统，为监管沙盒的运营提供有效的技术支持与保证。

由于监管沙盒需要对参与测试的金融创新型产品进行全流程风险监测、预警与管控，所以对监管科技系统的技术水平要求较高。可以基于"金鹰"和"灵鲲"两套非现场监管科技系统的经验，建议继续采用大数据、人工智能、区块链和云计算等技术对系统进行升级改造，实现对测试产品资金动向、交易数据、用户数据的全流程跟踪与监控。

涉及粤港澳大湾区的跨境金融产品，可以通过区块链技术将粤港澳三地的监管机构作为监管节点接入系统，并且加入涉及的金融机构节点，最终形成监管沙盒联盟链。借助于区块链防伪溯源，保证信息不可篡改与互

联互通，构建并保存电子证据链。在粤港澳大湾区存在"一国两制""三套监管体系"的情况下，此举可实现测试产品信息与资金穿透式监管，数据多方交叉验证，有效解决三个区域不同部门监管信息难以共享的困难，通过技术系统推动粤港澳大湾区跨境监管协调，意义非凡。优先选择广州作为监管沙盒试点，需尽快完善及提高广东省监管科技系统，为后续推广监管沙盒至粤港澳大湾区积累宝贵经验。

**参考文献：**

［1］巴曙松，刘孝红，牛播坤. 转型时期中国金融体系中的地方治理与银行改革的互动研究［J］. 金融研究，2005（5）：25－37.

［2］鲍勤，孙艳霞. 网络视角下的金融结构与金融风险传染［J］. 系统工程理论与实践，2014，34（9）：2202－2211.

［3］边卫红，单文. Fintech 发展与"监管沙箱"——基于主要国家的比较分析［J］. 金融监管研究，2017，7：85－98.

［4］苟文均. 穿透式监管与资产管理［J］. 中国金融，2017（8）.

［5］黄震，蒋松成. 监管沙盒与互联网金融监管［J］. 中国金融，2017（2）：70－71.

［6］梁罗希，吴江. 决策支持系统发展综述及展望［J］. 计算机科学，2016，43（10）：27－32.

［7］潘锡泉. 我国 P2P 网贷发展中蕴含的风险及监管思路［J］. 当代经济管理，2015（4）：49－53.

［8］韦立坚，张维，熊熊. 股市流动性踩踏危机的形成机理与应对机制，管理科学学报，2017，20（3）：1－23.

［9］杨虎，易丹辉，肖宏伟. 基于大数据分析的互联网金融风险预警研究［J］. 现代管理科学，2014（4）：3－5.

［10］曾大军，曹志冬. 突发事件态势感知与决策支持的大数据解决方案［J］. 中国应急管理，2013（11）：15－23.

［11］张成虎，武博华. 中国 P2P 网络借贷信用风险的测量［J］. 统计与信息论坛，2017（5）：110－115.

［12］张景智. "监管沙盒"的国际模式和中国内地的发展路径，金融监管

研究，2017（5）：23-25.

[13] 张维，李悦雷，熊熊，等. 计算实验金融的思想基础与研究范式 [J]. 系统工程理论与实践，2012，32（3）：495-507.

[14] BATTISTON S, FARMER D J, FLACHE A, et al. Complexity theory and financial regulation [J]. Science，2016，35（6725）：818-819.

[15] BUCHANAN M. Meltdown modelling [J]. Nature，2009，460：680-682.

# 设立粤港澳大湾区金融监管沙盒试点的研究①

韦立坚②

## 一、引言

粤港澳大湾区具有"一国两制""三套监管体系"的特征，跨境金融和金融市场互联互通急需通过金融科技创新来破解，但金融科技创新不可避免地会带来风险。金融监管沙盒允许金融科技创新在一套由制度和技术系统构建的安全空间内进行充分测试后推广，是一种在风险可控前提下支持金融创新的监管机制。中国人民银行等四部委发布的《关于金融支持粤港澳大湾区建设的意见》（以下简称《意见》）明确提出研究建立跨境金融创新的监管"沙盒"，中国人民银行批准大湾区的广州和深圳开展金融科技监管创新试点工作。因此，通过设立粤港澳大湾区金融监管沙盒，可以支持广东地方金融机构、一行两会监管的金融机构以及港澳进入内地的金融机构等通过金融科技实现粤港澳大湾区跨境金融创新和推动金融市场互联互通。本文首先阐述了金融监管沙盒的内涵和国际经验与借鉴意义，然后分

① 本文受笔者主持的广州市地方金融监督管理局课题"设立粤港澳大湾区金融监管沙盒试点课题"的资助，是该课题的主要成果，部分内容写入作者主编教材《国家金融科技创新》（韦立坚编著，中山大学出版社 2021 年 11 月版）。笔者感谢广州市地方金融监督管理局各位领导对本文的指导与帮助，感谢课题组成员张云鹏、王晓莲、王朝顺、李小桃、林俊勤等对本文的帮助。部分资料来自笔者指导的研究生李小桃的硕士毕业论文《基于中国情境和监管科技的监管沙盒设计研究——以 P2P 平台转型探索为案例》。

② 韦立坚，广西岑溪人，博士，中山大学管理学院副教授、大数据中心主任，中大湾谷风险管理技术实验室执行主任，中山大学粤港澳发展研究院成员。主要研究金融科技、监管科技、金融风险防控和供应链金融，E-mail：weilj5@mail.sysu.edu.cn。

析粤港澳大湾区跨境金融监管沙盒的必要性和意义，最后详细阐述了粤港澳大湾区设立金融监管沙盒的基本原则、运营组织、创设者准入制度、投资者保护制度、运作流程和保障支持措施。

粤港澳大湾区存在"一国两制""三套监管体系"的特征，尤其是存在三套金融监管体系使得当前跨境金融和金融市场互联互通面临众多障碍与风险，跨境金融监管协调的任务也十分艰巨。大湾区跨境金融的发展和互联互通的突破，依托传统金融手段难以实现，需要依靠金融科技创新来实现。同时，融资租赁、商业保理、网络小贷和供应链金融等地方金融业态，也是推动大湾区跨境金融发展和金融市场互联互通的关键力量。为了进一步推进金融开放创新，深化内地与港澳金融合作和监管协调，中国人民银行等四部委下发了《关于金融支持粤港澳大湾区建设的意见》，特别就跨境金融活动发展提出了支持意见，并从金融风险防控和跨境监管协调的角度专门提出要"研究设立跨境金融监管沙盒"。近来，大湾区的核心城市广州和深圳都获得中国人民银行批准，得以开展金融科技监管创新试点工作。因此，在四部委的《意见》和金融科技监管创新试点双重政策支持下，粤港澳大湾区如何通过引入监管沙盒和发展监管科技，支持地方金融机构、"一行两会"管辖的持牌金融机构、港澳金融机构通过金融科技创新推动跨境金融活动，并在跨境金融监管沙盒中测试，从而实现跨境金融创新与风险防控的协调发展，是当前推动粤港澳大湾区创新发展的重大课题。

## 二、监管沙盒的内涵与作用

### （一）监管沙盒的内涵

沙盒（sandbox）又叫沙箱，这一概念原本应用于计算机领域，指代一种计算机安全技术，主要应用在 IT 安全领域。软件开发人员经常把"沙盒"编码到他们的程序中，沙盒允许其他人访问程序的一部分，而不损害主机平台。它提供了一个在项目中进行试验的机会，在项目引入更广泛的想法之前能尽量降低风险。

在金融领域，监管沙盒是由一套监管制度和技术系统构建的"安全空

间"。在这个安全空间内，金融监管机构在现行的监管体系下，通过主动放宽法律授权和准入限制，允许持有限业务牌照的金融科技企业，在特定的范围约束边界内，运用真实或仿真的市场环境对金融新产品、新服务、新模式、新业态进行测试，同时避免在相关活动遇到问题时立即受到监管规则的约束和惩罚，待测试通过以后授予全牌照以支持进行全面推广，并将其纳入正式监管框架之内。

## （二）监管沙盒促进金融创新

首先，监管沙盒为金融创新项目创造了进行试验的机会，提供了一个检查新规则和新流程效果的空间，尤其是在金融创新广泛应用之前能够及时发现问题和不足，给予金融创新项目试错纠错的可能，可以在有效保护金融消费者权益和抑制风险外溢的前提下鼓励与促进金融科技创新。其次，监管沙盒提供了重复学习的机会，克服了传统监管中缓慢而冗长的规则制定过程，为监管机构提供了一个检查新规则和新流程效果的空间，提高了支持金融科技创新的效率。此外，监管沙盒也使得金融机构不会因为创新引发的未知风险而承担过多的责任甚至遭受惩罚，能够最大限度地降低金融创新的试错成本。

## （三）监管沙盒助力金融监管

首先，监管沙盒有助于降低金融监管的监管成本。监管机构用监管沙盒来测试新的监管思路，在大范围内推行监管政策之前进行政策实验，可以更准确地评估新政策的效果，大大降低了试错成本和时间成本。其次，监管沙盒可以提高金融监管效率。监管机构在运用监管沙盒时，可以降低行政许可的要求，即使测试主体或测试项目没有取得相关许可，测试活动依然能够进行，达到监察并纠正测试产品和服务的法规风险和金融风险的目的。这样，在金融产品进入金融市场前就可以检测其是否符合现行监管规则的要求，达到重视效率的监管目的。此外，监管沙盒有助于我国金融监管机构转型，顺应建设服务型监管机构的总体方针。监管沙盒还可以使得监管机构在测试中为企业提供合规指导，同时听取企业的建议改进监管方式，推动监管机构的监管从被动监管转为主动服务，从建设服务型政府的角度推动促成型、引导型监管手段和监管制度的创新发展。

总之，监管沙盒是实现监管职能转变的重要途径，通过监管沙盒可以发现各种潜在的风险和监管漏洞，从而不断提升风险防控能力和及时填补监管漏洞，通过完善监管制度和处罚机制来保障防控金融风险。

## 三、监管沙盒的境外经验与启示

### （一）英国监管沙盒发展的经验

英国是最先提出监管沙盒理念的国家，也是最早推行监管沙盒实践的国家。在 2016 年出台的英国金融机构法案中要求对英国主要金融监管机构地位权限进行一定修改，提出监管沙盒，允许企业在市场环境中测试创新产品、服务或商业模式，同时确保提供适当的保护。英国推行监管沙盒是为了支持英国金融行为监管局（Financial Conduct Authority，FCA）为保护消费者利益促进有效竞争的目标，并于 2016 年 6 月面向受众开放申请。

自 2016 年开始测试以来，截至 2020 年 7 月末，英国已经进行了 6 轮测试，共收到 443 份测试申请，153 家企业和机构被批准参与测试，其中 140 家企业和机构已完成测试或正在进行测试，参与测试的企业和机构有八成是初创企业。在英国每轮的沙盒测试中，都有跨境金融创新的项目参与，其中有多项由数字货币和区块链技术提供支持的跨境汇款和跨境支付服务项目、跨境个人股票交易平台和全球贸易支付结算等项目。这些涉及跨境金融的项目都能进入监管沙盒中，在短期和小规模的基础上进行测试，通过结果反馈和英国金融行为监管局的指导，使得跨境金融创新可以规避风险。

在企业准入方面，英国监管沙盒对于申请的公司规模大小和成长阶段没有限制，然而沙盒在初创企业以及还未被 FCA 授权的企业当中更受欢迎；参与沙盒测试的公司来自各行各业，沙盒鼓励所有行业的申请者，但是实际上参与测试的公司更多地来自零售银行版块；英国的监管沙盒申请者不限制地区，英国公司可以申请，英国之外的公司也可以申请。除了英国本土的包括苏格兰、英格兰的东米德兰和东南部，沙盒还收到了来自英国以

外的国家如加拿大、新加坡和美国的申请者。因此，英国的监管沙盒向多地金融机构开放，特别是外地金融机构在英国开展跨境金融业务的测试项目时，都可以申请进入英国的监管沙盒，面对英国本地的各项金融监管规则和制度进行测试，发现跨境金融业务的风险，根据反馈和指导改进项目内容，最终在防范和规避跨境金融风险前提下成功开展跨境金融业务。

在技术创新方面，FCA 所接触到的大多数技术的使用案例，都是技术在传统产品或服务中的新应用，而不是利用技术来创造全新的产品。特别在不断发展跨境金融创新的趋势下，新技术不断被应用到跨境业务中，以解决跨境互通中的难题。例如，区块链技术是应用最多的新技术，它被广泛应用于跨境支付、跨境贸易等金融项目中，可以降低流程运营成本、提高跨境数据安全性和储存管理效率。在英国前两轮的测试中有 17 家公司测试的项目在某种程度上利用了这种技术。

在消费者保护方面，考虑到确保监管机构持续实现其初衷的内在重要性，即维护系统稳定性和实现消费者保护，FCA 提出了四种替代方法来促进消费者参与沙盒实验：第一种方法是知情同意模型，根据该模型，公司仅可以对已经给出知情同意的客户进行创新；第二种是逐案自由裁量模型，它赋予 FCA 自由裁量权，以确定特定消费者保护和补偿方法，以测试特定创新；第三种方法赋予参与测试的客户与沙盒外的客户享有相同的权利，包括聘请英国金融监察专员服务的权利；第四种方法侧重于补偿，要求参与公司展示出意愿和能力来弥补客户遭受的任何损失。

此外，英国监管沙盒还建立了金融监管沙盒交流合作小组（Global Financial Innovation Network，GFIN），该组织包括 50 个成员和观察员（其中 17 个是各国的监管机构），他们在各自市场合作与分享创新经验，包括新技术和各自的商业模式。该组织的优先事项就是开发跨境测试，通过多地金融业务的经验交流和多个监管机构监管政策的开放通知，发展出一个为企业提供跨境金融解决方案的监管合作框架，促进跨境金融业务的发展与创新。

FCA 率先开发了一个强大而结构化的框架，用于有效测试创新的金融产品和服务。这些监管沙盒在支持监管科技的未来发展方面表现出了巨大的潜力。例如，经济分析和计算实验建模技术可用于模拟拟议新政策的实际影响。与此同时，虽然"沙盒"这个术语在金融服务环境中看起来很新颖（实际上它起源于计算机科学），但模型模拟、压力测试和人工金融系统的使用在金融监管机构和市场参与者中变得越来越普遍。这些监管领域的"沙盒"技术已被金融稳定理事会（Financial Stability Board，FSB）、国际清算银行（Bank for International Settlements，BIS）和巴塞尔委员会广泛用于分析监管的潜在影响。除了在各个司法管辖区对监管影响的经济分析之外，这些监管机构还开展了国际层面的定量影响研究。沙盒在诸多方面对市场产生了影响，包括采用新技术、增加脆弱的消费者的使用机会和改善消费者的体验。已经完结的沙盒试验提供了宝贵的实验结果，同时为市场提供了可以借鉴的经验。

（二）新加坡监管沙盒发展的经验

2016 年 6 月，新加坡金融管理局（Monetary Authority of Singapore，MAS）为了引导和促进金融科技产业持续健康发展，提出了"监管沙盒"制度，并于同年 11 月发布了《FinTech 监管沙盒指南》（以下简称《指南》），设定了"监管沙盒"的目标和原则，并向申请人提供有关申请过程的指导。

在监管目标和原则方面，新加坡金融管理局以实现提高效率、规避风险、创造机会以及改善生活为目标，规定了两条监管原则：一是假定"沙盒"在生产环境中运行，且必须有一个既定的空间和持续的时间段，且在此过程中失败的后果可以被控制。二是申请人应该清楚地了解"沙盒"的目标和原则，明确"沙盒"不能作为规避法律和监管要求的手段。同时，《指南》规定了不适用"监管沙盒"的情形：一是协议中的金融服务与新加坡提供的金融服务类似，除非申请人能反证，具体指的是一种不同的技术正在被应用或者同样的技术被应用于不同的领域；二是申请人尚未证明其已进行尽职调查，包括在实验室环境中测试协议中的金融服务，并充分了解与所申请的金融服务相关的法律和监管要求。

在企业准入方面，新加坡金融管理局十分鼓励金融科技创新，以使金融科技创新能够在市场上尽快安全地推行，并有机会在国内外获得更广泛的应用。因此，《指南》规定金融机构以及任何金融科技企业都可以作为申

请人申请进入"监管沙盒"，申请被批准后，申请人将成为负责部署和操作"沙盒"的主体，在生产环境中试验创新出的金融服务。在这期间，"监管沙盒"将根据试验的金融服务的具体情况适当放宽法律规制和监管要求，并提供适当的保障措施以遏制失败的后果，进而维护整个金融系统的安全和健康。

新加坡金融管理局的监管沙盒以支持性的政策为主。沙盒内的金融科技企业被要求定期向新加坡金融管理局做进度报告，沙盒测试结束后提交终期报告。新加坡金融管理局则根据这些报告对政策规定进行调整，同时，更重要的是，根据企业在报告中提出的问题，召集各相关方进行研讨，设法提出解决方案。目前，新加坡已经为250多家企业提供了指导，在保障控制风险和管理风险的同时，极大地促进了企业相关金融产品的完善和金融创新。

一直以来，新加坡在推动金融科技发展和监管上动作频频，不仅推出监管沙盒以应对跨境金融创新监管问题，还陆续推出了Ubin项目、APIX平台、人工智能监管等创新监管手段应对更多的跨境金融创新场景，如跨境支付、跨境保险、跨境贸易融资、跨境供应链管理等。通过以监管沙盒引导的多个金融监管手段，在应对跨境金融创新风险的同时，降低成本，促进金融科技创新。

### （三）中国香港监管沙盒发展的经验

中国香港于2016年9月推出在金融科技领域的监管沙盒，较为特别的是，香港的证券及期货事务监察委员会（"证监会"）、金融管理局（"金管局"）和保险业监管局（"保监局"）分别上线了各自的监管沙盒。三者的监管沙盒运行结构和规则基本相同，但主要的负责范围划分不同。

香港金融管理局（Hong Kong Monetary Authority，HKMA）推出监管沙盒的主要目的是促进金融机构的金融科技创新，因此申请机构必须为香港本地银行，创业企业和科技公司不在申请范围之内。同时，香港金融管理局没有制定任何明确的申请条件，而是针对意向项目逐一讨论分析是否允许其进入测试。

对于测试产品或服务，香港金融管理局规定可以进行"监管沙盒"测试的业务是银行业相关金融科技及创新科技，并对测试业务提出以下要求：一是明确测试的对象、范围及业务类型。在申请时，金融机构应申报测试的人数和客户类型，预计将新技术手段运用于哪项银行业务，以及测试的起止时间。二是要制定保障消费者权益的措施。金融机构应有足够的措施在测试期间保障消费者的知情权、自由选择权、财产安全权和依法求偿权。三是实施额外的风险管理措施。金融机构应实施合理的额外风险管理措施，以降低因不能完全符合监管规定而引起的风险，包括应对测试对本机构的其他业务和未参加测试的客户所构成的隐性风险。四是测试准备及持续监测。在测试项目的系统和程序准备就绪进入测试后，申请机构应密切监测测试情况，以便能迅速识别和处理任何可能发生的重大问题和事故，并及时向公众和客户发布测试情况及相关事项。

香港金融管理局并未对进入监管沙盒测试设定具体流程，而是建议有意向的金融机构与其联系。香港金融管理局将根据具体情况，与金融机构共同探讨测试持续的时间以及测试期间哪些监管规定可以适当放宽，并针对各个申请项目制订不同的测试方案。

### （四）境外经验对我国开展跨境金融监管的启示

综合英国、新加坡、中国香港的监管沙盒发展经验，虽然在测试条件、测试标准、保护措施方面三者各有侧重，但都是通过政府、监管部门、传统金融机构以及金融科技企业等相关主体的沟通合作，建立监管沙盒以及由其引导的其他金融监管手段，应对金融科技创新带来的风险和监管难题。随着跨境金融互联互通趋势越发明显，这三个国家或地区也针对跨境金融业务实行了有效的风险规避措施和监管手段创新，这对我国利用金融科技开展跨境金融的监管具有重要启示。

#### 1. 明确规定跨境金融测试标准，强化金融机构监管审核

第一，制定明确的测试标准。跨境金融项目往往涉及不同地区金融机构的业务模式和要求，因此，监管沙盒的设立需要满足该内容。大多数推出监管沙盒机制的国家，包括英国、新加坡等均对企业、金融机构或相关组织是否适用监管沙盒进行了测试，设置了比较详细明确的标准，明确了监管要求。我国在设立针对跨境金融的创新监管项目或监管手段时，需要

详尽地考虑多个地区的情况，制定相互区分的、明确的测试标准，这样才能更大程度上保障跨境金融项目的测试效果。

第二，强化金融机构监管审核。在跨境金融互联互通的发展趋势下，越来越多的金融机构开展跨境金融业务。面对众多金融机构，在开展跨境金融监管时，采取的监管手段除了对项目和业务进行监管以外，还需要以审核金融机构的监管为前提，只有这样才能避免更多不必要的金融风险。例如，在监管沙盒的开放中，监管当局需要对申请测试的金融机构做出标准审核，确保金融机构满足开展跨境金融的安全性、可靠性等要求后才准许其开展的项目进入沙盒测试，这样可以提前避免一些潜在的金融风险，这也是对金融投资者和金融消费者的一种权益保护。

### 2. 不断发展监管科技创新，提升跨境金融监管能力

英国和新加坡在发展监管沙盒时，也在不断发展监管科技创新技术、提升跨境金融监管能力。特别是区块链技术，提升监管数据储存和共享能力，并能够对跨境资金流向进行溯源，提升跨境监管便利度和合作高度，降低成本的同时可以规避更多数据开放和共享的风险。随着我国的跨境金融迅速发展，跨境业务复杂化、多样化，面临的金融风险复杂度和难度均有不小的提升。我国在建立监管沙盒时，一方面要引入金融科技项目来促进跨境金融创新，另一方面要加强监管科技在沙盒的应用，解决粤港澳大湾区监管协调的难题。

### 3. 创建合作监管机构，增强经验交流与合作

英国建立监管沙盒交流合作小组 GFIN 来加强监管合作交流，这个机制值得借鉴。未来在粤港澳大湾区内地设立的跨境监管沙盒，也可以设立这样的交流合作小组，邀请香港、澳门等地的监管机构和行业协会监督组织加入。

### 4. 强化跨境金融中消费者权益保护

英国金融行为监管局、新加坡金融管理局等境外金融监管机构在推出沙盒计划时，均提出要制定相关保护措施以维护金融消费者权益，要求测试机构制订全面、严格、周密的金融消费者保护计划。英国金融行为监管局提出如下保护要求：其一，充分告知金融消费者参与测试存在的潜在风险和可选择的补偿；其二，参与测试的金融消费者拥有与普通金融消费者

相同的法定权益；其三，参与沙盒测试的企业或机构，需要有足够的财力承担金融消费者的赔偿或补偿。新加坡金融管理局提出四项保护要求：其一，制定最大损失和影响的定性分析提案，包括潜在的连锁反应；其二，具备处理客户查询、信息反馈和投诉的渠道；其三，制订风险化解计划，降低测试失败后对客户和更广泛金融系统的影响；其四，制订客户沟通计划，包括参与沙盒测试的持续时间、限制条件以及风险披露相关内容；在沙盒中断或终止以及金融方案进行更广泛部署时提前告知相关计划。在跨境金融的发展过程中，由于多地地域的区别和各项规则的差异，消费者权益可能由于信息不对称等因素而受到一定的潜在威胁。我国的监管沙盒在发展的过程中，也需要强调完善消费者权益保护的要求和规则，力求通过监管沙盒的测试规避对消费者权益的潜在伤害。特别是，充分告知金融消费者其参与的跨境金融项目的潜在风险和可选择的补偿机制，并制定跨境金融纠纷的多元化解途径等内容。

## 四、粤港澳大湾区设立金融监管沙盒的必要性

### （一）主动防范和化解金融风险的需要

我国目前金融科技发展十分迅速，已经跃居世界前列。然而，金融科技创新不可避免地会带来新的金融风险。尤其是，不当的金融创新如果未经风险审查就在市场中自由发展和推广可能引发重大金融风险，如 P2P 网络借贷和代币发行融资（initial coin offerings，ICO）等不当金融创新引致的重大风险。因此，建立一种既能支持金融科技创新又能控制好金融风险的机制十分必要。

由于金融科技的核心是以技术带动金融资源的高效配置，在监管空白的情况下，技术创新往往会带来监管套利、消费者信息泄露、系统性风险等监管挑战。但如果监管过于严苛，又会抑制金融科技发展，扼杀金融创新。正是由于金融创新和风险防控的平衡点难以掌握，针对金融科技应该采用适当的、弹性的、动态的监管框架与措施。而监管沙盒正是一种被视为平衡金融创新与协调监管的新监管手段，其核心理念是给金融科技创新

一些弹性，在创新实验阶段进行小范围内观测，不对创新做出技术严格的要求，等到确定成功之后再大规模推广。从监管角度看，沙盒模式有利于金融监管部门适度监管，以实验的方式创造了一个安全区域，适当放松了对参与创新的金融产品和服务的监管约束，降低了创新引发的监管不确定性。通过应用监管沙盒，可以在促进大湾区金融科技创新的同时，主动防范和化解跨境金融风险。

### （二）金融支持粤港澳大湾区建设的需要

《粤港澳大湾区发展规划纲要》提出了加快金融科技创新，促进跨境金融、金融互联互通和绿色金融等方面的发展要求。四部委的《意见》明确提出进一步推进金融开放创新，深化内地与港澳金融合作，加大金融支持粤港澳大湾区建设力度。在粤港澳大湾区的发展中，明确涵盖以下内容：促进粤港澳大湾区跨境贸易和投融资便利化，提升本外币兑换和跨境流通使用便利度；扩大金融业的对外开放，深化内地与港澳金融合作；推进粤港澳资金融通渠道多元化，促进金融市场和金融基础设施互联互通；进一步提升粤港澳大湾区金融服务创新水平。粤港澳大湾区的发展战略和发展目标均涉及多方和多点的金融问题与金融风险，对监管当局的监管水平提出了很高的要求。

同时，粤港澳大湾区具有"一国两制""三套监管体系"的特征，当前跨境互联互通面临众多问题与风险，跨境金融监管协调的任务也十分艰巨。一是金融产品以及支付系统等的互联互通、人民币跨境使用、基金和保险产品的互认等，需要通过区块链金融等创新方式去实现，但同时可能面临更大的跨境金融风险冲击、反洗钱任务加剧、产品风险难以评估等问题。二是由于粤港澳三地的法律法规不同，行业标准、数据格式、信息技术设施也都存在差异，而当前大数据时代，跨境金融互联互通离不开数据的互联互通。那么，跨境金融合作可能面临数据联通不通畅带来的成本和风险，同时还可能面临由于三地法律尤其是隐私保护制度不同导致的跨境数据创新技术应用可能触碰到跨境法律的风险。三是跨境金融互联互通以及金融科技创新带来的协调监管难题。由于当前金融协调监管需要数据信息互通予以配合，三地金融监管机构只能以较高的成本获取有限的数据和信息，导致三地金融监管机构无法第一时间掌握金融市场的动向，难以识别和处理跨境金融服务中的风险，无法共同制定适当的监管政策，不利于打击范围广、资金流动快、线索复杂的非法转移资金、洗钱等跨境金融犯罪活动。而信用数据互联互通的实现，需要运用大数据和区块链等相关技术进行征信服务创新，但由于三地法律尤其是隐私保护制度不同，这些创新有可能触碰到跨境法律风险，进而严重阻碍金融监管合作进程。金融监管沙盒正是解决上述粤港澳金融互联互通面临的问题和风险、主动防范和化解不当金融创新带来重大风险、推动粤港澳大湾区金融科技创新健康发展的重要解决方案之一。

### （三）地方金融机构开展跨境业务创新的需要

地方金融监督管理局根据中央要求发展建立"7＋4类业态"，将"7＋4"类地方金融主体纳入地方金融监管范围，根据国家统一部署，履行地方金融监管职责。同样，在四部委的《意见》中也重点提出要全面推进跨境投融资创新，优化金融资源配置，提高资金融通效率，提升金融服务质量和效能，稳步推进人民币国际化。特别在粤港澳大湾区的协同发展中也强调了关于跨境金融业务和跨境金融产品的创新。在各方协调监管和协调发展中，跨境业务的发展越发迅速，其创新趋势也越来越明显。例如，跨境的融资租赁和跨境担保业务，金融机构面对不同地区的不同金融业务规则，可能产生金融风险问题，需要统一规范化的监管协调去主动防范和规避这些金融风险。而这样的协调监管系统就可以放到监管沙盒中进行测试，通过试验多种跨境融资租赁和跨境担保可能出现的情景和状况，不断发展和完善得更加合理、有效和高效率的监管规则和监管体系，最终能够保证其达到在现实中的监管目标和监管要求。另外，在省市地方金融监督管理局的指导下，重点发展供应链金融，推动核心企业和金融机构以及金融科技企业开展供应链金融业务，推广供应链金融创新模式，其中也重点包括了跨境的供应链金融业务，涉及跨境和金融领域各类主体共同参与构建供应链金融发展架构。此外，还有人民币的跨境结算问题。根据四部委的《意见》，粤港澳大湾区跨境金融需要提升本外币兑换和跨境流通使用的便利度，探索建立与粤港澳大湾区发展相适应的账户管理体系。研究建立与粤

港澳大湾区发展相适应的本外币合一银行账户体系，促进跨境贸易、投融资结算便利化。在跨境金融发展中，商业保理可以开展资产跨境交易业务，以人民币计价且使用离岸人民币入境投资；商业银行在跨境贸易和跨境供应链金融中可以直接为优质企业办理货物贸易、服务贸易人民币跨境结算业务，以及资本项目人民币收入资金在境内的支付使用。这些金融体系的建立也应该利用监管沙盒进行事前测试，通过在监管沙盒安全空间内的测试，发现体系的问题并不断修改和完善，最终达到可以解决粤港澳大湾区的人民币直接结算问题。

在粤港澳大湾区的建设中，各地金融机构将开展多样化的跨境业务，推出创新跨境产品。例如，内地金融机构在港澳地区开展金融业务和金融服务时，需要根据实地的各项相关政策法规做出相应的调整，事前设计的金融产品和金融业务也可能存在潜在问题。例如，融资租赁公司在开展跨境融资租赁业务时，在面对跨境的条件和规定时，以往在本地建立的业务模式和相关规则规定等可能存在不适应的问题，存在潜在的金融风险和可避免的业务成本。在保险公司开展跨境保险业务时，可能面对不同地区的社会和自然条件，担保的风险各有不同。因此，内地金融机构可以通过申请进入监管沙盒进行测试，不断听取反馈意见和监管机构的指导意见，对跨境产品和服务进行修改，最终达到实际运用中的各项要求和符合法律法规。这样，监管沙盒的使用就可以降低金融机构开展跨境业务的试错成本，提高跨境业务创新效率。同样，监管沙盒也应当应用于港澳地区金融机构进入内地开展跨境业务。

同时，面对各地方的跨境金融业务，监管机构可以制定相关支持政策，一定程度上规避跨境业务可能出现的问题和风险，并且对可能出现的问题和事件指定惩罚机制。这样的政策制定也可以放入监管沙盒中进行提前测试，测定政策的预计效果，并针对反馈结果不断改进，最终达到政策制定目标和预计实施效果。

### （四）粤港澳大湾区金融监管合作与消费权益保护的需要

四部委的《意见》中，明确提出了加强粤港澳金融监管合作，具体包括建立粤港澳大湾区金融监管协调沟通机制，加强三地金融监管交流，协调解决跨境金融发展和监管问题。对于金融监管合作，需要通过技术途径来实现。例如，在监管沙盒中嵌入区块链技术，就可以保留和共享多个金融监管合作节点的数据，各个监管机构可以高效准确地获取监管对象如金融产品、金融机构和金融业务等的数据和信息，不需要另外开具证明或函，可以大幅提高数据资源共享效率和信息准确度，降低金融监管成本，提高金融协调监管效率。

同时，四部委的《意见》也强调了加强粤港澳金融消费权益保护。督促金融机构完善客户权益保护机制，切实负起保护消费者权益的主体责任。健全粤港澳大湾区金融消费权益保护工作体系。加强粤港澳三地金融管理、行业组织等单位协作，探索构建与国际接轨的多层次金融纠纷解决机制。对于金融消费者，可能在金融投资和产品购买过程中产生纠纷和问题，当跨境业务中产生纠纷时，由于各地的相关政策存在差异，以及存在消费者所在点和纠纷解决点地理距离的问题，即消费者解决纠纷面临多项阻碍因素，较为困难。因此，粤港澳大湾区应当建立粤港澳大湾区金融监管协调机构和行业协会联盟，各地的金融局和相关机构应当针对跨境金融业务的纠纷问题，多地协会互相合作达成一个统一的纠纷解决机制或协议，通过多方的共同合作，降低纠纷问题解决成本，提高纠纷解决效率，达到对金融消费者权益的良好保护。而这样的纠纷解决协议的具体制定，就可以利用监管沙盒进行具体研究。例如，广州金融科技股份有限公司与广州互联网法院签署《在线纠纷多元化解合作协议》，积极参与在线纠纷多元化解平台建设，助力广州互联网法院完善纠纷多元化解机制。该多元化解平台就可以作为监管沙盒的支持设施，并根据监管沙盒中的反馈效果不断进行迭代改进。因此，金融监管沙盒不仅支持金融科技创新，同时也可以实现支持监管手段创新的目的。

## 五、粤港澳大湾区金融监管沙盒的总体原则

### （一）金融创新与风险控制协调发展

金融创新是推动金融产业向前发展的动力源泉，是金融产业的新生力

量；而风险控制是维护金融产业健康有序发展的基础。金融创新和风险控制相依而生，金融创新给金融业的发展提供了前景广阔的实验机会，为金融业的发展供给了源头活水。金融创新可以通过多元主体、多类要素、多种技术的融合，借助金融科技手段，为公众提供高效便捷的多元化、智能化金融产品和服务，解决中小微企业融资面临的信息与信任不对称等痛点，打造普惠金融新模式。然而，金融风险也会相伴而生。在金融创新的同时也要注意风险的把控，杜绝重大风险和系统性风险，同时维护金融创新的成果也很重要。因此，我们需要始终坚持金融创新与风险控制协调发展的原则。只有金融创新和风险控制并驾齐驱，金融业才能健康、有活力地发展，从而发挥金融业对整个社会经济发展的拉力作用。金融创新是把双刃剑，为市场带来的活力，能够推动行业的发展，给消费者和投资者带来更多的实惠，但其带来的风险也不容忽视。这需要我们进行有效的风险控制，对潜在的风险进行规避，营造一个安全高效率的金融市场，使整个金融行业良性发展。监管沙盒作为金融风险控制的实验窗口，必须把这一原则纳入设计之初，这是监管沙盒的使命。

### （二）跨境开放联动原则

粤港澳大湾区规划作为我国当前重要的金融发展和经济发展战略规划，其金融跨境开放联动、协调监管至关重要。金融跨境开放联动、协调监管可以减少粤港澳三地金融发展的行政壁垒，在求同存异、相互借鉴的基础上推进粤港澳大湾区跨境金融的发展，促进跨境金融机构和金融市场的健康发展，为粤港澳大湾区的经济增添活力，对维护我国金融安全与秩序具有重要意义。监管沙盒应该坚持跨境开放联动的原则，在粤港澳大湾区存在"一国两制""三套监管体系"的情况下，借助金融科技推动粤港澳大湾区的跨境开放联动以及协调监管。

在跨境金融监管沙盒内，通过区块链等技术构建监管联盟链，对港澳的监管机构、行业协会开放，让它们成为沙盒的监管节点或者观察节点。借助于区块链的防伪溯源，保证信息的不可篡改与互联互通，构建并保存电子证据链。此举可以实现测试产品的信息与资金的穿透式监管，经数据多方交叉验证，有效解决三个区域不同部门监管信息难以共享的难题，通过技术系统实现粤港澳大湾区的跨境监管协调。同时，还可以在跨境金融监管沙盒内建立粤港澳跨境金融产品登记备案中心，形成对跨境金融活动的统一监督体系，强化对跨境金融活动的金融消费权益保护，引导跨境投融资需求更加透明化、公开化。

### （三）创新产品与创设机构的风险匹配原则

创设金融创新产品是一项有风险的高度专业化工作，创设机构需要充分认识到其中潜藏的风险，并根据自身风险管理能力进行匹配。当创新产品的风险大于其风险管理能力时，创设机构就应该及时终止该类别金融产品创新。否则，由于创设机构不具备与创新产品相匹配的风险管理能力，容易造成创新产品以及创设机构的风险失控，甚至导致系统性风险。在此过程中，创设机构应该建立起对创新产品的内部控制和监督功能体系，通过内部控制和监督功能体系对金融创新产品进行风险监测和评估。因此，监管沙盒首先需要对创设机构的风险管理能力进行评估，通过创新产品与创设机构的风险匹配，可以进一步保障创新产品的成功运营并控制其中的风险，同时可以降低创设机构面临自身无法承受的巨大风险的可能性，从而防止发生更为严重的系统性风险。

### （四）创新产品与投资者和消费者的风险匹配

随着金融科技的发展，金融创新产品设计流程越来越复杂、运作模式越来越多元化，使其越来越脱离人们的固有认知。如果投资者和消费者不能正确理解这些创新产品的风险，选择与自身风险承受程度不匹配的创新产品，容易造成投资者和消费者权益的受损，同时也不利于金融市场的稳定，甚至由于投资者和消费者的误解而引发群体事件等社会风险。例如，风险承受能力偏低的投资者选择了高收益高风险类的理财产品，进行冒险投资，一旦出现和预期结果不相符的情况，会引发金融体系的动荡，也会造成较高的社会成本，因此需要对投资者的风险偏好和风险承受能力进行提前调查，设置投资者门槛，建立投资准入框架，并及时给予投资者风险提示，起到提前遏制风险的作用。对于消费者，由于金融创新产品兼具创新性、复杂性等特征，其对这些创新产品会具有不同的认知以及风险识别

能力。一些缺乏相应风险承受能力的消费者如果没有正确识别产品风险，并与自身的风险承受能力相匹配，容易导致消费者权益受损。因此，监管沙盒应该秉持创新产品与投资者和消费者的风险相匹配的原则，运用有效的金融监管措施对金融创新产品的风险进行真实、客观的评估，推出匹配不同投资者和消费者风险承受度的金融产品，维护金融市场稳定。

### （五）穿透式监管原则

当前的跨境金融和金融科技创新迎来了一个互相联系、交错相容、跨界竞争、混业经营的态势。在这种局势下，原来的分业经营造成的监管不到位和重复监管问题困扰着监管部门，穿透式监管作为适应新形势的监管方式应运而生，并被纳入现行的政府指导性文件中。穿透式监管的作用主要体现在三个方面。其一，穿透式监管能够预防系统性风险。金融创新，业内交互叠加的金融投资行为使市场化改革推动下的金融业扩张迅速，金融产品的重重嵌套使资产类别和真实的资金流向难以识别，造成风险积聚，增加了系统性风险。由于种种原因，监管部门获取的数据真实性大打折扣，可能导致监管部门错误判断形势，制定偏离现实情况的调控政策。而穿透式监管可以透过层层金融现象，获取实质的数据，强化监管部门宏观调节的准确性和针对性，有效地预防系统风险。其二，穿透式监管能够规避监管盲区。穿透式监管有效预防各种嵌套、混合经营的大资管业务违规交易的行为。穿透式监管使得金融机构的商业模式和形式化的东西如名字、标签没有那么重要，针对金融机构的各种行为，都可以对应到相关的监管条例来加以规范。因此，传统监管下的种种监管盲区在穿透式监管下变得无处遁形，金融市场的各种参与者的行为和信息透明化了，有利于促进金融业的健康发展。其三，穿透式监管能够适应交叉混业经营监管的要求。将科技应用到现行的监管体系中去，实现穿透式监管可以有效地打破不同监管体系的壁垒，规避重复监管和监管盲区，有效地实现混业经营中的各种金融行为的例行监管和金融创新行为的风险规避。

### （六）优先支持与负面清单相结合的原则

政府一般对金融活动采取审慎监管的理念和原则，对于金融创新一般会有优先支持的方向。因此，监管沙盒在发展初期，同样可以明确优先支持进入沙盒的创新领域，鼓励一些有重要创新价值、对实体经济发展有重要作用的创新优先进入沙盒测试，以先取得试点的成功。

当监管沙盒试点成功后，过多的限制也有可能会严重制约监管沙盒测试项目的范围，削弱沙盒的作用。此时应该考虑结合负面清单，它作为一种市场准入管理方式，负面清单管理模式在当前世界各国推动金融业的发展中被越来越广泛地应用。监管沙盒实行负面清单管理制度，推出统一的"负面清单"，如把不符合我国金融发展目标的金融科技创新（如代币发行融资和非法数字货币等）列入负面清单，其他不在负面清单的金融科技创新类型都可以申请。负面清单的推出，能够使金融创新主体明确哪些金融创新不能做，为金融创新主体提供更为明确的指引。通过负面清单管理，能够提升金融创新准入规则的确定性，使金融机构的创新内容更易预计与监管。同时，实行负面清单管理是发挥市场在资源配置中的决定性作用的重要基础。只有明确哪些金融创新不能做，才能使得资源向不在负面清单的金融科技创新行为倾斜，提高金融创新主体的积极性，从而大大提升符合我国金融发展目标的金融创新的活力，促进我国金融业的创新发展。

## 六、监管沙盒的运营组织

### （一）地方金融监督管理局的职责

省市地方金融监督管理局可以作为粤港澳大湾区跨境监管沙盒的运营主体和责任主体。监管沙盒的具体运营和风险处置，需要依赖粤港澳大湾区的优势资源，省市地方金融监督管理局能够整合协调各方资源，推动监管沙盒迅速落地。监管沙盒需要有很强的金融科技基础和市场需求，可以抓住中国人民银行批准在大湾区主要城市开展金融科技监管创新试点的契机，率先作为粤港澳大湾区跨境监管沙盒试点。省市地方金融监督管理局作为监管沙盒的运营主体和责任主体，可以建立监管沙盒领导小组，并设置专门的处室负责具体运营和开展业务。当前，省市地方金融监督管理局开发了非现场监管系统——"金鹰系统"，这套系统使得广东省地方金融风

险监测防控水平在全国领先，具备了作为监管沙盒试点的运营主体和责任主体的能力。

### （二）国家金融监管机构的政策支持、业务指导与监管协调

监管沙盒不可避免地需要触碰到金融监管政策的边界，需要国家金融监管机构给予支持。一方面，四部委的《意见》已经给予了政策支持；另一方面，中国人民银行批准了广州和深圳等城市为金融科技创新试点，所以在跨境金融中，涉及金融科技创新都可以享受到试点城市的政策。但是，这些政策的具体执行细则，仍然需要省市地方金融监督管理局与四部委进行具体沟通，并在沙盒的测试中检验政策的效果。因此，粤港澳大湾区跨境金融监管沙盒需要请中国人民银行做业务指导与监管协调，包括监管沙盒的政策制定、制度建设和监督检查等，保持与中国人民银行的紧密沟通，同时与其他三个部委保持联系，同步各种沙盒的测试信息，争取更多的政策支持。

### （三）粤港澳金融监管机构和行业协会的协调监管

跨境金融监管沙盒需要大湾区三地金融监管部门以及相关行业协会的协调监管。可以专门成立大湾区跨境金融监管协调委员会，成员包括中国人民银行、银保监会、证监会、外汇管理局、省市地方金融监督管理局、香港金管局、香港证监会、澳门金管局以及相关行业协会。依托监管协调小组，推动大湾区内金融监管信息系统的对接和数据交换，探索建设粤港澳金融监管信息共享平台，实现三地金融监管部门日常金融监管信息的交流和共享，完善区域金融业综合统计体系、经济金融调查统计体系和分析监测及风险预警体系，及时提示金融风险，健全金融突发事件应急处置机制，提高监管效率。同时，三地监管机构和相关行业协会还可以进行协商、谈论，通过大湾区跨境金融监管协调委员会发布相关指引，统一规范监管沙盒内跨境金融活动参与者的行为。当沙盒内跨境金融活动的消费者权益受损时，可以借助大湾区跨境金融监管协调委员会的支持建立多元纠纷协同化解机制，强化对跨境金融活动的金融消费者的权益保护。

### （四）省市金融风险监测防控中心的职责

省市金融风险监测防控中心可以作为监管沙盒运营的业务支持机构，可以负责系统建设、风险评估和风险监测等业务。以广州市金融风险监测防控中心为例，该中心依托"金鹰"非现场监管系统，在地方金融风险的监测、防范和处置中都发挥了重要作用，得到了国务院督察组的高度肯定。目前，该平台还与中山大学管理学院建立了全国首个金融监管科技联合实验室。其理论水平、业务水平和技术水平在全国领先，为监管沙盒试点的运营提供了有效的解决方案和业务支持。

### （五）专家委员会的职能

由于监管沙盒以及金融科技创新的专业性，还需要成立专门的专家委员会，委员会的主要职能是对监管沙盒内的金融创新活动进行风险以及测试的评估。通过聘请包括监管机构、金融机构、会计机构、法律机构和高校等科研机构的相关专家，组成专家委员会。凭借专家的专业知识与经验，一方面对金融科技创新产品、创设机构和投资者、消费者进行专业风险评级；另一方面对监管沙盒的准入、测试效果进行评估，给出评估报告供监管机构决策和专业性意见供参加测试的机构参考以改进产品。

## 七、创设者的准入制度

### （一）优先支持的地方金融跨境业务创新

监管沙盒试点期间，为了监管沙盒可以平稳顺利推出，可以发布优先支持的特色金融科技创新。大湾区依托贸易中心的优势，建议优先支持地方金融机构进行跨境金融业务的创新，如融资租赁公司、融资担保公司进行跨境融资时使用人民币进行计价结算、私募股权投资基金的跨境投资、基于金融科技的跨境供应链金融，以及新型网络小贷和数字绿色金融等创新。同时，可以允许一部分资质好、风险管理能力强的互联网信贷机构和助贷机构申请进入监管沙盒，促使其向新型助贷机构、网络小贷机构等业

务转型，主动化解互联网信贷存在的重大风险。

### (二) 负面清单管理

监管沙盒实行负面清单管理制度，把不符合我国金融发展目标的金融科技创新列入负面清单，而其他不在负面清单的金融科技创新类型都可以申请。例如，代币发行融资和非法数字货币等金融创新行为就应该列入负面清单。通过负面清单管理，指引金融创新主体进行符合我国金融发展方向的金融创新，使得相关资源能够被充分利用于不在负面清单的金融科技创新中，提高金融创新主体参与的积极性。

### (三) 产品与服务的风险评估

金融科技创新产品的风险同样具有金融风险的基本特征，包括市场风险、信用风险、操作风险、技术风险、法律风险等风险维度，可以根据产品特点结合专家经验做出较为准确的风险评估和风险评级。金融科技创新的风险评估是专业性很强的工作，需要由中国人民银行驻广东省的派出机构牵头，会同银保监会、证监会驻广东省的派出机构和省市地方金融监督管理局一起建立基本的评价框架，同时需要聘请专家（包括监管机构、金融机构、会计机构、法律机构和高校等科研机构的专家）组成风险评估委员会对金融科技创新产品进行专业评估，并划分为高、中、低三个风险等级。

### (四) 创设机构的准入评估

监管沙盒需要建立严格的准入制度，对金融科技创新企业的信用风险、财务风险和合规风险进行资质评估，同时要对其风险管理能力进行测试，只允许资质好、风险管理能力与产品风险等级相匹配的企业进入测试。此举吸取了 P2P 网贷不当创新的教训，一方面，由于缺乏资质审核，早期很多资质差的 P2P 平台出现"跑路"现象；另一方面，大部分 P2P 平台缺乏运用大数据和人工智能进行风险控制的能力，也就无法降低信贷中的信息不对称风险，最终导致失败。所以，监管沙盒对金融科技创新企业的资质和风险管理能力需要进行严格审核，如对于信贷类产品创新，监管沙盒可以从多维度对其风控能力进行考察评估，如测试系统利用历史样本数据来测试金融科技企业识别坏客户的能力，从而考察其风险管理水平。

同时，监管机构要披露监管沙盒内的最低合规水平。对于创新创设者的许可费用、实体资本要求、领导力要求、信用评级、相对规模、财务稳健性监管标准、风险管理和外包相关的实体组织等方面，都应制定相应的标准。特别地，监管机构要在管理层品德与能力、客户隐私保护、反洗钱和反恐融资措施等方面制定严格要求。

## 八、投资者与消费者保护制度

对于参与监管沙盒中的投资者和消费者，应当设立一定的准入门槛，并保障其权益，通过建立投资者适当性管理制度、消费者权益保护制度以及纠纷多元调解机制来促进金融创新企业的发展，并防范金融创新活动的风险。尤其是通过监管沙盒的测试和投资者、消费者的保护机制，可以有效防止类似中国银行"原油宝"事件的风险。

### （一）投资者适当性管理

投资者因自身的受教育程度、年龄、性别、投资经验、财富水平等的不同，对金融产品和服务的接受水平、风险偏好、风险管理能力也不同。若投资者对风险认识不清楚，盲目追求高风险类产品，再加上信息披露不及时，加剧羊群效应，容易造成市场踩踏或者引发系统性风险以及群体性事件，对个人和金融市场的规范都不利。监管沙盒需要克服这种风险错配而引致的投资者非理性事件，对于每种金融科技创新产品，只允许符合风险匹配要求的投资者参与。监管部门负责制定合格投资人制度，并委托负责业务运营的广东省地方金融风险监测防控平台具体实施。可以根据投资者的财力、金融专业知识、投资经验和产品的仿真交易测试，把投资者分为专业投资者、老练投资者和普通投资者三类，匹配投资于高、中、低三类风险等级的金融科技创新产品。根据不同风险程度的金融产品设计相应风险承担能力的投资者准入门槛，筛选出合格投资者，同时应该对投资者进行一定的教育培训和权益保护，为市场增加更多的合格投资者，以繁荣

金融市场。在试点初期，为了控制风险，可以先让专业和老练的机构投资者参与。

在监管沙盒平稳运行后，对于个人投资者，可以根据其投资者分类，采用投资者门槛限制分类进行限定，如表1所示。

**表1 投资者门槛限制分类**

| 约束条件分类 | 条件明细 |
|---|---|
| 最低投资金额约束 | 列明入场的最低资金门槛，进行合约限制 |
| 投资能力约束 | 如投资经验年限、最低学历限制、投资培训经历 |
| 资质约束 | 如持有特定入场牌照，实行会员机制，申请入会 |
| 社交圈约束 | 如申请某些投资需要业内人士介绍，担保入场 |

### （二）消费者权益保护

近年来，金融市场违法案件多发，金融消费者权益受侵害的现象时有发生，有金融消费者本想买保险却买成了有风险的理财产品，有金融消费者的个人信息被金融机构泄露，还有消费者购买保险产品却得不到应得的理赔，等等。而对于监管沙盒中的创新类金融产品，更需要加强对消费者权益的保护工作，这不仅是防范金融创新类企业风险的重要部分，也能促进监管沙盒更加健康有效运行。健全粤港澳大湾区金融消费权益保护工作体系，需要通过设立监管沙盒的金融消费者保护制度，保障消费者财产安全权、知情权、自主选择权、公平交易权、依法求偿权、受教育权等多项消费者权益。同时，金融科技创新企业要提供一个消费者保护基金，用来保护消费者在遭受意外情况时的损失，赔偿条款符合事前约定的，根据智能合约自动执行，不符合事前约定的由监管机构裁定。通过多种措施保障消费者权益，提高监管沙盒内金融创新类企业的吸引力。

### （三）跨境金融纠纷的多元调解机制

粤港澳大湾区三地法律制度、规则的差异，在一定程度上成为人流、物流、资金流、信息流等要素流动的瓶颈。监管沙盒中的跨境金融产品，由于金融产品的创新性以及三地情况的复杂性，更容易引发金融纠纷。为依法充分保障粤港澳企业及粤港澳消费者和投资者的合法权益，保障监管沙盒的平稳运行，营造公平、透明、稳定、有序的数字金融法治化营商环境，需要建立金融纠纷的多元调解机制，探索创新"互联网＋"纠纷解决机制，为金融纠纷提供一条多元化、批量化的解决之道。

监管沙盒的建设，可以引入广州互联网法院与广州市地方金融风险监测防控中心，以及香港和澳门的司法机构、公证机构和行业协会的法律人士，建立跨境金融协同共治机制，对监管沙盒里面产生的纠纷进行多元调解。通过引进港澳调解机构、行业组织和港澳调解员，对跨境金融纠纷采用"双调解"工作模式，充分利用远程视频、在线调解等信息化、智能化调解优势，支持当事人提出的港澳法律查明、民事授权见证和判决效力认定等合理诉求。这方面广州互联网法院积累了不少粤港澳大湾区跨境民事纠纷的成功调解案例，这种机制同样可以引入跨境金融监管沙盒活动产生的纠纷调解中。

同时，通过创建多元调解机制、涉金融机构民事纠纷诉调对接工作机制等，建立线上的覆盖存证调证、催告、和解、调解、申请立案、立案审查、送达、证据交换、庭审、宣判、执行等诉讼环节，实现全流程在线快速、批量、智能办理。全面打造资源共享、多方联动的一体化诉前多元纠纷解决机制，推动法院工作从审判执行向纠纷源头防控延伸，保障监管沙盒内投资者和消费者的权益。

## 九、监管沙盒的穿透式监管系统

监管沙盒还需要一套穿透式、非现场的监管科技系统来对参加测试的跨境产品进行全流程的风险监测、预警和管控，通过引入区块链技术构建大湾区监管协调机制，并构建完整的电子证据链以便进行高效的风险处置。

### （一）依托"金鹰"平台进行非现场穿透式监管

广东省打造了金融风险防控的"金鹰系统"，可依托"金鹰系统"对监管沙盒中的金融企业施行非现场的穿透式监管。采用大数据、人工智能、

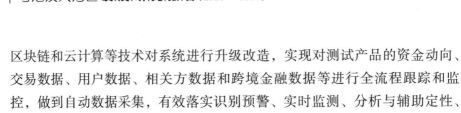

区块链和云计算等技术对系统进行升级改造，实现对测试产品的资金动向、交易数据、用户数据、相关方数据和跨境金融数据等进行全流程跟踪和监控，做到自动数据采集，有效落实识别预警、实时监测、分析与辅助定性、协调处置的四大职能，形成风险"识别发现—监测预警—深度研判—协同处置—核查反馈—持续监测"的闭环管理机制。依托"金鹰系统"实现对监管沙盒测试的创设机构进行实时监控，集中统一登记被监测企业的基本信息、经营情况、资金信息等，并进行信息交叉验证，运用现代金融科技手段实现穿透式监管。同时，如果监管沙盒测试中出现了风险，"金鹰系统"通过投诉举报平台、资金监管平台、非法集资信息报送平台、风险处置管理平台和电子合同存证（证据保存）平台能协助迅速进行风险处置。

## （二）基于区块链技术的大湾区监管协调机制

对于监管沙盒中的跨境金融活动监管，区块链技术驱动的监管科技能发挥重要作用，迅速实现粤港澳大湾区内的数据整合和共享。通过构建监管联盟链，可以将前述建立的粤港澳大湾区金融监管委员会作为监管节点接入监管沙盒的穿透式监管系统，实现跨境金融产品和跨境金融活动的穿透式监管。监管联盟链各节点可以共享企业负面清单，共享征信报告，共享监管数据，从而打破粤港澳三地法律法规、行业标准、数据格式、信息技术设施不同的监管瓶颈，保障跨境金融活动健康运行。

同时，广州互联网法院是全国主要负责线上处理金融案件的互联网法院，可以联合香港法院、澳门法院以及各地行业协会建立的司法联盟链，及时将监管数据构建电子证据链，引入赋强公证机构和互联网法院，当跨境测试产品出现纠纷和法律问题时，可以直接进行高效处置。赋强公证是指通过智能合约方式在金融交易电子合同中引入公证信息，一旦触发电子合同条款即具有自动执行的效力，从而实现金融纠纷的高效执行，如广州市南粤公证处等单位已经对此进行了成功探索。在金融诉讼中，电子证据链可以直接作为互联网法院的判案依据，如广州互联网法院通过搭建"可信电子证据平台"实现互联网纠纷的在线审理和在线判案。

## 十、监管沙盒的运作流程

监管沙盒的运营管理包括申请、批准、测试、评估、退出等环节。

### (一) 申请

打破区域限制，拟在粤港澳大湾区尤其是先在广州市开展服务的产品，大湾区内外的金融科技企业都可以提交申请，但首批试点企业可以优先鼓励注册地在广州市的机构。监管机构通过设置一定的申请标准，保证沙盒实验的效率，同时鼓励金融科技创新公司采用监管沙盒进行实验。公司根据监管沙盒申请标准提交申请，潜在申请者的申请书应载有必要的证明资料，以说明申请人如何达到沙盒评估标准：拟议的金融服务运用了新技术，或以创新的方式使用现有技术；拟议的金融服务解决了一个问题，或为消费者或行业带来了利益等。监管部门可以指派专员对相应的公司进行后续服务跟踪，并用书面形式通知申请人是否作为沙盒实体进入沙盒进行实验。

### (二) 批准

监管部门收到申请并根据沙盒评估标准对其进行评估，由系统和专家委员会做出产品风险、企业资质和风险管理能力的评估和审核，包括在沙盒测试期间放宽的具体法律和监管要求。通过审核的企业，监管沙盒根据产品风险等级选择合格的投资者参与，并制定消费者保护制度，和企业、投资者及消费者签订测试同意书。由于沙盒的探索性质，允许申请人在与监管部门进行讨论并对申请做出调整后重新提交申请（如改进边界条款）。为了提高透明度和向客户提供信息，所有获批准的沙盒申请的有关资料，如申请人名字、沙盒试验的开始和终止日期，都将发布在监管部门的官方网站上。

### (三) 测试

申请书经批准后，申请者成为负责部署和运作的参与实体（"沙盒实体"），监管部门和公司一起参与监管沙盒测试参数的设置。监管部门有对应的设置标准,对持续时间、客户数量、客户筛选、客户保护措施、数据、信息披露、测试计划等进行了规定。企业开始测试运营创新产品之后,监管沙盒通过穿透式非现场的监管科技系统持续对产品进行风险监测、预警和管控,有效识别金融创新活动中所蕴含的金融风险,保障金融活动的正常健康运行。在成功试验和离开沙盒之前,沙盒实体必须充分遵守相关的法律和规章规定。

（四）评估

测试结束后,由企业提交测试报告,测试报告应该包括客户数量、客户人口统计的一般资料（如年龄、地点等）、收到和处理的投诉数量和性质、在测试期间发现或面临的问题以及如何解决这些问题、收入和费用信息等方面的内容。监管机构进行审核并提出评估意见。系统和专家委员会针对测试报告进行评估,该评估以企业运行情况的监控为主,包括是否真实地从事与科技相关的业务,是否做到了保护消费者利益,同时还包括对该金融产品的推广使用建议等方面。通过建立公开透明的测试公开机制,适时对外公开评估结果和理由,接受公众监督,确保监管沙盒实施的公正、公平、公开。此外,还应注意监管沙盒的评估实施对标准设计的反馈,促进评估实施和标准制定的互动迭代。

（五）退出

监管机构对测试产品退出监管沙盒可做出三种决定,包括测试成功退出并允许推广、延迟测试和改进意见、测试失败退出不允许推广。在沙盒期结束时,由监管部门放宽的法律和监管要求将失效,沙盒实体必须退出沙盒。如果沙盒实体需要延长沙盒周期,沙盒实体至少应于沙盒到期前一个月提出申请,并提供支持申请延期的理由。例如,考虑客户反馈或为了纠正缺陷,沙盒实体需要更多的时间对在测试状态的金融服务做出改变,或者为充分遵守相关的法律和规章要求,参与沙盒的实体需要更多的时间。监管部门将对申请进行审核,并根据具体个案给予批准。对测试成功的企业允许在市场上进行推广,而测试失败的企业则必须退出,不允许推广。

## 十一、监管沙盒的保障措施

为了保障监管沙盒的顺利实施，还需要一些保障支持措施，包括政策保障与监管创新支持、专项投资基金支持、项目的宣传与推广支持、智库与人才支持、与港澳监管机构和行业协会的常设交流和监管合作、国际经验与交流等方面。

### （一）政策保障与监管创新制度支持

要保障监管沙盒的平稳运行，就必须在防范风险的基础上提高监管政策对跨境金融创新的支持力度。可以从以下几个方面进行：一是在监管机构内部成立支持跨境金融创新引导、规范工作的领导小组。二是减少监管不确定性，短期内要进一步制定和细化地方金融领域内尤其是涉及跨境金融的创新金融产品指导意见，及时传达监管意图和合规要求，鼓励有消费者受益前景的跨境金融产品创新，从长期来看，应完善地方金融和跨境金融的监管法规和行业指引。三是要提高跨境金融监管政策的弹性，在某些方面存在风险但对实体经济有促进作用或有助于大湾区互联互通的创新产品不能全盘否定，要经过测试和观察后调整监管政策，进行差异化精准监管。

### （二）专项投资基金支持

已经通过测试的金融科技企业，往往是具有创新能力且能够提高金融服务水平的好公司，但由于是初创企业，公司产品的推广和规模的扩大急需资金支持。为了扶持跨境金融初创公司，监管沙盒可设置专项投资引导基金，通过财政拨款、专项借款或者引入其他金融机构资金来支持金融科技企业在跨境金融方面做大做强，在做好防控风险的同时鼓励金融创新，提高大湾区的金融服务水平和质量。

### （三）项目的宣传和推广支持

为了扩大监管沙盒的影响力，依托专家委员会和与科研院所合作，成立监管沙盒研究中心，持续对监管沙盒进行研究，通过举办各种监管沙盒论坛、创新成果展览会、举办讲座论坛等方式扩大监管沙盒的影响力。同时，对出盒后的项目进行持续跟踪，不断根据出盒项目后续发展情况做出反馈，对监管沙盒进行改进，持续提升监管沙盒的管理水平。对于出盒后健康发展壮大的项目，研究中心可以将其做成典型案例，打造出一批具有大湾区特色的"跨境金融品牌"。

### （四）智库与人才支持

监管沙盒的实施涉及多行业多学科的交叉应用，包括金融领域、计算机领域、经济领域、司法领域等多领域知识的融合运用，因此需要与高校、研究所、国家智库建立合作，培育一批领军人物和高水平创新团队，打造一个复合型高层次人才培养平台，从而能够为监管沙盒的运行提供强有力的智库和人才支持，向粤港澳大湾区和全国相关企业和政府部门输送专门人才。

### （五）与港澳监管机构和行业协会的常设交流和监管合作

通过建立粤港澳大湾区金融监管协调委员会，搭建与港澳监管机构和行业协会的常设交流平台，尤其是香港也建立了金融监管沙盒，因此内地设立的粤港澳大湾区跨境金融监管沙盒可以加强与香港监管沙盒的沟通联系。粤港澳大湾区金融监管协调委员会可以通过共同举办论坛、峰会、座谈会等软协调形式，相互交流监管经验，共享监管沙盒成果，加强粤港澳金融监管的联系，形成较为一致的先进监管理念，共同提升监管水平。从跨境金融监管的业务合作层面，可以多通过技术手段来推动，如通过区块链技术实现各种互通互认，通过联邦学习和多方安全计算等实现跨境监管数据的共享利用。

### （六）国际经验与交流

为了更好地吸收国际经验，提升监管服务水平，保障粤港澳大湾区监管沙盒的平稳实施，有必要加强国际合作与交流。如英国的全球金融创新监管网络（global financial innovation network，GFIN）是一项合作性的监管沙盒知识分享计划，旨在通过金融服务创新，分享经验、共同汲取教训，以及促进负责任的跨境试验新理念。建议省市地方金融监督管理局加入成为观察员，学习借鉴国际监管沙盒先进经验，包括新兴技术和商业模式，同时宣传粤港澳大湾区跨境监管沙盒的创新成果，扩大其国际影响力。

**参考文献：**

［1］边卫红，单文. Fintech 发展与"监管沙箱"——基于主要国家的比较分析［J］. 金融监管研究，2017（7）：85 – 98.

［2］柴瑞娟. 监管沙箱的域外经验及其启示［J］. 法学，2017（8）：27 – 40.

［3］苟文均. 穿透式监管与资产管理［J］. 中国金融，2017（8）.

［4］黄震，蒋松成. 监管沙盒与互联网金融监管［J］. 中国金融，2017（2）：70 – 71.

［5］李有星. 互联网金融的监管探析［J］. 浙江大学学报（人文社会科学版），2014，4：87 – 97.

［6］王冲. 地方金融监管体制改革现状、问题与制度设计［J］. 金融监管研究，2017（11）.

［7］张景智."监管沙盒"的国际模式和中国内地的发展路径［J］. 金融监管研究，2017（5）：22 – 35.

［8］张维，李根，熊熊，等. 合格投资人制度比较及政策建议［J］. 上海金融，2010（5）：27 – 31.

［9］张晓朴，卢钊. 金融监管体制选择：国际比较、良好原则与借鉴［J］. 国际金融研究，2012（9）：79 – 87.

［10］赵杰，牟宗杰，桑亮光. 国际监管沙盒模式研究及对我国的启示［J］. 金融发展研究，2016（12）：56 – 61.

［11］ARNER DOUGLAS W, BARBERIS JÀNOS, BUCKLEY ROSS P. Northwestern journal of international law & business［J］. Chicago Vol. 37, Iss. 3,（Summer 2017）：371 – 413.

［12］DOUGLAS W A, et al. FinTech, RegTech, and the reconceptualization of financial regulation［J］. 37 Nw. J. Int'l. L. & Bus., 371（2017）.

［13］ DOUGLAS W A. Financial stability, economic growth, and the role of the law（2007）.

［14］ DIRK A ZETZSCHE, et al. From FinTech to TechFin: The Regulatory Challenges of Data-Driven Finance, N. Y. U. J. L. & Bus.（forthcoming 2017 – 2018）.

［15］ DOUGLAS W A, et al. CPA Inst. Research Found. , Research Foundation Briefs: FinTech and RegTech in a Nutshell, and the Future in a Sandbox（July 2017）.

# 从合作到融合：
# 粤港澳大湾区金融高质量发展研究

徐世长①

## 一、研究背景

2019 年 2 月 22 日，中共中央政治局第十三次集体学习，"经济是肌体，金融是血脉"，"血脉通，增长才有力"。推动粤港澳三地金融从合作到融合发展，进一步畅通经济"血脉"，对于粤港澳大湾区建设意义重大。实现大湾区内部的金融互联互通，有利于更好地配置金融资源，提升资本要素市场化配置效率，增强金融服务实体经济发展的能力，促进大湾区培育出更多的世界级产业集群，引领和支撑我国经济转型升级，推动国家金融开放②大战略顺利实施。

近年来，粤港澳大湾区金融领域的建设持续深入，政策体系日益完善，《粤港澳大湾区发展规划纲要》强调要发挥香港国际金融中心的作用，引领粤港澳大湾区金融发展，逐步扩大湾区人民币跨境使用的规模和范围，助力人民币国际化进程，推进湾区金融市场互联互通，特别是要扩大跨境金融产品创新。《关于贯彻落实金融支持粤港澳大湾区建设意见的实施方案》成为广东支持大湾区金融建设的"任务书"，提出 80 条具体措施促进区域金融互联互通和跨境贸易、投融资便利化，扩大大湾区金融对外开放。《广

---

① 徐世长，经济学博士，中山大学马克思主义学院助理教授，中山大学粤港澳发展研究院、中山大学自贸区综合研究院特聘副研究员，研究方向：自贸区与大湾区金融战略。

② Bekaert 和 Harvey 认为金融开放包含以下七个方面：资本账户开放、股票市场开放、金融业改革、国家基金发行、私有化、资本跨境自由流动和国际直接投资的开放等。

东省国民经济和社会发展第十四个五年规划和 2035 年远景目标纲要》明确提出要坚持金融服务实体经济的根本导向，深化金融供给侧结构性改革，携手港澳共建粤港澳大湾区国际金融枢纽。到 2025 年金融业增加值占 GDP 比重达到 10% 左右。《粤港澳大湾区金融发展白皮书》[①] 强调湾区金融业集聚效应与梯队化特征显著，核心城市金融业明显强于其他湾区城市，已建立起多层次资本市场结构，其中深交所股票融资额、市场活跃度、新增上市公司数量等指标稳居世界前列，是全球最具活力的高成长新兴市场。

## 二、大湾区城市群金融发展分析

### （一）湾区金融与金融湾区

粤港澳大湾区经济总量大，且经济融合程度高，为大湾区三地金融业高效合作与开放发展奠定了扎实的产业基础，提供了更大的合作发展潜在空间。粤港澳三地金融业占据各自经济的重要份额，香港、澳门的服务业占据其经济总量的 90%，其中，金融业占主要份额，经济发展较单一，制造业较薄弱，而这恰恰是广东的强项，广东金融业也已成长为广东省国民经济中的支柱产业。

由图 1、表 1 可知，大湾区城市群的金融产业均表现出较好的增长率，这成为拉动 GDP 增长的重要动力。香港作为大湾区首屈一指的国际金融中心，拥有国际一流的金融基础设施，金融服务标准的全球影响力以及金融产品的创新能力均处于领先地位。2020 年，香港、深圳与广州的 GDP 均超过 2 万亿元，且三地的金融业增加值均超 2000 亿元，合计占大湾区金融业增加值的 83%。据全球金融中心指数（global financial centers index，GCFI）

---

① 截至 2020 年，粤港澳大湾区 "9 +2" 金融业 GDP 达到 1.5 万亿元，占 GDP 比重为 12%，显著高出 8% 的全国平均水平。截至 2020 年底，大湾区金融机构存贷款余额超 75 万亿元，占全国比重的 19%，上市公司 2319 家，总市值超 35 万亿元。

另外，相关智库报告也对粤港澳金融合作提出了思路：《从 "世界工厂" 到 "世界级湾区"：粤港澳大湾区发展建议》，载《德勤》2018 年第 2 期。《〈关于贯彻落实金融支持粤港澳大湾区建设意见的实施方案〉的影响解析》，载《安永》2020 年 10 月 27 日。《〈关于金融支持粤港澳大湾区建设的意见〉解读》，载《毕马威》2020 年 5 月 21 日。

最新数据显示：全球金融中心城市前 20 名中，香港、深圳及广州分列第 6 名、11 名和 19 名，大湾区成为罕见的金融中心城市密集区。

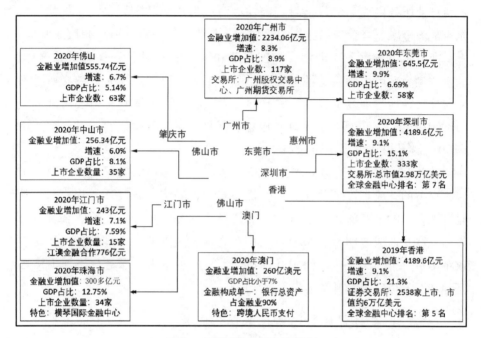

**图 1　大湾区城市群金融数据**

数据来源：广东省统计局（2020），政府公开报道，作者整理所得。

**表 1　粤港澳大湾区金融生态体系**

| 粤港澳大湾区城市 | 代表性金融服务类型 |
| --- | --- |
| 香港 | 国际金融＋高端服务 |
| 深圳 | 金融＋科技（数字货币） |
| 广州 | 金融＋绿色 |
| 东莞 | 金融＋制造业（外向型） |
| 佛山 | 金融＋制造业（内向型） |
| 澳门 | 中国－葡语国家金融服务平台 |

资料来源：作者根据政府文件整理（截至 2021 年）。

大湾区城市群正在由"湾区金融"向"金融湾区"转变，其主要内涵

包括三个方面：一是全新的金融服务生态体系正在加速崛起。背靠珠三角强大的制造业体系，广州、深圳、佛山、珠海都形成了特色鲜明的金融＋特色产业服务格局。二是金融资源在大湾区形成新的配置格局。例如，广东省地方金融监督管理局抓住注册制改革契机，推动深交所广州服务基地、上交所资本市场服务粤港澳大湾区基地和新三板广州服务基地先后落户。三是香港金融市场的稳定性与国际影响力不断提升。近年来，港交所不断完善连接内地与香港市场的互联互通平台，吸引了内地新势力公司赴港上市，2019 年以来更是吸引了阿里巴巴、网易、京东等中概股回港二次上市（其中小米也在港交所上市融资）。

改革开放以来，粤港澳大湾区经过多年多种形式的发展合作，形成了较为完备的开放型产业体系，通过优势互补，经济融合度逐步提高，尤其是金融合作的不断深入，金融嵌入实体经济的深度加强，大湾区金融基础设施互联互通成效明显。2020 年，广东省地方金融监督管理局抓住注册制改革契机，推动深交所广州服务基地、上交所资本市场服务粤港澳大湾区基地和新三板广州服务基地先后落户广州。

（二）广东自贸区对港澳金融合作成效

粤港澳大湾区城市群金融发展尤其以广东三大自贸片区的金融开放与服务创新最具有代表性，包括广州南沙自贸片区、深圳前海自贸片区和珠海横琴自贸片区。如表 2 所示。

表 2　三大自贸片区重点发展方向

| 横琴 | 南沙 | 前海 |
|---|---|---|
| 重点发展旅游休闲健康、商务金融服务、文化科教和高新技术等产业，建设文化教育开放先导区和国际商务服务休闲旅游基地，打造澳门经济适度多元发展新载体 | 重点发展航运物流、特色金融、国际商贸、高端制造等产业，建设以生产性服务业为主导的现代产业新高地和具有世界先进水平的综合性服务枢纽 | 重点发展金融、现代物流、信息服务、科技服务等战略性新兴服务业，建设我国金融业对外开放试验示范窗口、世界服务贸易重要基地和国际性枢纽港 |

资料来源：作者整理。

### 1. 三大自贸片区金融环境分析

自 2015 年广东自贸试验区批复以来，三大自贸片区在新设外资企业方面，前海明显比横琴、南沙自贸片区更具吸引力，其平均增幅高达 13% 以上，而横琴和南沙的则分别为 8.2% 和 3.6%。在引进外资方面，尤其是南沙作为广东自贸区中最大的片区，吸收和利用外资的规模还需进一步扩大。如表 3 所示。

**表 3　三大自贸区新设企业对比**

（单位：家）

| 企业性质 | 横琴 | | | 南沙 | | | 前海 | | |
|---|---|---|---|---|---|---|---|---|---|
| | 2017 年 | 2018 年 | 2019 年 | 2017 年 | 2018 年 | 2019 年 | 2017 年 | 2018 年 | 2019 年 |
| 内资企业 | 15064 | 20642 | 2928 | 15416 | 21689 | 27144 | 41562 | 16133 | 9723 |
| 外资企业 | 900 | 801 | 524 | 312 | 1342 | 831 | 2869 | 4103 | 1470 |
| 合计 | 15964 | 21443 | 3452 | 15728 | 23031 | 27975 | 44431 | 20236 | 11193 |

资料来源："开放广东"政府数据统一开放平台，作者整理。

广东自贸试验区金融类机构的新增情况是衡量金融开放与合作的重要基础。如表 4 所示，近几年类金融机构（融资租赁企业和商业保理企业）在自贸区发展迅速，为湾区企业的发展提供了更多的金融服务。与此同时，自贸区金融开放的进一步深化，为粤港澳金融合作打下了扎实的基础，推动了金融服务便利自由化。

**表 4　广东三大自贸片区金融机构对比**

（单位：家）

| 企业性质 | 横琴 | | | 南沙 | | | 前海 | | |
|---|---|---|---|---|---|---|---|---|---|
| | 2017 年 | 2018 年 | 2019 年 | 2017 年 | 2018 年 | 2019 年 | 2017 年 | 2018 年 | 2019 年 |
| 新注册金融企业 | 3076 | 1652 | 134 | 1736 | 3061 | 148 | 8652 | 2728 | 89 |
| 银行业金融机构 | 3 | 2 | 0 | 4 | 2 | 0 | 6 | 4 | 5 |
| 保险业金融机构 | 11 | 1 | 0 | 9 | 24 | 6 | 3 | 1 | 1 |
| 证券业金融机构 | 1 | 1 | 1 | 3 | 2 | 1 | 9 | 3 | 2 |

续上表

| 企业性质 | 横琴 | | | 南沙 | | | 前海 | | |
|---|---|---|---|---|---|---|---|---|---|
| | 2017 年 | 2018 年 | 2019 年 | 2017 年 | 2018 年 | 2019 年 | 2017 年 | 2018 年 | 2019 年 |
| 融资租赁企业 | 0 | 256 | 2 | 235 | 1620 | 69 | 779 | 44 | 0 |
| 商业保理企业 | 0 | 5 | 4 | 49 | 504 | 27 | 2145 | 1091 | 5 |

数据来源："开放广东"政府数据统一开放平台，作者整理。

### 2. 三大自贸片区对港澳金融合作情况

（1）湾区金融合作在前海。推进深圳前海开发开放，是习近平总书记亲自谋划、亲自部署、亲自推动的国家改革开放重大举措。前海也是深圳加速推进大湾区建设的重点平台之一。前海致力于打造我国金融对外开放试验示范窗口，近年来陆续开展跨境人民币贷款、跨境双向发债、跨境双向资金池、跨境双向股权投资、跨境资产转让、自贸区 FT 账户（跨境金融基础设施）六大方面的业务创新，成为全国范围内最具特色的区域性金融改革举措。

截至 2020 年底，前海深港合作区累计注册港资企业 1.13 万家，累计面向港企出让土地占比 43.2%，前海深港青年梦工场累计孵化香港青年创业团队 211 家，前海成为与香港关联度最高、合作最紧密的区域之一。同期，前海管理局为前海华润金融中心授牌"前海深港合作区深港供应链金融创新基地"，首批 6 家优质港资供应链金融企业"归巢"前海，资产规模近100 亿元。前海金融控股有限公司与高锋金融控股有限公司合作，发起成立规模为 4 亿元的深港青年创新发展基金，推动粤港澳青年创新创业跨越式发展。

前海管理局还为对港澳台资企业制定了一套完善的资金补助体系，截至 2020 年前，前海累计发放五批次港澳青年专项扶持资金，惠及 186 个单位（次）及 647 人次，累计发放金额 6308.99 万元。在人才交流方面，前海挂牌成立了前海深港博士后交流驿站和前海留学人员创业园。对包括港籍人才在内的境外高端人才的个人所得税税率降低至 15%，累计补贴 6 个批次，其中港籍人才 461 人次、补贴 1.58 亿元。

前海深港国际金融城是目前前海正在规划的一个重要项目，深圳将在此着力打造"一平台一窗口两大试验区"，即深港金融合作平台、国家金融业对外开放试验示范窗口、跨境人民币业务创新试验区和金融创新监管试验区。未来，它将成为香港金融机构在内地的"第一站""首选地"，为深港合作实现优势互补、融合发展提供重要平台支撑。

中国（深圳）综合开发研究院金融与现代产业研究所所长刘国宏认为，香港长期位居全球金融中心前 5 名，而深圳是迅速崛起的全球科技创新中心，规划建设前海深港国际金融城就是探索深港金融领域更深度的合作。"以金融服务实体经济，以科技赋能金融创新发展，在'双赢'的局面下，支持香港融入祖国发展大局、支持粤港澳大湾区建设。在巩固和维护香港全球金融中心地位的同时，也可以为我国金融业的开放做出探索。"

目前，深圳市委已明确将前海深港国际金融城建设纳入"十四五"规划重点任务，建设方案、扶持政策、金融机构招引和入驻工作都在积极稳步推进。截至目前，前海深港国际金融城已签约入驻和意向入驻金融机构150 家，聚集效应初现。

（2）粤港澳金融合作在南沙。[①] 广东自贸试验区挂牌 5 年以来，南沙紧紧围绕国务院印发的《中国（广东）自由贸易试验区总体方案》的定位和要求，积极构建特色金融产业体系，探索金融改革创新发展，推动金融服务重要平台项目落地，吸引金融及类金融机构和金融人才不断集聚，金融业态逐步丰富，南沙现代金融服务区加快建设。

作为粤港澳全面合作示范区，南沙重点开展粤港澳大湾区金融市场互联互通，大力引进港澳金融机构等制度创新。截至 2020 年 9 月，累计落户港澳资金融类企业达 1654 家，占比 25％。其中，在 CEPA 框架下，首家粤港合资的广证恒生证券研究所有限公司在南沙注册设立；香港创兴银行、东亚银行、南洋商业银行均在南沙设立支行；摩根大通期货 2020 年 7 月成为全国首家外资控股期货公司；落户 10 家外商股权投资管理企业（qualified foreign limited partner，QFLP）。积极探索对外金融合作。创新外商投资/外

---

① 《广州南沙新区（自贸区南沙片区）关于支持国际金融岛发展的若干措施》中，重点提到了"大湾区金融枢纽""国家金融业改革"等字样。

商独资企业（wholly owned foreign enterprise，WOFE）招商模式，花生日记已在南沙设立 WOFE 架构，打造引进外资新渠道，推进与港澳地区金融交流合作。

在跨境金融方面，南沙已开展跨境双向人民币融资、跨境结算、外汇管理改革试点等先行先试政策，截至目前累计跨境人民币结算量超 3800 亿元，备案跨境双向人民币资金池 36 个，累计资金收付超 662 亿元。南沙还拓展自由贸易账户（FT）体系的功能和应用，截至 2020 年底，南沙自贸片区内企业累计已开立 FT 账户 368 户，办理 FT 项下业务约 51 亿元，已复制 FT 账户项下结算、资金汇兑、流动资金贷款、贸易融资、资金池等业务，为区内企业提供重要的金融支持。

近年来，南沙围绕建设金融业对外开放试验示范窗口，大力发展特色金融，以风险投资为抓手，推动私募基金集聚发展。一方面，加大政策支持力度，对股权投资类企业给予区内投资奖励、经营贡献奖、办公用房补贴、人才奖等一系列扶持，2015 年以来累计发放 1.77 亿元股权投资相关奖励。南沙自贸区金融工作局 2020 年专门推出《外商投资股权投资企业商事协调服务办事指南》，摸查现有 QFLP 企业运营情况，为新设企业注册提供绿色通道服务，梳理区内优质项目清单，做好产融对接服务。另一方面，通过举办中国风险投资论坛，成立资本市场服务基地，建立路演中心、主题沙龙、投融资机构交流等系列品牌活动，搭建私募基金常态化沟通交流平台。

---

数据显示：南沙目前已落户私募基金近 1600 家，基金总数量约占全市 1/5，总注册资本超过 3800 亿元，实缴资金规模超过 900 亿元。南沙积极开展外商投资股权投资（QFLP）先试先行跨境业务，已落地广州市首家外商投资股权企业（QFLP）等 8 家外商投资股权投资机构。

---

（3）粤港澳金融合作在横琴。中国共产党广东省第十二届委员会第十四次全体会议于 2021 年 7 月 28 日在广州召开，就推动横琴粤澳深度合作区和前海深港现代服务业合作区建设做好下半年工作部署。《横琴新区支持粤澳跨境金融合作（珠海）示范区发展的暂行办法》提到应服务澳门经济适

度多元发展,大力推进珠海横琴粤港澳深度合作示范工作,积极探索粤澳跨境金融合作,支持澳门加快发展特色金融产业。所谓特色金融产业,包括融资租赁、金融科技、财富管理及其他服务于粤澳跨境金融合作发展的专业服务机构、协会等。

作为国家级新区,横琴新区可谓"特区中的特区",肩负着全党全国全社会对粤澳合作的期望。自 2009 年成立以来,横琴始终不忘"为澳门产业多元发展创造条件"的初心,积极与澳门展开全方位、多层次的合作,特别是金融业的合作。截至 2020 年 9 月底,横琴金融类企业中,澳资企业有 28 家,注册资本达 22.05 亿元,琴澳金融合作已初见成效。打铁亦需自身硬,更深层次的改革可以推进更高水平的开放,横琴金融的快速发展,为琴澳合作奠定了坚实的基础。

> 数据显示:截至 2020 年 9 月底,横琴现有金融类企业 5620 家,注册资本合计人民币 11035.95 亿元;自 2010 年试点以来,横琴累计办理跨境人民币结算业务超 8193.37 亿元。2020 年第一季度人民币跨境支付系统处理业务 44.4 万笔,金额 9.58 万亿元,分别同比增长 14.51% 和 25.68%。

横琴粤澳深度合作区将助力横琴金融依托广深港澳科技创新走廊,融入粤港澳金融科技创新圈,并有望引进、培育一批优质的金融科技企业。此外,为了防范金融科技创新可能带来的金融风险,横琴将利用自身的先行先试优势,强化与澳门的金融监管合作,助力国家金融科技发展。

### (三) 大湾区内部互相投资的情况

2020 年 10 月 23 日,港交所官方发布消息,香港与内地交易所买卖基金 (exchange traded fund, ETF) 互挂计划下首批产品在香港和深圳两地同时上市,推动更多 ETF 于香港及内地资本市场互挂。与此同时,港交所与深交所亦签署了合作备忘录,共同推广 ETF 互挂,见证两地资本市场的深化互联。近年来,粤港澳在机制建设、制度建设、金融机构、跨境人民币业务、资本市场、跨境金融服务等方面进行了广泛合作,取得了较好的成果。

粤港澳金融机构也正在扩大合作,跨境人民币业务和跨境金融服务合

作取得新的进展。一是港澳金融机构大量进驻广东，形成粤港澳金融机构互补融合。截至 2018 年 11 月末，广东省有 180 多家港澳金融机构进驻，并在广东所有地级市全覆盖；人民币已成为粤港澳跨境收支第二大结算货币；广东省赴港上市企业达 232 家，居内地第一；粤港支付结算合作创造五项全国第一。二是粤资银行不断进驻港澳，与港澳金融机构合作发展。截至 2019 年末，粤资银行在香港拥有 83 个营业网点；赴港上市的粤企有 210 家，名列各省市之首；香港有 20 家粤资持牌证券机构。与此同时，在 CE-PA 框架下广东亦已引入了部分港资证券、期货及基金公司。三是粤港澳三地资本市场、投资领域、跨境人民币业务等方面已经深入合作，为粤港澳大湾区金融全面合作奠定了基础。在财富管理与投资领域，已有沪港通、深港通、债券通，内地与香港基金互认（mutual recognition of funds，MRF）、合格境外机构投资者（qualified foreign institutional investors，QFI）、外商投资股权投资企业（QFLP）、合格境内机构投资者（qualified domestic institutional investor，QDII）、合格境内投资者境外投资（qualified domestic investment enterprise，QDIE）、合格境内有限合伙人（qualified domestic limited partner，QDLP）得到试点或推出。另外，近些年来粤港澳三地商业银行跨境货币结算体系正在逐步建立，银行卡的跨境支付给三地人民带来一定的便利。

## 三、大湾区金融融合发展的主要障碍

粤港澳大湾区金融合作具备一定基础，取得了积极进展和阶段性成效，但也面临一些障碍和比较突出的问题。

### （一）湾区内部金融产业基础差异较大

大湾区 "9 + 2" 城市除了香港、澳门、深圳、广州以外，其他城市在金融业整体发展水平方面存在着诸多不足，大湾区金融业发展失衡，弱化了金融市场的区域协同与联动发展，需推动香港、广州与深圳三地优质金融资源对外溢出。

如图 2、图 3 所示：2018—2020 年，粤港澳大湾区各城市在金融业增加值及其占比上均呈现出上升的趋势，但是各地区金融业增加值及其占比差异巨大。2020 年，深圳、广州的金融业增加值分别为 4189.6 亿元、2234.06 亿元，东莞、佛山、珠海、中山、江门、惠州、肇庆各市的金融业增加值分别为 645.5 亿元、555.74 亿元、443.95 亿元、256.34 亿元、243.66 亿元、259.38 亿元、96.05 亿元。2020 年，深圳、广州的金融业增加值占比分别为 15.10%、8.90%，东莞、佛山、珠海、中山、江门、惠州、肇庆各市的金融业增加值占比分别为 6.69%、5.14%、12.75%、8.10%、7.61%、6.14%、4.16%。

（单位：亿元）

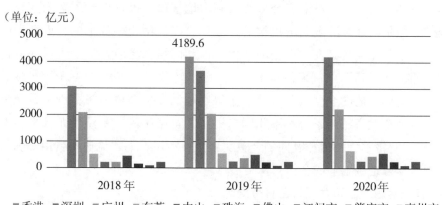

资料来源：各市区政府公开报道，作者整理所得。

**图 2　大湾区城市群金融增加值（2018—2020）**

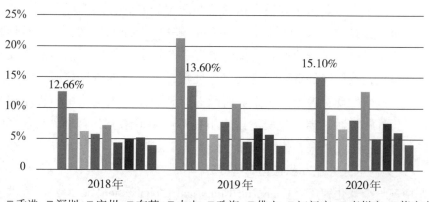

资料来源：各市区政府公开报道，作者整理所得。

**图 3　大湾区城市群金融增加值占比（2018—2020）**

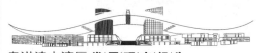
值得注意的是，与纽约湾区、旧金山湾区和东京湾区这世界三大湾区相比，粤港澳大湾区的资本生态多样性不足，创投能力也尚存在较大差距。目前，广东地区的券商总部为 28 家，占全国比例不到 5%。此外，广东地区的 PE/VC 风险投资投资额只有旧金山湾区的 1/10，差距较大。

### （二）湾区内部金融要素的流动存在障碍

考虑到金融业的开放合作"牵一发而动全身"，出于金融审慎开放与安全监管的目的，虽然对港澳金融要素到内地注册、投资出台了系列的政策支持，但是内地对港澳金融机构的设立、股权比例、业务范围、审批程序等方面依然还存在必要的严格的前置条件和门槛，港澳投资准入后环节仍存"准入不准营"的制度性障碍。

粤港澳三地的金融会计制度、金融财税制度、金融业务范围、金融配套服务、金融产品体系等都不相同，相互之间存在较大差异（尤其是标准差异）。粤港澳大湾区相互间的金融配套服务不足、人才流通不自由，制约着粤港澳三地金融业的合作与发展。

#### 1. 金融产品跨境便利性有待提升

对居民而言，由于大湾区跨境金融产品服务中心尚未建立，港澳居民购买和赎回内地理财产品需要本人亲自到场验证。香港居民使用移动支付仍然不便，来内地需要有内地电话号码、银行账户才能使用。内地居民在港办理保险手续需要亲自到港，在理赔办理时需要到香港银行开立账户并将理赔资金兑换成人民币后通过香港银行账户汇入内地，程序十分烦琐，制度性成本较高。对企业而言，境外募资和跨境资金划转等依然需要较为严格的审核，致使境外资金回流到境内使用存在一定的制度障碍。针对港资企业的调研发现，内地港资企业所赚取的利润汇回香港使用的程序较为烦琐。国外资本通过港澳投资湾区内不良资产渠道未充分打通。目前，内保外贷登记的范围仅限于传统贷款、发债项目等。

#### 2. 大湾区人才流动积极性有待提升

中国与全球化智库（Center for China and Globalization，CCG）在香港发布了首个对粤港澳大湾区人才状况进行全面系统研究的《粤港澳大湾区人才发展报告》。该报告指出，目前大湾区接受过高等教育的人口比例相比世界其他湾区较低，接受过高等教育的人口占常住人口的比例平均仅为17.47%。报告表明，由于专业服务领域的制度差异，粤港澳三地人才合作不够紧密，并进一步抑制了人才跨境流动的积极性。

## 四、大湾区金融融合发展的对策建议

### （一）聚焦规则衔接深化体制机制创新

大湾区内地9市要积极主动学习与借鉴港澳自由贸易港先进体制机制，在贸易金融、跨境投融资、财税金融联动等方面，探索更加灵活的政策体系、监管模式、管理体制，建设更加包容、开放的金融合作平台。打造香港、广州、深圳作为大湾区科技金融资源集聚的核心区和金融创新发展的高水平平台，规划设立粤港澳区域金融深度合作体制机制改革示范区。以制度创新实现湾区内外资源的整合和利用，形成推动湾区金融发展的合力，进一步加强湾区金融监管与金融信息数据的共享机制与金融风险管控机制建设。建立由中央、粤、港、澳四方组成的专门协调机构，统管大湾区的金融改革与开放政策供给，协同推进粤港澳三地金融合作发展。国家要进一步加大对粤港澳大湾区金融政策的支持力度（尤其是简政放权），设立跨境金融创新发展专项资金，确保大湾区金融事业优先发展。

### （二）优化资源布局丰富合作载体

鼓励各地根据自身经济发展情况开展差异化的金融改革探索，优化金融、产业以及科技要素的互动，实现大湾区现代金融体系完善以及金融业营商环境趋同（尤其是要聚焦服务科技创新的金融平台建设）。推动广州打造以银行、保险、绿色金融及财富管理为重点的区域性金融中心城市提质增效，提升金融市场的资源配置能力与金融辐射力，围绕湾区金融融合与创新发展开展顶层设计、政策制定与区域协调监管。深圳要建设成为与香港金融市场紧密互动，以多层次资本市场、创业投资为特色的区域性金融中心城市，大力探索金融嵌入产业链、价值链升级的战略功能。香港继续巩固和提升国际金融与贸易中心，做强全球离岸人民币业务枢纽，提升国

际资产管理中心及风险管理中心全球竞争力。推动澳门产业多元化发展，重点聚焦特色金融业高质量发展，结合其产业结构，发展特色科技金融，打造湾区的特色科技金融平台。同时，澳门与葡语系国家贸易联系密切，可以发挥澳门的这一优势深入对接葡语系国家与"一带一路"倡议，助力人民币的国际化进程。发挥三大自贸片区、广深港澳科技创新走廊优势，提供专业性、创新性、国际性金融服务，以及金融后台、股权投资、金融服务外包等配套支撑，以加强科技创新的产业效果。

### （三）健全跨境金融合作完善监管体系

在粤港澳大湾区加快推广自由贸易账户（FT）企业与个人账户服务功能，强化跨境金融产品创新体系，推动符合条件企业放开依托虚拟银行账户进行相关境外投资的限制（如要建立相关企业的跨境投资承诺制）。积极开展本外币一体化跨境资金池试点，推动大湾区内地9市企业总部与其设在香港的财资中心联动为切入点，试点简化外债和境外放款登记管理。探索赋予粤港澳三地金融、科技相关管理部门特定权限，允许科研资金以及科技创新类跨境资金在一定额度内跨境自由流动，鼓励各类型金融机构在大湾区开展跨境科技金融产品创新。引导支持成立粤港澳科技金融服务联盟、智库联盟，并积极开展国际交流合作。推动建立大湾区金融业常态化协调工作机制，全方位深化在金融市场、机构、人才、法律等领域的合作，推动率先构建具有中国特色、符合国际惯例的科技金融运行规则和制度体系。全面落地中央部委、广东省委、广州市委、深圳市委等针对粤港澳大湾区跨境金融合作的各类政策体系，积极推动放宽或取消银行、证券、基金管理、期货、金融资产管理公司等外资股比限制和投资领域限制，降低港澳金融机构准入门槛和推动准营便利，努力打通与港澳金融企业互设渠道。进一步推进跨境人民币双向融资、跨境人民币双向资金池、跨境人民币贷款、内地企业赴港发行人民币债券等跨境业务。

**参考文献**

[1] 广东省国民经济和社会发展第十四个五年规划和2035年远景目标纲要 [R].广东省人民政府，2021（4）.

［2］李彦，王鹏，郭彦晗. 珠澳跨境金融合作的现状、挑战与对策研究
　　［J］. 特区实践与理论，2020（6）：82 – 88.

［3］刘佳宁. 粤港澳大湾区科技金融协同发展路径研究［J］. 南方金融，
　　2020（9）：57 – 65.

［4］刘瞳. 粤港澳大湾区与世界主要湾区和国内主要城市群的比较研究
　　［J］. 区域与城市经济学，2018（5）.

［5］刘毅，王云，李宏. 世界级湾区产业发展对粤港澳大湾区建设的启示
　　［J］. 中国科学院院刊，2020，35（3）：312 – 321.

［6］齐冠钧. "一带一路"框架下粤港澳大湾区面临的挑战与对策［J］. 东
　　北亚经济研究，2021，5（3）：18 – 26.

［7］王婧茹. 粤港澳大湾区金融合作发展的现状、问题与对策［J］. 特区经
　　济，2020（10）：32 – 35.

［8］魏枫凌. 央行与深交所支招粤港澳大湾区金融融合发展［J］. 证券市场
　　周刊，2019（3）.

［9］中国人民银行货币政策分析小组. 中国区域金融运行报告（2020）
　　［R］. 中国人民银行，2020（5）.

第六编

粤港澳大湾区社会融合

# 香港居民在粤港澳大湾区内地城市
# 置业的经历与意愿

蓝宇东[①]

## 一、引言

本研究在《市民对港人到大湾区内地城市置业议题的看法》问卷调查数据的基础上，采用二元 Logit 回归模型对香港居民跨境买房[②]经历和意愿的影响因素进行了实证研究，得到的主要结论包括：个人出生地对跨境买房经历和意愿有影响，跨境买房是与故乡归属感有关的经济行动，且嵌入个人社会网络关系之中；考虑前往大湾区内地城市工作或创业的香港居民有更高的概率在大湾区内地城市买房，且其跨境买房的意愿更高；个人定居大湾区内地城市的意愿也显著影响个人跨境买房意愿，跨境买房更多的是为满足香港居民实际自住的需求；香港的福利条件影响港人跨境买房的意愿，若能在内地继续享受香港福利可提高个人跨境买房意愿。

## 二、香港居民到大湾区内地城市跨境买房的经历

2019 年 11 月 6 日，粤港澳大湾区建设领导小组会议在北京举行，会后香港特区政府推出了 16 项惠民措施，其中在"惠及市民政策"的部分，开放了香港居民来内地购房的限制：香港人可以在大湾区内地 9 市（广州、

---

① 蓝宇东，中山大学粤港澳发展研究院、港澳珠江三角洲研究中心博士研究生，E-mail：lanyd@ mail2. sysu. edu. cn。

② 本文中香港居民跨境买房是指香港居民在粤港澳大湾区内地城市购置房产。

深圳、珠海、佛山、东莞、中山、惠州、肇庆和江门）自由购买一套自用房，且无须境内工作、学习时间证明等限购条件。此前，香港居民若想在内地购房，需要在境内工作或学习超过一年的时间，且需要相应的居住证、个税证明或社保条件。新政策实际上意味着只要香港市民有购房意向，均可在大湾区内地9个城市中买房。

香港是粤港澳大湾区建设的重要一环，放开香港市民跨境买房的限制其实是促进港人融入大湾区发展的重要举措，在置业方面为港人提供便利与弹性，化解香港部分由房屋问题导致的民生难题。虽然政策鼓励香港居民在大湾区内地城市买房，但是房屋不是一般的商品，其耐久性、不可分割性与价格昂贵性等特点决定了住房商品的消费是一种高涉入的消费行为（李庆玲，2006），同时兼具投资属性（李伟军、吴义东，2019），个人需要综合考虑诸多因素才能做出购房决策。政策的开放并不必然带来需求的增加。跨境买房首先涉及异地购房的问题，同时由于香港与内地实行不同的社会制度，两地的居民在文化、生活习惯等许多方面都存在差异，这使得跨境买房的议题进一步复杂化。

香港是一座移民城市，历史上绝大多数移民来自内地，且以广东地区为主，那些出生于香港本地的市民，也多半是内地移民的第二代或第三代（王苍柏，2007）。至于内地出生的香港人口数量，根据香港2016年中期人口统计，在全港730多万人口中，内地出生人士占比在30%左右。此外，也有不少香港居民有家人或亲戚在内地生活或工作，港人与内地历来就具有如此紧密的联系，因此提出本文的第一个假设。

假设1：出生地对港人跨境买房有影响，内地出生的香港居民比其他地方出生者有更高的概率在大湾区内地城市买房。

买房是定居一城、融入当地社会的一个重要标志。由于房屋商品的单价高、具有空间固定性，因此住房选择对于一个家庭而言，是长期且重大的决定，且人们常因生活的便利性而通常考虑在工作地购置房产。于是对于香港居民而言，是否有计划前往大湾区内地城市工作或创业对于跨境买房就显得较为重要。此外，由于粤港澳三地的城市在地理位置上非常临近，且随着2018年9月广深港高铁的全线开通，以及同年10月港珠澳大桥的正式通车，使得香港与内地的交通往来更加便利，香港居民的跨境流动变得非常容易而频繁，不少香港居民即使在内地上班也仍旧返回香港居住，过着一种"跨境工作、双城生活"的流动生活，所以定居大湾区内地城市的意愿也应该会影响他们的购房意愿。基于此，提出本文的第二个假设。

假设2：个人发展规划与定居意愿对港人跨境买房有影响，考虑来内地工作或创业的香港居民比没有该考虑的人有更高的概率在大湾区内地城市买房。定居大湾区内地城市的意愿越高，跨境买房的意愿也越强。

此外，由于大湾区涉及两种不同的制度，因此生活在内地与港澳的居民所享受的养老、医疗、教育等福利待遇有所差异。福利政策的享受具有本地性，如香港的养老政策，香港特区政府规定退休人士如果离开香港超过一定期限，将失去在香港所应享受的退休福利。政策福利的差异影响居民的生活质量和体验，进而也影响居民的购房决策，因此提出本文的第三个假设。

假设3：福利政策对港人跨境买房有影响，香港的福利条件与内地的福利条件对跨境买房的影响有差异。在内地仍能享受香港的福利可以提高香港居民跨境买房的意愿。

## 三、研究设计

本研究采用中山大学粤港澳发展研究院、港澳珠江三角洲研究中心于2019年4月展开的《市民对港人到大湾区内地城市置业议题的看法》问卷调查数据进行分析，暂不考虑住房市场因素的影响。该调研采用了问卷调查法，使用计算机辅助电话问调系统（computer assisted telephone interviwe-ing system，CATI），通过电话访问的方式成功访问了1069位年龄在18岁或以上的香港居民。问卷分为主问卷与个人背景资料两个部分，其中主问卷包含与跨境买房相关的问题，共计24道，个人背景资料部分的题目为10道，包含性别、年龄、出生地、受教育程度等个人信息以及家庭同住人数、家庭月均收入等家庭信息，整份问卷合计34道问题。

研究采用的变量包括主问卷部分询问香港市民"有没有在大湾区内地9个城市购置过房产""未来是否想在大湾区内地9个城市买楼""是否有家人在大湾区内地城市工作、居住或读书""是否有亲戚在大湾区内地城市工

作、居住或读书""有没有考虑过前往内地工作或创业""如果你去大湾区内地城市居住或者工作，你预计有无可能在大湾区内地城市定居""哪些福利条件可能促使你在大湾区内地城市长期居住"和"过去一年到过香港和澳门以外的大湾区 9 个城市次数"，以及个人背景资料部分的性别、年龄、出生地、受教育程度、就业情况、家庭月均收入。通过电话访问回收的样本总体有 1069 个，但在剔除了上述变量所有缺失值的样本之后，进入回归分析的有效的样本数为 796 人。

## 四、实证结果分析

从购房经历看，有 113 位受访者表示曾经在大湾区内地 9 个城市中购置过房产，占总样本的 10.57%；剩余 956 位香港居民没有在大湾区内地城市置业的经历，占比为 89.43%。如图 1 所示，广州、东莞和深圳是香港居民在跨境买房时的首选之地，其占比在有大湾区内地城市购房经历的香港居民中均超过两成，分别为 23.89%、22.12% 和 20.35%。超过六成的香港市民跨境买房发生在 2008 年之前，其中 1997 年以前置入占比 43.36%，1998—2008 年置入占比 28.32%。在房产购置数量方面，113 位有大湾区内

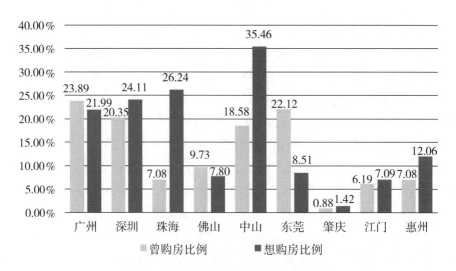

图 1 香港居民曾购房城市与想购房城市

地城市购房经历的香港居民中79位买过1套房，占比69.91%；20位买过2套房，占比17.7%，购买3套或以上的人并不在多数。此外，有39.82%的人表示已经售出在大湾区内地城市购置的房产，不再持有，其中售出的时间大多发生在2009年之后。在购房意愿方面，有107位受访者表示未来想在大湾区9个城市中买房，占比10.01%，没有买房想法的有928位，占比86.81%，剩下34位表示对此问题暂时无明确想法，占比3.18%。至于未来可能购置房产的大湾区城市，中山是最理想的城市，有35.46%的人选择，珠海、深圳与广州是次优选择，其占比分别为26.24%、24.11%和21.99%。

表1中，男性占比为44.62%，女性占比为55.38%；有65.67%的人出生于香港本地，30.31%的人出生于内地，剩下4.02%的人出生于其他地区；受教育程度在小学以下的居民有18.15%，中学程度的有44.12%，文凭/证书或副学士课程的有12.7%，本科、硕士、博士等学位的有25.02%；就业情况方面，有32.86%的人从事全职工作，5.22%的人从事兼职工作，退休的有49.57%，目前无工作的人（包括失业、待业、学生与家务者）有12.35%。

在受教育程度方面，中学程度包含香港中学学制的新制和旧制，学位课程包括本科、硕士和博士等；家庭月均收入单位为港元；个人发展规划是指个人是否考虑前往内地大湾区9个城市工作或创业；定居意愿是指如果去大湾区内地城市居住或工作，个人预计在大湾区内地城市定居的可能性，其中0分表示"非常不可能"，5分表示"非常可能"；福利条件是指个人认为哪些福利条件可能促使自己在大湾区内地城市长期居住，其中"无福利"是指没有任何福利条件可以促使其前往大湾区内地城市，"香港福利"是指只有在大湾区内地城市仍能继续享受香港方面的福利，可以促使其前往大湾区内地城市，"内地福利"是指在大湾区内地城市享受内地方面的福利，可以促使其前往大湾区内地城市，"香港与内地福利"是指在大湾区内地城市能同时享受到香港或内地的福利，可以促使其前往大湾区内地城市。

表1　变量的描述性统计

| 变量 | 样本量 | 占比（%） | 变量 | 样本量 | 占比（%） |
|---|---|---|---|---|---|
| 有没有在大湾区买房 | | | 是否有家人在大湾区 | | |
| 曾购房 | 113 | 10.57 | 有家人在大湾区 | 110 | 10.29 |
| 不曾购房 | 956 | 89.43 | 无家人在大湾区 | 959 | 89.71 |
| 想不想在大湾区买房 | | | 是否有亲戚在大湾区 | | |
| 想 | 107 | 10.34 | 有亲戚在大湾区 | 338 | 31.62 |
| 不想 | 928 | 89.66 | 无亲戚在大湾区 | 731 | 68.38 |
| 性别 | | | 个人发展规划 | | |
| 男 | 477 | 44.62 | 考虑来大湾区发展 | 110 | 10.4 |
| 女 | 592 | 55.38 | 无考虑来大湾区发展 | 948 | 89.6 |
| 年龄组 | | | 定居意愿 | | |
| 18～34岁 | 113 | 10.57 | 0分 | 625 | 60.86 |
| 35～49岁 | 154 | 14.41 | 1分 | 62 | 6.04 |
| 50岁或以上 | 802 | 75.02 | 2分 | 71 | 6.91 |
| 出生地 | | | 3分 | 126 | 12.27 |
| 内地 | 324 | 30.31 | 4分 | 67 | 6.52 |
| 非内地 | 745 | 69.69 | 5分 | 76 | 7.4 |
| 就业情况 | | | 福利条件 | | |
| 无工作 | 130 | 12.35 | 无福利 | 455 | 42.56 |
| 全职 | 346 | 32.86 | 香港福利 | 340 | 31.81 |
| 兼职 | 55 | 5.22 | 内地福利 | 76 | 7.11 |
| 退休 | 522 | 49.57 | 香港与内地福利 | 198 | 18.52 |
| 受教育程度 | | | 过去一年到大湾区次数 | | |
| 无接受正规教育 | 35 | 3.29 | 0次 | 537 | 50.52 |
| 小学 | 158 | 14.86 | 1～4次 | 411 | 38.66 |
| 中学 | 469 | 44.12 | 5～12次 | 68 | 6.4 |
| 文凭/证书或副学士 | 135 | 12.7 | 12次以上 | 47 | 4.42 |
| 本科/硕士/博士 | 266 | 25.02 | | | |
| 家庭月均收入 | | | | | |
| 1万元以下 | 229 | 28.48 | | | |
| 1万至2万元 | 126 | 15.67 | | | |
| 2万至3万元 | 121 | 15.05 | | | |

续上表

| 变量 | 样本量 | 占比 (%) | 变量 | 样本量 | 占比 (%) |
|---|---|---|---|---|---|
| 3 万至 4 万元 | 93 | 11.57 | | | |
| 4 万元或以上 | 235 | 29.23 | | | |

注：表中"大湾区"指"粤港澳大湾区内地城市"。

如图 2 所示，比较了不同出生地的香港居民的跨境买房经历。其中，内地出生的香港居民当中，有 16.05% 的人曾经在大湾区内地城市购置过房产，而在非内地出生者当中，曾在大湾区内地城市购房的人只占 8.19%，内地出生者有跨境购房经历的比例大概是非内地出生者的 2 倍。此外，比较了个人发展计划不同的香港居民的跨境买房经历后，可以看到，在考虑前往大湾区内地城市发展的香港人当中，有 17.27% 的人曾在大湾区内地城市买房，而不考虑来大湾区内地城市工作或创业的人当中，曾跨境买房的比例只有 9.81%。

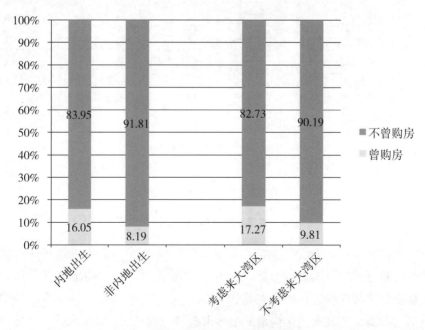

图2　香港不同群体的跨境买房经历

注：图中"大湾区"指"粤港澳大湾区内地城市"，下同。

图 3 展示的是香港不同群体的跨境买房意愿，分别比较了出生地、个人发展规划、定居意愿（0～5 分）和福利条件四个不同的群体。可以看到，在内地出生者当中，未来有跨境买房意愿的人占 12.94%，而这一比例在非内地出生者中只有 9.23%。考虑来大湾区内地城市发展的人当中，有跨境买房意愿者占比 29.81%，这一比例是没有该考虑的人的将近 4 倍。从定居意愿上看，自评分数越高，即自评越有可能在大湾区内地城市定居的人，有跨境买房的意愿也越高。在福利条件方面，认为没有福利条件可以促使其前往大湾区内地城市定居者当中，仅有 4.25% 的人有跨境买房意愿，对比其他三组人群，可以看到若能实施福利条件，可以提高港人的跨境购房意愿。认为香港福利能促使其前往大湾区内地城市长期居住的人中，有 14.24% 的人有跨境买房意愿，这一比例在内地福利组当中是 17.57%，在香港与内地福利组当中则是 15.18%。

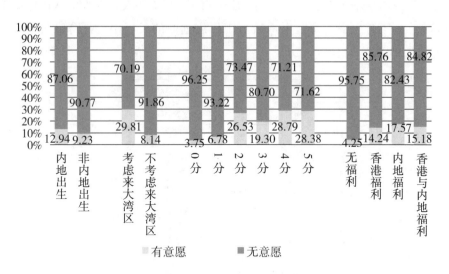

图 3　香港不同群体的跨境买房意愿

为检验上述 3 个假设，本文采用二元 Logit 模型对影响香港居民跨境买房经历和意愿的因素进行分析。选取"购房经历"与"购房意愿"作为被解释变量进行香港居民跨境买房因素的分析，采用调查问卷中涉及的题目包括"你有没有在大湾区内地 9 个城市购置过房产，即买过楼?"以及"请问未来你想在大湾区内地 9 个城市买楼吗?"这两个因变量都是二分变量，其中，购房经历是指香港居民有无在大湾区除香港与澳门之外的 9 个内地城市购房的经历，曾购置过取值为 1，不曾购置则取值为 0。购房意愿是指香港居民未来有无在大湾区 9 个内地城市买房的想法，有意愿购买取值为 1，无意愿则取值为 0。

自变量的选取包括个体特征（性别、年龄组别、出生地、工作情况、受教育程度）、家庭特征（家庭月均收入）、社会网络特征（是否有家人在大湾区内地城市、是否有亲戚在大湾区内地城市）、个人发展规划（是否考虑来大湾区内地城市发展、定居意愿）、软件设施（福利条件）和跨境流动特征（过去一年前往大湾区内地城市次数）。

如表 2 所示，模型（1）是以跨境买房经历为因变量的回归结果，可以得出以下基本结论。

首先，个人出生地对跨境买房决策有显著影响。从个体特征上看，通常来说那些影响居民在本地购房决策的因素，如性别、年龄、就业情况以及受教育程度对跨境买房的影响均不明显，而个人的出生地与跨境买房经历在 1% 的水平上显著正相关。回归结果显示，出生于内地的香港居民在内地购置房产的概率是出生于其他地区的人的 2.16 倍。房子是个人与地方的情感纽带，对于香港居民而言，跨境买房更倾向于是一种与故乡归属感有关的经济行动。

表 2　香港人跨境买房经历的影响因素

| 影响因素 | 模型（1） | |
| --- | --- | --- |
| | exp（$\beta$） | 回归系数 $\beta$ |
| 性别 | | |
| 　男性（女性） | −0.183 | 0.833 |
| 年龄（18～34 岁） | | |
| 　35～49 岁 | 0.568 | 1.765 |
| 　50 岁或以上 | 0.866 | 2.377 |
| 出生地 | | |
| 　内地（非内地） | 0.77*** | 2.160 |
| 就业情况（无工作） | | |

续上表

| 影响因素 | 模型（1） | |
|---|---|---|
| | exp（β） | 回归系数β |
| 全职 | −0.637 | 0.529 |
| 兼职 | −0.093 | 0.911 |
| 退休 | −0.055 | 0.946 |
| 受教育程度（无接受正规教育） | | |
| 小学 | −0.896 | 0.408 |
| 中学 | 0.672 | 1.958 |
| 文凭/证书或副学士 | 0.653 | 1.921 |
| 本科、硕士、博士 | 0.704 | 2.022 |
| 家庭月均收入（1万元以下） | | |
| 1万至2万元 | 0.419 | 1.520 |
| 2万至3万元 | 0.327 | 1.387 |
| 3万至4万元 | 0.812* | 2.252 |
| 4万元或以上 | 0.364 | 1.439 |
| 社会网络 | | |
| 有家人在大湾区（无家人在大湾区） | 0.655** | 1.925 |
| 有亲戚在大湾区（无亲戚在大湾区） | 1.165*** | 3.206 |
| 个人发展规划 | | |
| 考虑来大湾区发展（无考虑） | 0.718** | 2.050 |
| 常数 | −4.371*** | 0.013 |
| 样本量 | 796 | |
| Pseudo $R^2$ | 0.142 | |

注：括号内为参照组，\*\*\*、\*\* 和 \* 分别表示在1%、5%和10%水平上显著；表中"大湾区"指"粤港澳大湾区内地城市"。

其次，家庭月均收入水平对跨境买房决策影响不显著。回归结果显示，从统计上看，家庭月均收入水平的高低与跨境买房的决策总体而言并不显著相关，只有家庭月均收入在3万至4万元的香港居民比其他收入水平的居民有更大的可能性在内地买房，且通过了10%的显著性水平检验。一般而言，家庭月均收入越高，可支配收入的水平也越高，用于购房支付的能力也越强，但是根据模型（1）的回归结果来看，即使是家庭月均收入水平高的香港家庭也不一定有跨境买房的经历，这表明经济因素并非影响跨境买房的重要决定性因素。

再次，跨境买房决策嵌入在个人社会网络中。个人在大湾区内地城市是否有家人或亲戚对其是否有跨境买房经历有显著的影响，有家人、亲戚在内地学习或工作，即在内地有社会网络的香港居民有更大概率在内地购置房产。生活在内地的家人、亲戚除了可能给香港居民提供有关跨境购房所必需的如房价、地理位置、社区环境、楼盘设施等信息，还可以使其了解内地的生活习惯、社区氛围、邻里关系等看不见的信息。更为重要的是，这层社会网络关系给予了香港居民以情感支持和内群体的信任，促使其在内地购置房产。

最后，个人发展规划显著影响了跨境买房决策。买房是定居一城、融入当地社会的一个重要标志。回归结果显示，个人发展规划对其跨境买房经历有显著的正向影响，且在5%的水平上显著。有考虑过前往大湾区内地城市工作或创业（不管该计划是否实施）的香港市民在大湾区内地城市购房的概率是没有这个考虑的人群的2.05倍，这也表明跨境买房还是受个人实际住房需求的影响的。

表3是以跨境买房意愿为因变量的回归结果。模型（2）是对有效样本总体所作的回归，考察受访者未来是否想在大湾区内地9个城市买房。由于住房商品是高单价的耐用消费品，是否已在大湾区内地城市置入房产通常来说会影响人们未来的购房意愿，因此在模型（2）中加入购房经历这一变量来讨论个人跨境购房经历对其未来购房意愿的影响。模型（3）则是以不曾在大湾区9个内地城市中买过房的香港居民全体为样本所作的回归。该部分得到的主要结论如下。

首先，已在大湾区内地城市置入房产者对未来再次购房的意愿低。根据模型（2）的回归结果显示，已在大湾区内地城市购房的香港居民未来再次在大湾区内地城市置入房产的概率比未曾有跨境买房经历者显著更低，这一方面证明了商品房的使用耐用性，一旦置入便可长期使用；另一方面也反映出跨境买房的需求多数还是出于人们对自住的实际考量，跨境买房意愿与投资等其他非自住原因不太相关。

　　其次,男性与内地出生者跨境买房的意愿显著更高。个体特征方面,男性比女性有更高的跨境买房意愿,且排除了已在大湾区内地城市购房的样本之后,出生地与跨境买房意愿显著正相关,其他个体特征如年龄、就业情况和受教育程度对跨境买房意愿的影响并不显著。具体表现为,相比于其他地区出生的香港居民,内地出生者有更强烈的跨境买房意愿,这也再次表明跨境买房并非一种纯粹的经济行动,而是混杂了情感因素,是个人对故乡具有归属感的一种体现。

　　再次,家庭月均收入水平越高,跨境买房的意愿也越强。家庭收入水平是购房时必须考虑的因素,一般来说收入水平越高,购房的意愿也就越强。根据香港特区政府统计处发布的《香港统计年刊(2020年版)》数据显示,2019年香港住户每月入息中位数为2.87万港元,如表3所示,家庭月均收入高于这一水平的两个组别均表现出更高的跨境购房意愿,且通过了统计的显著性检验。

　　复次,个人发展规划与定居意愿和跨境买房意愿显著相关。考虑将要来大湾区内地城市工作或创业的香港市民的跨境买房意愿显著更高,是没有这个打算的人的3.3倍,这一结果在1%的水平上显著。个人定居意愿也与跨境买房意愿显著相关,个人在大湾区内地城市工作或生活后定居意愿越强,其跨境买房的意愿也越强。以上两个因素与未来购房意愿显著相关也进一步表明,对于香港居民而言,跨境买房是与个人实际住房需求相关的行为,与投资等其他非居住目的的关系较弱。

　　最后,能否在内地享受香港福利显著影响港人跨境买房意愿。如模型(2),对样本总体的回归结果显示福利政策的实施可显著提升港人跨境买房的意愿,但对于未曾在大湾区内地城市买房的香港居民来说,与港人身份有关的香港福利比内地福利更为重要,他们更加关注自己在内地能否依旧享受到香港的各项福利政策,只在大湾区享受来自内地方面的福利对于他们的购房意愿的影响并不显著。

　　除此之外,与大湾区内地城市接触可提高跨境买房意愿。从跨境流动的频率看,过去一年内有前往大湾区内地城市经历的香港居民比不曾前往的人对于有跨境购房意愿的概率更高。跨境流动带来了粤港两地人民的接触,能促进香港居民对大湾区内地城市的了解,使他们对地方的感觉和归属具象化。但是，跨境流动次数更多，即更加频繁地流动并不必然提升港人跨境买房的意愿。如表 3 所示，过去一年内前往大湾区城市的次数在 12 次以上的香港居民与不曾前往的那部分人跨境买房意愿的差异并不明显。

表3　香港人跨境买房意愿的影响因素

| 影响因素 | 模型（2） | | 模型（3） | |
| --- | --- | --- | --- | --- |
| | 回归系数 $\beta$ | exp $(\beta)$ | 回归系数 $\beta$ | exp $(\beta)$ |
| 购房经历 | | | | |
| 　曾购房（不曾购房） | −0.892* | 0.410 | | |
| 性别 | | | | |
| 　男性（女性） | 0.895*** | 2.447 | 0.927*** | 2.527 |
| 年龄（18～34 岁） | | | | |
| 　35～49 岁 | −0.752 | 0.471 | −0.808 | 0.446 |
| 　50 岁或以上 | −0.363 | 0.696 | −0.41 | 0.664 |
| 出生地 | | | | |
| 　内地（非内地） | 0.375 | 1.455 | 0.579* | 1.784 |
| 就业情况（无工作） | | | | |
| 　全职 | −0.723 | 0.485 | −0.745 | 0.475 |
| 　兼职 | −1.813 | 0.163 | −1.629 | 0.196 |
| 　退休 | 0.239 | 1.270 | 0.05 | 1.051 |
| 受教育程度（无接受正规教育） | | | | |
| 　小学 | −1.011 | 0.364 | −1.112 | 0.329 |
| 　中学 | −0.941 | 0.390 | −0.991 | 0.371 |
| 　文凭/证书或副学士 | −1.017 | 0.362 | −0.982 | 0.375 |
| 　本科、硕士、博士 | −1.285 | 0.277 | −1.078 | 0.340 |
| 家庭月均收入（1 万元以下） | | | | |
| 　1 万至 2 万元 | 0.275 | 1.317 | −0.222 | 0.801 |

续上表

| 影响因素 | 模型（2） | | 模型（3） | |
|---|---|---|---|---|
| | 回归系数 $\beta$ | exp $(\beta)$ | 回归系数 $\beta$ | exp $(\beta)$ |
| 2 万至 3 万元 | 0.785 | 2.192 | 0.748 | 2.113 |
| 3 万至 4 万元 | 1.323** | 3.755 | 1.093* | 2.983 |
| 4 万元或以上 | 1.791*** | 5.995 | 1.462*** | 4.315 |
| 社会网络 | | | | |
| 有家人在大湾区（无家人在大湾区） | 0.318 | 1.374 | 0.601 | 1.824 |
| 有亲戚在大湾区（无亲戚在大湾区） | 0.056 | 1.058 | 0.033 | 1.034 |
| 个人发展规划 | | | | |
| 考虑来大湾区发展（无考虑） | 1.196*** | 3.307 | 1.197*** | 3.310 |
| 定居意愿 | 0.402*** | 1.495 | 0.403*** | 1.496 |
| 福利条件（无福利） | | | | |
| 香港福利 | 0.992** | 2.697 | 0.95** | 2.586 |
| 内地福利 | 1.025* | 2.787 | 0.727 | 2.069 |
| 香港与内地福利 | 0.922** | 2.514 | 1.025** | 2.787 |
| 过去一年到大湾区次数（0 次） | | | | |
| 1～4 次 | 0.658* | 1.931 | 0.679* | 1.972 |
| 5～12 次 | 0.9* | 2.460 | 0.483 | 1.621 |
| 12 次以上 | 0.364 | 1.439 | 0.013 | 1.013 |
| 常数 | -4.245*** | 0.014 | -3.996*** | 0.018 |
| 样本量 | 748 | | 670 | |
| Pseudo $R^2$ | 0.276 | | 0.28 | |

注：括号内为参照组，***、**和*分别表示在1%、5%和10%水平上显著；表中"大湾区"指"粤港澳大湾区内地城市"。

## 五、结论与讨论

跨境买房是粤港澳大湾区社会融合的重要表现之一，也是区域经济与社会民生的重要问题，本文在 2019 年《市民对港人到大湾区内地城市置业议题的看法》问卷调查数据的基础上，利用 Logit 模型对香港居民跨境买房的决策与意愿影响因素进行了分析，提供微观调查数据的实证支持。本研究得到的主要结论如下。

首先，内地出生的香港居民更有可能曾在大湾区内地城市买房，且其跨境购房的意愿也更强。在内地有家人或亲戚的香港居民跨境买房的概率更高，跨境买房是与故乡归属感有关的经济行动，且嵌入个人社会网络关系之中。假设 1（即出生地对港人跨境买房有影响，内地出生的香港居民比其他地方出生者有更高的概率在大湾区内地城市买房）得到检验。

其次，收入水平显著影响跨境买房意愿，家庭月均收入水平越高者有更高的跨境买房意愿，但在实际购房行动的决策中家庭经济水平并非关键影响因素，家庭月均收入水平不同的组别在跨境买房经历方面并无显著差异。跨境买房更多满足的是香港居民实际自住的需求，出于房产投资目的的购房行为较少。个人是否考虑前往大湾区内地城市发展以及定居意愿的强烈程度都显著影响跨境买房的意愿。假设 2 也得到了验证。

最后，福利政策的实施可以提高人们跨境买房的意愿，但是不同的福利政策对于促进港人前往大湾区内地城市定居的效果有差异，具体而言，相比于内地的福利政策，香港居民更加重视在内地生活时能否依旧享受来自香港方面的福利，若能享受则可提升港人跨境买房的意愿。假设 3 也得到了验证。

从上述结论中可以看出，对于香港市民而言，跨境买房并非单纯的房产投资行为，而更多的是一种从自身实际需求考虑出发的经济行为，并且受到个人在内地的社会网络关系影响，与其故乡情结有关。买房置业于个人而言，是其生命历程一个重要的环节，特别对于跨境买房来说，个人的发展规划起着非常显著的影响作用，因此启发未来在制定相关政策方面，需要更加关注如何吸引香港居民前往大湾区内地城市工作或创业，并思考

如何留住人才，除给予他们与内地居民同等的福利条件之外，还需要注重保障其在香港方面的福利。

**参考文献**

［1］李庆玲．消费者购房决策影响因素差异研究［D］．杭州：浙江大学，2006.

［2］李伟军，吴义东．住房公积金、金融知识与新市民住房租购决策：基于 CHFS 的证据［J］．中南财经政法大学学报，2019（4）：139－148.

［3］王苍柏．跨境人口问题及其政策意义：基于香港的分析［J］．南方人口，2007（4）：25－31.

［4］香港特别行政区政府统计处．香港统计年刊：2020 年版［R/OL］．（2020－10－30）［2021－06－26］．https：//www. censtatd. gov. hk/en/data/stat_report/product/B1010003/att/B10100032020AN20B0100. pdf.

［5］香港特别行政区政府统计处．香港 2016 年中期人口统计－主要结果［R/OL］．（2017－11－27）［2021－07－01］．https：//www. censtatd. gov. hk/en/data/stat_report/product/B1120098/att/B11200982016XXXXB0100. pdf.

# 年龄、受教育程度和新媒体使用
# 对港澳居民跨境流动的影响

叶　华①

## 一、引言

利用香港和澳门两地居民电话调查的数据，本研究分析了影响两地居民（预计）过去半年（2020 年 5 月至 11 月）到大湾区内地城市的频率。研究发现，男性、出生于内地、受教育程度较高的港澳居民（预计）过去半年到大湾区内地城市的频率更高。年龄对港澳两地居民（预计）过去半年到大湾区内地城市的频率呈现相反的影响，具体表现为如果没有新冠疫情，香港的年长者预计过去半年到大湾区内地城市的频率相对年轻人更高，而澳门的年轻人过去半年到大湾区内地城市的频率相对年长者更高。如果港澳居民使用最多的三种新媒体或应用程序，包括内地社交媒体或内地通讯应用程序，他们（预计）过去半年到大湾区内地城市的频率显著更高。此外，港澳居民到大湾区内地城市的主要目的都是休闲旅游，以及探亲或访友。

## 二、港澳居民到大湾区内地城市跨境流动的影响因素

大湾区的融合离不开湾区人口流动带来的创新，人力资本整合和高效

---

①　叶华，中山大学社会学与人类学学院副教授、粤港澳发展研究院研究员，E-mail：yehua5@mail. sysu. edu. cn。

利用带来的经济融合，以及沟通交流带来的文化融合。由于香港和澳门两地与内地之间的通行需要经过海关，其通行便利性不可避免地受到一定影响，与大湾区其他城市互相之间的人口流动有不同之处。对港澳两地居民到大湾区内地城市的跨境意愿和实际流动进行分析，有助于我们从侧面了解大湾区融合的现状。在本研究中，笔者试图回答两个问题：一是港澳两地居民到大湾区内地城市的跨境流动有什么共同特征，二是影响港澳两地居民跨境流动的因素有什么差别。

香港和澳门两地的社会和居民特征有很多不同。澳门面积小，其市区与珠海毗邻，人口规模也远小于香港，因此澳门居民在日常生活和社会经济上都与内地联系得更紧密，澳门地区的青年也更积极地参与内地活动。而香港面积远大于澳门，其市区距离与毗邻的深圳相距更远，人口规模也大。近年来，香港数次出现的政治事件，部分青年参与其中，其政治倾向无疑会影响其参与大湾区内地城市发展的意愿和行为。相比较之下，年长者则与内地有更多联系（夏瑛，2019）[1]。由此，笔者提出假设 1。

假设 1：年龄对港澳两地居民跨境流动的影响不同。澳门居民中的年轻人到大湾区内地城市的频率更高，而香港居民中的年长者到大湾区内地城市的频率更高。

一般来说，受教育程度高的人更有可能抓住经济机会（Massey, et al., 1993）[2]。从大湾区融合的长远愿景来看，受教育程度越高的人越可能抓住大湾区发展的经济机会，因此他们到大湾区内地城市的频率更高。短期来说，港澳两地居民到大湾区内地城市寻找经济机会的跨境流动，很大程度上受到本地经济发展机会的影响。由于澳门的产业结构相对单一，经济机会相对香港更有限，而大湾区的内地城市发展迅速，澳门居民到大湾区内地城市的流动可能更符合受教育程度影响流动的特征。而香港是世界金融

① 夏瑛：《港澳青年的国家认同：趋势、现状和成因》，载《当代港澳研究》2019 年第 2 辑，社会科学文献出版社 2019 年版。

② Massey, Douglas S., Joaquin Arango, Graeme Hugo, Ali Kouaouci, Adela Pellegrino and J. Edward Taylor. *Theories of International Migration：A Review and Appraisal*. Population and Development Review, 1993, vol. 19, ISS. 3, pp. 431 –466.

中心，本身能够提供很有吸引力的薪酬和工作机会，专上①或以上受教育程度的年轻人则更可能选择留在香港工作，因此到大湾区内地城市的频率可能并不高。由此，笔者提出假设2。

假设2：受教育程度对港澳两地居民跨境流动的影响不同。受教育程度越高的澳门居民到大湾区内地城市的频率越高，而受教育程度对香港居民到大湾区内地城市的频率影响不大。

影响港澳两地居民跨境流动的另一个因素，是他们对大湾区内地城市的了解和认知。港澳两地都有相当一部分居民出生于内地，因此他们对内地城市有一定的直观了解。除了本人的直接认知外，港澳居民对内地的了解还受到新闻媒体、社交媒体和通讯应用程序的影响。新闻媒体对人们的认知和观念态度的影响与社交媒体、通讯应用程序相比有一定的差异：新闻媒体通过其对社会现象的描述和评论影响人们的认知，在这个过程中，人们一般只能被动地接受，很难主动参与交流，因此新闻媒体的立场和倾向影响其对信息的选择和传播方式，从而影响人们对社会现象的认知。社交媒体和通讯应用程序则不同，由于它们本质是互动性的，通过交流、沟通甚至辩论，人们对社会现象的认知相对更主动，对社会现象能进行更多的辨析（Larsson & Moe，2012）②，因此它们对人们认知的影响与新闻媒体不同。就港澳两地居民的差异来说，澳门居民与内地居民的联系相对更多，因此在社交媒体和通讯应用程序使用上与内地居民更接近，更多地使用内地社交媒体和通讯应用程序，因此在观念态度上可能与内地居民更相似，对内地城市的看法也更全面和更正向。香港地区的新闻媒体的传播则更为发达，因此居民受到新闻媒体的影响相对更大。考虑到国外新闻媒体在报道中国时往往比较偏颇并带有偏见，香港本地新闻媒体如苹果日报也偶带有明显偏见，香港居民对内地城市的认知和态度可能由此受到更多负面影响。由此，笔者提出假设3。

假设3：使用社交媒体和通讯应用程序对港澳两地居民到大湾区内地城

---

① "专上教育"是香港、澳门等地对高等教育的称呼，既包括相当于我国内地的大学学士及以上的学位，也包括相当于大专文凭的副学士、高级文凭课程。

② Larsson, Anders Olof and Hallvard Moe. *Studying Political Microblogging: Twitter Users in the* 2010 *Swedish Election Campaign.* New Media & Society, 2012, vol. 14, Iss. 5, pp. 729 – 747.

市的频率有正面影响，而使用新闻网站获取信息则对两地居民到大湾区内地城市的频率有负面影响。相比较而言，澳门居民更多地使用内地社交媒体和内地通讯应用程序，香港居民则更多地使用新闻网站。

## 三、研究设计

本研究使用的数据来自 2020 年 11 月在香港和澳门地区分别进行的"社会心态民意调查"。两项调查都通过电话访问完成，使用相同的问卷。该问卷包括 31 道题目，其中主问卷的 22 道题目询问的是受访者的观念、态度和行为，另外 9 道题目询问的是受访者的个人背景信息。本次调查在香港地区成功访问了 1086 位受访者，在澳门地区成功访问了 1003 位受访者。

本研究使用的变量包括主问卷部分询问的港澳居民"（预计）过去半年去大湾区内地城市的频率""到大湾区内地城市最主要的目的""使用最多的三种新媒体或应用程序"，以及受访者个人信息部分的性别、年龄组、出生地和受教育程度。剔除在上述变量上有缺失值的样本后，进入分析的香港调查样本为 1064 人，澳门调查样本为 977 人。由于在香港进行的民意调查电话访问样本的分布与香港实际人口有差异，笔者利用 2016 年香港中期人口统计 5% 样本中性别、年龄组和出生地的分布对电话调查样本进行了加权处理。对澳门居民的分析使用的是民意调查的原始数据，没有进行加权。

需要特别指出的是，由于港澳两地对新冠疫情的防控情况有差异，香港居民在过去半年（即 2020 年 5 月至 11 月）很难到内地，因此我们询问的是"若无新冠疫情，预计过去半年去大湾区内地城市的频率"，而询问澳门居民的是"过去半年去大湾区内地城市的频率"。此外，在频率分类上也稍有差别，对香港居民区分了"不会去""少于 3 次""3 次或以上"，而对澳门居民区分的是"没有去过""3 次或以下""3 次以上"。

## 四、实证分析发现

表 1 呈现的是香港和澳门样本的描述统计信息，其中香港的数据为加权后的数据，澳门的数据为原始数据。在样本中，港澳两地的受访者都以女

表 1　描述统计

| 香港 | | 澳门 | |
| --- | --- | --- | --- |
| 若无新冠疫情，预计过去半年去大湾区内地城市的频率（%） | | 过去半年去大湾区内地城市的频率（%） | |
| 不会去 | 49.9 | 没有去过 | 59.4 |
| 少于 3 次 | 31.0 | 3 次或以下 | 22.3 |
| 3 次或以上 | 19.1 | 3 次或以上 | 18.3 |
| 性别（%） | | 性别（%） | |
| 男性 | 45.3 | 男性 | 38.7 |
| 女性 | 54.7 | 女性 | 61.3 |
| 年龄组（%） | | 年龄组（%） | |
| 18～30 岁 | 18.3 | 18～30 岁 | 20.0 |
| 31～40 岁 | 18.3 | 31～40 岁 | 13.5 |
| 41～50 岁 | 18.2 | 41～50 岁 | 15.4 |
| 51～60 岁 | 20.2 | 51～60 岁 | 15.3 |
| 61 岁或以上 | 25.0 | 61 岁或以上 | 35.9 |
| 出生地（%） | | 出生地（%） | |
| 香港 | 57.7 | 澳门 | 47.4 |
| 内地 | 34.1 | 内地 | 45.9 |
| 其他 | 8.2 | 其他 | 6.8 |
| 受教育程度（%） | | 受教育程度（%） | |
| 小学或以下 | 10.5 | 小学或以下 | 24.8 |
| 中一至中三 | 9.1 | 初中 | 17.7 |
| 中四至中七 | 31.4 | 高中 | 21.5 |
| 专上（非学位课程） | 13.1 | 大专文凭/副学士（三年制） | 6.8 |
| 大学学位或以上 | 35.9 | 大学本科（四年制）或以上 | 29.3 |
| 使用最多的三种新媒体或应用程序（%） | | 使用最多的三种新媒体或应用程序（%） | |
| 国际社交媒体 | 63.0 | 国际社交媒体 | 52.2 |
| 内地社交媒体 | 3.5 | 内地社交媒体 | 21.6 |
| 国际境外通讯应用程序 | 75.1 | 国际境外通讯应用程序 | 29.6 |
| 内地通讯应用程序 | 31.1 | 内地通讯应用程序 | 64.8 |
| 本地新闻网站 | 21.6 | 本地新闻网站 | 9.4 |
| 国外新闻网站 | 5.2 | 国际境外新闻网站 | 2.7 |
| BBS 论坛 | 0.7 | BBS 论坛 | 0.3 |
| 其他 | 0.4 | 其他 | 1.0 |
| N | 1064 | N | 977 |

　　注：香港调查数据根据 2016 年香港中期人口统计 5% 样本中性别、年龄组和出生地的分布进行了加权。澳门调查数据为原始数据。

性居多，其中澳门受访者中的女性占比更高。由于香港的数据是经过加权处理的，因此其分布与实际人口分布一致，即女性在实际人口中确实更多，这可能与香港男性的内地女性配偶通过单程证迁移到香港有关（Zhou，2016）。从年龄组来看，加权后的香港受访者年龄分布相对较平均，而澳门的受访者相对来说更多地集中于 18 ～ 30 岁以及 61 岁或以上的年龄组。从出生地分布来看，香港居民中 57.7% 出生于香港，34.1% 出生于内地；澳门居民中 47.4% 出生于澳门，45.9% 出生于内地。从受教育程度来看，样本中香港居民的平均受教育程度比澳门居民高。从使用最多的三种新媒体或应用程序来看，港澳两地居民的使用习惯有明显差别：从社交媒体的使用来说，港澳居民都更多地使用国际社交媒体（Facebook、Twitter、Instagram、YouTube 等），而不是内地社交媒体（新浪微博、微信公众号、抖音、小红书等），但相对而言，澳门居民使用内地社交媒体的比例（21.6%）明显高于香港居民（3.5%）。香港居民更多地使用国际境外通讯应用程序（Telegram、WhatsApp 等）而不是内地通讯应用程序（微信、QQ 等）；值得注意的是，澳门居民更多地使用内地通讯应用程序而不是国际境外通讯应用程序。由于微信和 QQ 等是内地居民的主流通讯应用程序，澳门居民使用内地通讯应用程序的比例高，可能反映了澳门居民与内地居民在生活、工作或者亲友交流方面的紧密联系。此外，虽然香港居民使用内地通讯应用程序的比例（31.1%）明显低于澳门居民（64.8%），但也已经有一定的普及度。21.6% 的香港居民选择本地新闻网站作为使用最多的三种新媒体或应用程序之一，而澳门居民的相应比例只有 9.4%，这一方面反映了香港新闻媒体的相对发达，另一方面也反映了香港本地新闻网站对香港居民获得资讯仍然有一定的影响力。上述发现与假设 3 关于两地居民对社交媒体、通讯应用程序和新闻媒体使用差异的判断是一致的。5.2% 的香港居民选择国外新闻网站（BBC、纽约时报等）作为使用最多的三种新媒体或应用程序之一，而澳门居民的相应比例是 2.7%。港澳居民中使用最多的三种新媒体或应用程序为 BBS 论坛或其他的比例则只有 1% 或以下。

总的来说，香港居民预计在没有新冠疫情情况下过去半年到大湾区内地城市的频率，稍多于澳门居民过去半年实际到大湾区内地城市的频率。

调查还询问了港澳两地居民到大湾区内地城市最主要的目的，其描述统计的结果如图 1 所示。需要指出的是，"买菜等日常生活事务"这一选项只出现在对澳门居民的调查中，因为它与澳门居民关系比较大，而在对香港居民的调查中没有这一选项。从最主要的目的来看，香港居民到大湾区内地城市最主要的目的分别是休闲旅游（38.7%）和探亲或访友（15.1%），而澳门居民到大湾区内地城市最主要的目的则是休闲旅游（31.3%）、买菜等日常生活事务（23.4%）、探亲或访友（10.3%），其他目的所占的比例相对较小。

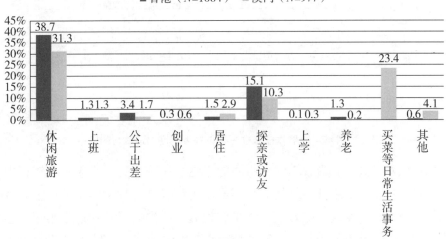

图 1　港澳居民到大湾区内地城市最主要的目的

在图 2 中笔者比较了不同群体的香港居民预计过去半年去大湾区内地城市的频率差异。从图中可以看到，香港居民中的男性预计过去半年去大湾区内地城市的频率比女性高，尤其是预计过去半年去 3 次或以上的比例更加比女性高。比较不同出生地的香港居民，我们发现出生于内地的香港居民预计过去半年不会去大湾区内地城市的比例比香港本地出生的居民低，且预计过去半年去大湾区内地城市少于 3 次以及 3 次或以上的比例都更高。不同年龄组的香港居民预计过去半年不会去大湾区内地城市的比例差别不大，但 18～40 岁的香港居民预计过去半年去大湾区内地城市少于 3 次的比例相对较高，而 41 岁以上香港居民预计过去半年去大湾区内地城市 3 次或以上

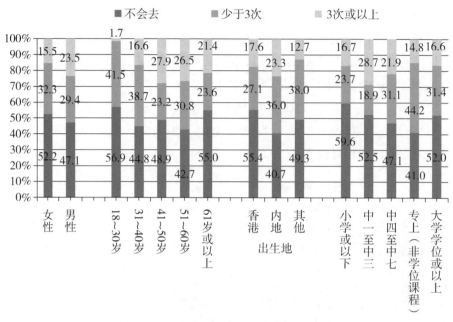

**图2 香港不同群体预计过去半年去大湾区内地城市的频率**

的比例相对较高。对受教育程度不同的香港居民预计过去半年去大湾区内地城市的频率，如果排除最低的小学或以下和最高的大学学位或以上教育水平，我们可以发现，随着教育水平的提高，香港居民预计过去半年不会去大湾区内地城市的比例以及预计去3次或以上的比例都降低，而预计过去半年去大湾区内地城市3次以下的比例则提高。受教育程度在大学学位或以上的香港居民预计过去半年不会去大湾区内地城市的比例比专上（非学位课程）教育水平的香港居民高，且预计过去半年去大湾区内地城市3次以下的比例比专上（非学位课程）受教育程度的香港居民低。受教育程度为小学或以下的香港居民很可能年龄较大，因此预计过去半年不会去大湾区内地城市的比例在所有受教育程度中最高，且预计过去半年去大湾区内地城市3次以下及3次或以上的比例都较低。

为了分析媒体使用习惯和信息获取渠道对香港居民预计过去半年去大湾区内地城市频率的可能影响，在图3中笔者分别从使用新媒体或应用程序分析，香港居民预计过去半年去大湾区内地城市的频率分布。从图3可以看到，相比使用国际社交媒体的香港居民，使用内地社交媒体的香港居民预

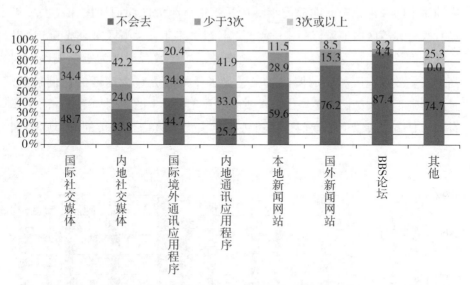

**图3 使用不同新媒体或应用程序的香港居民预计过去半年去大湾区内地城市的频率**

计过去半年不会去大湾区内地城市的比例更低，且预计过去半年去大湾区内地城市3次或以上的比例都更高。类似的规律也可以从通讯程序使用的对比中发现：相比使用国际境外通讯应用程序的香港居民，使用内地通讯应用程序的香港居民预计过去半年不会去大湾区内地城市的比例更低，且预计过去半年去大湾区内地城市3次或以上的比例更高。从新闻和信息获取渠道看，从本地新闻网站到BBS论坛，使用该渠道的香港居民预计过去半年不会去大湾区内地城市的比例逐渐提高，且预计过去半年去大湾区内地城市少于3次及3次或以上的比例则逐渐降低。上述分析都反映了信息传播方式对香港居民观念以及对大湾区融合的可能影响。

与图3对香港居民的分析相似，在下面的图4中笔者比较了澳门居民中的不同群体过去半年去大湾区内地城市的频率差异。与香港居民相似的是，澳门居民中的男性过去半年去大湾区内地城市的频率比女性高。出生于内地的澳门居民与在澳门本地出生的居民过去半年去大湾区内地城市的频率差别不大。相对而言，我们发现，出生于内地的澳门居民过去半年没有去过大湾区内地城市的比例比澳门本地出生的居民低，且过去半年去大湾区内地城市3次或以下及3次以上的比例都更高。澳门居民过去半年去大湾区

内地城市的频率分布有明显的年龄特征：年龄越大的澳门居民在过去半年没有去过大湾区内地城市的比例越高，且过去半年去大湾区内地城市 3 次以上的比例越低。就受教育程度的影响来说，从受教育程度为小学或以下到高中，受教育程度越高的澳门居民过去半年没有去过大湾区的比例越低，且过去半年去大湾区内地城市 3 次或以下及 3 次以上的比例都更高；而受教育程度是高中或以上的澳门居民过去半年去大湾区内地城市的频率则差别不大。

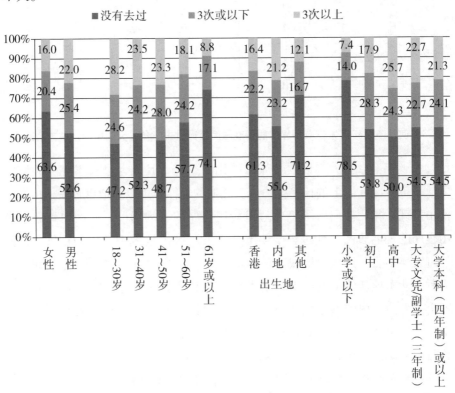

**图 4　澳门不同群体过去半年去大湾区内地城市的频率**

通过比较港澳居民到大湾区内地城市的跨境流动，我们发现两地居民的跨境流动有不同的特征。其一，香港居民预计过去半年到大湾区内地城市的频率比澳门居民过去半年实际去大湾区内地城市的频率高。其二，澳门居民过去半年实际去大湾区内地城市的频率有明显的年龄特征，具体体现为，年轻人到大湾区内地城市的频率更高，而香港居民则似乎有相反的年龄趋势，体现为年长者预计过去半年到大湾区内地城市的频率更高。其三，虽然无论是澳门居民过去半年到大湾区内地城市的频率，还是香港居民预计过去半年到大湾区内地城市的频率，都体现出受教育程度越高、频率越高的趋势，但澳门居民的这一趋势更明显，而受教育程度在大学学位或以上的香港居民预计过去半年到大湾区内地城市的频率与这一整体趋势有出入。结合跨境流动的年龄分布对港澳两地居民进行对比，我们认为受教育程度为大学学位或以上的年轻香港居民值得关注。这一群体预计过去半年不会去大湾区内地城市的比例相对较高，而预计过去半年去大湾区内地城市 3 次或以上的比例相对较低，这一群体的长期发展可能更难受惠于大湾区融合带来的红利。

在图 5 中笔者分新媒体或应用程序，看使用相应新媒体或应用程序的澳门居民过去半年去大湾区内地城市的频率分布。从图 5 可以看到，相比使用国际社交媒体的澳门居民，使用内地社交媒体的澳门居民过去半年没有去过大湾区内地城市的比例更低，且过去半年去大湾区内地城市 3 次以上的比例更高。使用国际境外通讯应用程序与内地通讯应用程序的差别不大：相比使用国际境外通讯应用程序的澳门居民，使用内地通讯应用程序的澳门

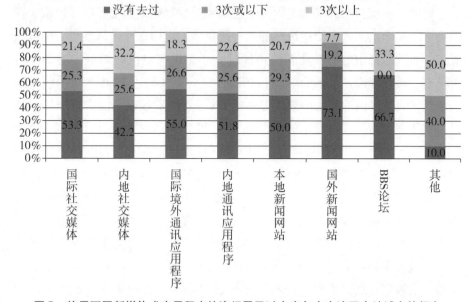

图 5　使用不同新媒体或应用程序的澳门居民过去半年去大湾区内地城市的频率

居民过去半年没有去过大湾区内地城市的比例稍低一些，且过去半年去大湾区内地城市 3 次以上的比例则稍高一些。从新闻和信息获取渠道来看，相比使用国外新闻网站的澳门居民，使用本地新闻网站的澳门居民过去半年没有去过大湾区内地城市的比例更低，且过去半年去过大湾区内地城市 3 次或以下及 3 次以上的比例都更高。由于选择 BBS 论坛或其他作为使用最多的三种新媒体或应用程序的样本量很小，因此对这两项的分析结果进行解释的意义不大。

图 2、图 3、图 4 和图 5 的分析结果属于双变量的描述统计，目的是研究港澳居民中的不同群体（预计）过去半年去大湾区内地城市的频率。然而，由于性别、年龄组、出生地、受教育程度和新媒体使用习惯等因素互相之间也有关联，如年长者一般受教育程度较低，因此这些分析虽然有一定启发意义，但仍然不能判断这些因素是否对港澳居民的跨境流动有独立的净影响。

为了检验前述因素对港澳居民的跨境流动是否有独立的影响，在表 2 里笔者用序次逻辑模型（Ordered Logit Model）对影响香港居民预计过去半年去大湾区内地城市频率的因素进行多元分析。模型 1 是叠加模型；模型 2 是交互模型，在模型 1 的基础上加入了性别和受教育程度的交互项；模型 3 在模型 1 的基础上加入了使用最多的三种新媒体或应用程序。从模型 1 中可以看到，香港居民中的男性比女性预计过去半年去大湾区内地城市的频率显著更高。总的来说，31～60 岁的香港居民比 18～30 岁的香港居民预计过去半年去大湾区内地城市的频率显著更高，但 61 岁或以上的香港居民预计过去半年去大湾区内地城市的频率与 18～30 岁的居民没有显著差别。假设 1 得到部分支持。考虑到香港居民到大湾区内地城市的主要目的是"休闲旅游"（38.7%）和"探亲或访友"（15.1%），而不是"返工（上班）"（1.3%）、"公干出差"（3.4%）和"创业"（0.3%），因此参照组 18～30 岁的年轻香港居民预计过去半年去大湾区内地城市频率更低，可能不利于大湾区的长期经济融合。相对香港本地出生的居民，出生于内地的香港居民预计过去半年去大湾区内地城市的频率显著更高。在控制了年龄组等变量后，受教育程度似乎对香港居民预计过去半年去大湾区内地城市的频率没有显著影响，只有专上（非学位课程）受教育程度的居民预计过去半年去大湾区内地城市频率相对较高（$p < 0.1$）。假设 2 得到支持。在模型 2 中笔者加入了性别与受教育程度的交互项，目的是检验受教育程度对香港居民预计过去半年去大湾区内地城市频率的影响有没有性别差异。模型 2 的结果显示，模型 1 中所发现的专上（非学位课程）受教育程度的居民预计过去半年去大湾区内地城市频率相对较高，主要是体现在女性居民身上，这可以从模型 2 中"专上（非学位课程）"的主效应体现出来（$p < 0.05$）。针对受教育程度的主效应系数为 1.190 以及受教育程度与性别交互项的系数为 1.357 的统计检验发现，这两个系数的绝对值没有显著差异（$p = 0.6768$），这意味着在控制了年龄组等其他变量后，受教育程度对男性香港居民预计过去半年去大湾区内地城市频率没有显著影响。相比教育水平在小学或以下的女性，受教育程度为专上（非学位课程）的女性香港居民预计过去半年去大湾区内地城市频率显著更高的原因，既可能是在高等教育扩招的背景下，她们更难在香港获得理想的工作，因此更多地到内地寻找机会；也可能是她们当中有一部分人是香港居民的内地配偶，凭借家庭团聚的单程证来到香港，因此与内地的联系更紧密。由于电话调查中不涉及受访者获得香港居民身份的时间和途径、最高教育获得地及时间等信息，因此笔者无法对上述解释进行比较和检验。

表 2 影响香港居民预计过去半年去大湾区内地城市频率的因素 （$N = 1064$）

| 因素 | 模型 1 | 模型 2 | 模型 3 |
|---|---|---|---|
| 男性 | 0.339 * | 0.868 * | 0.234 |
| | (0.163) | (0.396) | (0.176) |
| 年龄组（参照组：18～30 岁） | | | |
| 31～40 岁 | 0.728 * | 0.772 * | 0.641 + |
| | (0.333) | (0.326) | (0.382) |
| 41～50 岁 | 0.751 * | 0.830 ** | 0.498 |
| | (0.308) | (0.300) | (0.353) |
| 51～60 岁 | 0.895 ** | 0.968 *** | 0.619 + |
| | (0.273) | (0.266) | (0.331) |

续上表

| 因素 | 模型1 | 模型2 | 模型3 |
|---|---|---|---|
| 61 岁或以上 | 0.392 | 0.456 + | 0.305 |
| | (0.281) | (0.260) | (0.345) |
| 出生地（参照组：香港） | | | |
| 内地 | 0.613 ** | 0.603 *** | 0.395 + |
| | (0.188) | (0.179) | (0.228) |
| 其他 | 0.146 | 0.229 | − 0.053 |
| | (0.415) | (0.403) | (0.383) |
| 受教育程度（参照组：小学或以下） | | | |
| 中一至中三 | 0.345 | 0.417 | − 0.075 |
| | (0.361) | (0.449) | (0.348) |
| 中四至中七 | 0.467 | 0.467 | 0.146 |
| | (0.290) | (0.387) | (0.291) |
| 专上（非学位课程） | 0.649 + | 1.190 * | 0.361 |
| | (0.377) | (0.492) | (0.407) |
| 大学学位或以上 | 0.363 | 0.620 | 0.033 |
| | (0.305) | (0.400) | (0.305) |
| 交互项 | | | |
| 中一至中三 × 男性 | — | − 0.351 | |
| | | (0.659) | |
| 中四至中七 × 男性 | — | − 0.147 | |
| | | (0.486) | |
| 专上（非学位课程） × 男性 | — | − 1.357 * | |
| | | (0.617) | |
| 大学学位或以上 × 男性 | — | − 0.672 | |
| | | (0.489) | |
| 使用最多的三种新媒体或应用程序 | | | |

续上表

| 因素 | 模型 1 | 模型 2 | 模型 3 |
|---|---|---|---|
| 国际社交媒体 | — | — | −0.193 |
|  |  |  | (0.193) |
| 内地社交媒体 | — | — | 1.189* |
|  |  |  | (0.501) |
| 国际境外通讯应用程序 | — | — | 0.706** |
|  |  |  | (0.221) |
| 内地通讯应用程序 | — | — | 1.486*** |
|  |  |  | (0.185) |
| 本地新闻网站 | — | — | −0.156 |
|  |  |  | (0.208) |
| 国外新闻网站 | — | — | −0.796 |
|  |  |  | (0.523) |
| BBS 论坛 | — | — | −1.356 |
|  |  |  | (1.056) |
| 其他 | — | — | −0.632 |
|  |  |  | (1.093) |
| Cut1 | 1.303*** | 1.535*** | 1.517*** |
|  | (0.373) | (0.420) | (0.422) |
| Cut2 | 2.814*** | 3.058*** | 3.265*** |
|  | (0.365) | (0.433) | (0.406) |
| Model $\chi^2$ (df) | 34.14 (11) | 38.44 (15) | 139.8 (19) |
| Pseudo $R^2$ | 0.0279 | 0.0335 | 0.111 |

注：数据已根据香港 2016 年中期人口统计数据的性别、年龄组和出生地分布进行了加权处理。括号内为稳健标准误。*** 表示 $p < 0.001$，** 表示 $p < 0.01$，* 表示 $p < 0.05$，+ 表示 $p < 0.1$。

模型 3 在模型 1 的基础上增加了使用最多的三种新媒体或应用程序，目的是分析香港居民的新媒体和应用程序使用习惯作为信息获取的渠道，是否会影响与内地的交流，从而影响他们到大湾区内地城市的频率。比较模型 3 和模型 1 可以发现，加入使用最多的三种新媒体或应用程序后，性别、年龄组和出生地等变量的显著性水平都有所下降，并且系数也变小了，[①] 这意味着新媒体或应用程序的使用习惯可能是影响不同性别、年龄组和出生地香港居民预计过去半年去大湾区内地城市频率差别的因素之一。与预期一致，使用最多的三种新媒体或应用程序中包括内地社交媒体（新浪微博、微信公众号、抖音、小红书等）的香港居民预计过去半年去大湾区内地城市的频率显著更高，而使用最多的三种新媒体或应用程序中包括国际社交媒体（Facebook、Twitter、Instagram、YouTube 等）的香港居民预计过去半年去大湾区内地城市频率则更低，虽然后者的影响没有达到统计显著性。这可能反映了在内地社交媒体与国际社交媒体上传播的信息内容有差别，如内地社交媒体更多地传播关于内地的正面信息，因此对香港居民预计过去半年去大湾区内地城市频率有显著的正面影响。与社交媒体分析结果不同的是，无论是使用最多的三种新媒体或应用程序是国际境外通讯应用程序（Telegram、WhatsApp 等），还是内地通讯应用程序（微信、QQ 等），都对香港居民预计过去半年去大湾区内地城市频率有显著的正面影响，但相对而言，使用内地通讯应用程序的正面影响比使用国际境外通讯应用程序更大（$p < 0.05$）。对比社交媒体和通讯应用程序的不同结果，笔者认为在社交媒体使用中，使用者因为无法与信息提供者实时沟通，可能相对更为被动地接受信息，而在通讯应用程序使用中，使用者之间可以实时沟通，因此无论人们在其中传播的信息具体内容是什么，沟通的结果都更多地强调大湾区融合的实际价值，从而促进香港居民更多地到大湾区内地城市流动。本地新闻网站、国外新闻网站、BBS 论坛和其他渠道对香港居民预计过去半年去大湾区内地城市频率都有负面影响，但都没有达到统计显著性水平。总的来说，假设 3 得到支持。

综上所述，男性香港居民预计过去半年去大湾区内地城市频率比女性更高；31～60 岁的香港居民预计过去半年去大湾区内地城市频率比 18～30 岁的年轻人更高。在内地出生的香港居民预计过去半年去大湾区内地城

---

① 对回归系数进行 $Y^*$ 标准化处理后的结果也与此一致，为节约篇幅，在此不再展示。

市频率比在香港本地出生的居民更高。在香港居民中，如果使用最多的三种新媒体或应用程序包括内地社交媒体的，那么他们预计过去半年去大湾区内地城市的频率更高；在香港居民中，如果使用最多的三种新媒体或应用程序包括内地通讯应用程序或国际境外通讯应用程序，那么他们预计过去半年去大湾区内地城市的频率更高。此外，在香港，相比教育水平在小学或以下的女性，受教育程度为专上（非学位课程）的女性居民预计过去半年去大湾区内地城市的频率也更高。

接下来，我们对澳门居民也进行同样的分析，其结果如表3所示。与对香港居民的分析结果相似，模型1显示澳门居民中的男性过去半年去大湾区内地城市的频率比女性显著更高，出生于内地的澳门居民过去半年去大湾区内地城市的频率比澳门本地出生的居民显著更高。与对香港居民的分析结果相反的是，年长的澳门居民过去半年去大湾区内地城市的频率比年轻人更低。具体来说，51岁以上的澳门居民过去半年去大湾区内地城市的频率比18～30岁的澳门居民显著更低。从一定意义上说，年长者由于身体原因而更少进行跨境流动，是可以预期的，这里发现的不同年龄组的澳门居民过去半年去大湾区内地城市的频率分布并不意外。相反，不同年龄组的香港居民预计过去半年去大湾区内地城市的频率分布（表2模型1）则更值得关注。年长者随着年龄增长而更少地参与经济活动，如果年轻人与大湾区的经济融合仍然滞后，对香港的长远发展不利。澳门居民的跨境流动与香港居民的另一个差异在于受教育程度的影响：虽然受教育程度高的香港居民预计过去半年去大湾区内地城市的频率更高，但并未达到0.05的显著性水平；而受教育程度高的澳门居民过去半年去大湾区内地城市的频率则显著更高，并且基本上达到了0.05的显著性水平。模型2加入了性别与受教育程度的交互项，分析结果显示受教育程度对澳门居民过去半年去大湾区内地城市频率的影响没有受性别差异影响。

表3　影响澳门居民过去半年去大湾区内地城市频率的因素（$N=977$）

| 因素 | 模型1 | 模型2 | 模型3 |
| --- | --- | --- | --- |
| 男性 | 0.424** | 0.654+ | 0.432** |
|  | (0.136) | (0.339) | (0.138) |

续上表

| 因素 | 模型 1 | 模型 2 | 模型 3 |
|---|---|---|---|
| 年龄组（参照组：18～30 岁） | | | |
| 31～40 岁 | − 0.277 | − 0.294 | − 0.199 |
| | (0.221) | (0.221) | (0.228) |
| 41～50 岁 | − 0.388 + | − 0.404 + | − 0.299 |
| | (0.220) | (0.221) | (0.231) |
| 51～60 岁 | − 0.807 *** | − 0.830 *** | − 0.703 ** |
| | (0.238) | (0.240) | (0.251) |
| 61 岁或以上 | − 1.377 *** | − 1.408 *** | − 1.079 *** |
| | (0.242) | (0.244) | (0.262) |
| 出生地（参照组：澳门） | | | |
| 内地 | 0.910 *** | 0.915 *** | 0.818 *** |
| | (0.159) | (0.160) | (0.169) |
| 其他 | − 0.156 | − 0.162 | − 0.181 |
| | (0.299) | (0.299) | (0.303) |
| 受教育程度（参照组：小学或以下） | | | |
| 初中 | 0.740 ** | 0.793 ** | 0.501 * |
| | (0.234) | (0.287) | (0.240) |
| 高中 | 0.937 *** | 1.114 *** | 0.594 * |
| | (0.236) | (0.280) | (0.249) |
| 大专文凭/副学士（三年制） | 0.597 + | 0.670 + | 0.221 |
| | (0.318) | (0.405) | (0.337) |
| 大学本科（四年制）或以上 | 0.541 * | 0.559 + | 0.186 |
| | (0.251) | (0.298) | (0.269) |
| 交互项 | | | |
| 初中 × 男性 | — | − 0.195 | |
| | | (0.456) | |
| 高中 × 男性 | | − 0.508 | |
| | | (0.436) | |
| 大专文凭/副学士（三年制）× 男性 | — | − 0.258 | |
| | | (0.592) | |

续上表

| 因素 | 模型 1 | 模型 2 | 模型 3 |
|---|---|---|---|
| 大学本科（四年制）或以上 × 男性 | — | − 0.150<br>（0.411） | |
| 使用最多的三种新媒体或应用程序 | | | |
| 国际社交媒体 | — | — | 0.007<br>（0.186） |
| 内地社交媒体 | — | — | 0.819 ***<br>（0.165） |
| 国际境外通讯应用程序 | — | — | 0.240<br>（0.165） |
| 内地通讯应用程序 | — | — | 0.634 ***<br>（0.162） |
| 本地新闻网站 | — | — | 0.418 +<br>（0.218） |
| 国外新闻网站 | — | — | − 0.515<br>（0.464） |
| BBS 论坛 | — | — | 0.206<br>（1.289） |
| 其他 | — | — | 1.442 *<br>（0.612） |
| Cut1 | 0.822 **<br>（0.268） | 0.868 **<br>（0.287） | 1.401 ***<br>（0.319） |
| Cut2 | 2.056 ***<br>（0.274） | 2.104 ***<br>（0.293） | 2.683 ***<br>（0.328） |
| Model $\chi^2$（$df$） | 126.1（11） | 127.7（15） | 171.7（19） |
| Pseudo $R^2$ | 0.0675 | 0.0684 | 0.0920 |

注：括号内为标准误。*** 表示 $p < 0.001$，** 表示 $p < 0.01$，* 表示 $p < 0.05$，+ 表示 $p < 0.1$。

模型 3 在模型 1 的基础上加入了澳门居民使用最多的三种新媒体或应用程序。研究结果发现，除了国外新闻网站，澳门居民使用的大多数新媒体或应用程序都对过去半年去大湾区内地城市的频率有正面影响。其中，使

用内地社交媒体和内地通讯应用程序对澳门居民过去半年去大湾区内地城市的频率有显著的正面影响（$p < 0.001$），这一结果与对香港居民的分析结果基本一致。

## 五、结论与讨论

利用香港和澳门两地居民电话调查的数据，笔者分析了影响两地居民预计过去半年到大湾区内地城市的频率，有以下几点研究发现。

从相似之处说，两地居民中的男性预计过去半年到大湾区内地城市的频率高于女性；出生于内地的港澳居民预计过去半年到大湾区内地城市的频率高于出生于港澳本地的居民；受教育程度越高，预计过去半年到大湾区内地城市的频率相对越高，但受教育程度的影响仅在澳门居民中达到了显著性水平，其对香港居民预计过去半年到大湾区内地城市频率的影响并没有达到 0.05 的显著性水平；如果港澳居民使用最多的三种新媒体或应用程序包括内地社交媒体或内地通讯应用程序，他们预计过去半年到大湾区内地城市的频率显著更高。此外，港澳居民到大湾区内地城市的主要目的都是休闲旅游以及探亲或访友。总的来说，大湾区在文化方面的融合表现得更为突出，但在经济方面的融合还需要加强。

从不同之处说，年龄对港澳两地居民预计过去半年到大湾区内地城市的频率呈现相反的影响：香港的年长者预计过去半年到大湾区内地城市的频率相对年轻人更高，而澳门的年轻人过去半年到大湾区内地城市的频率相对年长者更高。由此看来，我们可能需要提供更多经济机会以吸引香港年轻人到大湾区内地城市工作或创业，从而推动大湾区的经济融合。

在分析社交媒体、通讯应用程序和新闻网站的过程中，笔者发现它们影响港澳两地居民预计过去半年到大湾区内地城市的频率有两个方面的差异，即性质上的差异和内容上的差异。从性质上说，社交媒体和通讯应用程序在互动性上优于新闻网站，允许就其传播的内容进行更多讨论，因此相对于新闻网站，它们对港澳两地居民预计过去半年到大湾区内地城市的频率有更正面的影响。如果继续对社交媒体和通讯应用程序进行对比，那么通讯应用程序在互动性上优于社交媒体，因为前者可以进行实时讨论，互动效果更好。从内容上说，相对国际社交媒体和国际境外通讯应用程序，在内地社交媒体和内地通讯应用程序上传播的内容更可能促进港澳两地居民到大湾区内地城市的流动。从这个意义上说，新媒体对大湾区融合的影响也值得引起重视。

**参考文献：**

ZHOU M Z. Educational assortative mating in Hong Kong：1981—2011 ［J］. Chinese sociological review，2016，48（1）：33 - 63.

# 粤港澳大湾区社会组织合作发展的现状、问题与对策建议

岳经纶　齐　暄①

## 一、导言

社会组织是实现国家治理体系和治理能力现代化的重要主体之一，也是推进粤港澳大湾区高质量发展不可或缺的重要元素。粤港澳大湾区是中国开放程度最高、经济活力最强劲的区域之一，同时也是社会组织高度活跃的区域。推动粤港澳大湾区社会组织合作发展，是在新形势下进行的实践探索和制度创新。随着粤港澳大湾区建设的推进，粤港澳三地的社会经济联结进一步深化，人口流动更加频繁，这为三地社会组织加强合作发展提出了新的要求。然而，由于三地分属不同的政治及法律体制，社会组织的资金来源、活动方式和监管模式各异，这为三地社会组织的合作发展也带来了不少挑战。

为了有效落实"爱国者治港（澳）"的原则，推动形成粤港澳大湾区社会建设的政治优势和制度优势，亟须从国家治理现代化和"一国两制"行稳致远的战略高度，对粤澳大湾区社会组织合作发展进行顶层设计，为粤港澳大湾区社会组织的合作发展制定具有前瞻性的战略和具有可行性的策略。为此，本文尝试在梳理粤港澳大湾区社会组织合作发展现状的基础上，

---

①　岳经纶，中山大学政治与公共事务管理学院教授、博士研究生导师，广东省体制改革研究会常务副会长；齐暄，广东省体制改革研究会理论部副主任。感谢广东省体制改革研究会、广东省民政厅对本文写作的支持。

分析影响大湾区社会组织合作发展的原因，并有针对性地提出若干政策建议。

## 二、粤港澳大湾区社会组织合作发展的现状

粤港澳大湾区内地9市与香港、澳门在地理空间上毗邻，在文化上同源，而且很多港澳居民祖籍地就是珠三角地区，三地的人交往密切，地缘人文关系深厚，这为粤港澳大湾区社会组织的合作发展提供了社会条件和文化条件。香港、澳门回归祖国后，三地以市场为导向的行业协会商会合作更加紧密，形式更加丰富，参与国际产业分工更加明确，这促进了珠三角以出口为导向的产业升级。自2017年国家层面提出"推动内地与港澳深化合作，研究制定粤港澳大湾区城市群发展规划"的战略构想以来，无论是广东省政府还是粤港澳大湾区内地9市政府，无论是政府部门还是社会组织，都开始积极探索新形势下的粤港澳大湾区社会组织领域内的合作和交流。例如，在省级政府层面积极搭建三地社会组织交流合作的平台，为社会组织的价值发挥提供舞台；地市级政府如广州、珠海、深圳等和港澳签订合作协议、举办合作论坛等，推动社会组织的有序发展；部分职能部门策划并开展多领域的交流活动，切实推进三地社会组织的协同发展。无论是省级社会组织还是粤港澳大湾区内地9市社会组织，都对推动大湾区社会组织合作发展充满热情和期待。此外，中央人民政府驻香港特别行政区联络办公室（以下简称"香港中联办"）、中央人民政府驻澳门特别行政区联络办公室（以下简称"澳门中联办"）也在积极推动粤港澳大湾区社会组织的合作发展。

在港澳方面，自2003年内地与香港、澳门特区政府分别签署了内地与香港、澳门《关于建立更紧密经贸关系的安排》（以下简称"CEPA"）框架协议以来，港澳社会组织开始参与内地社会服务。随着内地社会服务的发展，港澳社会组织与珠三角地区社会组织在社会服务领域开展了广泛的交流和合作。一些港澳社会服务机构还通过不同的方式进入珠三角城市直接提供社会服务。因经验材料不足，这里主要介绍广东方面在推进粤港澳大湾区社会组织合作发展方面的工作，梳理粤港澳大湾区社会组织合作开拓

的新领域、新探索、新实践。

## （一）合作平台不断搭建

在广东省，省级政府职能部门和省级群团及社会组织是粤港澳大湾区社会组织合作发展的积极推动者，它们通过担任境外社会组织业务主管单位，以及成立联盟、联合会等方式，积极建立合作渠道、搭建合作平台。

在广东有关省级社会组织的倡导下，大湾区内的一些专业性社会组织通过成立联盟、联合会、促进会等方式来促进交流合作，有的社会组织还通过设立联席会议制度来健全常态化合作机制。比如2018年广东省医师协会、香港西医工会、澳门中华医学会等机构共同发起成立粤港澳大湾区医师联盟。为充分发挥各专科优势，大湾区医师联盟现已成立专科医师联盟23个。各专科医师联盟凝聚联盟成员力量，积极举办相应专业的论坛、大会共计62场，线上、线下参会人员达113200多人次，充分发挥了以联盟为核心的辐射作用，整合粤、港、澳等地各专科资源，共同促进粤港澳大湾区各专业技术的发展，逐步实现信息沟通、资源共享、优势互补、业务合作和行业自律等。

广东省人民政府港澳事务办公室（以下简称"省港澳办"）支持成立并引导广东省粤港澳合作促进会（以下简称"促进会"）积极开展工作。促进会自成立以来，在三地社会各界人士的热心参与下，始终围绕推动和促进粤港澳民间合作主题，凝聚民间力量资源，先后成立了金融、信息科技、会计、法律、医药卫生、文化传播、时尚品牌7个专业委员会。促进会积极推动粤港澳各领域的交流与合作，参与粤港澳大湾区建设、泛珠三角区域合作和"一带一路"建设，成为促进和加强粤港澳民间合作的桥梁和纽带。

2016年以来，广东省律师协会（以下简称"省律协"）先后举办"推进'一带一路''自贸区'建设加强粤港澳法律服务业合作"论坛、两届"中国（广东）'一带一路'法律服务"论坛、举办多场香港法律专题讲座，累计邀请60位香港大律师与广东省近千名律师进行了专业交流，并形成了粤港律师"讲座＋互动＋小范围深度座谈"的交流模式和"大律师事务所＋内地律协"的新型交流平台。同时，省律协还组织数百位青年律师参加由香港律师举办的青年律师论坛。

（二）合作机制不断创新

尽管广东省与港澳之间目前还缺乏促进三地社会组织合作发展的专门文件或行动方案，但在地市级层面，粤港澳大湾区内地9市中的部分城市已经与港澳签订了促进社会组织合作方面的相关协议。

2019年4月，为加强粤港澳大湾区城市民政及社会福利事业协同合作和创新发展，香港特区政府劳工及福利局/社会福利署、澳门特区政府社会工作局，以及广州、深圳、珠海、佛山、惠州、东莞、中山、江门、肇庆市民政局签署了合作框架协议，共同开展"促进粤港澳大湾区城市民政事业协调发展行动"，并制定了"行动清单"，涉及探索开展特殊群体互助关爱行动等11个项目。根据分工，深圳将牵头实施"推进社会工作交流合作"，举办大湾区社工交流活动，邀请港澳社会工作专业专家学者、资深社工传授先进经验，深化社工人才培养，推动大湾区内社会服务资源的整合，以及优质社会工作服务项目的合作和成果转化，促进大湾区社会工作的协同发展。

2019年，广州市印发《关于推动粤港澳大湾区社会组织交流合作的行动方案》，探索推进粤港澳大湾区社会组织交流合作，促进社会组织共同参与大湾区城市民政及社会福利事业建设。2020年和2021年，广州市连续两年印发广州市创新与港澳社会组织合作交流机制工作要点，激发社会组织创新活力，切实发挥社会组织在推进粤港澳大湾区建设、支持深圳建设中国特色社会主义先行示范区的积极作用。2021年，广州市和深圳市签署了《深化广州深圳社会组织工作交流合作框架协议》，以进一步推动广州、深圳两地社会组织工作高质量协同发展，激发社会组织发展活力，促进社会组织在"双区"建设、"双城"联动中发挥更大作用。

2019—2020年，广州市连续举办粤港澳大湾区社会影响力暨广州慈善盛典，邀请粤港澳研究机构、高校专家、香港赛马会等慈善机构参与，成立"粤港澳大湾区社会影响力研究基地"，打造慈善湾区，共同提升了大湾区公益慈善影响力。2019—2021年，广州市连续三年举办粤港澳大湾区社会组织合作论坛，邀请大湾区社会组织负责人、专家学者等共同探讨如何

推动社会组织创新，促进了大湾区社会组织发展经验交流和相互学习。

2020年8月，珠海市民政局印发《港澳专业社会工作从业人员在珠海市执业规定（试行）》，支持、鼓励港澳社会工作从业人员来珠执业。2020年9月，珠海市民政局和澳门街坊会联合总会经协商一致，签订《珠海市民政局与澳门街坊会联合总会合作框架协议》，以深化珠澳民政领域合作交流，建立合作机制，搭建合作平台，创新合作项目，加大优质公共产品和服务供给，为推动粤港澳大湾区建设发挥积极作用。

2021年9月，151家会计师事务所（广东83家、香港53家、澳门15家）及广东省注册会计师协会、香港上市公司审核师协会、澳门会计专业联会签署《粤港澳会计师行业发展战略协议》，三地行业组织将为战略协议成员提供合作平台、建立沟通联络和评估回馈机制，并定期举办专业交流活动，利用地缘优势，搭建交流平台，不断加深粤港澳会计行业在人才、资源、技术、业务等方面的合作，致力实现互利共赢。

## （三）合作领域不断扩展

第一，传统的社会福利服务继续保持并不断扩大。根据CEPA《内地与香港关于建立更紧密经贸关系的安排》补充协议十，自2014年1月1日起，允许港澳服务提供者以独资民办非企业单位形式在广东设立居家养老服务机构。这些制度安排和政策文件为港澳社团，特别是养老、残疾人服务领域的社会福利机构在粤港澳大湾区内地9市开展社会服务提供了制度保障和政策空间。港澳一些服务类社会组织在养老服务、残疾人服务、社区服务等领域与粤港澳大湾区内地9市建立了比较密切的合作关系。近年来，更多来自港澳的社会组织在粤提供服务。如广东省民政厅支持成立了香港国际社会服务社（中国香港）广东办事处、澳门街坊会联合总会广东办事处等，广东省妇女联合会（以下简称"省妇联"）支持成立了澳门妇女联合总会广东办事处等，广东省人民政府港澳事务办公室支持成立了澳门民众慈善会广东办事处，等等。

在社会服务领域还打造了一些示范项目，这方面的典型是珠海市打造的粤澳合作综合性社会服务示范项目——澳门街坊总会广东办事处横琴综合服务中心项目。2019年11月8日，澳门街坊总会广东办事处横琴综合服务中心（以下简称"中心"）在横琴新区小横琴社区正式落成，成为首个澳门社团在内地成立的社会服务机构。中心多彩的活动极大地丰富了周边居民的闲暇生活，专业社工元素及新颖的社会服务理念受到周边居民的好评。中心入驻后，积极运用澳门街坊总会在澳门积累的名声及资源，帮助澳门居民解决在横琴的生活难题，提升了澳门居民对横琴的认同感、归属感。

此外，江门市江海区晨光社会工作综合服务中心与新家园协会有限公司（香港依法注册成立的非政府组织）合作开展"江门市赴港人士定居服务（期望管理计划）"，长期为江门市准赴港人士提供适应性培训课程、社区教育服务等公益服务，协助其提前适应香港教育、工作、生活等，取得了良好的社会效果。

第二，新的专业服务也在发展。省律协在广东省司法厅的支持下，积极推动粤港澳大湾区律师专业团体的合作与交流。2018 年，省律协推动建立了"粤港澳大湾区律师协会联席会议制度"，并召开了首次粤港澳大湾区律师协会联席会议。在这次会议上，省律协、香港律师会、澳门律师公会以及粤港澳大湾区内地 9 市律师协会签署建立粤港澳大湾区律师协会联席会议制度，并一致通过了《粤港澳大湾区律师协会宣言》。

2020 年 3 月 27 日，深圳首家粤港澳三地联营的律师事务所德和衡简家骢永本金月（前海）联营律师事务所挂牌成立。该律师事务所聚焦粤港澳大湾区和"一带一路"发展带来的新型法律业务，重点关注粤港澳大湾区"三税区三法域三货币"背景下人员、物资、资金、信息互融互通所产生的法律问题，为跨境商业交易、跨境争议解决、企业投融资、科技创新等提供法律方案。

珠海市行业协会商会充分发挥行业优势，参与粤港澳大湾区营商环境、投资贸易便利化建设，实现在粤港澳大湾区建设的背景下行业与经济社会发展相互协调、互相促进。

佛山市引导和鼓励市侨商投资企业协会、留学人才协会、青年商会等社会组织加强对外交流合作，佛山市青年商会积极开展港澳青年交流活动，分别接待了香港广东社团总会、澳门青年商会、国际青年商会台湾青商总会等社团。

（四）群团组织成为合作的主导力量

2016 年以来，广东省各行各业与港澳开展了丰富多彩的交流活动，形成了群团主导带动、多元主体协同发力的合作实践局面。比如省妇联历来重视与港澳社会组织加强交流合作，增进与港澳妇女间的情感交流。实施"十三五"规划以来，省妇联共组织 62 批 230 人次赴港澳参加妇女团体交流联谊活动，接待港澳 11 批次近 450 人，通过"走出去、请进来"的方式，与港澳地区的香港妇协、香港妇联、香港工商界妇女、香港家庭福利会、香港女童军、澳门妇联总会、澳门母亲会等妇女团体进行了交流联谊，增进互相之间的了解。举办"港澳特邀代表回娘家"活动，邀请部分港澳籍妇联执委、妇女代表回乡走访亲眼见证祖国的发展和繁荣，引导其厚植爱国主义、增强民族意识。

中国共产主义青年团广东省委员会（以下简称"团省委"）和广东省青年联合会（以下简称"省青联"）则积极与港澳青年组织开展交流合作，服务港澳青年。共青团广东省委紧紧抓住广东"双区"建设的重大战略机遇，通过形式多样、内容丰富的实践活动，积极联动港澳青年、带领广大南粤青少年学习党的奋斗历程，体悟党的伟大精神，传承红色基因。2021 年 7 月，广东省青年联合会与大湾区共同家园青年公益基金（香港）、中国银行（香港）、香港青年联会、澳门青年联合会共同推出"大湾区青年卡"，为香港青年解决在内地生活的难题，为他们融入粤港澳大湾区其他城市提供便利。"大湾区青年卡"集合金融、保险、交通辅助、通讯优惠、购物折扣、求助咨询、公益慈善、青年服务等实用功能，提供有关粤港澳大湾区的升学、就业及创业等资讯及服务，帮助香港青年发挥所长。"大湾区青年卡"的推出，体现了大湾区城市间的进一步融合和相关机构对青年的关心关爱。

（五）合作发展不平衡

现阶段，粤港澳大湾区的社会组织合作在合作区域、合作行业和合作深度等方面呈现出多重不平衡。在合作区域层面，当前广州、深圳、珠海等市与港澳在社会组织合作方面交流比较密切，但是珠三角其他城市与港澳社会组织合作尚未切实展开。尤其是佛山、东莞，无论从社会组织总数还是慈善组织总数来看，均远超珠海市，但是佛山、东莞与港澳社会组织合作的潜力、活跃度、成效均未充分发挥出来，对于相关合作规则的制定、合作平台及示范项目的打造等均显滞后。

在合作行业层面，目前港澳社会组织在粤开展的活动主要集中在教育（关爱儿童、助学）、扶贫、青少年交流、乡亲访问、学术研讨（法律、经济）、环保野保、社会工作等行业领域，主要贯彻了五大发展里面的"协调、绿色、共享"发展理念，但对五大发展理念中的"创新"理念（科技研发合作、科技创新合作）、"开放"理念（携手创"一带一路"、促进中国"走出去"）等方面或行业的活动涉猎不多。据公安部境外非政府组织办事服务平台的数据来看，自2017年3月以来，在广东省开展的924场境外非政府组织临时活动中，涉及创新理念、开放理念的活动均不足10场，占比仅大约为1%。为此，需要加强粤港澳大湾区专业社会组织，尤其是科技、产业等专业领域的社会组织合作。

在合作深度层面，目前粤港澳大湾区社会组织开展的活动总体上以礼节性互访、一般性交流居多，缺乏技术层次较高、投资规模较大、合作期限长、收益效果好的深层次项目合作。粤港澳大湾区内地9市社会组织与港澳社会组织之间的协作尚未建立有效的联动制度，缺乏合作交流的正式制度，使得社会组织不管是在合作领域上还是实际效果上都受到不同程度的制约。虽然深圳10年前就开始与港澳社团在深圳开展公益活动，并就专业人才合作培养、学术研讨会、慈善交流展会、爱心倡导等不同层面开展了合作交流，且在历史上形成了一些长期合作项目。但近年来，受《中华人民共和国境外非政府组织境内活动管理法》、香港局势震荡、新冠疫情等多重因素影响，港澳社团来深圳及内地合作交流的机会大大减少，甚至部分长期合作项目被迫中断，导致早期深港澳三地关于促进社会保障和社会治理合作的规划工作并没有得到有效落实，合作深度也未达到各方预期。

## 三、粤港澳大湾区社会组织合作发展中存在的问题

如前所述，近年来粤港澳大湾区社会组织的合作发展取得了一些新进展，但与大湾区经济领域的开放和包容相比，社会组织的合作发展还比较

滞后，也落后于粤港澳大湾区建设的需要。自粤港澳大湾区的发展战略提出以来，大湾区内地 9 个城市先后颁布多个领域的协同政策，部分涉及粤港澳三地社会组织领域的交流与合作，但三地在政策理念、制度设计、资源投入和社会环境等层面依然存在诸多制约因素，掣肘社会组织在大湾区社会治理和公共服务供给中更好地发挥积极作用。

### （一）港澳社会组织进入广东开展服务受掣肘

当前，受现有法规和政策的制约，广东省对港澳社团来粤设立分支机构或来粤活动总体上呈现出开放不足、合作不多的状态。第一，港澳社团来粤设立分支机构需要遵循《境外非政府组织境内活动管理法》和我国社会组织的监管办法，一些港澳社团想要在粤活动，需要在当地公安部门登记、备案，同时需要争取一家政府机构作为业务主管单位，但现实中很多政府部门（包括群团组织）基于各种考虑，不愿意出面担任一些港澳组织的业务主管单位，有的政府部门甚至十几年来也没有支持成立一家港澳社团的分支机构，这严重制约了在粤设置港澳社团分支机构的数量。据公安部境外非政府组织办事服务平台的统计资料，2021 年 1 月至 7 月，我国成立的境外非政府组织共有 31 家，其中上海 12 家，广东 4 家，上海为广东的3 倍，显示上海的开放度和国际化程度均高于广东。

第二，根据《境外非政府组织境内活动管理法》的有关规定，港澳等境外非政府组织到境内临时开展活动，需提交必要的资料到省级公安机关备案后方可开展。有时一些境外非政府组织不理解或嫌手续烦琐，不愿意备案，导致合作项目或活动受阻。受到审批手续烦琐的影响，近年来境外非政府组织到广东省临时开展活动的数量一直未得到明显增长。公安部境外非政府组织办事服务平台的数据显示，2018 年、2019 年、2020 年、2021年备案的在粤开展的临时活动数量分别约为 230 场、300 场、270 场、80场[①]（2020 年和 2021 年的下滑主要是因为受到新冠疫情的影响），从整体来看，数量增长较为缓慢，显示出对境外非政府组织在粤组织活动的开放度仍需进一步提升。

---

① 统计数据截至 2021 年 7 月 20 日。

综上，现有社会组织管理办法对港澳人士担任社会组织实质性负责人职务的相关规定，有效地规范了境外非政府组织在境内的活动、港澳人士在内地社团的活动。但是，这些法规均出台在粤港澳大湾区战略实施之前，也没有反映出中央关于"爱国者治港（澳）"的最新要求。当前仅仅依靠《境外非政府组织境内活动管理法》在实践中无法进一步解决"引导离岸社团注册和登记"的问题，以及"更好发挥境外非政府组织功能"的问题（现实中不容忽视的是，有大量的离岸组织游离在注册登记、备案体系之外）。

### （二）广东社会组织辐射带动力不足，"走出去"难

如前所述，广东省各级政府主导和支持搭建了不同类型的社会组织合作平台，旨在推动粤港澳大湾区社会组织的交流与合作。但是，目前这些合作平台的辐射作用较为有限，主要表现为：缺乏长期性和综合性的社会组织合作孵化平台，尚未建立起大湾区社会组织间的"生态链"、行业标准平台和重大合作项目平台，缺乏能够带动大湾区社会组织整体"走出去"的国际性社会团体。

第一，缺乏长期性和综合性社会组织合作孵化平台。比如当前对粤港澳青少年交流活动资源统筹不足。虽然港澳与内地青年交流很频密，但活动规模较小，资源分散，未形成合力。首先，交流方式较为单一，以参观考察为主，深层次交流项目缺乏。其次，对港澳青年群体覆盖面不足，中小学生交流活动较少，对基层青年的关心不足。由于缺乏高端、权威、公认的平台，致使凝聚力不足，对港澳青年吸引力不够。

第二，缺乏大湾区社会组织间的"生态链"、行业标准平台及重大合作项目平台。其一，尽管大湾区基金会的数量居全国前列，但其溢出效应不足，在行业内部没有形成一个有效的生态链。其二，大湾区行业类社会组织之间尚未建立起一个服务标准交流、质量标准交流的通道或者常态化平台。其三，目前粤港澳社会组织之间在扶贫、社区服务、教育、环境治理、促进经济、国际交往、公共政策等领域尚未培育出具备重大社会影响力的品牌项目（包括议题合作平台）。

第三，缺乏可带动大湾区社会组织整体"走出去"的国际性社会团体。

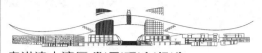

当前粤港澳大湾区国际性社会组织的发展状况与粤港澳大湾区在全球政治经济中的地位、与广东作为"一带一路"建设桥头堡的地位不匹配。随着我国和平崛起，国内社会各界对拥有自己主导的对外交流合作平台的愿望越来越迫切，拥有自己的国际性社会团体是个理想的选择，可以发挥非政府组织的民间外交作用，为我国外交活动提供支撑和平台。[①]

粤港澳社会组织合作发展难以深度推进的一个单边原因是广东社会组织自身的综合能力和辐射带动力不足。要破解这种"'走出去'难"的困局，需要广东从推进粤港澳大湾区建设和粤港澳社会融合的战略高度进行顶层设计，通过孵化合作平台、行业标准、品牌战略等加快提升广东社会组织的服务能力和湾区影响力，为广东社会组织服务港澳、引领大湾区社会组织共同爱国敬业奉献奠定坚实基础。

### （三）管理体制以警惕管控为主，激励机制不足

粤港澳大湾区社会组织的合作发展涉及不同社会制度中的主体互动，因而其日常管理也更为复杂和敏感。在过于谨慎的治理理念下，地方政府制定了更多以警惕管控为主导的政策措施，旨在更好地约束港澳社会组织在内地的活动，而不是在有效监管的前提下支持其发展，提升其服务能力。

根据《境外非政府组织境内活动管理法》有关规定，寻求业务主管单位的支持已经成为大部分港澳地区社会组织在内地开展工作的最主要障碍。尽管这些组织在过去的工作中与广东省和粤港澳大湾区内地9市政府部门建立了一定的合作关系，但内地政府对担任其业务主管单位仍有着顾虑，而这种顾虑与政治风险密切相关。许多港澳社会组织在过去与公安部门缺乏直接联系，这意味着它们的工作可能无法得到充分的理解，双方之间可能存在信任分歧，这无疑进一步影响了港澳社会组织在内地的注册和活动开展。港澳社会组织对内地的政策体系不熟悉，且由于缺乏足够的沟通和合作机制对接，导致港澳社会组织在粤开展业务活动时顾虑较多，合作动力不足。

---

① 邓国胜、王杨：《中国社会组织"走出去"的必要性与政策建议》，载《教学与研究》2015年第9期，第28－34页。

内地现有社会组织监管体制不适应粤港澳大湾区社会组织合作发展的现实需要。

第一，存在多头交叉管理的问题，如广东省民政厅、广东省公安厅、广东省人民政府港澳事务办公室、中央人民政府驻香港特别行政区联络办公室、中央人民政府驻澳门特别行政区联络办公室、广东省妇女联合会、中国共产主义青年团广东省委员会等业务主管部门等都承担管理港澳社会组织合作事务的部分职能，任何一个职能部门的决定都会影响港澳社会组织在内地的活动。如大湾区内的港澳社会组织和珠三角社会组织若想开展合作和交流，珠三角的社会组织需要向有关部门报备，由于有关部门责任不具体、不明确，往往导致部门间互相推诿，造成管理风险，也阻碍了正常合作交流。

第二，获准在内地设立办事处的港澳社会组织，在开展活动时还需要与业务主管部门的职能保持一致，不可僭越。以澳门街坊会联合总会广东办事处为例，在获准进入广东省开展服务工作期间，由于其对澳门居民有非常强大的影响力，使居民间形成强大的凝聚力，在澳门居民比较多的珠海、中山等市，一些政府部门、社会组织及企业均希望与其合作，以更好地服务当地澳门居民，如中国共产党中山市委员会政法委员会希望合作在三乡镇设立澳门居民民事纠纷调解室，横琴新区市场监督管理局希望合作在横琴开展澳门消费者维权及纠纷调解方面的工作，横琴新区综合执法局希望合作共同在横琴建设物业城市，等等。由于上述合作事项超出了民政部门的职能范围，澳门街坊会联合总会广东办事处无法承接，因而制约了它的服务范围和限制了其功能发挥。[①]

## （四）社会组织领域的人才资源统筹力度不够

社会组织的培育和发展离不开人才的支撑，社会组织的跨境活动同样需要专业化的人才资源作为保障。然而，当前大湾区三地社会组织的合作发展缺少完善的人才培育和支持体系。在人才培育层面，大湾区缺少专业

---

① 陈家良、田翼：《澳门社会服务进入内地的分析与建议》，载《紫荆论坛》2021 年第 9 - 10 期，第 67 - 70 页。

化的社会组织人才培养体系，尤其是缺少足够数量的高端人才来引领社会组织的快速成长。在人才支持层面，由于粤港澳三地差异化的经济和政治制度，产生了不同的个人所得税政策、不同的边境通行政策、不同的社会保障政策，现有的通关模式依然存在需要优化的地方，跨境就业人员的社会福利存在不可携带的难题等，这些障碍直接导致人才资源无法在大湾区内实现充分的自由流动。

又如现实中港澳机构在组建内地社会服务团队时存在较大困难。一方面，由于两地薪资水准存在较大差异，一名港澳社工的年薪约为内地社工的 2～3 倍，较高的人力成本很大程度上降低了内地政府部门聘请港澳社工的意愿。另一方面，在聘请内地社工时，由于内地社会服务行业的激励与保障机制尚不完备，机构面临内地社工难招、难留的困境。即使在经济较发达的珠海及中山，社工的收入水准及职业认同度依旧偏低，人才流失现象严重，社工难招也难留，兼具专业学历与丰富经验的优秀社工更是凤毛麟角。[①]

总体上，社会组织人才在大湾区内自由流动受阻、获得支持不够，与国家规划要求实现大湾区协同发展的战略目标存在很大差距，不仅直接导致社会组织跨境合作和发展受限，对有志通过大湾区打开内地就业市场的港澳人才以及全球专业人才也产生了消极影响。

### （五）社会组织领域的财政经费支持力度不足

社会组织的生存和发展离不开人才，同样也需要足够的经费来维持其运作，而秉持非营利性的社会组织往往会面临资金困难的局面。这种局面同样出现在粤港澳三地的社会组织发展的过程中。

第一，社会组织缺乏公共财政的专项支持，包括政府财政支持（公共财政补贴、项目补助、直接资助等），也涵盖政府为社会组织发展而吸引社会投资，拓宽社会组织资金渠道，建立专门机构为社会组织提供金融服务，设立孵化基金、种子基金方面的服务问题。当前，粤港澳大湾区内地 9 市社

---

① 陈家良、田翼：《澳门社会服务进入内地的分析与建议》，载《紫荆论坛》2021 年第 9－10 期，第 67－70 页。

会组织对外交往的相关经费基本上为社会组织自筹，资金压力较大。资金的缺乏导致其对外交往活动计划性、持续性不强，一些工作开展不起来，其作用无法体现。

第二，大湾区现有资金没有充分发挥出资助引导作用。当前，大湾区社会组织资金主要源于政府、企业和个人，来自基金会与慈善会的资助较为有限。一边是众多一线社会组织缺乏资金资助，举步维艰；一边是大量资源集中在基金会、慈善会手中，它们自己开发项目。这导致了一个恶性循环：上游不资助（自己做），下游发展不起来，行业规模小、影响力不足，获得资助少，[①] 总体上行业发展水准偏低。

### （六）社会组织领域的信息资源共享程度较低

信息化时代，数据在赋能社会组织治理能力方面扮演着不可替代的独特角色。就信息技术的发展水平而言，粤港澳三地目前都已经建立起各自相应的信息平台和体系，但较为遗憾的是，既有的信息平台体系尚未有效地延伸到社会组织领域。目前，"粤省事"App 已经设立了大湾区服务专题和民政服务专区，但是缺乏促进大湾区社会组织合作发展的专题。此外，一些地市对属地社会组织与港澳合作开展活动的情况不明、底数不清，日常也缺乏统计、信息搜集。

同时，粤港澳三地社会组织之间缺少信息的及时共享。究其根源，一方面，粤港澳三地在社会组织领域缺乏信息共享的技术平台和政策支持；另一方面，内地对跨境信息交换实施比较严格的管制，监管部门立足于安全的重要考量，对任何跨境的信息流动都保持着敏感的态度。此外，社会组织信息共享的困难还有其监管部门之间信息难以互通的原因，广东省民政部门（省社会组织管理局）、省内相关业务监管部门与港澳相关机构之间的信息互不相通，省一级与各地市之间的信息也不相通，无法在监管方面形成"横向到边、纵向到底"的强大合力。

---

① 岩松：《能力不足已经成为社会组织筹资的主要障碍》，载《公益时报》2021 年 1 月 26 日，第 15 版。

### （七）认知差异制约包容开放的社会环境形成

不同的政治和经济制度孕育了有着不同治理理念的地方政府和公众差异化的社会心态。就政府层面而言，当前对打击非法社会组织、境外非政府组织不法活动的宣传比较多，但是对粤港澳社会组织合作开展活动、取得的成效等宣传偏少，这就容易给社会公众造成"认知性偏差"和"群体性偏差"，使得公众认为国际组织、境外非政府组织多为非法组织、行骗组织等。而在不同文化和社会背景中成长起来的公众也有自己的见解，如对港澳社会组织提供服务表现出某种忧虑等。因此，无论是客观的制度环境，还是主观的社会心态，都对粤港澳大湾区社会组织的合作发展提出了挑战。

综合来看，粤港澳大湾区社会组织合作发展中存在的问题并不是各自独立的，而是存在相互影响和作用的。导致这些问题的主要原因是三地在政治体制上的根本差异。政治体制上的差异也影响三地的社会组织管理体制和机制。在缺乏更有效的协调和统筹机制下，三地社会组织的合作发展在资金获取、人才培育、信息共享方面存在障碍和掣肘是不难理解的。要解决好上述问题，推动粤港澳大湾区社会组织的合作发展，一方面，需要通过系统化的思维来统筹规划，而不是将各个问题孤立起来看待和解决；另一方面，也更为重要的是，要转变观念，创新思维。

## 四、促进粤港澳大湾区社会组织合作发展的对策建议

如前所述，随着粤港澳大湾区建设的推进，粤港澳三地社会组织之间的合作发展出现了新的进展，但是也存在着不少问题，不仅没有达到各方的期望，也难以适应粤港澳大湾区建设的需要。为了改变目前的状况，有力推动粤港澳大湾区社会组织合作发展，需要从政策理念和政策工具两个维度发力。

### （一）创新政策理念

政策理念的创新源自对政策问题的重新认识。从表面上看，粤港澳大湾区社会组织合作发展是随着粤港澳大湾区建设的推进而产生的一个政策

或实践问题，是三地社会组织之间互动的一个问题，或者说是三地社会服务发展的一个问题。然而，这样的认识过于肤浅和局限。粤港澳大湾区社会组织合作发展有着更深层次的意义。首先，要把粤港澳大湾区社会组织合作发展与"一国两制"伟大事业结合起来，要把它视为巩固"一国两制"框架的社会基础，也是落实"爱国者治港（澳）"、维持港澳长期稳定繁荣的社会基础；其次，要把粤港澳大湾区社会组织合作发展与粤港澳大湾区社会发展的政治优势和制度优势联系起来。简言之，要把粤港澳社会组织的合作发展视为促进粤港澳社会融合、推进粤港澳大湾区建设、维持港澳长期繁荣稳定、推动"一国两制"事业发展、实现国家统一和维护国家安全、推进国家治理现代化的一项制度创新实践。站在这样的高度思考粤港澳大湾区社会组织的合作发展，一定可以带来观念的解放和理念的创新。具体来说，就是要改变过往"防御型合作""保守型合作"的基调，树立粤港澳社会组织跨境合作发展包容性治理的理念[①]。

在包容性理念下，一方面要看到当前社会组织内地法规制度不涵盖也不适用于港澳地区的现实；另一方面要认识粤港澳大湾区社会组织合作发展这一制度创新在整体上缺乏相应的法规和政策支撑，亟须实现政策和法规上的突破。由于社会组织管理属于国家事权，因此有序深度推动粤港澳大湾区社会组织合作发展亟须高规格的顶层设计，从而解决法规突破的难点和制度缺失的堵点。具体来说，一方面，要通过修改制约和掣肘内地社会组织与港澳社会组织实现合作发展的既有法规和政策，制定新的支持性政策框架；另一方面，要授权广东省人民政府及社会组织管理相关部门进行政策创新，探索适合粤港澳大湾区社会组织合作发展的有利制度环境和政策空间。

新的政策理念的落实需要组织支撑。粤港澳大湾区社会组织合作发展需要有顶层机构提供组织保障。第一步，建议由中央相关部门，如中央统战部指导协调，国家公安部、民政部、中联办和广东省主要领导负责，广东省民政厅、省公安厅、省教育厅、省卫健委、省港澳办、省总会、团省

---

① 尹利民、田雪森：《包容性治理：内涵、要素与逻辑》，载《学习论坛》2021 年第 4 期，第 66 - 74 页。

委、省妇联等所有涉及社会组织管理的部门参与，共同组建"广东省促进粤港澳大湾区社会组织合作发展领导小组"，领导小组办公室设在省民政厅（省社会组织管理局）。领导小组统筹推进广东省促进粤港澳大湾区社会组织合作发展工作，审议相关重要工作方案、重要政策文件、年度工作要点等事项，协调解决粤港澳大湾区社会组织在合作领域的重大创新改革、试点示范工程、重大项目推进过程中遇到的问题。对各地、各部门落实促进粤港澳大湾区社会组织工作进行跟踪分析、监督指导。

第二步，进一步推进广东省促进粤港澳大湾区社会组织合作发展领导小组与香港、澳门有关部门及港澳中联办等联合成立"粤港澳大湾区社会组织合作发展领导小组"，作为大湾区范围内促进社会组织合作的最高级别的议事机构。与民政部和公安部协调，在粤进行国际性社会组织注册方面试验"放管服"，便利国际性社会组织在粤港澳大湾区注册，激发国际性社会组织服务粤港澳大湾区的热情，鼓励和促进国际性社会组织在粤注册、壮大发展，引导大湾区社会组织"走出去"。

## （二）完善政策工具

政策工具是实现政策目标的手段和方法。为了推动粤港澳社会组织的合作发展，为大湾区社会建设奠定良好的社会基础，需要善用政策工具，对制约和阻碍粤港澳大湾区社会组织合作发展的一些法规政策进行突破。具体来说，可以从以下几个方面着手。

### 1. 设立"沙盒监管区"

当前以警惕管控为主的治理范式约束了粤港澳三地社会组织跨境开展活动的积极性，也制约了社会组织作为重要的治理主体在参与粤港澳大湾区社会治理和提供公共服务方面的作用发挥。对此，要优化既有的监管体系，保护港澳社会组织在粤境内依法开展活动的合法权益，大力优化、简化和缩短港澳离岸社团在粤登记或备案的手续、条件、程序、时间等。为此，可以考虑在广东设立粤港澳大湾区社会组织"沙盒监管区"，将符合条件的港澳社团纳入监管区进行重点监管，分阶段评估监管区内离岸社团的运行风险和运行效果，并实行监管区退出机制。

### 2. 建立"白名单"制度

粤港澳大湾区三地政府可与中央沟通，并在中央驻港澳联络办的支持下，建立港澳社会组织"白名单"制，把一批服务优质、爱国爱港爱澳的社会组织列入"白名单"，支持它们进入粤港澳大湾区内地城市开展活动、提供服务。可以先在横琴、前海、南沙试点，允许"白名单"内的机构直接进入横琴、前海、南沙开展服务，而无须在广东省申请登记设立境外非政府组织代表机构。在试点成熟后，再逐渐将该模式拓展至其他大湾区内地城市，令港澳社会组织能够比较顺畅地进入珠三角提供社会服务。同时，还可以在此基础上，逐步在大湾区内地 9 市放宽港澳人士加入境内社会团体并担任相关职务的限制，并将具体审核权限下放到地市相关部门。

### 3. 搭建合作平台

合作平台是粤港澳三地社会组织进行交流与开展活动的重要依托。推动在省、市两个层面设立粤港澳青少年交流促进中心。在横琴、前海、南沙探索建设粤港澳大湾区社会组织融合发展中心，使其具有区域性枢纽型转化及服务平台功能，进行粤港澳大湾区社会组织合作项目的设计、引导执行、评估等。以横琴、前海、南沙为平台，探索开展港澳社会组织人才评价试点，探索建立粤港澳跨境社会福利信息系统，探索粤港澳社会福利和慈善事业合作的体制机制，成立粤港澳大湾区社区服务基金，建立港澳与内地社会福利界交流合作基地、粤港澳社工专业培训基地，开展社会（社区）服务领域职业（专业）资格互认，探索港澳养老服务机构以服务购买方式运营各类社会服务中心。

### 4. 培育国际性社会组织

推动粤港澳大湾区社会组织的合作发展必须有发展国家软实力的战略视野。粤港澳大湾区社会组织类型多样、资源丰富、专业性强，且具有广泛的国际联系，具备发展以粤港澳大湾区为基地的国际性社会组织的基本条件。需要在发展国家软实力的战略指引下，充分利用粤港澳大湾区专业社会组织的优势，以粤港澳大湾区为基地，在经济、科技、标准、人才、专业服务等领域发起成立国际性组织，一方面参与相关国际规则的制定；另一方面可以改善我国的国家形象，有利于我国更好地树立大国形象，承担大国责任①。

### 5. 信息共享

粤港澳三地之间由于制度性因素导致信息流通困难。推进粤港澳三地社会组织的合作与发展，必须要让数据"活"起来，并在合法的前提下实现信息共享。为此，需要率先打通大湾区内地9市社会组织的信息，通过整合分散在各个管理机构的信息并优化既有的社会组织信息管理平台，尽快推动社会组织领域的相关信息在粤港澳大湾区内地9市实现自由流动。同时，在符合现行相关法律法规的前提下，广东省可以有条件、逐步地和港澳地区定期进行当地社会组织发展信息的交换，从而为推进粤港澳三地社会组织的跨境合作与发展提供信息支撑。

### 6. 人才支撑

人才是推动三地社会组织跨境合作与发展的重要支撑。一方面，要建立起社会组织领域专门化的人才培养体系，如在高校建立培养社会组织人才的专业、建立培养社会工作技能的职业教育学校，以及确立社会组织人才评估的标准等，重点培养一批懂得社会组织跨境合作与发展的高端人才；另一方面，共建高规格的粤港澳大湾区社会组织研究中心，组建人才队伍和专家库，促进三地社会组织教育培训资源共享，探索专业人才联合培养机制模式，鼓励支持三地智库型社会组织共同开展研究工作，共同打造全国社会组织专家人才高地。支持港澳社会组织将本土完善的社会服务人才培养支援体系引进内地，充分发挥港澳在社会服务方面的优势，与内地社会服务机构形成优势互补。此外，要破除当前阻碍人才在大湾区内自由流动的壁垒，如简化既有的通关手续、适当予以港澳人才在内地的税收优惠、赋予社会组织人才以合法身份、落实港澳社会组织人才在粤的"市民待遇"、优化资金的出入境管理、探索建立更有吸引力的社会组织人才政策等，让有志于从事社会组织跨境合作与发展的专业人士能够得到充分施展才能的机会。

### 7. 资金支持广东

争取省财政设立粤港澳大湾区社会组织合作发展专项资金，支持港澳

① 舒小立：《探索我国社会组织"走出去"的有效路径》，载《人民论坛》2019年第26期，第66–67页。

社会组织来粤发展或与粤合作。对在招商引资、科技合作等方面有突出贡献的社会组织予以表彰、奖励。同时，依托该财政专项引导全省社会组织通过年报的方式或者全省统一监管平台的方式向监管部门报送涉港澳活动情况，形成大湾区社会组织活动信息库。优化政府购买基本公共服务的机制，适当放宽购买条件，积极探索跨境社会组织购买的实践支持粤港澳共同服务的价值实现。针对粤港澳社会组织合作的重点领域，如扶贫、医疗、办学、托儿、养老、专业研究等领域，可以分阶段、有针对性地出台税收优惠或减免政策。此外，鼓励基金会向大湾区社会组织提供资助，使其有充足的资金维持自身运营、开展社会服务。

### 8. 优化环境

政府需要改变当前宣传的基调，曝光粤港澳三地社会组织的反面典型固然必要，但长此以往，不但会造成公众认知的偏差，而且将打击港澳社会组织在大湾区内地活动的积极性。未来应当以宣传粤港澳三地社会组织的正面案例为主基调，辅之以负面典型的曝光，帮助公众形成关于社会组织合法与发展的全面认知。社会组织本身需要在遵守粤港澳三地相关法律规范的基础上开展活动，通过发挥自身的专业性、自愿性、公共性、灵活性等优势，逐步获得政府和公众对自身身份和价值的认可。公众在吸收外界信息的基础上，要积极去了解并努力辨别自己身边的社会组织的情况，尝试以更加包容的心态来看待和接受社会组织的活动。通过政府、社会组织、公众、媒体等多元主体的共同努力，最终将形成有助于粤港澳大湾区社会组织合作与发展的社会环境。

**参考文献：**

[1] 陈家良，田翼. 澳门社会服务进入内地的分析与建议 [J]. 紫荆论坛，2021（9－10）：67－70.

[2] 邓国胜，王杨. 中国社会组织"走出去"的必要性与政策建议 [J]. 教学与研究，2015（9）：28－34.

[3] 舒小立. 探索我国社会组织"走出去"的有效路径 [J]. 人民论坛，2019（26）：66－67.

[4] 岩松. 能力不足已经成为社会组织筹资的主要障碍 [J]. 公益时报，

2021 – 01 – 26：15 版.

［5］尹利民，田雪森. 包容性治理：内涵、要素与逻辑 ［J］.学习论坛，
　　　2021（4）：66 – 74.

# 粤港澳大湾区青年发展指数报告

张志安　聂　鑫①

## 一、导言

### 1. 研究背景

在大湾区建设发展过程中，青年是最具有创造力、最活跃的力量之一。要建设粤港澳大湾区，离不开青年人的支持、认同和参与。大湾区内区域间制度、文化、社会发展水平存在一定差异，大湾区青年如何把握大湾区发展机遇，发挥各自所长，积极融入国家发展大局，成为粤港澳大湾区建设中的重要课题。因此，本报告将集中研究大湾区青年对国家发展大局及粤港澳大湾区的认识与态度，探讨大湾区青年在粤港澳大湾区发展规划中的定位与机遇，梳理有利于大湾区青年发展的新政策和新举措，分析与大湾区青年发展密切相关的教育、医疗、经济、社会参与、政治参与等现状，研究大湾区青年购物消费、就业创业、婚恋交友等现实问题，剖析阻碍大湾区青年发展的不利因素，形成年度粤港澳大湾区青年发展报告，为推动大湾区青年成长成才及积极参与大湾区建设提供政策参考，为大湾区青年未来的"三业"（学业、就业、创业）发展开辟前景良好的新天地。

### 2. 研究设计

本报告的研究对象是生活在广东省广州、深圳、珠海、佛山、惠州、东莞、中山、江门、肇庆（粤港澳大湾区内地9市）及香港、澳门特别行

---

① 张志安，复旦大学新闻学院教授、复旦大学全球传播全媒体研究院研究员，中山大学粤港澳发展研究院理事、原副院长；聂鑫，中山大学新闻传播学院博士研究生。

政区的18～40岁青年。本报告旨在考察大湾区青年群体的个人发展现状、对粤港澳大湾区的认知，以及对青年发展的政策诉求等问题。通过定量指标测量和定性研究比较粤港澳大湾区不同地区青年发展现状的结构性差异，分析青年群体在各项发展维度的价值观念、认知情况并探寻影响这些差异背后的深层次因素，为粤港澳大湾区融合发展，为各地市、港澳特别行政区政府的相关配套政策导向提供决策建议。

中山大学粤港澳发展研究院与共青团广东省委员会联合开展了有关粤港澳大湾区内地9市和香港、澳门的青年发展情况进行问卷调查，调查问卷分为两个阶段派发：第一阶段于2018年10—11月向粤港澳大湾区内地9市发放问卷，通过共青团广东省委员会直属的渠道进行派发，使用腾讯问卷工具进行信息采集，共回收6855份问卷。第二阶段于2019年2—3月分别向香港和澳门青年发放问卷。其中，香港部分委托香港民汇智库进行问卷调查，并回收有效问卷1003份；澳门部分委托澳门青年智库进行问卷调查，并回收有效问卷1056份。两阶段调查共计回收样本8914份。调研样本分布情况如表1所示。

表1 粤港澳大湾区青年基本情况

| 基本情况 | 粤港澳大湾区内地9市 | | 香港 | | 澳门 | |
|---|---|---|---|---|---|---|
| | 样本数（人） | 占比（%） | 样本数（人） | 占比（%） | 样本数（人） | 占比（%） |
| 性别 | | | | | | |
| 男性 | 2934 | 42.8 | 511 | 51.93 | 472 | 44.7 |
| 女性 | 3921 | 57.2 | 473 | 48.07 | 584 | 55.3 |
| 年龄 | | | | | | |
| 18～24岁 | 3923 | 57.23 | 358 | 36.38 | 360 | 34.09 |
| 25～29岁 | 1412 | 20.6 | 215 | 21.85 | 319 | 30.21 |
| 30～34岁 | 853 | 12.44 | 178 | 18.09 | 242 | 22.92 |
| 35岁以上 | 667 | 9.73 | 233 | 23.68 | 135 | 12.78 |
| 受教育水平 | | | | | | |
| 大学本科以下 | 3031 | 44.22 | 246 | 25 | 121 | 11.46 |

续上表

| 基本情况 | 粤港澳大湾区内地9市 | | 香港 | | 澳门 | |
|---|---|---|---|---|---|---|
| | 样本数（人） | 占比（%） | 样本数（人） | 占比（%） | 样本数（人） | 占比（%） |
| 大学本科 | 3555 | 51.86 | 568 | 57.72 | 802 | 75.95 |
| 研究生 | 269 | 3.92 | 170 | 17.28 | 133 | 12.59 |
| 主观阶级 | | | | | | |
| 基层阶级 | 915 | 13.35 | 180 | 18.29 | 136 | 12.88 |
| 中下阶层 | 1863 | 27.18 | 317 | 32.22 | 482 | 45.64 |
| 中等阶层 | 3135 | 45.73 | 411 | 41.77 | 408 | 38.64 |
| 中上阶层 | 803 | 11.71 | 73 | 7.42 | 30 | 2.84 |
| 上层阶层 | 139 | 2.03 | 3 | 0.3 | — | — |
| 婚姻状况 | | | | | | |
| 未婚 | 4922 | 71.8 | 707 | 71.85 | 788 | 74.62 |
| 已婚 | 1933 | 28.2 | 277 | 28.15 | 268 | 25.38 |
| 居住方式 | | | | | | |
| 单独居住 | 727 | 10.61 | 71 | 7.22 | 70 | 6.63 |
| 与他人共同居住 | 2040 | 29.76 | 56 | 5.69 | 70 | 6.63 |
| 与父母（长辈）共同居住 | 2585 | 37.71 | 599 | 60.87 | 677 | 64.11 |
| 与配偶、子女共同居住 | 870 | 12.69 | 207 | 21.04 | 175 | 16.57 |
| 与父母、配偶和子女居住 | 633 | 9.23 | 46 | 4.67 | 62 | 5.87 |
| 其他 | — | — | 5 | 0.51 | 2 | 0.19 |
| （以下问题仅针对内地青年样本） | | | | | | |
| 是否为独生子女 | | | | | | |
| 是 | 1549 | 22.6 | — | — | — | — |
| 否 | 5306 | 77.4 | — | — | — | — |
| 户籍类型 | | | | | | |
| 本市（县）城镇人口 | 2254 | 32.88 | — | — | — | — |

续上表

| 基本情况 | 粤港澳大湾区内地9市 | | 香港 | | 澳门 | |
|---|---|---|---|---|---|---|
| | 样本数（人） | 占比（%） | 样本数（人） | 占比（%） | 样本数（人） | 占比（%） |
| 本市（县）农业户口 | 1453 | 21.2 | — | — | — | — |
| 外地城镇户口 | 1002 | 14.62 | — | — | — | — |
| 外地农业户口 | 2146 | 31.31 | — | — | — | — |
| 常驻城市 | | | | | | |
| 广州 | 1682 | 24.54 | — | — | — | — |
| 深圳 | 1213 | 17.7 | — | — | — | — |
| 珠海 | 698 | 10.18 | — | — | — | — |
| 佛山 | 676 | 9.86 | — | — | — | — |
| 江门 | 584 | 8.52 | — | — | — | — |
| 肇庆 | 205 | 2.99 | — | — | — | — |
| 惠州 | 401 | 5.85 | — | — | — | — |
| 东莞 | 930 | 13.57 | — | — | — | — |
| 中山 | 466 | 6.8 | — | — | — | — |
| （以下问题仅针对港澳青年样本） | | | | | | |
| 出生地 | | | | | | |
| 内地（大陆） | — | — | 298 | 30.28 | 193 | 18.28 |
| 香港 | — | — | 9 | 0.91 | 823 | 77.94 |
| 澳门 | — | — | 661 | 67.17 | 31 | 2.94 |
| 台湾 | — | — | 1 | 0.1 | 7 | 0.66 |
| 其他 | — | — | 15 | 1.52 | 2 | 0.19 |
| 身份证/护照类型 | | | | | | |
| 本地永久居民 | — | — | 842 | 85.57 | 987 | 93.47 |
| 内地人（获永久居留权） | — | — | 70 | 7.11 | 14 | 1.33 |
| 内地人（非永久居留） | — | — | 67 | 6.81 | 45 | 4.26 |

续上表

| 基本情况 | 粤港澳大湾区内地9市 | | 香港 | | 澳门 | |
|---|---|---|---|---|---|---|
| | 样本数（人） | 占比（%） | 样本数（人） | 占比（%） | 样本数（人） | 占比（%） |
| 外国人 | — | — | 5 | 0.51 | 10 | 0.95 |
| 宗教信仰 | | | | | | |
| 基督教 | — | — | 170 | 17.28 | 28 | 2.65 |
| 天主教 | — | — | 31 | 3.15 | 50 | 4.73 |
| 伊斯兰教 | — | — | 2 | 0.2 | 10 | 0.95 |
| 佛教 | — | — | 65 | 6.61 | 80 | 7.58 |
| 无宗教信仰 | — | — | 654 | 66.46 | 886 | 83.9 |
| 其他 | — | — | 62 | 6.3 | 2 | 0.19 |
| 合计 | 6855 | 100 | 1003 | 100 | 1056 | 100 |

## 二、粤港澳青年发展指标体系

香港、澳门青年在青年发展的各维度既有共性，也有差异性。研究粤港澳大湾区青年融合发展，需要充分分析香港、澳门青年的社会心态、价值观念以及对青年发展期望的群体差异。本报告根据港澳的问卷调查数据，构建粤港澳青年发展指数，从而对粤港澳大湾区青年发展情况建立了一套标准化、指数化的衡量体系。

### 1. 指标体系设计

粤港澳青年发展指标体系包括 1 个一级指标即粤港澳青年发展指数，9个二级指标，即教育、就业、创业、消费、婚恋、社会参与、社会支持、社会心态和意识形态，以及 17 个三级指标。在指标设计上，既体现共性，即采用共同的二级指标，并且在三级指标设计上也有交叉；也突出粤港澳 3个区域的特性，如社会支持维度突出港澳青年对粤港澳大湾区的认知、意识形态维度突出港澳青年对"一国两制"的看法等。粤港澳青年发展指标

体系的指标数据采取受访者主观评价反馈。粤港澳青年发展指标体系划分了粤港澳大湾区内地 9 市、香港和澳门 3 个地理空间，分别计算 3 个地理空间青年发展指数，从而比较 3 个地理空间青年的发展情况。

### 2. 权重和测算方法

粤港澳青年发展指数的二级指标和三级指标的权重值采取专家打分法（即德尔斐法）确定。粤港澳青年发展指数总分 100 分，为突出粤港澳大湾区青年发展的特征，二级指标中就业和社会支持维度赋值为 15 分，其余指标赋值为总分 10 分。在指标评价方法上主要借鉴了联合国人类发展指数（Human Development Index，HDI）和中国社会治理评价指标体系的方法，对指标的原始变量采取标准化（即无量纲化）的处理方式，再根据权重最终合成为粤港澳青年发展指数。

（1）连续数据标准化的计算公式如下：

$$z = \frac{x - x_{min}}{x_{max} - x_{min}}$$

式中，$x$ 为一项三级指标变量；

$x_{max}$ 为该三级指标 $x$ 最大值；

$x_{min}$ 为该三级指标 $x$ 最小值。

（2）连续数据指标合成。

$$I_i = \frac{\ln\left(\sum z_i\right)}{\ln(5)}$$

即将标准化指标 $z_i$ 加总取对数；除以 $\ln(5)$ 的原因是量表采取的是李特克五级量表进行测算。

（3）分类数据指标合成。对于部分分类变量指标，本报告采取离散随机变量的数学期望方法实现指标化，即

$$Exp = \sum p_i x_i$$

### 3. 指数结果汇报

粤港澳青年发展指数最终测量结果如表 2 所示。总体上看，比较广东、香港和澳门 3 个区域青年发展情况，澳门总得分最高，为 82.44 分，广东和香港差总分接近，分别为 81.55 分和 80.38 分，广东略高于香港。粤港澳青年发展指数结果基本可以反映广东、香港和澳门青年发展的现状和差异。

澳门经济形势较为平稳，人均 GDP 位于全球前列，生活压力不大且有较充裕的就业岗位和完善的社会保障，因而整体发展前景最好。香港近年来由于经济下滑，社会面临转型，贫富差距加大，青年发展情况成为香港和粤港澳大湾区发展值得关注的问题。自 2019 年 3 月以来，香港爆发了"修例风波"，当年 6 月演变成大规模社会动乱，至 11 月，香港中文大学、香港理工大学被动乱分子占领，香港多所大学停课。本次调查数据于 2019 年 1—2 月采集，问卷测量时间在"修例风波"爆发之前，但本调查对香港青年的发展评估亦可初见端倪，在就业、消费两个二级指标上，香港青年的得分都较低，可见在较为基本的生存发展前景上香港青年面临困境和存在忧虑。

广东青年发展指数在澳门与香港之间，从整体上看青年发展前景良好。但是结合表 3 来看，广东 9 市发展水平存在不平衡不充分的问题。此外，在调查问卷设置上，广东与港澳之间存在一些区别，本指数侧重于强调粤港澳大湾区各地区、城市的青年对于自身发展状况和大湾区社会发展状况的主观感受评价。

从粤港澳大湾区战略全局上看，既要提升青年发展的上限，即香港、澳门、深圳和广州等核心城市青年发展水平，也要保障好、维护好青年发展的下限，即其他粤港澳大湾区城市青年的生存发展状况，从而在整体上促进粤港澳大湾区人才流动，提高青年发展水平。

**表 2　粤港澳大湾区青年发展指数**

| 二级指标 | 三级指标 | 权重（%） | 分项得分（分） | | | 总分（分） | | |
|---|---|---|---|---|---|---|---|---|
| | | | 广东 | 香港 | 澳门 | 广东 | 香港 | 澳门 |
| 教育维度（10分） | 基础教育满意度 | 4 | 2.84 | 3.89 | 3.38 | 7.75 | 8.70 | 8.14 |
| | 继续教育（广东） | 2 | 1.39 | — | — | | | |
| | 教育融合（港澳） | | — | 1.56 | 1.68 | | | |
| | 教育政策需求 | 4 | 3.52 | 3.26 | 3.08 | | | |
| 就业维度（15分） | 工作负荷 | 5 | 4.22 | 4.09 | 4.38 | 12.52 | 12.39 | 12.72 |
| | 就业流动（广东/港澳） | 5 | 3.90 | 4.17 | 4.29 | | | |
| | 就业政策（广东/港澳） | 5 | 4.40 | 4.14 | 4.04 | | | |

续上表

| 二级指标 | 三级指标 | 权重(%) | 分项得分（分） | | | 总分（分） | | |
|---|---|---|---|---|---|---|---|---|
| | | | 广东 | 香港 | 澳门 | 广东 | 香港 | 澳门 |
| 创业维度(10分) | 创业意愿 | 5 | 4.07 | 3.31 | 3.42 | 8.52 | 8.19 | 8.22 |
| | 创业政策需求 | 5 | 4.45 | 4.87 | 4.80 | | | |
| 消费维度(10分) | 消费负担 消费意愿 | 10 | 7.78 | 7.41 | 8.33 | 7.78 | 7.41 | 8.33 |
| 婚恋维度(10分) | 婚恋观（广东） | 5 | 3.66 | — | — | 8.17 | 8.67 | 8.41 |
| | 婚恋观（港澳） | 10 | — | 8.67 | 8.41 | | | |
| | 婚恋政策需求（广东） | 5 | 4.51 | | | | | |
| 社会参与(10分) | 线下参与 | 5 | 3.97 | 3.07 | 3.48 | 8.27 | 6.55 | 7.76 |
| | 线上参与 | 5 | 4.30 | 3.48 | 4.29 | | | |
| 社会支持(15分) | 对大湾区及居住城市主观评价（广东） | 15 | 12.00 | | | 12.00 | 12.78 | 13.31 |
| | 粤港澳大湾区认知（港澳） | | — | 12.78 | 13.31 | | | |
| 社会心态(10分) | 积极心态 消极心态 | 10 | 7.64 | 7.23 | 7.12 | 7.64 | 7.23 | 7.12 |
| 意识形态(10分) | 主流意识形态（广东） | 10 | 8.90 | — | — | 8.90 | 8.46 | 8.43 |
| | "一国两制"制度认同（港澳） | | — | 8.46 | 8.43 | | | |
| 总分(100分) | | 100 | — | 81.55 | 80.38 | 82.44 | | |

表3 广东9市青年发展指数

| 二级指标 | 三级指标 | 权重(%) | 城市 | | | | | | | | |
|---|---|---|---|---|---|---|---|---|---|---|---|
| | | | 广州 | 深圳 | 珠海 | 佛山 | 江门 | 肇庆 | 惠州 | 东莞 | 中山 |
| 教育维度(10分) | 基础教育满意度 | 4 | 2.90 | 2.78 | 2.59 | 2.63 | 2.32 | 2.03 | 2.23 | 2.60 | 2.63 |
| | 继续教育 | 2 | 1.40 | 1.46 | 1.41 | 1.36 | 1.42 | 1.46 | 1.37 | 1.35 | 1.44 |
| | 政策需求 | 4 | 3.63 | 3.59 | 3.50 | 3.53 | 3.57 | 3.44 | 3.47 | 3.53 | 3.66 |
| | 教育总分 | 10 | 7.93 | 7.83 | 7.49 | 7.52 | 7.31 | 6.93 | 7.07 | 7.49 | 7.73 |

续上表

| 二级指标 | 三级指标 | 权重（%） | 城市 | | | | | | | | |
|---|---|---|---|---|---|---|---|---|---|---|---|
| | | | 广州 | 深圳 | 珠海 | 佛山 | 江门 | 肇庆 | 惠州 | 东莞 | 中山 |
| 就业维度（15分） | 工作负荷 | 5 | 4.73 | 4.73 | 4.76 | 4.76 | 4.24 | 4.53 | 4.36 | 4.28 | 4.32 |
| | 就业政策 | 5 | 4.10 | 4.22 | 4.00 | 3.89 | 4.03 | 3.74 | 3.99 | 3.88 | 4.67 |
| | 就业流动 | 5 | 3.86 | 4.49 | 4.11 | 4.56 | 3.64 | 4.58 | 4.08 | 4.54 | 3.71 |
| | 就业总分 | 15 | 12.69 | 13.44 | 12.87 | 13.22 | 11.91 | 12.85 | 12.43 | 12.70 | 12.70 |
| 创业维度（10分） | 创业意愿 | 5 | 4.54 | 4.67 | 4.65 | 4.71 | 4.75 | 4.74 | 4.71 | 4.74 | 4.78 |
| | 创业政策需求 | 5 | 4.20 | 4.17 | 4.42 | 4.08 | 4.20 | 4.17 | 4.42 | 4.08 | 4.46 |
| | 创业总分 | 10 | 8.74 | 8.83 | 9.08 | 8.79 | 8.95 | 8.90 | 9.13 | 8.82 | 9.24 |
| 消费维度（10分） | 消费负担 消费意愿 | 10 | 8.03 | 7.81 | 7.93 | 8.23 | 7.50 | 8.13 | 7.78 | 7.81 | 7.80 |
| 婚恋维度（10分） | 婚恋观 | 5 | 3.71 | 3.79 | 3.37 | 3.77 | 3.82 | 3.86 | 3.46 | 3.83 | 3.86 |
| | 婚恋政策需求 | 5 | 4.62 | 4.49 | 4.59 | 4.54 | 4.53 | 4.38 | 4.54 | 4.50 | 3.81 |
| | 婚恋总分 | 10 | 8.33 | 8.28 | 7.96 | 8.31 | 8.34 | 8.24 | 8.00 | 8.34 | 7.68 |
| 社会参与（10分） | 线下参与 | 5 | 3.92 | 3.97 | 4.03 | 4.16 | 4.06 | 3.81 | 3.91 | 4.15 | 4.08 |
| | 线上参与 | 5 | 4.31 | 4.26 | 4.30 | 4.27 | 4.32 | 4.25 | 4.27 | 4.24 | 4.38 |
| | 社会参与总分 | 10 | 8.23 | 8.23 | 8.33 | 8.43 | 8.38 | 8.06 | 8.18 | 8.40 | 8.46 |
| 社会支持（15分） | 对大湾区及居住城市评价 | 15 | 12.19 | 12.02 | 12.17 | 11.98 | 11.59 | 11.21 | 11.59 | 11.98 | 11.43 |
| 社会心态（10分） | 积极心态 消极心态 | 10 | 7.18 | 7.12 | 7.21 | 7.28 | 7.14 | 6.95 | 6.96 | 7.25 | 7.89 |
| 意识形态（10分） | 主流意识形态传播 | 10 | 9.00 | 8.81 | 9.19 | 8.87 | 9.00 | 8.81 | 9.19 | 8.87 | 8.72 |
| 总分（100分） | | 100 | 82.32 | 82.37 | 82.24 | 82.61 | 80.12 | 80.08 | 80.33 | 81.64 | 81.63 |

## 三、粤港澳青年发展的特点分析

### (一)教育维度

**1. 香港青年的教育满意程度最高,广东青年的教育政策需求更高**

如表4所示,在教育维度的各项指标中,香港青年的基础教育满意程度最高,为3.89分,其次为澳门3.38分,而广东仅2.84分,较港澳有明显差距,广东9市基础教育资源的质量仍有待提高。其次,相比于澳门(1.68分),香港青年相对比较拒绝内地学生到当地读书或与内地学生同班学习,教育融合意愿不高(1.56分)。对于该指标的解读,一方面,内地学生到港澳学习属于少数的"离散群体",语言、文化、生活习惯甚至身份都难以融入,从而会造成部分港澳青年的偏见,因而,有必要从港澳特区政府、学校和学生多个层面逐渐增加内地学生与港澳学生短期、长期的交流学习,增进多方认知;另一方面,在目前阶段,粤港澳大湾区内地城市、学校(尤其是高校)吸引港澳青年到内地读书,尤其是取得文凭等政策有效性值得重新评估,因为内地教育资源水平(尤其是基础教育)整体尚低于港澳,同时,港澳青年的教育融合意愿也处于中等水平,吸引港澳青年到内地读书的政策不能从根本上改变粤港澳教育融合的现状。最后,广东青年的教育政策需求指数最高,这在前面也指出,广东青年不仅希望获得到港澳学校的交流学习、获得文凭的机会,而且也希望本地的基础教育资源、公共教育设施能够更加完善。

**表4 粤港澳大湾区青年教育维度指标评价**

(单位:分)

| 指标项目 | 满分 | 广东 | 香港 | 澳门 |
|---|---|---|---|---|
| 基础教育满意度 | 4 | 2.84 | 3.89 | 3.38 |
| 继续教育(广东) | 2 | 1.39 | — | — |
| 教育融合(港澳) | | — | 1.56 | 1.68 |
| 教育政策需求 | 4 | 3.52 | 3.26 | 3.08 |
| 总分 | | 7.75 | 8.71 | 8.14 |

**2. 港澳青年的教育满意程度明显高于广东，但也认为基础教育压力更繁重**

如表5所示，广东青年的基础教育资源满意度低于3分（2.64分），而香港青年对本土基础教育资源和高等教育资源的满意度都在3.8分以上（3.97分），而澳门青年满意度仅为3.3分以下（3.22分），这一定程度上反映了不同地区教育资源和能力的差异，广东青年的教育满意度相对有待提高。同时，香港青年认为香港的中小学生课业压力过于繁重，满意度高达4.29分。近年来，香港"虎爸虎妈"的现象引起了香港公众的争议，高昂的课外辅导费用和各种类型的培训充斥着香港学龄儿童及青年的课余时间。

表5　粤港澳大湾区青年的教育满意度

（单位：分）

| 教育满意度 | 广东 | 香港 | 澳门 |
|---|---|---|---|
| 拥有充足的基础教育资源（幼儿园、小学、初中和高中） | 2.64 | 3.97 | 3.22 |
| 拥有充足的高等教育资源 | — | 3.80 | 3.19 |
| 中小学生学业压力、课外辅导压力过于繁重 | — | 4.29 | 3.56 |

**3. 香港青年相对不愿意内地学生来香港读书**

如表6所示，整体上，相比澳门青年，香港青年不太愿意内地学生到本地（香港）来就读，他们认为这会抢占香港本土相对紧张的教育资源。同时，香港青年对前往内地读书整体也持相对消极的态度（平均得分低于3分）。

表6　粤港澳大湾区青年对粤港澳大湾区教育交流的态度

（单位：分）

| 跨境交流学习意愿 | 广东 | 香港 | 澳门 |
|---|---|---|---|
| 扩大教育开放，为粤港澳地区青年参与双边、多边交流提供平台 | 3.66 | — | — |

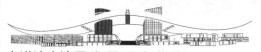

续上表

| 跨境交流学习意愿 | 广东 | 香港 | 澳门 |
|---|---|---|---|
| 如果有可能，我愿意到粤港澳大湾区其他城市就读幼儿园、小学、初中和高中 | — | 2.42 | 2.73 |
| 如果有可能，我愿意到粤港澳大湾区其他城市读大学（获取学位） | — | 2.82 | 3.40 |
| 我愿意接受我和内地学生在一个班级里上课（包括从小学到博士各个阶段） | — | 3.56 | 3.45 |
| 我认为跨境学童抢占了本地的基础教育资源 | — | 3.39 | 3.38 |
| 我认为内地学生来港澳攻读本科或以上学位抢占了本地的高等教育资源 | — | 3.33 | 3.16 |

**4. 香港青年更倾向于到内地短期学习交流项目，而澳门青年则希望粤港澳大湾区能够完善内地联考和学历互相认证的制度**

如表7所示，香港青年最关注内地短期学习交流项目（3.81分），明显高于澳门青年以及其他的学习交流途径。而澳门青年则更重视制度层面，例如进一步完善内地联考制度（3.53分），以及学历互相认证（3.79分）。说明香港青年更重视"软性"的交流，澳门青年更重视"硬性"的制度建设。

**表7 粤港澳大湾区青年的教育政策重要性评价**

（单位：分）

| 教育政策 | 香港 | 澳门 |
|---|---|---|
| 开放学龄儿童在内地享受基础教育 | 3.20 | 3.36 |
| 增加中学生、大学生前往内地进行暑期短期交流（3个月以下）项目的机会 | 3.81 | 3.67 |
| 增加中学生、大学生前往内地进行一学期（半年）以上的学习交换机会 | 3.72 | 3.65 |
| 增加港澳特区政府和内地有关部门通过公费留学的途径，令到港澳大学生（或研究生）有更多机会和名额前往内地获取本科或以上学历 | 3.68 | 3.68 |

续上表

| 教育政策 | 香港 | 澳门 |
|---|---|---|
| 进一步规范港澳学生参加内地联考制度 | 3.36 | 3.53 |
| 进一步推进粤港澳大湾区学历互相认证 | 3.66 | 3.79 |

## （二）就业维度

如表 8 所示，就业维度的各项指标中，工作负荷采取逆向评分法，指标越高表示青年的实际工作压力越低，加班情况较少。三地比较而言，澳门的就业发展指数最高（12.71 分），广东次之（12.52 分），而香港则最低（12.40 分）。指标显示，澳门青年的工作负荷最低，为 4.38 分（满分 5分），这与澳门整体工作压力较小、竞争较缓和的状况较为吻合；其次是广东青年的工作负荷评价得分为 4.22 分，而香港青年的工作负荷最高，为 4.09 分。较为严重的工作负荷也在一定程度上影响了香港青年的发展状态和生存空间。其次，从港澳青年往大湾区内地城市就业的意愿上看，澳门青年就业维度指标评价得分为 4.29 分（满分 5 分），显著高于香港青年的 4.17 分。广东青年在省内流动的意愿为 3.90 分，这里需要说明的是，广东省内流动指标仅作评分参考，并不能说明流动性越高青年发展水平就越好。最后，广东青年对政府提供就业政策的需求最高（4.40 分），香港青年对内地城市提供就业政策支持的指数评分为 4.14 分，高于澳门的 4.04 分，澳门政策需求较低在于澳门整体就业环境宽松，大部分澳门青年更愿意留在澳门本地就业。

表 8　粤港澳大湾区青年就业维度指标评价

（单位：分）

| 指标项目 | 满分 | 广东 | 香港 | 澳门 |
|---|---|---|---|---|
| 工作负荷 | 5 | 4.22 | 4.09 | 4.38 |
| 就业流动（广东/港澳） | 5 | 3.90 | 4.17 | 4.29 |
| 就业政策（广东/港澳） | 5 | 4.40 | 4.14 | 4.04 |
| 总分 | | 12.52 | 12.40 | 12.71 |

香港青年工作负荷较高，但仍不愿意离开香港到内地城市就业，不仅反映了香港青年对内地工作的严重偏见，而且说明内地城市、企业在吸引香港青年的能力方面还有待提高。

**1. 香港青年加班情况更加严重，澳门青年的工作时间更加集中**

如表9所示，澳门青年每周工作时长集中在40～50小时（54.95%），香港青年工作时间较为分散，并且工作时间超过50小时的比例也相对高于澳门。

对比广东青年每周工作时长可以发现，25.52%的广东受访青年表示自己每周工作时长在50小时以上，与香港（33.67%）相近，明显高于澳门（13.68%）。

表9　粤港澳大湾区青年每周工作时长比较

| 每周工作时长 | 广东 | | 香港 | | 澳门 | |
|---|---|---|---|---|---|---|
| | 样本量（人） | 占比（%） | 样本量（人） | 占比（%） | 样本量（人） | 占比（%） |
| 低于30小时 | 232 | 5.38 | 53 | 7.59 | 54 | 6.37 |
| 30～40小时 | 1133 | 26.29 | 130 | 18.62 | 212 | 25 |
| 40～50小时 | 1845 | 42.81 | 280 | 40.11 | 466 | 54.95 |
| 50～60小时 | 701 | 16.26 | 143 | 20.49 | 91 | 10.73 |
| 高于60小时 | 399 | 9.26 | 92 | 13.18 | 25 | 2.95 |

**2. 相对于澳门青年，香港青年更不愿意来内地就业工作和发展**

如表10所示，整体上看，表示愿意来内地工作发展的香港、澳门青年的比例比较接近，都为40%左右，但是对于负面评价而言，7.38%的香港青年受访者表示十分不愿意，是澳门（3.5%）的两倍，而有22.82%澳门青年仅表示比较不愿意。

对比广东青年就业流动意愿可以发现，超过五成广东青年愿意离开目前生活的城市前往大湾区其他城市发展，可见广东青年就业流动倾向性更强。

表 10　港澳青年到内地就业工作的意愿

| 意愿 | 香港 | | 澳门 | |
|------|------|------|------|------|
| | 样本量（人） | 占比（%） | 样本量（人） | 占比（%） |
| 十分不愿意 | 74 | 7.38 | 37 | 3.5 |
| 比较不愿意 | 147 | 14.66 | 241 | 22.82 |
| 中立 | 359 | 35.79 | 379 | 35.89 |
| 比较愿意 | 253 | 25.22 | 261 | 24.72 |
| 十分愿意 | 156 | 15.55 | 121 | 11.46 |
| 不清楚 | 14 | 1.4 | 17 | 1.61 |

**3. 对于影响港澳青年前往内地就业的因素，香港青年更关注语言和生活习惯，更希望完善身份证系统和获得就业指导**

如表 11 所示，首先，香港青年对能够使用习惯的语言和文字交流的重要性评价为 3.70 分，对于饮食和生活习惯的重要性评价为 3.66 分，相比之下，澳门青年仅为 3.51 分。这反映出香港青年更重视本土习惯，也一定程度上与近年来香港青年比较反感内地生活习惯有关。并且，香港青年对于大湾区的政策需求程度也相对较高，对于完善互联网身份证系统的重要性程度为 3.93 分，而希望在内地获得就业指导的为 3.84 分。这与香港青年实际上与内地交流更加频繁有关。

表 11　影响港澳青年到内地就业的因素

（单位：分）

| 就业因素 | 香港 | 澳门 |
|----------|------|------|
| 工作和生活可以用习惯的语言和文字交流 | 3.70 | 3.54 |
| 比较可以接受内地的饮食和生活习惯 | 3.66 | 3.51 |
| 内地城市可以提供完善的互联网身份证系统，方便港澳青年出行、住宿等需求 | 3.93 | 3.76 |
| 内地城市可以提供医保、社保等社会服务，并且在回到香港（澳门）后可以继续使用或者提供两地社会保障对接服务 | 3.98 | 3.93 |

续上表

| 就业因素 | 香港 | 澳门 |
|---|---|---|
| 港澳青年可以在内地购置房屋 | 3.83 | 3.86 |
| 内地城市为在内地的港澳青年提供就业指导 | 3.84 | 3.69 |

### （三）创业维度

如表 12 所示，从创业维度的各项指标上看，广东青年的创业意愿最高，为 4.07 分，明显高于香港（3.31 分）和澳门（3.42 分）。港澳青年指标评价较低也与他们不愿意前往内地创业有关。从创业政策需求上看，港澳青年对创业政策需求基本高于 4.80 分，这反映的问题是，部分港澳青年考虑来内地创业，说明创业优惠政策有一定的吸引力，但港澳青年的整体意愿并不高，说明他们仅仅看中短期的创业优惠条件，对于粤港澳大湾区整体创业环境而言，不管是港澳青年主观上的创业意愿，还是现有的创业政策条件，都较难以支撑长期的民间创业与合作。

**表 12 粤港澳大湾区青年创业维度指标评价**

（单位：分）

| 指标项目 | 满分 | 广东 | 香港 | 澳门 |
|---|---|---|---|---|
| 创业意愿 | 5 | 4.07 | 3.31 | 3.42 |
| 创业政策需求 | 5 | 4.45 | 4.87 | 4.80 |
| 总分 | | 8.52 | 8.18 | 8.22 |

**1. 创业意愿：香港和澳门青年的创业意愿整体比较相近**

如表 13 所示，香港和澳门青年的创业意愿整体比较相近，没有在港澳创业打算的比例都在 35% 左右，而回答不确定的比例也在三成左右。但是，已经在香港创业的青年受访者比例相对更高，达 15.95%，而澳门仅为 9.38%。而比较广东青年创业意愿，虽然三成左右青年持中立态度，但也有约 20% 的广东青年受访者十分愿意创业。换言之，广东青年比港澳青年更倾向去创业。

表13  港澳青年在本地创业的打算

（单位：分）

| 创业打算 | 香港 | | 澳门 | |
|---|---|---|---|---|
| | 样本量（人） | 占比（％） | 样本量（人） | 占比（％） |
| 没有在香港/澳门创业的打算 | 327 | 32.6 | 384 | 36.36 |
| 有，已经在香港/澳门创业 | 160 | 15.95 | 99 | 9.38 |
| 有，但未有在香港/澳门创业的计划 | 163 | 16.25 | 230 | 21.78 |
| 有，而且已准备在香港/澳门创业 | 50 | 4.99 | 50 | 4.73 |
| 不知道/很难说 | 303 | 30.21 | 293 | 27.75 |

同样，如表14所示，香港和澳门青年到内地创业意愿整体也比较相近，近四成的港澳青年不愿意在内地城市创业，三成左右的港澳青年表示不清楚。同时，已经准备在大湾区内地城市创业的香港受访者比例较高（5.18％）。

表14  港澳青年到大湾区内地城市创业的打算

（单位：分）

| 创业打算 | 香港 | | 澳门 | |
|---|---|---|---|---|
| | 样本量（人） | 占比（％） | 样本量（人） | 占比（％） |
| 没有在大湾区内地城市创业的打算 | 397 | 39.58 | 405 | 38.35 |
| 有，已经在大湾区内地城市创业 | 63 | 6.28 | 85 | 8.05 |
| 有，但未有在大湾区内地城市创业的计划 | 145 | 14.46 | 196 | 18.56 |

续上表

| 创业打算 | 香港 | | 澳门 | |
|---|---|---|---|---|
| | 样本量（人） | 占比（%） | 样本量（人） | 占比（%） |
| 有，而且已准备在大湾区内地城市创业 | 52 | 5.18 | 27 | 2.56 |
| 不知道/很难说 | 346 | 34.5 | 343 | 32.48 |

**2. 在创业政策需求层面，香港青年更希望获得经济支持，而澳门青年重视就业信息支持**

如表 15 和图 1 所示，比较港澳青年对于到大湾区内地城市创业的政策需求，以及广东青年在大湾区内地城市创业的政策需求，本报告发现：香港青年对于直接经济支持需求程度较高，而澳门青年和广东青年都希望大湾区内地城市政府能够搭建官方的创业信息平台，为青年创业者提供指引。

**表 15　港澳青年到大湾区内地城市创业的政策需求**

（单位：分）

| 政策需求 | 香港 | 澳门 |
|---|---|---|
| 缩减港澳青年创业审批流程，为青年创业提供快速审批和专门通道 | 3.92 | 3.96 |
| 内地政府为青年创业提供政策优惠、税收减免条件 | 4.05 | 4.05 |
| 内地政府直接提供经济（资金）支持 | 4.08 | 3.92 |
| 内地政府为港澳青年提供充分创业信息，在寻求创业伙伴方面提供信息支持 | 3.95 | 4.07 |
| 内地政府为港澳青年在内地创办的企业提供优惠政策 | 3.94 | 3.89 |
| 内地政府为港澳青年提供适应内地生活培训 | 3.64 | 3.72 |
| 内地政府为港澳青年提供适应内地就业指导培训 | 3.74 | 3.83 |

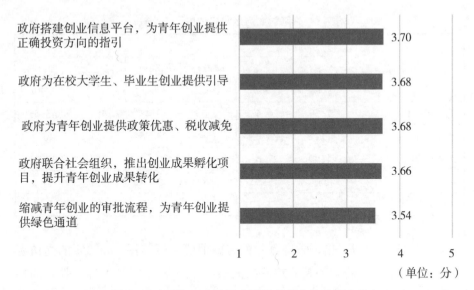

**图1　广东青年在大湾区内地城市创业的政策需求**

### （四）消费维度

从表16中可以看出，消费能力测算是通过粤港澳大湾区青年的住房开支和贷款消费的主观评价意愿加权得出的。从指标上看，澳门青年的消费能力最高，为8.33分；广东青年的消费指标位于中等水平，为7.78分；而香港青年的消费能力指标仅为7.41分。

**表16　粤港澳大湾区青年消费维度指标评价**

（单位：分）

| 指标项目 | 满分 | 广东 | 香港 | 澳门 |
| --- | --- | --- | --- | --- |
| 消费能力 | 10 | 7.78 | 7.41 | 8.33 |
| 总分 | | 7.78 | 7.41 | 8.33 |

从表17中可以看出，香港青年住房开支水平仍然较高。虽然有30.43%的香港受访者汇报自己无住房支出，但本报告通过对比居住情况发现，有60.72%的受访者表示自己与父母长辈一起居住，也就说，很多香港青年不是不愿意买房，而是根本买不起房，而出现无住房开支的情况。

表 17　粤港澳大湾区青年住房开支比较

| 住房开支 | 广东 | | 香港 | | 澳门 | |
|---|---|---|---|---|---|---|
| | 样本量（人） | 占比（%） | 样本量（人） | 占比（%） | 样本量（人） | 占比（%） |
| 无房屋支出 | 1139 | 26.43 | 217 | 30.43 | 481 | 45.55 |
| 20%以下 | 1122 | 26.03 | 168 | 23.56 | 113 | 10.7 |
| 20%～39% | 1190 | 27.61 | 211 | 29.59 | 265 | 25.09 |
| 40%～59% | 553 | 12.83 | 86 | 12.06 | 151 | 14.3 |
| 60%及以上 | 306 | 7.1 | 31 | 4.35 | 46 | 4.36 |

　　从表 18 中可以看出，香港青年的贷款消费意愿较低，32.3% 的受访者表示十分不愿意。贷款消费意愿一定程度上反映了青年对于自己收入的预期和对未来发展的预期，是一个较为综合的主观评价反映。这说明，香港经济整体下滑，导致香港青年对于消费能力的预期较为悲观，从而导致香港许多行业基本消费疲软，如餐饮业、娱乐业等，反而更加导致了这部分中下层自营业主的经营压力增大，从而对香港发展，尤其是青年发展带来负面影响。

表 18　粤港澳大湾区青年贷款消费意愿比较

| 贷款意愿 | 广东 | | 香港 | | 澳门 | |
|---|---|---|---|---|---|---|
| | 样本量（人） | 占比（%） | 样本量（人） | 占比（%） | 样本量（人） | 占比（%） |
| 十分不愿意 | 1721 | 25.11 | 324 | 32.3 | 218 | 20.64 |
| 比较不愿意 | 1391 | 20.29 | 265 | 26.42 | 200 | 18.94 |
| 待考虑 | 2072 | 30.23 | 319 | 31.8 | 457 | 43.28 |
| 比较愿意 | 1078 | 15.73 | 79 | 7.88 | 161 | 15.25 |
| 十分愿意 | 593 | 8.65 | 16 | 1.6 | 20 | 1.89 |

## （五）婚恋维度

如表19所示，在婚恋维度中，广东青年和港澳青年采取了不同的指标进行评测，从指标评价结果上看，香港、澳门青年指数较高，分别为 8.67 分和 8.41 分，而广东青年为 8.17 分。造成差异的原因在于，本报告在婚恋观中询问了受访者对"结婚是人生必不可少的过程"赞同程度的问题，5 分量表中，广东青年的评分仅为 3.07 分，而香港、澳门青年的评分分别为 3.69 分和 3.48 分，这在很大程度上影响了指标最终结果的分差。这也体现了广东青年与港澳青年在婚恋观念上的差异。但是，需要指出的是部分港澳青年虽然认为结婚很重要，但是他们更愿意选择外国人作为配偶，这并不利于粤港澳大湾区青年在情感、婚恋上的交融。

表 19　粤港澳大湾区青年婚恋维度指标评价

（单位：分）

| 指标项目 | 满分 | 广东 | 香港 | 澳门 |
| --- | --- | --- | --- | --- |
| 婚恋观（广东） | 5 | 3.66 | — | — |
| 婚恋观（港澳） | 10 | — | 8.67 | 8.41 |
| 婚恋政策需求（广东） | 5 | 4.51 | — | — |
| 总分 | | 8.17 | 8.67 | 8.41 |

## （六）社会参与维度

如表20所示，线上线下社会参与维度的指标中，广东和澳门青年整体都高于 7 分，而香港青年仅为 6.55 分，说明香港青年的实际社会参与意愿较低。需指出，本调查所测量的线上线下参与主要是在合法条件下进行的社会参与行动，而香港"修例风波"引发的社会运动不在本量表测量的范畴。

表20　粤港澳大湾区青年社会参与维度指标评价

（单位：分）

| 指标项目 | 满分 | 广东 | 香港 | 澳门 |
|---|---|---|---|---|
| 线下参与 | 5 | 3.97 | 3.07 | 3.48 |
| 线上参与 | 5 | 4.30 | 3.48 | 4.29 |
| 总分 | | 8.27 | 6.55 | 7.77 |

**1. 线下社会参与：广东青年最高，澳门青年参与程度整体略高于香港**

如表21所示，广东青年的线下社会参与评分基本都在2分以上（即"偶尔"参与），港澳青年整体的线下社会参与评分比较低，大部分为"较少"参与。澳门青年的社会参与占比稍微高于香港，这一定程度上与澳门青年民间社团参与率高有关，许多澳门青年通过民间社团参与到实际线下的社会活动之中，而香港青年则相对比较分散。

表21　粤港澳大湾区青年线下参与情况比较

（单位：分）

| 线下参与情况 | 广东 | 香港 | 澳门 |
|---|---|---|---|
| 加入民间社团、社区组织或NGO组织 | 2.28 | 1.4 | 1.65 |
| 参加某一团体或社区组织举办的集体活动 | 2.68 | 1.08 | 1.86 |
| 参加志愿者活动（包括运动会志愿者） | 2.96 | 1.6 | 1.82 |
| 就某项社会公共事务与政府部门联系 | 2.46 | 0.93 | 1.29 |
| 就社会公共事务向人大代表/立法会议员反映情况 | 2.10 | 0.72 | 0.93 |
| 就社会公共事务组织、参加集体行动或抗议 | 1.88 | 0.62 | 1.08 |
| 就社会公共事务与报纸、电台和电视台等媒体联系 | 2.01 | 0.68 | 1.04 |

**2. 线上社会参与：澳门青年更加倾向于在互联网上关注粤港澳大湾区的政策信息**

如表22所示，澳门青年的线上参与评分也略高于香港青年。需要特别指出的是，澳门青年通过互联网媒体、社交媒体关注粤港澳大湾区政策发布（2.20分）、参与相关线上分析评论（2.16分）的程度都明显高于香港。

而对比广东青年的线上参与则可以发现，广东青年在互联网上关注粤港澳大湾区重大政策、评论粤港澳经济社会发展动向占比最高，且平均得分也高于 2 分，这与澳门青年情况类似。

表22　粤港澳大湾区青年线上参与情况比较（部分）

（单位：分）

| 线上参与情况 | 广东 | 香港 | 澳门 |
|---|---|---|---|
| 通过互联网媒体、社交媒体或门户网站关注粤港澳地区重大政策发布 | 3.21 | 1.57 | 2.2 |
| 通过互联网媒体、社交媒体或门户网站关注粤港澳经济社会发展的动向和分析评论 | 3.06 | 1.48 | 2.16 |
| 在互联网上对新闻网站或门户网站的新闻进行评论 | 2.69 | 1.24 | 1.9 |

### （七）社会支持维度

如表23所示，社会支持维度的指标评分，广东青年主观评价为 12 分（满分 15 分），而香港、澳门对于粤港澳大湾区的评价和认知都较高，分别为 13.31 分和 12.78 分。对于社会支持指标评价的解读，有两点：一方面，广东与港澳的指标设置有差异，对于港澳青年而言，社会支持主要考察他们对粤港澳大湾区的认知、看法和评价；而对于广东青年而言，这项指标主要考察他们对所在城市生活状态、居住情况的评价。另一方面，这个结果仍可以反映一些问题，广东青年对于粤港澳大湾区城市的主观认知仍明显低于港澳青年对于粤港澳大湾区的评价，说明港澳地区整体发展水平较高，青年对于大湾区的评价和认知总体上都呈积极态度，而广东青年则认为城市对于青年的社会支持仍需要提高。

表 23　粤港澳大湾区青年社会支持维度指标评价

（单位：分）

| 指标项目 | 满分 | 广东 | 香港 | 澳门 |
|---|---|---|---|---|
| 对大湾区及居住城市主观评价（广东） | 15 | 12.00 | — | — |
| 粤港澳大湾区认知（港澳） | | — | 12.78 | 13.31 |
| 总分 | | 12.00 | 12.78 | 13.31 |

**1. 更多香港青年能够正确回答粤港澳大湾区覆盖了哪些城市**

如表 24 所示，本报告考察港澳青年是否能够在下列选项中正确选出粤港澳大湾区所覆盖的城市（D 选项正确）。结果显示，有 69.99% 的香港青年能够正确回答，而澳门仅有 60.60%。比较有意思的是，15.55% 的香港青年认为粤港澳大湾区仅包括广州、深圳、东莞、珠海和香港、澳门，这说明香港与这几个城市民间交流比较密切，粤港澳大湾区其他内地城市却比较受到他们的忽视。而 24.72% 的澳门青年误认为粤港澳大湾区包含广东全省。

表 24　港澳青年正确回答粤港澳大湾区包含城市的比例

| 城市 | 香港 | | 澳门 | |
|---|---|---|---|---|
| | 样本量（人） | 占比（%） | 样本量（人） | 占比（%） |
| 广州、深圳，加上香港、澳门 | 62 | 6.18 | 48 | 4.55 |
| 广州、深圳、东莞、珠海，加上香港、澳门 | 156 | 15.55 | 107 | 10.13 |
| 全广东省，加上香港、澳门 | 83 | 8.28 | 261 | 24.72 |
| 广州、深圳等 9 个内地城市，加上香港、澳门 | 702 | 69.99 | 640 | 60.60 |

**2. 获取粤港澳大湾区信息的渠道**

如图 2 所示，从港澳青年接触粤港澳大湾区资讯的媒体来源上看，Facebook 等西方社交媒体、本地门户新闻网站在香港、澳门都是青年人的主要选择，皆占 20% 以上。港澳两地的区别是，香港青年第三选择是报纸，占 17.45%；而 15.88% 澳门青年选择看微信、微博等内地社交媒体，此项在香港青年中仅为 9.49%。有关粤港澳大湾区的新闻报道整体上被西方舆论场、港澳本地舆论场所把控，内地新闻资讯整体缺位，不利于粤港澳大湾区的舆论宣传。

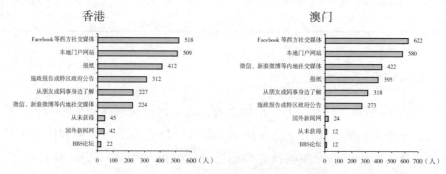

图2　港澳青年接触大湾区资讯的媒体渠道

### 3. 澳门青年对粤港澳大湾区的各项表述和政策赞同程度更高

如表 25 所示，整体上看，澳门青年对于粤港澳大湾区的支持程度更高，更加关注粤港澳大湾区建设发展。首先，大约五成的香港青年表示支持粤港澳大湾区的发展，而在澳门青年中则超过六成。其次，澳门青年更加关注粤港澳大湾区相关政策（3.43 分）和青年发展政策（3.02 分）。最后，比起香港青年，澳门青年对于粤港澳大湾区的态度更加积极，认为粤港澳大湾区战略能为澳门带来更多机遇（3.80 分），也更希望内地政府为提供港澳青年提供在内地工作、生活的机会（3.83 分）。从这个层面上看，粤港澳大湾区的发展对澳门青年更有吸引力。

表25　港澳青年对于粤港澳大湾区的态度

（单位：分）

| 态度 | 香港 | 澳门 |
| --- | --- | --- |
| 我关注粤港澳大湾区建设发展的相关政策 | 3.26 | 3.43 |

续上表

| 态度 | 香港 | 澳门 |
|---|---|---|
| 我了解粤港澳大湾区的青年发展政策 | 2.87 | 3.02 |
| 我支持粤港澳大湾区发展 | 3.50 | 3.72 |
| 我认为粤港澳大湾区发展可以为港澳带来机遇 | 3.56 | 3.80 |
| 我希望内地政府为港澳青年提供适应内地工作、生活的机会 | 3.56 | 3.83 |

## （八）社会心态维度

如表 26 所示，从社会心态指标上看，该指标评价包括积极心态和消极心态，其中，消极心态采取反向计分，即得分越低表示剥夺感和压力感越大。总体上看，广东青年的社会心态指标评价得分较高（7.64 分），而香港、澳门较为接近，分别为 7.23 分和 7.12 分。从图 3 中可以看出，大部分广东青年的积极社会心态都低于 3 分，明显低于港澳青年。但同时，广东青年的剥夺感和压力感也较弱。而香港青年则是"痛并快乐着"，虽然他们的主观幸福感和安全感较高，但是剥夺感和压力感也很高。澳门青年除公平感以外，各项社会心态指标比较均衡。

表 26　粤港澳大湾区青年社会心态维度指标评价

（单位：分）

| 指标项目 | 满分 | 广东 | 香港 | 澳门 |
|---|---|---|---|---|
| 社会心态 | 10 | 7.64 | 7.23 | 7.12 |
| 总分 | | 7.64 | 7.23 | 7.12 |

（单位：分）

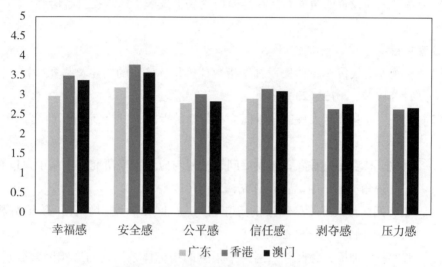

**图3 粤港澳大湾区青年社会心态对比**

## 四、结语

结合上述调研结果，为更好地推动粤港澳大湾区青年的发展成才，可从如下方面开展工作：

第一，教育政策方面，要推动粤港澳大学生跨境交流，逐步提升跨境学生服务工作质量，对跨境学生的社会心态进行跟踪调研，同时完善粤港澳学历互认等各项制度。

第二，就业政策落地方面，可借粤港澳大湾区建设东风，以在粤交换学习或攻读学位的港澳大学生为切入点，为港澳青年学生在内地就业创业提供更便捷的服务，推动港澳与内地的青年人才融合发展。比如，探索设立自贸区"人飞地"，为港澳人才提供税收、物资报关和社会保障等方面的渠道和便利。

第三，创业政策方面，建立粤港澳创业信息共享平台，逐步完善青年创业者征信机制。同时，探索建立粤港澳创业合作小镇，提升创业园区环境，建立成果孵化和技术转化机制，对创业小镇的发展状况做定期评估。

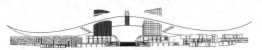
此外，还要加强优质的创业成果在港澳媒体平台上的宣传力度，警惕港澳投资者到内地投资的负面新闻在港澳舆论场上发酵，影响投资者信心。

**参考文献：**

［1］姜海纳，侯俊军．国民幸福感指数评价指标体系的构建及测算［J］．统计与决策，2013（23）：4．

［2］沈杰．中国青年发展的分析框架及其测量指标［J］．北京青年研究，2017（2）：9．

［3］孙艳，马素伟．香港青年发展问题透视与应对策略研究——基于人口特征的视角［J］．中国青年研究，2015（11）：7．

［4］熊美娟，蒋红军．"积极的青年发展"：回归后澳门的青年政策分析［J］．中国青年研究，2013（8）：6．

［5］张兴祥，钟威，洪永淼．国民幸福感的指标体系构建与影响因素分析：基于 LASSO 的筛选方法［J］．统计研究，2018，35（11）：5－15．